Bibliographische Information
der Deutschen Bibliothek: Diese
Publikation ist in der Deutschen
Nationalbibliographie verzeichnet.
Detaillierte Daten sind im Internet unter
http://dnb.ddb.de abrufbar.

© Mediengruppe macondo 2010
Mediengruppe macondo
Dahlweg 87, 48153 Münster
Tel. +49 (0) 251/2007820
http://www.macondo.de
Konzeption: Dr. Elmer Lenzen
Redaktion: Dennis Lohmann
Lektorat: Marion Book
Gestaltung: Monika Spindler, Alexander Pawlak
Fotos: Marion Book
Printed in Germany
ISBN-13: 978-3-9810638-9-9

Dr. Elmer Lenzen (Hrsg.)

UmweltDialog Wissen

»Berufsbild CSR-Manager«

»Natürlich interessiert mich die Zukunft.
Ich will doch schließlich den Rest meines Lebens in ihr verbringen.«

Mark Twain

UmweltDialog Wissen

»Berufsbild CSR-Manager«

Einführung:
Verantwortung als Beruf
Von Dr. Elmer Lenzen 9

1 Standortbestimmung

Theorie
1.1. Zur Ideengeschichte von „Nachhaltigkeit"
Von Prof. Dr. Konrad Ott 21
1.2. Corporate Social Responsibility – Entstehung und Transferbedingungen eines Konzepts 30
1.3. US-Amerikanische Business Ethics- Forschung: Überblick über thematische Schwerpunkte und theoretische Ansätze
Von Prof. Dr. Sonja Grabner-Kraeuter 39
1.4. Warum überhaupt moralisch handeln?
Von Prof. Dr. Dieter Schönecker 52
1.5. Von der Umweltökonomie zur Nachhaltigen Ökonomie?
Von Prof. Dr. Holger Rogall 54
1.6. Eine Lanze für die Globalisierung
Von Prof. Dr. Paul J.J. Welfens 72

2 Management

Theorie
2.1. CSR zwischen Corporate Citizenship und unternehmerischer Nachhaltigkeit
Von Prof. Dr. Stefan Schaltegger, Martin Müller, Frank Dubielzig 79
2.2. Beyond Commitment: An Introduction to the UN Global Compact Management Model 97
2.3. Betriebliches Umweltmanagement
Von Dr. Anette Baumast und Prof. Dr. Jens Pape 103
2.4. Umweltmanagement und Emissionsrechtehandel
Von Dr. Axel Hermeier 110
2.5. Nachhaltigkeit von Unternehmen in Euro gemessen
Von Prof. Dr. Frank Figge und Dr. Tobias Hahn 117
2.6. Finanzmarktakteure und CSR-Management
Von Stefan Schneider 122

Praxisbeispiele
2-A Markus Miele über Marken, Werte & Verantwortung
Von Jochen Fengler 132
2-B Herbert Höltschl, BMW Group: „Nachhaltigkeit aus Grundüberzeugung"
Von Dr. Elmer Lenzen 136
2-C Klimaschutz bei RWE – „Der Aufwand lohnt sich auf jeden Fall!"
Von Jochen Fengler 138
2-D Lufthansa-Umweltchef erläutert Klimaschutzkampagne
Von Arne Philipp Klug 140
2-E Rohstoff Kohlendioxid: CO_2-Recycling bei Linde
Von Jochen Fengler 144

3 Akteure

Theorie

3.1. Gesellschaftliche Verantwortung von Unternehmen –
Akteure und Vernetzungsinitiativen
Von Dr. Rene Schmidpeter 149

3.2. Nationale Nachhaltigkeitsstrategien
Von Dr. Edgar Göll 160

3.3. CSR: Zwischen Abstraktion und konkretem Handeln
Von Dr. Stefan Kunz 164

3.4. Ein Freund, ein guter Freund ... Die Beziehungen
zwischen Sozialen Organisationen und Unternehmen
Von Dr. Reinhard Lang 169

Praxisbeispiele

3-A DHL stellt Disaster Response Teams vor
Von Dr. Elmer Lenzen 176

3-B Bayer engagiert sich im Kampf gegen Tuberkulose
Von Dr. Elmer Lenzen 178

3-C Vodafone: „CSR gehört zum Kerngeschäft"
Von Judith Bomholt 180

4 Instrumente

Theorie

4.1. Der MBA „Sustainament" – Das Rüstzeug für den
Business Case des Nachhaltigkeitsmanagements
Von Prof. Dr. Stefan Schaltegger, Dr. Holger Petersen
und Claudia Kalisch 186

4.2. „Werkzeuge" des Nachhaltigkeitsmanagements
Von Prof. Dr. Stefan Schaltegger, Dr. Christian Herzig
und Thorsten Klinke 191

4.3. Two Years Applying the Corporate Ecosystem
Services Review
Von John Finisdore 198

Praxisbeispiele

4-A Unternehmen und Nachhaltigkeitsindices –
agieren statt reagieren
Von Prof. Dr. Henry Schäfer 202

4-B Interview: C.B. Bhattacharya zum E.ON Lehrstul
für Corporate Responsibility
Von Judith Bomholt 206

4-C TechniData: No Data – No market
Von Dr. Elmer Lenzen 208

4-D Volkswagen: Zwei Portale – ein Ziel
Von Simone Andrich 210

5 Literaturverzeichnis 214

8

Verantwortung als Beruf

Von Dr. Elmer Lenzen

Kann man über das Berufsbild des CSR-Managers ein Fachbuch machen? Auf einer CSR-Konferenz erntete ich noch vor wenigen Jahren mit dieser Idee von gestandenen Managern Kopfschütteln. „Wir sind doch alles Quereinsteiger!", hieß es von der Seite. „Aber es gibt doch die CSR-Abteilungen", entgegnete ich, „und sie werden zunehmend wichtiger." „Hmm, das schon..." Ich merkte, wie sich Unsicherheit bei meinen Gesprächspartnern breit machte. „Eigentlich kann man sagen, wir haben das Thema Verantwortung als Beruf", sagte schließlich eine CSR-Managerin nachdenklich.

Spätestens seit dem Erdgipfel von Rio 1992 hat der Begriff der nachhaltigen Entwicklung auch im ökonomischen und politischen Diskurs Fuß gefasst. Corporate Social Responsibility (CSR) beschreibt dabei den Beitrag der Wirtschaft durch entsprechend verantwortungsbewusstes Handeln in ihren Geschäftspraktiken, im Umgang mit den jeweiligen Anspruchsgruppen sowie beim Einsatz von zunehmend knapper werdenden Ressourcen.

In den 90er Jahren des letzten Jahrhunderts ist hierzulande daraus ein neues Berufsbild entstanden, das querschnittsartig bekannte Arbeitsfelder wie Umweltschutz, Personalführung, soziales Engagement, Kommunikation uvm. verbindet, strategisch rejustiert und im Unternehmen als Schnittstelle neu zu verankern sucht. Zumindest bei großen Unternehmen ist CSR als Thema angekommen: Im Juli 2007 stellten Forscher der niederländischen Erasmus-Universität fest, dass „in der Vergangenheit die Aufmerksamkeit, die CSR geschenkt wurde, sehr stark vom Engagement einzelner Führungskräfte oder des CEO abhing. Doch ist heute eine wachsende Zahl europäischer Unternehmen bereit und in der Lage, in strukturierter Art und Weise als guter Unternehmensbürger zu handeln. Zunehmend sehen Unternehmen in CSR auch eher eine Gelegenheit und nicht so sehr eine Bedrohung. Das ist eine sehr ermutigende Entwicklung."

Gleichwohl zeigt die jeweilige Verortung der CSR-Verantwortlichen, dass es keinen einheitlichen organisatorischen Ansatz gibt. Dem stehen unterschiedlich gewachsene Unternehmensstrukturen im Wege, und bis zu einem gewissen Grade ist das sogar gut so, denn die Lösungen müssen individuell vor Ort gefunden werden. Trotzdem hat sich in der Praxis herauskristallisiert, dass eine Anbindung an die Geschäftsführungsebene unabdingbar ist.

Grenzen des Wachstums

So unterschiedlich wie die Positionierung im Unternehmen ist auch die CSR Landschaft im internationalen Vergleich: In den USA ist das Thema weiterhin stark von sozialem Engagement, der Individualverantwortung und Freiwilligkeitsprinzipien geprägt. Entsprechend ist vieles in der Tradition der Philantrophen personalisiert, seit den Tagen Rockefellers bis hin zu den Bill Gates und Warren Buffetts von heute. In Europa entstand es aus der Umweltbewegung und der hieraus abgeleiteten Gesetzgebung der 80er Jahre und ist folglich geprägt von gesetzgeberischen Rahmenbedingungen und Unternehmen als Akteuren.

Für die Sichtweise wegweisend war die Veröffentlichung der „Grenzen des Wachstums" durch Dennis Meadow und den „Club of Rome" in den 70er Jahren des letzten Jahrhunderts. Darin zeichneten die Autoren in Simulationsmodellen ein finsteres Zukunftsbild, verursacht durch ungebremsten Bevölkerungswachstum und Ressourcenverbrauch. Nur eine unverzügliche Abkehr von der Wachstumslogik und der Mentalität, sich „die Erde Untertan zu machen", könne die Menschheit noch retten. Entstanden aus einem Szenario des möglichen Kollapses und der Endlichkeit der Ressourcen wurden Umweltthemen zumeist über die Frage der Schäden geführt. Daher war es lange Zeit für überzeugte „Ökologen" konsequent, durch Verzicht sich selbst zu bescheiden, zu entsagen. Diese frühe Öko-Bewegung hat sich damit des Zukunftsbegriffes beraubt – als gesellschaftlicher Gegenentwurf musste sie scheitern.

Leben in der Risikogesellschaft

Seitdem sind Umweltfragen vielfältig, aber stets präsent diskutiert worden. Nur der Stellenwert schwankt vom Topthema, wie aktuell bei der Klimadebatte, bis zum Nebenwert, wie noch vor kurzem, als der Arbeitsmarkt alles beherrschendes Thema war. Wie kann man dann die Grenzen des Wachstums in der modernen Gesellschaft aufzeigen? Zur Antwort trug wesentlich Ulrich Becks Klassiker „Die Risikogesellschaft" bei: Mit seiner Diagnose der Risikogesellschaft hat Beck einen Schlüsselbegriff der modernen Gesellschaft geprägt. Die Produktion von Wohlstand geht demnach stets mit der systematischen Produktion von Risiken einher. Diese Risiken erleben wir – Beispiel Klimawandel – als nur schwer vorhersagbar. Sie werden als ein latentes Merkmal unserer Zeit erfahren. Risiko ist damit mehr als nur die Berechnung von künftigen Ereignissen wie noch bei den „Grenzen des Wachstums", sondern der Risikobegriff wird auf Chancen, Ziele, Wünsche und Werte einer Gesellschaft ausgeweitet.

Jeder Akteur in einer solchen Risikogesellschaft handelt somit nicht nur zweckrational, sondern auch implizit normativ. Legt man diesen Gedanken zu Grunde, dann kann kein Akteur seine gesellschaftliche Verantwortung leugnen, denn sie ist im Wesen der modernen Gesellschaft verankert. Gleichwohl kann man sich ihr natürlich entziehen oder verweigern. Etwa als wirtschaftlicher Akteur durch ein defensives Wirtschaftsverständnis von „The business of business is business" in Anlehnung an Milton Friedman. Nun mag ich mich an dieser Stelle outen als jemand, der nicht viel von Friedman hält. Zum einen, weil seine Praxisbeispiele wie etwa in Chile zeigen, dass dieses ökonomische Modell mit einem massiven Defizit in den Bereichen Demokratie und Menschenrechte einher geht. Langfristig betrachtet führt es zu erheblichen gesellschaftlichen, kreativen und damit auch ökonomischen Kosten. Friedman rechnet sich schlichtweg nicht. Es ist aber auch historisch ignorant, denn Verantwortung und Wirtschaft waren nie ausgesprochene Antagonismen, wie man glauben könnte, sondern wurden immer wieder erfolgreich als Junktim bespielt. Freiwillige betriebliche Sozialleistungen etwa reichen weit bis in die Anfänge der Industrialisierung zurück. Zweifelsfrei dienten sie dazu, die Bindung der Mitarbeiter an das Unternehmen zu stärken, hatten also einen ökonomischen Hintergedanken. Sie zeigten damit schon früh auf, dass „non-financial aspects", wie es heutzutage heißt, eine Einflussgröße sind.

In der Globalisierungsfalle?

Für die aktuelle Debatte um gesellschaftliche Risiken und Chancen hat sich allerdings nicht so sehr ein soziologischer, als vielmehr ein politikwissenschaftlicher Begriff durchgesetzt: Die Globalisierung. Plausibel erscheint mir hier die Argumentation von Anthony Giddens, wonach Globalisierung die Veränderung unseres Konzeptes von Raum und Zeit bedeutet. Unser Alltag wird immer stärker von Ereignissen geprägt, die sich weit weg in aller Welt abspielen. Und umgekehrt auch: Lokale Lebensstile werden zu globalen Ereignissen stilisiert. Identität wird zu einer reflexiven Selbstinszenierung. Die Ausweitung der Enttraditionalisierung bedeutet für den Einzelnen, das ihm gar keine andere Wahl bleibt, als eine Wahl zu treffen. Man entwirft seine eigene „Lebensgeschichte", wie Gantenbein in Max Frischs gleichnamigen Roman. Identitäten und Tradition legt man sich zu, sie werden nicht länger nur auferlegt.

Dieser Prozess der Enttraditionalisierung wird immer stärker. Er erfasst auch den politischen Ordnungsrahmen und damit auch gesellschaftliche und ökonomische Teilbereiche. Erheblich zur Beschleunigung beigetragen hat das Ende des Kalten Krieges. Das daraus entstandene Vakuum der Weltordnung ist heute nicht mehr ideologisch und geostrategisch gefüllt. Das führte damit auch zu einer Erosion des althergebrachten Nationalstaatskonzeptes, das die Landesverteidigung als eine wesentliche Legitimation anführt. Während man in Europa den Freiraum mit dem supranationalen Ansatz der Europäischen Union zu füllen sucht, erleben wir in den USA weiterhin ein Festhalten am Status. Hier wurde der Feind „Kommunismus" durch den „Islamismus" ausgetauscht, und die Landesverteidigung steht seit dem 11. September 2001 nicht zur Disposition.

Die Erosion des Nationalstaates wird darüber hinaus beschleunigt, weil allerorten den Staatshaushalten das Geld ausgeht. Der „sorgende Staat" kann seinen Verpflichtungen nicht mehr vollumfänglich nachkommen und streicht daher zunehmend seine Sozialleistungen. Von Ökonomen wird dies argumentativ untermauert, indem der Staat als wirtschaftlicher Akteur in Frage gestellt wird. Die Privatisierung von Staatsbetrieben ist somit mehr als nur der Verkauf „volkswirtschaftlichen Tafelsilbers", sondern wird auch als Marktbereinigung interpretiert. Entsprechend übernehmen immer öfter privatwirtschaftliche Unternehmen ehemals staatliche Aufgaben wie etwa die Wasserversorgung, das Transport- und Kommunikationswesen oder auch Bildung.

Vom Werden der Global Player

Und was macht die Wirtschaft? Sie hat das geopolitische Vakuum am konsequentesten gefüllt, indem sie das getan hat, was sie am Besten kann: Handel treiben. Mit dem Wegfall des eisernen Vorhangs stand einer globalen Weltwirtschaft an Stelle einer hemisphären Lagerökonomie nichts mehr im Wege. Die Globalisierung fand ihren Weg. Aus den „multinationalen Konzernen" – so der Begriff des 20. Jahrhunderts – wurden nun die „Global Player" des 21. Jahrhunderts.

Mit den Rechten wuchsen aber auch die Pflichten. Immer stärker sehen sich vor allem die Global Player in einem Legitimationszwang, der bis hinunter zur Ebene der Reputation und des Markenwertes reicht. Für all jene Unternehmen, die ihre Legitimation aus dem Satz „The business of business is business" ableiteten, kam das überraschend. Alle anderen hatten den Transfer des Anspruchs der „guten Staatsführung" in die „gute Unternehmensführung" antizipiert und entsprechend durch den Aufbau von CSR-Strukturen im Unternehmen vorgesorgt.

Lizenz zur Existenz

Der Begriff der Verantwortung führt uns damit wieder zurück zum Subjekt des Handelns. Und hier gibt es keine Handlungsinstanz oder Gruppe, die – wie noch bei Marx das Proletariat – die Hoffung der Menschheit in sich trägt. Es gibt aber viele Ansatzpunkte und Akteure, die Hoffnung machen können. Diese Erkenntnis wurde auch von der Fachliteratur in den letzten Dekaden begleitet: Die Anfänge der CSR-Forschung fallen in die 70er Jahre, also in die Tage der „Grenzen des Wachstums". Keith Davies Studie „The Case for and Against Business Assumption of Social Responsibilities" etwa gilt vielen als frühes Manifest. Darin taucht bereits die bis heute populäre Annahme auf, das CSR einem Unternehmen langfristig Vorteile bringt. Man mag Davies Position insofern in der Tat als visionär bezeichnen, allzumal er selbst CSR als nebulöses Konzept bezeichnete. In Deutschland sollte es weitere zwei Jahrzehnte dauern, bis Studien CSR thematisierten und die Grenzlinien von Wirtschaft, Politik und Zivilgesellschaft auszuloten begannen. Vielleicht ist es kein Zufall, dass das Aufkommen der Forschung mit dem Niedergang der Deutschland AG und ihrem Konsensualismus-Ansatz in eine Zeit fiel.

Während der US-Ansatz stark anwendungsbezogen und pragmatisch blieb, wählte man hierzulande oft das Format der philosophisch-normativen Diskussion. Der pragmatische Weg sucht das Aufzeigen einer pekuniär messbaren Win-Win-Sitiuation, die sich aus verantwortungsvollem Handeln ergibt, und konstruiert entsprechende „business cases". Der philosophische Weg dagegen versteht sich als moralischer Wertfindungsprozess. Auswirkungen auf die Gesellschaft werden hier von nachweisbaren ökonomischen Effekten abgekoppelt betrachtet. Beide Positionen sind sich jedoch darin einig, dass verantwortliches Handeln eine Lizenz zur Existenz eines Unternehmens darstellt.

Principal-Agent-Ansatz

Die wirtschaftswissenschaftliche Literatur konnte dieser Rollenerweiterung anfangs nicht nachkommen. Dort hielt man fest an der Annahme, dass die Maximierung der Gewinne ausreiche, weil dies zur Mehrung des Wohlstandes in der Gesellschaft führe – mit Produkten, Arbeitsplätzen oder neuen Technologien etwa. Verantwortung werde damit zu Genüge gezeigt. Die Principal-Agent-Theorie war daher über Jahrzehnte das dominierende Modell. Im Blickpunkt steht dabei das Verhältnis von Eigentümern (Principals) und Managern (Agents). Orientierungsgröße ist der Shareholder Value.

In einem System, in dem die Eigentümer (etwa Aktionäre) längst nicht mehr das Unternehmen lenken, sondern diese Aufgabe angestellten Managern überlassen, standen zwei Fragen im Blickpunkt: Wer darf Entscheidungen treffen? Wie werden Manager kontrolliert? Entsprechend beschäftigte sich der Diskurs zu unternehmerischer Verantwortung mit Fragen der Unternehmensstruktur, Verhaltensregeln sowie Kontroll- und Anreizformen. Der Erfolg des Principal-Agent-Modells liegt sicher nicht in seiner analytischen Tiefe, sondern in der Einfachheit des Erklärmusters. Fragen der Praxis werden auf zwei rationale Akteure, den Eigentümer und den Manager reduziert.

Kennzeichnend für diese Beziehungen der beiden ist ein asymmetrisches Informationsgefälle: Der Manager weiß i.d.R. besser über das Unternehmen Bescheid als der Eigentümer, bei einem neuen Mitarbeiter weiß der Arbeitgeber vorab nicht, ob er die Erwartungen erfüllen kann etc. Das Principal-Agent-Modell erforscht die Kontrollmaßnahmen, um potenziell negativen Effekten entgegensteuern können. Beispiel Manager: Der Manager ist rechtlich und moralisch verpflichtet, das ihm anvertraute Eigentum zu schützen und zu mehren. Darüber hinaus hat er natürlich auch Eigeninteressen. Anreizsysteme wie etwa Erfolgs- oder Aktienbeteiligungen sorgen hier in der Regel für Loyalität. Sicher sein kann sich der Besitzer aber nicht, und entsprechend werden interne Kontrollmechanismen wie etwa Aufsichtsräte etabliert. Die werden immer dann aktiv, wenn das Management seinen Pflichten nicht nachkommt, wie etwa jüngst bei den Korruptionsfällen im Siemens-Konzern. Da man sich ex ante nie seiner Agenten sicher sein kann, entstehen somit immer Kontrollkosten. „Nicht aufs Wort glauben, aufs strengste prüfen", hat Lenin dies einmal formuliert.

Stewardship-Ansatz

Kritiker dieser Theorie wenden ein, dass hier nur Fragen der Vertragserfüllung diskutiert werden. Zudem setzt sie voraus, dass der Eigentümer am Besten weiß, was für ihn gut ist. Was angesichts der Eigeninteresses manches Investors – wie etwa im Falle von Hedge Fonds – diskutiert werden darf. Auch bei der Risikofrage fehlt es oft an Tiefenschärfe: Was ist beispielsweise mit den Arbeitnehmern, die sich in einem Unternehmen ggfs. sehr spezielles Know-how aneignen, was so nicht überall gefragt ist, und selbst entsprechende berufliche Risiken eingehen?

Einen anderen Weg geht daher die Stewardship-Theorie: Diese Theorie setzt ein wesentlich positiveres Menschenbild voraus. Der Manager bringt hier die moralische Bereitschaft mit, das Richtige zu tun. An die Stelle des selbstsüchtig handelnden Individuums tritt eine durchaus vielleicht narzisstische Selbstverwirklichung, die aber Gruppenhandeln zulässt. Sie basiert auf Werten, persönlichem Know-how und Charisma statt Kontrollen. So ein Ansatz hat nicht nur Folgen für den Charakter der Mitarbeiter, sondern er bewirkt auch betriebswirtschaftliche Verschiebungen: An die Stelle von Kostenkontrolle tritt Ergebnisverbesserung. Zugleich muss man aber den Zeitrahmen für die Messung unternehmerischen Erfolges langfristiger stecken.

Stakeholder-Ansatz

Die aktuelle CSR-Debatte stellt die Zentralstellung der Beziehung zwischen Management und den Eigentümern nicht in Frage, sieht diese aber vor Projektionsgrößen wie Globalisierung, Ressourcenknappheit, Klimawandel, dem Verfall des Nationalstaates oder der Beschäftigungspolitik. Es betreten somit neue Anspruchsgruppen, Stakeholder genannt, die Bühne des CSR-Dialoges. Ein wichtiger Impulsgeber war hier in den 80er Jahren R.E. Freeman mit seinem Stakeholder-Ansatz: Der Stakeholder-Ansatz erweiterte die bis dahin vorherrschenden Blickwinkel der Principal-Agent- und Stewardship-Modelle. Er rückte ab von der ausschließlichen Betrachtung der Beziehung von Eigentümern und Managern, indem er die Bedürfnisse und Forderungen weiterer Anspruchsgruppen akzeptierte. Damit fand der sozio-ökonomischen Kontext als Bezugsrahmen Eingang.

Dabei muss man prinzipiell zwischen internen (z.B. Management, Mitarbeiter) und externen (z.B. Kunden, Lieferanten) Anspruchsgruppen unterscheiden. Beide Dimensionen bilden ein potenzielles Unsicherheitsumfeld für jedes Unternehmen, und damit kommen wir wieder auf das Thema Risiko als Schlüsselbegriff der modernen Gesellschaft. Ein Stakeholder-Relationship-Management wird versuchen, die wichtigsten jeweiligen Ansprüche miteinander in ein sogenanntes „Anreiz-Beitrags-Gleichgewicht" zu bringen: So werden beispielsweise soziale, politische, rechtliche und ökologische Aspekte in Beziehung gebracht zum Konsumentenverhalten, Lieferantenbeziehungen, Kundenbindung und Mitarbeiterführung etc. Im Idealfall kristallisiert sich daraus das nachhaltige Unternehmen.

Triple-Botton-Line-Ansatz

Der heute gängige Ansatz zum Verständnis von Nachhaltigkeitsstrategien in der Unternehmenspraxis ist der Triple-Bottom-Line-Ansatz: „Die Triple-Bottom-Line (TBL) bezieht sich im Grunde auf die drei Säulen der Nachhaltigkeit (Ökonomie, Soziales, Ökologie). Im engsten Sinne ist sie ein Rahmen, in dem Unternehmen ihre Performance in Bezug auf die drei Säulen messen und veröffentlichen. Im weitesten Sinn versteht man darunter ein Set an Werten, Themen und Prozessen, das notwendig ist, um ein Unternehmen in Einklang mit den umfassenden ökologischen, gesellschaftlichen und wirtschaftlichen Systemen zu bringen", definiert dies treffend der Eintrag in der „Umweltdatenbank".

TBL unterscheidet damit drei Säulen, die idealerweise gleich stark und im Einklang umgesetzt werden: die wirtschaftliche Dimension stellt etwa die Frage nach der effizienten Nutzung knapper oder wertvoller Ressourcen. Umweltgerecht wird das Ergebnis (Produkt oder Dienstleistung), wenn es somit umweltschonend hergestellt wurde und – noch besser – seinerseits zum Umweltschutz beiträgt. Diese Aussage bezieht sich nicht nur auf die Herstellung, sondern den gesamten „Lebenszyklus" einer Ware – also von der Planungs- bis später der Entsorgungsphase (Life cycle Strategy). Die gesellschaftliche Dimension schließlich betrachtet die sozialen Bedingungen, unter denen Unternehmen ihre Produkte herstellen, die Einbindung der Stakeholder sowie die Metafrage, inwieweit das Unternehmen durch sein Handeln Normen und Werte der Gesellschaft, in der es aktiv ist, unterstützt und verstärkt. Die Umsetzung im Unternehmen erfolgt entlang zweier Gratlinien: Zum einen der beschriebenen drei Säulen und zum anderen durch interne und externe Maßnahmen. So zählen dazu die Durchsetzung einer werteorientierten Unternehmenskultur, die Einführung von CSR-Messinstrumenten und ihre Validierung (etwa durch ISO Zertifikate 14001 für Umweltmanagement). Unternehmen, die sich bei der Antwort auf diese Fragen nicht nur mit den Mindestanforderungen (Compliance) zufrieden geben, sondern bewusst darüber hinaus gehen, sind Vorbilder. Das nachhaltige Ratinghaus SAM nennt sie z.B. „Super Sector Leaders".

Trotz allem darf man nicht vergessen: Formal funktionierende CSR-Strukturen in einem Unternehmen sagen absolut nichts über die Relevanz des Themas im Unternehmen aus. Enron beispielsweise hatte einen hochgelobten Ethikkodex und wurde für sein CSR-Management mehrfach ausgezeichnet. Doch in der Vorstandsetage scheint das Verantwortungsgefühl nie angekommen zu sein, wie wir heute angesichts des Skandals wissen. Mit Blick auf die CSR-Manager lässt sich heute daher sicher sagen, dass aus dem Thema „Unternehmerische Verantwortung" ein Beruf geworden ist. Erfolgreich ausüben können die CSR-Manager ihren Job aber nur, wenn alle Anderen im Unternehmen das Thema Verantwortung nicht dorthin delegieren, sondern selbst tragen.

Standortbestimmungen

Der vorliegende Band unterteilt sich in vier Kapitel: Im Abschnitt „Standortbestimmung" nähern wir uns dem Wesen von Corporate Social Responsibility (CSR). Hierzu widmen sich die Autoren der Ideengeschichte von Nachhaltigkeit sowie den politischen, ökonomischen und ethischen Bedingungen, unter denen CSR-Management stattfindet.

So berichtet Konrad Ott zur Ideengeschichte über erste deutsche Leitbilder, den Brundtlandt-Report, die wichtigsten Konfliktlinien bisheriger Nachhaltigkeitsdebatten und wie der Begriff „sustainable development" als „nachhaltige", „tragfähige", „zukunftsfähige" und „stabile Entwicklung" (so die DDR-Übersetzung aus dem Jahre 1988) ins Deutsche übertragen wurde.

Mit der Entstehung und den Transferbedingungen des CSR-Konzeptes wiederum beschäftigt sich der zweite Beitrag in diesem Kapitel. Die grundsätzliche Frage sei es, so die Autoren, welche Verantwortung Unternehmen in der und für die Gesellschaft zukommt, und wie sich dies auf die Entwicklung differenzierter Gemeinwesen darstellt. Die Antworten auf diese Fragen und daraus abgeleitete praktische Konsequenzen liefert dieser Aufsatz.

Ziel des Beitrages von Sonja Grabner-Kraeuter ist es, eine Bestandsaufnahme zur Entwicklung und zum aktuellen Stand der US-amerikanischen Business Ethics Forschung zu liefern, wobei aufgrund der unüberschaubaren Vielfalt an Forschungsaktivitäten eine Konzentration auf ausgewählte Bereiche und Fragestellungen notwendig ist. Ergänzend hierzu fragt Dieter Schönecker provozierend, warum wir Menschen überhaupt moralisch handeln sollten. Der Ethikforscher gibt uns eine klare und kompromisslose Antwort und zeigt hierzu verschiedene Ebenen von moralischem Handeln klar, deutlich und übersichtlich auf.

Im Abschnitt „Von der (neo)klassischen Umweltökonomie zur Nachhaltigen Ökonomie" skizziert Holger Rogall die Entstehung der Umweltökonomie. Er zeigt dazu anschaulich Regeln der klassischen Ökonomie auf und geht vor allem der Frage nach Ursachen der Übernutzung von Ressourcen nach. Aus ökonomischer Sicht gebe es keine Situation, in der die Öffnung eines Landes für Handel nicht für alle beteiligten Länder Vorteile brächte. Dumpfe Globalisierungskritik, die ökonomische Aufholprozesse negiere, laufe auf ein Verweigern von Entwicklung im Süden der Weltwirtschaft hinaus. Diese Lanze für die Globalisierung bricht daher Paul Welfens in seinem Beitrag.

CSR-Management

Das Thema „Management" bildet den Schwerpunkt des zweiten Kapitels. So fragt Stefan Schaltegger danach, was CSR ist und wie es sich zwischen Corporate Citizenship und unternehmerischer Nachhaltigkeit ansiedelt. Die Aufnahme des Themas in Wirtschaftsverbänden, die Schaffung von CSR-Beauftragen oder gar von CSR-Abteilungen in Unternehmen sowie die Publikation von CSR-Berichten zeigen nach Ansicht des Autors den beachtlichen Stellenwert, den dieses Thema in breiten Kreisen der Wirtschaft einnimmt.

Der Abschnitt „Beyond Commitment: An Introduction to the UN Global Compact Management Model" wiederum beschreibt die zentralen Ansätze und Instrumente des UN Global Compact. Diese UN Organisation ist der weltweit wichtigste Zusammenschluss zum Thema CSR. Teilnehmende Unternehmen verpflichten sich, zehn Prinzipien aus den Bereichen Menschenrechten, Arbeitsnormen, Umweltschutz und Korruptionsbekämpfung umzusetzen. Der UN Global Compact versteht sich dabei als freiwillige Lern- und Dialogplattform.

Annett Baumast und Jens Pape beschäftigen sich in ihrem Beitrag mit dem betrieblichen Umweltmanagement. Fragestellungen und Instrumente der Betriebs- und Produktökologie werden ebenso dargestellt wie das zentrale und zunehmend an Bedeutung gewinnende Thema der Umwelt- und Nachhaltigkeitsberichterstattung. Mit wachsender Bedeutung des Aspekts der globalen Erwärmung hat auch der Emissionsrechtehandel als Teil des Umweltmanagements als Relevanz im Unternehmen gewonnen.

CSR galt nicht zuletzt deshalb lange als „softes Thema", weil die ökonomische Relevanz nicht immer klar aufgezeigt wurde. Wie man Nachhaltigkeit von Unternehmen in Euro messen kann, haben Frank Figge und Tobias Hahn nachgewiesen. Eine Bewertung der Nachhaltigkeitsleistung fällt in der Praxis dabei schwer, so die Autoren. Dies ist in erster Linie darauf zurückzuführen, dass Unternehmen viele verschiedene Ressourcen einsetzen, die zudem in verschiedenen Einheiten gemessen werden. Will man nun die Nachhaltigkeitsleistung eines Unternehmens bestimmen, muss man diese Ressourcen in einer gemeinsamen Einheit messen.

Auf diesem Gedanken baut auch der Beitrag von Stefan Schneider auf, der Finanzmarktakteure und CSR-Management beleuchtet. Banken und Nachhaltigkeit? Gerade seit der Finanzkrise ein strittiges Thema: Die Ereignisse, die zur internationalen Finanz- und Wirtschaftskrise in den Jahren 2007 bis 2009 führten, gaben Kritikern genügend Nahrung, ob beide Begriffe überhaupt zusammenpassen. Umso wichtiger ist hier die Einschätzung des Autors. Praxisbeispiele von Miele, der BMW Group, RWE, Lufthansa und Linde runden diesen Abschnitt ab.

Akteure der Nachhaltigkeit

Dieses Kapitel widmet sich den Akteuren der Nachhaltigkeit und dem sogenannten Stakeholder-Dialog. René Schmidpeters Beitrag etwa hat zum Ziel, die maßgeblichen Akteure und Vernetzungsinitiativen im Bereich der „Gesellschaftlichen Verantwortung von Unternehmen" in Deutschland aufzuzeigen. Hierzu entwickelt er eine Systematik, die dem Leser eine strategische Verortung der Diskussion sowie deren Akteure und Initiativen erlaubt. Abschließend erörtert der Autor, wie entlang der Prinzipien Innovation, Wettbewerb, Kooperation, Transparenz und Kommunikation das Thema Gesellschaftliche Verantwortung von Unternehmen in Deutschland weiter entwickelt werden kann. Wie diese Frage auf nationaler Strategieebene aussehen kann, erläutert wiederum Edgar Göll in seinem Artikel.

CSR bewegt sich als Thema dabei stets zwischen Abstraktion und konkretem Handeln. Nach Ansicht von Stefan Kunz bedarf es zum klaren Verständnis der Akteure einer definierten Terminologie, um jedwede Unklarheit respektive den unbewusst oder bewusst gehaltenen Interpretationsspielraum zu reduzieren. Der Fokus seines Aufsatzes ist die Definition von CSR und glaubhafter Integration sozialer und ökologischer Aspekte in ökonomischem Handeln.

Mit sozialen Organisationen und Unternehmen in Kooperationsprojekten beschäftigt sich schließlich Reinhard Lang. Die Basis jedes tragfähigen Kooperationsprojekts zwischen einem Träger und einem Unternehmen ist nach Ansicht des Autors die vertrauensvolle Beziehung der beiden Partner. Anders als bei der Beziehung zur öffentlichen Verwaltung gibt es hier keine Rechtsansprüche, keine kodifizierten Antragswege oder Fristen: Die Beziehung ist freiwillig – und deshalb muss sie aktiv hergestellt und gestaltet werden. Praxisbeispiele von Deutsche Post DHL, Bayer und Vodafone runden diesen Abschnitt ab.

Instrumente im CSR-Management

Das letzte Kapitel dieses Sammelbandes schließlich wirft einen Blick auf Managementinstrumente, die im Tagesgeschäft eines CSR-Managers zum Einsatz kommen. Zunächst erläutern Stefan Schaltegger und Mitarbeiter das Rüstzeug für den Business Case des Nachhaltigkeitsmanagements. Bei der praktischen Ausgestaltung und Umsetzung in Unternehmen treten häufig methodische und fachliche Know-how-Mängel auf. Sustainament, der MBA Sustainability Management, stellt sich diesem Defizit und setzt dabei auf Substanz.

„Werkzeuge" des Nachhaltigkeitsmanagements ist auch das Thema des zweiten Beitrages von Schaltegger: Das Besondere an dieser Managementaufgabe liegt demnach einerseits darin, ökologische, ökonomische und soziale Ziele integrativ zu verfolgen und andererseits in der Integration in das konventionelle Management. Aufgrund der teils schwer überschaubaren Vielzahl an „Werkzeugen" des unternehmerischen Nachhaltigkeitsmanagements ist eine systematische und umfassende Operationalisierung einer nachhaltigen Unternehmensentwicklung nicht immer einfach.

Abschließend stellt John Finisdore vom World Ressource Institute konkrete Instrumente und Maßnahmen zur Messung eines so sperrigen Aspektes wie Ökosystemdienstleistungen vor. Darunter versteht man all das, was die Natur an Ressourcen bereitstellt und vom Menschen bedenkenlos im Übermaß verbraucht wird, wie etwa saubere Luft, Wasser, Bodenschätze. Die „Corporate Ecosystem Services Review" (ESR) ist hier ein wichtiges Leitfaden, um sowohl die unternehmerische als auch die ökologische Performance zu überprüfen. Interviews mit den Hochschulprofessoren Henry Schäfer und C.B. Bhattacharya sowie Praxisbeispiele von TechniData und Volkswagen runden diesen Abschnitt ab.

Über den Autor

Dr. Elmer Lenzen ist Gründer der Mediengruppe macondo.

17

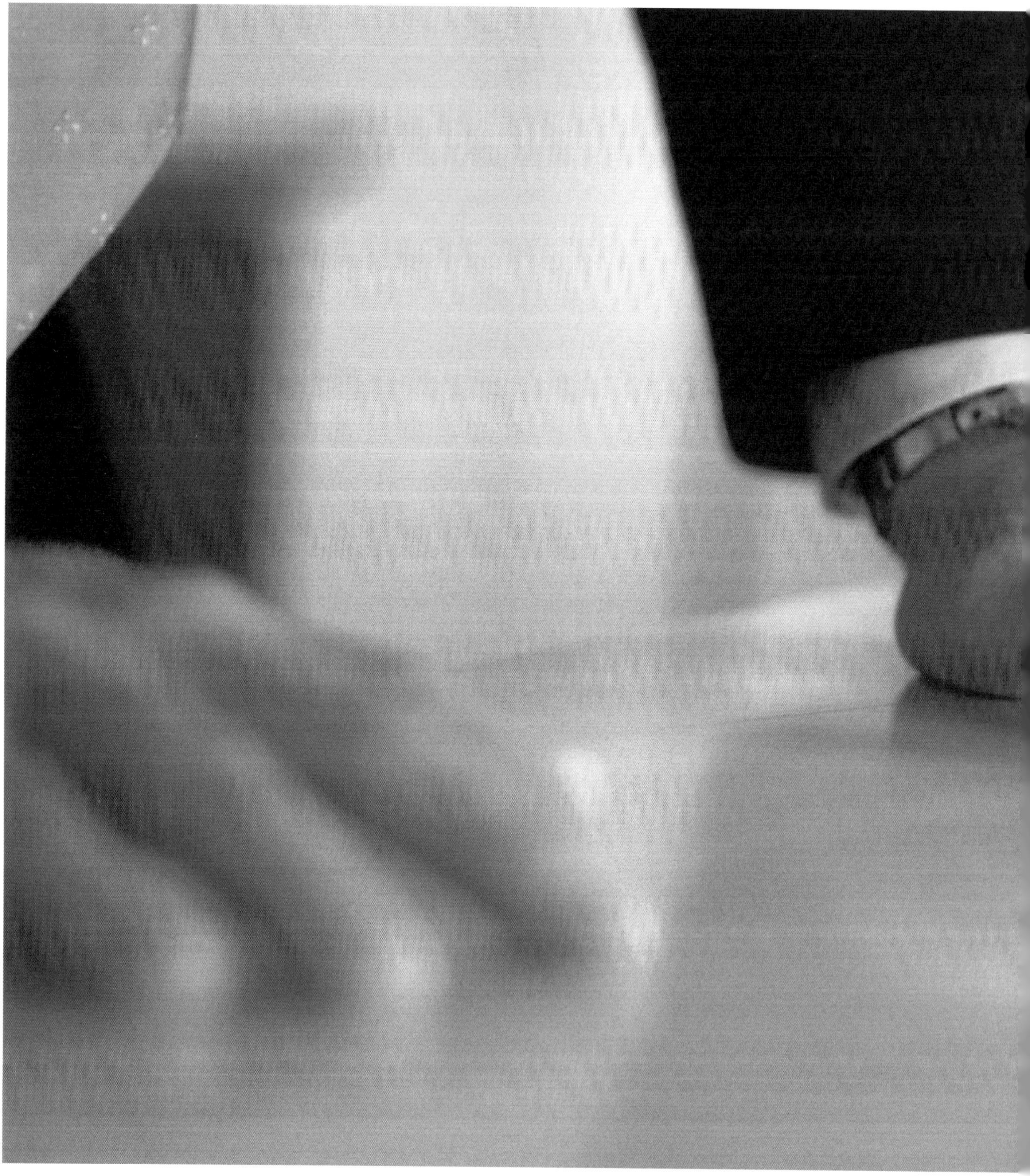

Standortbestimmung

20

Zur Ideengeschichte von „Nachhaltigkeit"

Von Prof. Dr. Konrad Ott

1. Ursprünge

Der Ausdruck „nachhaltig" oder „Nachhalt" entstammt der deutschen Forstwirtschaftslehre des 18. Jh. Der Gedanke lässt sich bis in die Forstordnungen der frühen Neuzeit zurückverfolgen. In Carlowitz' „Sylvicultura oeconomica" ist erstmals von einer „continuirlich beständige(n) und nachhaltende(n) Nutzung" die Rede. Carlowitz war Oberberghauptmann in Sachsen zurzeit August des Starken. Bergbau und Verhüttung verschlangen große Mengen an Holz. Die Umgebungen der Bergbaustädte waren häufig entwaldet worden. Man transportierte in Europa Holz über immer größere Entfernungen etwa vom Schwarzwald bis in die Niederlande (Flößerei). Angst vor Holzknappheit machte sich im 18. Jh. in weiten Teilen Mitteleuropas breit. Ein früher Diskurs über „natürliche Grenzen" entspinnt sich. Man werde, so die Befürchtung, in Zukunft an Holz „große Noth leiden" (Carlowitz). Eine ähnliche Befürchtung kursierte in England sogar schon früher. Die Entwaldung Englands schritt voran. Holzknappheit könnte den Flottenbau gefährden, wie Evelyn bereits 1664 befürchtete. Evelyn macht Verpflichtungen gegenüber zukünftigen Generationen geltend. Jede Generation sei „non sibi soli natus". Evelyn drang nicht durch, da man in England anfängt, Holz aus Skandinavien und den nordamerikanischen Kolonien zu importieren und Brennholz durch Steinkohle zu substituieren.

Carlowitz plädiert 1713 in seiner „Sylvicultura oeconomica" vor dem Hintergrund der Krisendiagnose der Holzknappheit für:
› „Holzsparkünste" (also eine Effizienzsteigerung);
› „Säen und Pflanzen der wilden Bäume" (also eine Art Investition in Naturkapital durch menschliche Tätigkeit);
› Suche nach „Surrogata" (also Substitution).

Carlowitz preist im Geiste der damaligen Naturtheologie die Natur als „milde" und „gütig" und beruft sich auf das „Bebauen und Bewahren" des jahwistischen Schöpfungsberichtes der Genesis. Dieses Bewahren ist für ihn eine Verpflichtung gegenüber der „Posterität", also den zukünftigen Generationen und dem Gemeinwohl. Im 18. Jh. wird vielfach auf Carlowitz' Ideen zurückgegriffen. Moser verändert 1757 „nachhaltend" in „nachhaltig". 1760 wird in einzelnen kleinen Fürstentümern wie etwa Sachsen-Weimar eine „nachhaltige Forsteinrichtung" betrieben. 1816 wird die Forstschule in Tharandt gegründet, aus der sich die erste Forstakademie der Welt entwickelte. Die „Klassiker" der rationellen Forstwissenschaft haben den Nachhaltigkeitsbegriff später weiter operationalisiert. Nachhaltigkeit ist also ursprünglich ein Konzept der Waldbewirtschaftung, bei der die Produktionskraft des Waldes (eine ökologische Größe) und die Holzernte (eine ökonomische Größe) so aufeinander abgestimmt werden, dass sich ein auf Dauer optimaler Ertrag ergibt. Dieser Ertrag wurde später als „maximum sustainable yield" konzipiert und ließ sich durch die forstwirtschaftliche Faustmann-Formel genauer berechnen, wobei sich die Faustmann-Formel allerdings erst im 20. Jh. durchsetzte. Der „Nachhalt"-Begriff ist also von Anbegin an normativ: Er erlegt der Nutzung natürlicher Ressourcen gewisse Schranken auf. Ein Gegenbegriff ist „Raubbau". Dieser Nachhaltigkeitsgedanke lässt sich, wie ebenfalls schon frühzeitig erkannt wurde, vom Wald auf andere Ressourcen übertragen, die in ihren jeweiligen Beständen durch Übernutzung bedroht sind oder sein könnten. Alle möglichen Formen von Raubbau an natürlichen Ressourcen können dadurch kritisiert werden. Aus den deutschen Forstgesetzen ist der Nachhaltigkeitsbegriff nie verschwunden.

2. Von den Grenzen des Wachstums

Robert Malthus' „Essay on the Principle of Population" ist eine weitere Abhandlung über Wachstumsgrenzen in einer endlichen Welt, die die Zeitgenossen stark bewegt. Malthus' düsterer Essay bezieht sich auf das Verhältnis von agrarischer Produktion und Bevölkerungswachstum. Die Bevölkerung Europas erhöhte sich zwischen 1750 und 1850 von (geschätzt) 140 auf 266 Millionen; die Bevölkerung Großbritanniens verdreifachte sich von (geschätzt) sieben auf über 20 Millionen Menschen. Es kursierte das Argument, wonach eine Verbesserung der Lage der Armen zu einer Bevölkerungszunahme führen müsse, in deren Konsequenz sich die Armut noch verschlimmern werde. Aus Angst vor Übervölkerung lehnten einige Autoren am Ende des 18. Jh. die Einführung der Blatternimpfung ab. So argumentierte etwa Justus Möser schon vor Malthus in den „Patriotischen Phantasien" (Werke Bd. 7, S. 59 ff.), dass die Impfungen die Kindersterblichkeit so stark reduzieren würden, dass die Welt „den Menschenkindern „zu enge" würde. Möser: „Ich halte es mit den natürlichen Blattern, die so fein aufräumen und auf jedem Hofe gerade ein Pärgen übrig lassen, was sich fein satt essen und dem lieben Gott recht viele Engel liefern kann."

Malthus' Kerngedanke ist der einer sich öffnenden Schere zwischen der geometrischen Vermehrung der Bevölkerung (1, 2, 4, 8) und der von ihm als optimistisch eingestuften möglichen arithmetischen Vermehrung der erzeugten Lebensmittel (1, 2, 3, 4). Malthus: „Die Lebensmittel (können) auch unter den dem menschlichen Fleiße günstigsten Umständen nicht dazu gebracht werden, sich schneller als in arithmetischer Reihe zu vermehren". Selbst unter Annahmen, die Malthus für optimistisch hält, ergibt sich somit ein Bild der Zukunft, wonach der Hunger in Europa präsent bleiben werde und der Arbeitslohn der Bevölkerungsmehrheit niemals weit über das Existenzminimum hinaus steigen könnte. Malthus erzeugt durch seinen Essay eine düstere Vision einer dauerhaften Subsistenzkrise in Europa. Die berühmte Passage, in der John S. Mill sich im Interesse der Nachwelt einen stationären Zustand erhofft, bezieht sich direkt auf Malthus' Vision: „Es liegt auch nicht viel befriedigendes darin, wenn man sich die Welt so denkt, dass für die freie Tätigkeit der Natur nichts übrig bliebe, dass jeder Streifen Landes, welcher fähig ist, Nahrungsmittel hervorzubringen, auch in Kultur genommen sei, dass jedes blumige Feld und jeder natürliche Wiesengrund beackert werde (...). Wenn die Erde jenen großen Bestand der Lieblichkeit verlieren müsste, den sie jetzt Dingen verdankt, welche die unbegrenzte Vermehrung des Vermögens und der Bevölkerung ihr entziehen würde, lediglich zu dem Zweck, um eine zahlreichere, nicht aber auch eine bessere und glücklichere Bevölkerung ernähren zu können, so hoffe ich von ganzem Herzen im Interesse der Nachwelt, dass man schon viel früher, als die Notwendigkeit dazu treibt, mit einem stationären Zustand sich zufrieden gibt."

Mills Hoffnung auf einen stationären Zustand bezieht sich an dieser Stelle auf eine Beschränkung des Bevölkerungswachstums. Auch für den Utilitaristen Mill kommt es somit nicht auf die Vermehrung der Anzahl von Menschen, sondern auf den Erhalt des „Bestandes an Lieblichkeit" der Natur an. Mill setzt dabei aber mit Malthus voraus, dass sich die Ernteerträge pro Flächeneinheit nicht drastisch würden steigern lassen. Diese Prämisse wiederum zieht Justus Liebig in Zweifel. Justus Liebigs Agrarrevolution ist für Liebig selbst eine Antwort auf Malthus' Problem. Die Erträge der traditionellen, Nährstoffe zehrenden Agrarkultur waren in der Tat nicht hoch genug, um die steigende Bevölkerung dauerhaft zu ernähren. Liebig setz nun aber Malthus' düsterer Vision, die er selbst zu Schreckensbildern von Hungersnöten mitsamt ihren Begleiterscheinungen bis hin zum Kannibalismus ausmalt, eine optimistische Vision „hoher und immer steigender Ernten von ewiger Dauer" entgegen. Dies ist ein Gedanke, der zur forstwirtschaftlichen Nachhaltigkeit historisch und systematisch parallel verläuft. Liebig fordert die Erhaltung der natürlichen Produktivität des Bodens. Er sieht keinen prinzipiellen Gegensatz zwischen natürlicher Bodenfruchtbarkeit und dem von ihm erfundenen Kunstdünger. Er fordert einen „vollen Ersatz der Bodennährstoffe", ansonsten betreibe man Raubbau. Liebigs Erfolge ebnen der modernen Landwirtschaft den Weg. Die rationelle Forstwirtschaft mit dem Ziel einer dauerhaft hohen Holzernte und die liebigsche Agrarrevolution mit dem Leitbild unaufhörlichen Wachstums der Getreideernten gehören daher zur Geschichte der Nachhaltigkeitsidee. Malthus galt durch die Erfolge der industriellen Revolution, die abnehmenden Geburtenraten am Beginn des 20. Jh., vor allem aber durch die Agrarrevolution Justus Liebigs als widerlegt. Dies war ein realhistorischer Grund für den Fortschrittsglauben des 19. Jh.

3. Wem gehört die Erde?

Im Jahre 1864 veröffentlicht der Diplomat, Unternehmer und Privatgelehrte George Perkins Marsh sein einflussreiches Hauptwerk: „Man and Nature: The Earth as Modified by Human Action". Marshs Ideal ist – ähnlich wie das politische Ideal Jeffersons – eine dörfliche Gemeinschaft, die an der Erhaltung der Natur und ihrer Nutzung gleichermaßen interessiert ist. Jefferson formuliert in einem Brief an Maddison am 6. September 1789 den geflügelten Satz: „The earth belongs in usufruct to the living!"

In den fünfziger Jahren des 19. Jh. wird Marsh Botschafter der USA in der Türkei, zwischen 1860 und 1864 in Italien. Während dieser Zeit bereist er den Mittelmeerraum. Auf der Grundlage seiner Beobachtungen beschreibt er in eindrucksvoller Weise, wie die Natur in Europa durch menschliche Eingriffe tiefgehend verändert und teilweise zerstört wurde und wird. Marsh wird ein früher Prophet des Gedankens von „wise use". Marsh betrachtet den Menschen als einen Störenfried des sich selbst regulierendes Gleichgewichts der Natur. Seine zerstörerische Fähigkeit ist Zeugnis seiner Sonderstellung: „But man is everywhere a disturbing agent. Wherever he plants his foot, the harmonies of nature are turned to discords" (1964, S. 34). Marsh ist der Meinung, dass die Zerstörung der Natur ein Zeichen des Niedergangs menschlicher Sitten sei und artikuliert ein Thema, das die Bürger seiner Zeit intensiv beschäftigt, das Thema des Verfalls der Menschheit: „The earth is fast becoming an unfit home for its noblest inhabitant, and another era of equal human crime and improvidence (...) would reduce it to such a condition of impoverished productiveness, of shattered surface, of climatic excess, as to threaten the deprivation, barbarism, and perhaps even extinction of the species" (1964, S. 43). Marsh fasst also bereits wenige Jahre nach der Veröffentlichung von Darwins „Origins of Species by Means of Natural Selection", die Möglichkeit eines Aussterbens der Spezies Homo sapiens als Folge von Raubbau an den natürlichen Ressourcen ernsthaft ins Auge.

Marsh verweist aber auch auf die Möglichkeit eines vernünftigen Umgangs mit natürlichen Ressourcen. Er meinte, dass man Natur aus dem Motiv des aufgeklärten Eigennutzes („enlightened selfinterest") heraus schützen lernen müsse. Bereits langfristige Klugheit spricht für die Erhaltung der natürlichen Grundlage wirtschaftlicher Aktivität. In einem frühen Vortrag mit dem Titel „Rutland County" vertritt Marsh Ansichten, die denen des heutigen Konzepts nachhaltiger Entwicklung nahekommen: „Man now begin to realize that man has a right to the use, not the abuse, of the products of nature; that consumption should everywhere be compensated by increasing production; and that it is a false economy to encroach upon a capital, the interest of which is sufficient for our lawfull uses" (zitiert in Ott et al. 1999, S.44). Dieses Motiv, von den Zinsen und nicht vom (Natur-)Kapital zu leben, macht Marsh zu einem Vorläufer des Nachhaltigkeitsgedankens in seiner starken Variante. Marsh erklärt wie Jefferson nur „usufruct" für statthaft („usufruct only"). Marshs Gedanken stehen auch Pate bei der Beendigung der Raubbauwirtschaft an den nordamerikanischen Wäldern und dem Beginn einer geregelten Forstwirtschaft in den USA an der Wende zum 20. Jh.

4. Erste deutsche Leitbilder

In den Jahren vor dem Ausbruch des Ersten Weltkrieges findet sich in Deutschland ein Spektrum von Leitbildern, die sich als „protoökologisch" bezeichnen lassen: Landesverschönerung, Gartenstadtbewegung, Sozialhygiene, Umweltmedizin, nachhaltige Waldbewirtschaftung, Natur- und Heimatschutz, Lebensreformbewegung und Naturdenkmalpflege. Die deutsche Landschaft des beginnenden 20. Jh. war zwar durch die Begradigung der Flüsse, der Trockenlegung der Moorgebiete, der Meliorisierung der Landwirtschaft und nicht zuletzt auch dem Talsperrenbau eine andere als die Landschaft um 1750; aber Möglichkeiten von Schutz, Schonung, Renaturierung usw. bestanden durchaus. Viele Arten sind in ihren Beständen reduziert, aber nicht ausgerottet (Kormoran, Seeadler, Fischotter, Biber u. a.). Die Artenvielfalt der Kulturlandschaft ging durch die modernen Formen der Agrarwirtschaft zunächst keineswegs merklich zurück. Die vielen Talsperren in den deutschen Mittelgebirgen konnten, ähnlich wie heutige Bergbaufolgelandschaften, auch neuen Lebensraum bieten. Zudem sollte man nicht übersehen, dass die veränderte Landnutzung auch Vorteile mit sich brachte. So ist die Nahrungsversorgung um 1900 deutlich besser als hundert Jahre zuvor.

Der deutsche Griff nach der Weltmacht zerstört 1914 allerdings schlagartig die Bedingungen, die einer friedlichen Weiterentwicklung der protoökologischen Konzepte förderlich hätten sein können. Die intellektuelle Verarbeitung der Traumata des Weltkrieges und der Niederlage sowie der verbreitete Revanchismus führen in Deutschland zu Radikalisierung geotechnopolitischer, rassistischer und revanchistisch-bellizistischer Leitbilder wie „totale Mobilmachung", „Lebensraum im Osten", „Erzeugungsschlacht", „Blitzkrieg", „Blut und Boden". Die Entwicklung bis hin zur deutschen Katastrophe ist bekannt.

5. Der Brundtlandt-Report

Drei Diskussionsstränge führen nach dem 2. Weltkrieg zur Formulierung der regulativen Idee nachhaltiger Entwicklung im WCED-Bericht von 1987 (sog. Brundtland-Report):
› Grenzen des wirtschaftlichen Wachstums und Umweltzerstörung
› Nachholende Industrialisierung als Entwicklungspfad
› „unequal-exchange"- und „self-reliance"-Konzepte in der Nord-Süd-Debatte.

Die „erste Welt" (USA, Europa, Japan) hat den welthistorisch einmaligen Weg der Industrialisierung beschritten – und zwar mit beachtlichem Erfolg. In den USA der Eisenhower- und Kennedy-Ära kommt es nach 1945 zu einem Massenwohlstand unbekannten Ausmaßes und der Vision einer „Great Society". In Europa sieht es ähnlich aus: Prosperität, Entschärfung der Klassengegensätze und „Wohlstand für alle" durch ständiges Wirtschaftswachstum. In dieser Zeit findet sich der Ausdruck „nachhaltig" 1961 nur in der „Grünen Charta von der Mainau", die zur Gründung des Deutschen Rates für Landespflege führt.

1972 erschien unter großem Medienecho das Buch über „Die Grenzen des Wachstums". Der „Club of Rome" liefert darin eine düstere Zukunftsprognose, gestützt auf ein Weltmodell, das von Forrester und Meadows entwickelt wurde. Die Autoren des „Club of Rome" glauben, ihrem (extrem groben) Weltmodell entnehmen zu können, dass die Menschheit auf einem sog. „boom-and-burst"-Pfad sei: exponentielles Wachstum, Überschreiten von natürlichen Grenzen, neue Knappheiten, Krise und Zusammenbruch. Aus diesem Modell werden dramatische Schlussfolgerungen abgeleitet, die für den Fall gelten, dass das exponentielle Wachstum unverändert fortgesetzt würde. Nach einem kurzen „Höhenrausch" werde die Menschheit noch vor dem Jahr 2100 in einen kümmerlichen Zustand zurückfallen (Absinken der Bevölkerung, DeIndustrialisierung, politische Krisen, Rückfall in einfache Lebensverhältnisse) – wenn sich politisch nichts ändert. Publikumswirksam ist vor allem die Prognose von dem Zur-Neige-Gehen wichtiger Rohstoffe. Metalle und andere Rohstoffe haben sich jedoch nicht als so knapp herausgestellt, wie der „Club of Rome" annahm. Hätten die Autoren des „Club of Rome" recht gehabt, so müssten bereits heute einige Stoffe (Kupfer, Zinn, Zink, Wolfram, Nickel, Silber usw.) derart knapp sein, dass deren Preis stark gestiegen sein müsste. Dies aber ist nicht der Fall. Neue Lagerstätten, verbesserte Fördertechniken, Marktmechanismen und vor allem Substitutionsprozesse haben dem Szenario der Rohstoffverknappung viel von seiner Dramatik genommen

Eine weitere zentrale Annahme des „Club of Rome" war, dass die Schadstoffemissionen in etwa parallel zum Wirtschaftswachstum zunehmen würden. Das darauf aufbauende Szenario einer exponentiell steigenden Umweltverschmutzung mit gravierenden negativen Konsequenzen für die Nahrungsmittelproduktion hat sich jedoch in den Industrieländern glücklicherweise nicht bestätigt. So entstand bspw. in den 1970er Jahren in Deutschland eine eigentümliche politische Konstellation aus Reformkräften in Regierung und Ministerialbürokratie, die Umweltschutzgesetze verabschiedeten, und einer „alternativen" Gegenöffentlichkeit, die diesen Reformismus kritisch begleitete und ihn immer wieder voran trieb. Durch vornehmlich technischen Umweltschutz werden die augenfälligsten Umweltschäden in den meisten Industrieländern deutlich reduziert: Luft, Fließgewässer, Müll usw. Die Möglichkeiten des technischen Umweltschutzes und der Umweltpolitik wurden insofern vom „Club of Rome" weit unterschätzt. Durch die Erfolge des technischen Umweltschutzes wurde die Wachstumsökonomie noch einmal für eine Weile gerettet. Die Prognoseirrtümer des „Club of Rome" waren natürlich nach 1990 Wasser auf den Mühlen traditioneller Ökonomen. Die

„grünen Apokalyptiker" schienen ähnlich überzeugend widerlegt wie die Malthusianer im 19. Jh. Hinzu kam der Zusammenbruch der östlichen Planwirtschafte, der einen siegreichen Kapitalismus als einzige Option des Wirtschaftens übrig zu lassen schien. Dies schränkte das Nachdenken über Nachhaltigkeit auf systemkonforme Konzepte (wie das Drei-Säulen-Modell) ein.

6. Entwicklungsdiskurse

Der Diskurs über die Grenzen des Wachstums war von Anfang an eng verbunden mit der Problematik der „Unterentwicklung" in der sog. Dritten Welt, d.h. der armen Länder der südlichen Hemisphäre. Das in der Nachkriegszeit dominierende Konzept der nachholenden Entwicklung besagte, dass das westliche Wirtschafts- und Gesellschaftsmodell vorbildlich und nachahmenswert für die gesamte Welt sei. Theoretisch einflussreich ist in dieser Zeit ein Phasenmodell nachholender Entwicklung, das von W.W. Rostow in „The Stages of Economic Growth. A Non-Communist Manifesto" entwickelt wurde. Die Dritte Welt sollte laut Rostow, grob gesagt, die Erfolgsgeschichte der Industrieländer, die modellhaft an Großbritannien illustriert wurde, nachholen. Ziel der sogenannten „Entwicklungshilfe" war es in diesem Konzept, diesen Prozess nachholender Industrialisierung zu beschleunigen und zu erleichtern. Die Botschaft Rostows war eindeutig: Es existiert eine universell gangbare und Erfolg versprechende „road to development". Wer sie geht, der wird zu den Gewinnern zählen, wer einen anderen Weg einschlägt (Sozialismus nach dem Vorbild der UdSSR oder Chinas, Autarkie-Konzepte), wird zu den Verlierern zählen. Auch diese Debatte ist in der heutigen Globalisierungsdebatte weiterhin virulent.

Der für viele bereits Geschichte gewordene Protest der späten sechziger Jahren geht mit einer „Dritte-Welt"-Romantik mitsamt der Hoffnung auf sozialistisch orientierten „self reliance"-Ansätze einher. Auch westliche Intellektuelle verehren charismatische Persönlichkeiten wie Mahatma Gandhi, Mao-Dse-dong, Julius Nyerere, Fidel Castro, Che Guevara. Es wäre falsch, diesen „antikapitalistischen" Diskussionszusammenhang der 70er Jahre aus der Vorgeschichte der sogenannten Brundtland-Kommission zu entfernen. In den 1970er Jahren existierte kurzzeitig eine kulturelle Hegemonie eines „linken" Diskurses. Die Diskussionslinien „Grenzen des Wachstums", Kritik am kapitalistischen „System" und am konsumistischen Lebensstil des Westens und die Suche nach „alternative Entwicklungsmodellen" wurden vielfach miteinander verknüpft. Das Konzept der nachholenden Entwicklung verlor in den 1970ern in links-intellektuellen Kreisen jeden Kredit und wurde durch „Dependenz"-Theorien und „Metropole-Peripherie"-Modelle ersetzt. Aus der Dependenztheorie entwickelte sich das Konzept der „self reliance" bzw. des „endogenous development from tradition", der „basic need approach" und „redistribution strategies" (vor allem: Bodenreform). Besonders der „Ecodevelopment"-Ansatz der Hammarskjöld-Foundation der 1970er Jahre ist nach wie vor erwähnenswert. Er beruht auf folgenden Leitlinien: 1) Befriedigung der Grundbedürfnisse weitgehend mit Hilfe der je eigenen Ressourcenbasis, 2) keine Kopie des westlichen Lebens- und Konsumstils, 3) Erhalt einer befriedigenden Umweltsituation, 4) Respekt vor kultureller Andersartigkeit und vor lokalen Traditionen, 5) Solidarität mit zukünftigen Generationen, 6) lokal angepasste Techniken, 7) lokale Partizipation insb. durch die Stärkung der Rolle von Frauen, 8) Erziehungsprogramme, 9) Familienplanung, 10) teilweise Abkopplung vom Weltmarkt und Entwicklung lokaler Märkte, 11) Orientierung auf religiöse und kulturelle Traditionen, 12) keinen Beitritt zu den militärischen Machtblöcken der NATO und des Warschauer Paktes.

Die „Erklärung von Cocoyok" (1974) und der Dag-Hammerskjöld-Bericht (1975) sind wichtige Dokumente dieser Zeit. In der

Erklärung von Cocoyok wird dem Begriff der Unterentwicklung der der Überentwicklung gegenübergestellt und es werden beide Begriffe in einen Kausalzusammenhang gebracht, dem zur Folge die Strukturen, die zur Überentwicklung führen, andernorts für Unterentwicklung verantwortlich sind. Die Industriestaaten, die 75-80 Prozent aller Ressourcen verbrauchen, werden in kausaler und moralischer Hinsicht verantwortlich für die Armut im Süden gemacht. Auch von den Grenzen der Belastbarkeit des Planeten ist die Rede. Als Maßnahmen werden vor allem Umverteilungen vorgeschlagen. Nicht Knappheit, sondern Ungerechtigkeit in der Verteilung der Güter wird als Hauptproblem angesehen. Der Begriff der Entwicklung soll neu definiert werden. Wirkliche Entwicklung zielt auf die Befriedigung der Grundbedürfnisse, auf ein Recht auf Selbstbestimmung, auf Arbeit und auf Teilnahme am öffentlichen Leben. Gefordert werden neue entwicklungspolitische Konzepte und eine deutliche Erhöhung der Entwicklungshilfe. Diese Ansätze verlieren in den 1980er Jahren jedoch stark an Bedeutung und versinken in den vielen Enttäuschungen über gescheiterte Projekte.

7. Zur Genese der „nachhaltigen Entwicklung"

Die internationale Gemeinschaft hatte 1980 unter dem Dach der Vereinten Nationen mit der Einsetzung der „World Commission on Environment and Development" (WCED) einen Weg gesucht, um das Ziel der Armutsbekämpfung in den Ländern des Südens, traditionelle Entwicklungskonzepte („nachholende Industrialisierung"), neuartige ökologische Herausforderungen und den damaligen Systemgegensatz von Marktwirtschaft und Staatssozialismus mitsamt den verbreiteten Ideen „dritter Wege" unter einen Hut zu bringen. Man datiert den Beginn der „neuen" Nachhaltigkeitsdebatte daher häufig mit dem Erscheinen des WCED-Berichts, was allerdings nicht korrekt ist. Die Nachhalt-Idee ist alt, der „Ecodevelopment"-Gedanke ist in vielen Debatten seit den siebziger Jahren implizit präsent und selbst der Terminus ist seit 1980 nachweisbar; er findet sich in der „World Conservation Strategy" der IUCN. Die Idee der Nachhaltigkeit wird somit durch den WCED-Report und dem Rio-Gipfel, dessen Protagonisten sich auf den Brundtland-Report bezogen, nur breitenwirksamer. Der Brundtland-Bericht sollte daher in die Kontinuität eines größeren Diskussionszusammenhanges gestellt und kontextualisiert werden.

Als normative Grundvorstellung wird im WCED-Bericht das Ziel einer dauerhaften Erfüllung menschlicher Grundbedürfnisse innerhalb der Tragekapazität der natürlichen Umwelt gewählt. Es wird konzeptionell versucht, die Konfliktlinien zwischen Umwelt- und Naturschutz, Armutsbekämpfung und Wirtschaftswachstum zu überwinden. Dafür (er)findet man eine Formel: „sustainable development". Gewiss ist diese Formel der Versuch der „Quadratur des Kreises", nämlich der Versuch, die älteren Modelle nachholender Industrialisierung nicht völlig zu negieren, die „self-reliance"-Ideen vorsichtig zu integrieren ohne sozialistischen Ideen allzu nahe zu rücken, auf die ökologischen Grenzen des Wachstums hinzuweisen, das alte UN-Ziel der Bekämpfung von Armut nicht aus den Augen zu verlieren, westliche Lebensstile nicht grundlegend in Frage zu stellen, das „Malthus-Thema" des Bevölkerungswachstums anzusprechen und dabei nach möglichst vielen Seiten politisch-diplomatisch anschlussfähig zu bleiben. Die Formel „sustainable development" ist im Vergleich zum fast völlig vergessenen Ecodevelopment-Ansatz eher „gemäßigt" und ihrer Genese nach eine Kompromissformel.

Die Formel „sustainable development" ist insofern ein dilatorischer Formelkompromiss (Schmitt 1928, S. 31 f.). Vom (fürchterlichen) Juristen Carl Schmitt stammt die durchaus sinnvolle Unterscheidung zwischen „echten" von „unechten" Kompromissen. Bei echten Kompromissen kommt es zu einer politischen Entscheidung durch ein beiderseitiges Nachgeben der streitenden Parteien. Scheinkompromisse hingegen bestehen für Schmitt darin, dass sich die Parteien nur auf eine verbale Formel einigen, „die allen widersprechenden Forderungen genügt und in einer mehrdeutigen Weise die eigentlichen Streitpunkte unentschieden lässt" (Schmitt 1928, S.32). Das Einverständnis der Parteien betrifft demnach nur die Formel, nicht aber die streitigen Sachlagen. Verschiedene Deutungen, Auslegungen, Akzentuierungen solcher Formeln sind möglich. Die eigentlichen Dissenspunkte tauchen in den Interpretationen nicht zufällig immer wieder auf. Daher enthält der WCED-Bericht keine systematische Konzeption von Nachhaltigkeit.

Die berühmte Definition der WCED lautet: „Sustainable Development is development that meets the needs of the present without compromising the ability of future generations to meet their own needs." Die offizielle deutsche Übersetzung lautete: „Entwicklung, die den gegenwärtigen Bedarf zu decken vermag, ohne gleichzeitig späteren Generationen die Möglichkeit zur Deckung des ihren zu verbauen". Damit ist ein ganzes „humanistisches" Zielbündel gegeben: kein Mensch soll hungern, kein Mensch soll obdachlos sein, kein Mensch soll absolut arm sein usw. Zugleich wird eine einschränkende Bedingung formuliert, die Mitglieder zukünftiger Generationen mit einen gleichen Recht auf eine Bedürfnisbefriedigung ausstattet. Der „needs"-Ansatz beruht auf der Unterscheidung zwischen „(basic) needs" und „wants". Neuere Arbeiten schlagen vor, die „needs-wants"-Debatte durch ein komplexeres Modell menschlicher Fähigkeiten zu ersetzen.

8. Nachhaltigkeitsdebatten

Die Formel „sustainable development" wurde mit „nachhaltige", „tragfähige", „zukunftsfähige" und „stabile Entwicklung" (so die DDR-Übersetzung aus dem Jahre 1988) ins Deutsche übertragen. Der Sachverständigenrat für Umweltfragen (SRU) entschied sich für die Formulierung „dauerhaft-umwelt-gerechte Entwicklung", um den Begriff umweltpolitisch zu akzentuieren. Mit der terminologischen Festlegung verband der SRU die Hoffnung, dass sich die Nachhaltigkeitsidee als Leitkonzept der Umweltpolitik durchzusetzen vermöchte. Die Ausdrücke „nachhaltig" und „dauerhaft-umweltgerecht" können demnach als Synonyme verwendet werden. Der deutsche Nachhaltigkeitsdiskurs wird in Brand und Jochum in seinen Grundzügen dargestellt.

Legt man das in der Wissenschaftstheorie häufig verwendete Schema von explorativen, paradigmatischen und postparadigmatischen Phasen der Theoriebildung zugrunde und geht man von der Interdependenz zwischen einem politischen und einem wissenschaftlichen Strang der Gesamtdebatte aus, so ist es wenig verwunderlich, dass in der stark explorativen Phase der „neuen" Nachhaltigkeitsdebatte, in der viele ältere Gedanken zunächst auch untergingen, eine Fülle von konzeptionellen Ansätzen kursieren. Der Nachhaltigkeitsdiskurs der 1990er Jahre erscheint auf der konzeptionellen Ebene wie die Neuerfindung des Rades unter den Bedingungen nach der staatlichen Einheit Deutschlands im Jahre 1990.

Eine der Vorgaben der Agenda 21 ist die Entwicklung nationaler Nachhaltigkeitsstrategien. Ein erster deutscher Beitrag hierzu wird vom BMU bereits 1998 vorgestellt. Die Regierungskoalition aus SPD und Bündnis '90/Die Grünen haben in ihrer Koalitionsvereinbarung die Entwicklung einer nationalen Nachhaltigkeitsstrategie bekräftigt. Im Jahr 2000 wurden durch die Einsetzung eines Staatssekretärsausschusses und durch die Ernennung des „Rates für nachhaltige Entwicklung" Fortschritte hinsichtlich der Institutionalisierung erzielt. Damit wurde den Forderungen Rechnung getragen, die Fragen einer dauerhaft umweltgerechten

Entwicklung als ein ressortübergreifendes Querschnittsthema politischen Handelns anzuerkennen, und das Thema einer breiten Öffentlichkeit zu vermitteln. Die Bundesregierung konnte rechtzeitig zur Rio-Folgekonferenz in Johannesburg 2003 die deutsche Nachhaltigkeitsstrategie vorstellen. Mittlerweile ist eine Biodiversitätsstrategie in die Nachhaltigkeitsstrategie integriert, da von unterschiedlicher Seite mehrfach geltend gemacht wurde, dass eine jede Nachhaltigkeitsstrategie ohne Einbeziehung des Schutzes von Biodiversität wesentlich unvollständig sei. Insofern ist die deutsche Nachhaltigkeitsstrategie durchaus offen für Schwerpunktsetzungen, die auch auf theoretisch-konzeptionellen Annahmen beruhen könnten. Diese Studien können daher immer auch unter dem Blickwinkel gelesen werden, welche Handlungsfelder und -ziele prioritär in politische Nachhaltigkeitsstrategien integriert werden sollten.

9. Aktuelle Trends

Zur Systematisierung des Nachhaltigkeitsverständnisses hat insbesondere der Sachverständigenrat für Umweltfragen beigetragen. Das Umweltgutachten (UG) des SRU aus dem Jahre 1994 schlägt eine Brücke zwischen Umweltethik und Nachhaltigkeit, die terminologisch als „dauerhaft umweltgerechte Entwicklung" bezeichnet wird. Zentral in UG 1994 sind die Begriffe der Retinität (Vernetzung) und der Abwägung. Retinität wird als Ausdruck für die Gesamtvernetzung der zivilisatorischen Tätigkeit mit der sie „tragenden" Natur und als ein Handlungsprinzip verstanden. Retinität ist allerdings kein direktes Handlungsprinzip, sondern vielmehr ein epistemisches Prinzip, dass insbesondere politisch Verantwortliche verpflichtet, die Auswirkungen ihrer Entscheidungen und Programme auf natürliche Systeme auf unterschiedlichen Zeitskalen umfassend zu berücksichtigen. In den umweltökonomischen Ausführungen wird in UG 1994 festgehalten, dass eine Substitution zwischen unterschiedlichen Kapitalarten nur begrenzt möglich ist. Diese Aussage impliziert eine Position, die zumindest den dauerhaften Erhalt des sog. kritischen Naturkapitals fordert. Diese Forderung in Verbindung mit dem (epistemischen) Retinitäts- und dem (normativen) Vorsorgeprinzip tendiert in Richtung „starker" Nachhaltigkeit.

Das Umweltgutachten 2002 rückt die Kontroverse zwischen den miteinander konkurrierenden Grundkonzepten der „schwachen" und der „starken" Nachhaltigkeit in den Mittelpunkt. Breiten Raum nimmt der kritische Vergleich beider Konzepte ein. In Textziffer 28 wird das Fazit dieser Auseinandersetzung gezogen. Die Multifunktionalität ökologischer Systeme, die Ungewissheit hinsichtlich zukünftiger Präferenzen und das Vorsichtsprinzip führen zu dem „Grundsatz, das Naturkapital über die Zeit hinweg konstant zu halten". Dieser Grundsatz entspricht der sog. Constant Natural Capital Rule (CNCR), die als das Herzstück der Konzeption „starker" Nachhaltigkeit gelten kann. Eine Regel ist generell eine Vorschrift, die befolgt werden kann und soll. In diesem Sinn ist die CNCR eine Restriktion, die der gesellschaftlichen Entwicklung auferlegt wird. Daher gilt, dass auch die wirtschaftliche, kulturelle und soziale Entwicklung nur dann als nachhaltig gelten kann, wenn gleichzeitig diese Regel befolgt wird. Die Haupt- und Sondergutachten des SRU aus den Jahren 2002 bis 2008 enthalten Konkretion und Spezifikation dieses Grundkonzeptes „starker" Nachhaltigkeit.

Über den Autor

Dr. Konrad Ott ist Professor für Umweltethik am Botanischen Institut der Universität Greifswald.

Corporate Social Responsibility – Entstehung und Transferbedingungen eines Konzepts

Das Konzept der „Corporate Social Responsibility" (CSR) ist seit Mitte der 1990er Jahre als scheinbar junges Phänomen in den Fokus der deutschen Öffentlichkeit gerückt. Die grundsätzliche Frage indes, welche Verantwortung Unternehmen in der und für die Gesellschaft zukommt, stellt sich seit der Entwicklung differenzierter Gemeinwesen. Die Antworten auf diese Frage und daraus abgeleitete praktische Konsequenzen fielen im Laufe der Geschichte durchaus unterschiedlich aus: Erste Elemente unternehmerischer Verantwortung lassen sich bereits im Gesetzeswerk des alten Mesopotamien orten. Im Mittelalter suchten große Handelsfamilien ihr christliches Seelenheil durch Stiftungen in der Armenfürsorge zu sichern. Im 19. Jahrhundert förderten Unternehmer in Deutschland in Folge der industriellen Revolution und der damit verbundenen sozialen Notlage in weiten Kreisen der Arbeiterschaft Wohnbauprojekte oder die Krankenversorgung in der lokalen Umgebung, bevor sich mit der Bismarckschen Sozialgesetzgebung der deutsche Sozialstaat auszudifferenzieren begann.

Das explizite Konzept einer „Corporate Social Responsibility" wurde jedoch in den USA entwickelt. Es wurzelt somit in einer liberalen Staatsvorstellung, nach der der Staat allgemeine Rahmenbedingungen setzt, die den Bürgerinnen und Bürgern vergleichsweise großen Gestaltungsraum überlassen. Aus dem Überlassen dieses Freiraums entsteht im Gegenzug die Verantwortung, diesen Raum aktiv zu gestalten und sich für die Gesellschaft einzusetzen. Ausgehend von diesem Verständnis des Zusammenwirkens von Staat und Gesellschaft entstand unter US-amerikanischen Unternehmen ein eigenverantwortliches Engagement für die Gesellschaft, wie beispielsweise in den bis heute bekannten Stiftertraditionen von Andrew Carnegie oder Henry Ford. Aber auch in den USA wurde die gesellschaftliche Rolle von Unternehmen v.a. in krisenhaften Zeiten verstärkt diskutiert und geriet beispielsweise im Zuge der Weltwirtschaftskrise der 1930er Jahre in die Kritik. Nach dem Zweiten Weltkrieg schuf der US-Wirtschaftswissenschaftler Howard Bowen den heute so weit verbreiteten Begriff „Corporate Social Responsibility", um verantwortliches Handeln von Unternehmern zu beschreiben.

CSR in den USA und in Europa

Die ersten Anmerkungen zur Entwicklung des Konzepts CSR machen bereits deutlich, dass das US-amerikanische Konzept unternehmerischer Verantwortung in Europa auf Rahmenbedingungen trifft, die sich von den US-amerikanischen unterscheiden. Für die Entwicklung eines politischen CSR-Ansatzes, der unternehmerische Verantwortung in Deutschland bestmöglich fördert, ist es daher essentiell, die unterschiedlichen historischen und gegenwärtigen Bedingungen mit in den Blick zu nehmen:

Geprägt durch die Siedlergeschichte und die damit verbundene tragende Funktion von wirtschaftlichen Projekten für den Aufbau des Gemeinwesens werden Unternehmen in den USA bis heute stärker als in Europa als inhärenter Bestandteil der Gesellschaft begriffen: „business corporations […] have […] been perceived as social institutions with substantial responsibility for the moral and physical character of the communities in which they have invested" (Vogel 1992: 42). Bis heute wird in den USA vor diesem Hintergrund die aktive Mitwirkung von Unternehmen an der Gestaltung der Gesellschaft eingefordert und wahrgenommen. Unternehmen treffen dabei auf ein vergleichsweise hohes Maß an Vertrauen in der Gesellschaft. Diesem Vertrauen liegen u.a. die protestantische Ethik und das calvinistische Weltbild zugrunde, nach dem der Erfolg durch Arbeit beweist, dass die betreffende Person zu den wenigen Individuen zählt, die nach ihrem Tod das ewige Leben erwartet.

Die Unterschiede zur europäischen Tradition liegen auf der Hand: Weniger der unternehmerisch handelnde Bürger als vielmehr institutionalisierte Herrschaftshäuser und Staatslenker haben die Geschichte des Kontinents geprägt. Aufgrund dieser im Vergleich zu den USA anders gewichteten historischen Rollenverteilung wird in Europa bis heute den staatlichen Institutionen eine hohe Verantwortung und Fähigkeit für die Ausgestaltung der Gesellschaft zuerkannt wie gleichermaßen abgefordert. Die Vorstellung, dass der Staat den vorgängigen Ort bildet, in dem Regeln definiert werden, die die Unternehmen dazu ermächtigen Gewinnziele zu verfolgen, ist hier besonders stark verankert. Der Ruf nach einem „starken Staat" ist zwar auch in Europa in den letzten Jahren leiser geworden, jedoch keineswegs verstummt. In wirtschaftlichen Krisenphasen, wie beispielsweise während der Krise des Finanzmarktes 2008, wird er regelmäßig lauter.

Als Konsequenz aus der als stärker begriffenen Rolle des Staates sind viele Gesellschaftsbereiche, die in den USA Terrain für „Corporate Social Responsibility" darstellen, in Europa maßgeblich durch staatliche Gesetze geregelt. So stellt beispielsweise die Krankenversicherung in Europa keinen Bereich dar, in dem Unternehmen in freiwilliger Weise verantwortlich gegenüber den Arbeitnehmerinnen und Arbeitnehmern auftreten können, sondern einen Bereich, in dem Arbeitgeberinnen und Arbeitgeber wie Arbeitnehmerinnen und Arbeitnehmer gesetzliche Auflagen zu erfüllen haben. In diesem Sinne ist „Verantwortung" in Europa in höherem Maße institutionalisiert.

In einem ersten Zwischenfazit lässt sich also festhalten, dass das Konzept CSR aus einem angloamerikanischen Kontext heraus entstanden und in diesen einzuordnen ist. In dieser Tradition sind Unternehmen in geringerem Maße auf formelle Weise verpflichtet, sich für das Wohlergehen der Gesellschaft einzusetzen. Sie tun dies jedoch in den vergleichsweise weiten Räumen, denen ihnen der liberale Staat lässt, aus ihrem Selbstverständnis als Teil der Gesellschaft. In (Kontinental-)Europa hingegen werden Unternehmen stärker als Akteure verstanden, die durch den Staat in hohem Maße verpflichtet werden, am Wohl der Gesellschaft mitzuwirken. Für ein über die Vorgaben hinausgehendes Engagement bleibt in der Folge weniger Raum. Dennoch hat das Konzept von CSR seit den 1990er Jahren auch in Europa an Bedeutung gewonnen.

Globalisierung und CSR

Die Ursachen für den Bedeutungsgewinn von CSR in Europa sind in einem Ursachenbündel zunehmender Globalisierung und damit verbundener abnehmender Regulierungsfähigkeit der Nationalstaaten auszumachen. Das klassische europäische Verständnis, demzufolge der Politik das Primat gegenüber der Wirtschaft zukommt, erodiert dabei bereits seit Ende der 1970er Jahre. Bereits zu dieser Zeit, als die finanziellen Spielräume der Staatshaushalte u.a. infolge der beiden Ölkrisen reduziert waren, wurde die „Krise des Wohlfahrtsstaates" proklamiert. Eine neue Qualität der Verschiebung des Verhältnisses von Wirtschaft und Politik setzte jedoch mit dem Phänomen der Globalisierung ein. Beschrieben wird damit der Prozess der Intensivierung grenzüberschreitender Beziehungen von ökonomischen, aber auch gesellschaftlichen Akteuren. In der Konsequenz entstand eine zunehmende transnationale Interdependenz ökonomischer und gesellschaftlicher Aktivitäten. Getragen wurde diese Entwicklung von der ökonomischen Liberalisierung im Rahmen der Welthandelsorganisation (WTO) und ihrem Vorläufer der GATT, von fortschreitenden technologischen Entwicklungen, dem Ende der politischen Systemkonfrontation und neuen globalen Herausforderungen (z.B. Klimawandel, global auftretenden Krankheiten, Terrorismus etc.). In den Worten von Giddens lautet das Ergebnis: „the modes of connection between different social contexts or regions become networked across the earth's surface as a whole". In diesem Prozess der zunehmenden globalen Vernetzung verlieren die Nationalstaaten an Gestaltungseinfluss. Ihre Durchsetzungskraft ist auf das staatliche Territorium beschränkt, während die Subjekte staatlicher Regulierungen, insbesondere Unternehmen, grenzüberschreitend agieren. Nationale Gesetzgebung und nationale Rechtsdurchsetzung verlieren in dem Maße an Einfluss, in dem Unternehmen die Möglichkeit nutzen, ihr Kapital weltweit flexibel einsetzen; Staaten stehen somit in Wettbewerbsdruck um ökonomische Standortbedingungen. Unter den Bedingungen der Globalisierung stellen demnach Unternehmen einflussreiche Akteure in der Gestaltung grenzüberschreitender und nationaler politischer Prozesse dar. Aber nicht nur die Wirtschaft, sondern auch die Zivilgesellschaft organisiert sich zunehmend auf globaler Ebene. Beide Akteursgruppen gemeinsam, so scheint es, „entwickeln gleichsam neben Politik und Staat neue Steuerungs- und Kooperationsformen und beeinflussen so marktwirtschaftlich Prozesse und deren Folgen." (Mutz 2008: 27)

Mit dem gewachsenen Einfluss von Unternehmen für die Gestaltung der Welt geht die wachsende zivilgesellschaftliche Forderung einher, diese Gestaltung in verantwortlicher Weise vorzunehmen. Dieser Forderung nachzukommen, ist in der Folge keine Entscheidung, die Unternehmen gänzlich ins Belieben gestellt wäre. Vielmehr sichert ein verantwortungsvolles Auftreten von Unternehmen die Akzeptanz einer „license to operate", und darüber hinaus der neuen Rolle von Wirtschaftsunternehmen als zentrale auch politische Akteure. CSR stellt somit einen exemplarischen Bereich für die Neuordnung des Verhältnisses von Wirtschaft, Politik und Gesellschaft unter den Bedingungen der Globalisierung dar. Der bisweilen erhobene Vorwurf, es handle sich bei der Diskussion um unternehmerische Verantwortung um eine „Modeerscheinung", missachtet daher die Tragweite des Phänomens.

Auf die Frage, welche Rolle die Politik in diesem Prozess einnehmen soll, haben die unterschiedlichen europäischen Staaten durchaus unterschiedliche Antworten gefunden. Um unter den Bedingungen der Globalisierung politische Steuerungsfähigkeit zu erhalten bzw. zurückzugewinnen, ist es für politische Akteure dabei essentiell, sich in laufende Debatten einzubringen und als Initiator neuer Dialogprozesse aufzutreten. Gerade die deutsche CSR-Debatte vollzieht sich derzeit zwischen Unternehmen und immerhin mit Unterstützung einiger Organisationen der Zivilgesellschaft, während eine moderierende Rolle der Politik fehlt. Indem sich Politik an dieser Stelle einbringt, können formalisierte Einflussmöglichkeiten, die im Zuge von Deregulierungs- und Privatisierungsprozessen verloren gegangen sind, im Rahmen neuer Formen von Governance hinzugewonnen werden. „Governance" beschreibt dabei die Art und Weise, wie gesellschaftliche Entscheidungen getroffen und umgesetzt werden. Bezeichnet werden damit also Mechanismen von Steuerung, Regelung und Koordination, die in der modernen, komplexen Gesellschaft dafür sorgen, dass aus der Komplexität individueller und kollektiver Perspektiven funktionierendes gesellschaftliches Handeln entsteht. Die konkreten Ausgestaltungsformen solcher Aushandlungsprozesse wie auch gesellschaftlicher Zuständigkeiten und Arbeitsteilungen sind dabei vielfältig. Als eines der formalisierteren Instrumente können beispielsweise Multistakeholder-Foren gelten.

Auf EU-Ebene werden derartige Instrumente bereits aktiv genutzt und in den CSR-Kontext einbezogen. So hat die Europäische Kommission mit der Veröffentlichung eines Grünbuchs zu CSR die Diskussion angeregt, weiter verfolgt und kommentiert. Darüber hinaus hat sie das European Multistakeholder Forum on CSR ins Leben gerufen, das die Debatte weiter vorangetrieben hat. Im März 2006 schließlich hat die Kommission die Europäische Allianz für wettbewerbsfähige und nachhaltige Unternehmenspolitik initiiert. In diesem Unternehmensnetzwerk wird der Austausch über bewährte CSR-Praktiken weitergeführt.

CSR in Deutschland

Die Thematik gesellschaftlicher Verantwortung von Unternehmen findet zwar unter dem Eindruck der Globalisierung mittlerweile auch in Deutschland steigende, insbesondere gesellschaftliche Aufmerksamkeit, stellte bis vor einigen Jahren aber ein in der breiten Öffentlichkeit kaum diskutiertes Thema dar. Die Tatsache, dass über CSR in Deutschland erst in neuerer Zeit diskutiert wird, lässt sich beispielsweise daran ablesen, dass sich bis vor einigen Jahren weder die Medien noch die Wissenschaft explizit mit dem Thema auseinandergesetzt haben. Für die Bearbeitung des Themas seitens der deutschen Politik wird konstatiert, dass eine strategische Auseinandersetzung mit dem Thema CSR noch nicht stattgefunden habe bzw. „sich Politik und Staat im Vergleich zu anderen Ländern auffällig abstinent verhalten" (Mutz 2008: 46). De facto haben die deutschen Bundesministerien allerdings bereits eine ganze Reihe von Aktivitäten im CSR-Kontext gesetzt. Diese werden jedoch häufig nicht unter dem Begriff CSR geführt und daher in der CSR-Debatte weniger wahrgenommen. Mit der Konferenz „Unternehmen in Verantwortung – Ein Gewinn für alle." im April 2008 hat das Bundesministerium für Arbeit und Soziales den Auftakt für eine aktive Wahrnehmung seiner Federführung im CSR-Bereich gesetzt.

Allgemeine Strukturbedingungen für CSR in Deutschland

Die Diskussion über unternehmerische Verantwortung findet in Deutschland vor dem Hintergrund des Wandels statt, der sich in Deutschland durch die Globalisierung vollzieht, während gleichzeitig kulturelle Traditionen des Landes fortwirken und Spezifika deutscher Gesellschafts- und Wirtschaftstraditionen die Debatte beeinflussen.

Sozialstaat und soziale Marktwirtschaft

Eine der Strukturbedingungen für den Umgang mit unternehmerischer Verantwortung in Deutschland stellt die Tradition des starken Staates dar. Die Erwartungshaltung an den Staat, Gesellschaft umfassend zu gestalten, ist vor diesem Hintergrund stark ausgeprägt. Auch aus dieser Tradition heraus ist die Bundesrepublik Deutschland als Sozialstaat ausgestaltet. Die Grundlage hierfür wurde Ende des 19. Jahrhunderts mit dem Bismarckschen Modell der Sozialversicherung gelegt, die gleichzeitig eine korporatistische Verflechtung von Staat und Gesellschaft widerspiegelt.

Seit der Gründung der Bundesrepublik definiert Artikel 20 des Grundgesetzes: „Die Bundesrepublik Deutschland ist ein demokratischer und sozialer Bundesstaat". Artikel 14 hält fest: „Eigentum verpflichtet. Sein Gebrauch soll zugleich dem Wohle der Allgemeinheit dienen." Als Zielsetzungen des Sozialstaates gelten dabei typischerweise die Sicherung von Chancengleichheit und menschenwürdiger Lebensbedingungen, die Armutsbekämpfung, die Absicherung in Notlagen und bei Einkommensausfall bedingt durch Alter, Invalidität, Krankheit und Arbeitslosigkeit oder die soziale Finanzierung von Kindererziehung. Konkrete Ausgestaltungsformen zeigen sich beispielsweise in der Grundsicherung, in Transferleistungen (Kindergeld, Elterngeld, BAföG, Wohngeld) und in den modernen Sozialversicherungen (Krankenversicherung, Rentenversicherung, Unfallversicherung, Pflegeversicherung, Arbeitslosenversicherung). Gekoppelt mit der sozialen Ausgestaltung der Gesellschaft unter der Ägide des Staates ist in Deutschland das Konzept der sozialen Marktwirtschaft, in dem die Vereinbarung des kapitalistischen Marktprinzips mit einer sozialen Ausgestaltung der Gesellschaft angestrebt wird.

Die allgemeine Erwartungshaltung an den Staat ist dabei keineswegs allein für die Haltung der Zivilgesellschaft charakteristisch. Auch die traditionelle deutsche Unternehmenssicht verortet die Zuständigkeit für „das Soziale" bei Staat und Politik. Anders als bei dem US-amerikanischen „Corporate Citizen", der sich in seine gesellschaftliche Umwelt aus seinem Verständnis einbringt, Teil dieser Gesellschaft zu sein, ist die Motivation für deutsche Unternehmen stärker in der ökonomischen Nutzengenerierung verankert. Anders als im US-amerikanischen Kontext sehen deutsche Unternehmen ihre Verantwortung für das Gemeinwesen jenseits ihrer gewöhnlichen Geschäftsprozesse vor dem Hintergrund von vergleichsweise hohen Steuerzahlungen und Abgaben tendenziell als erfüllt an. Traditionell bestand bisher folglich in Deutschland weitgehende Einigkeit unter allen drei großen Akteursgruppen – Wirtschaft, Gesellschaft und Politik –, dass die Politik den Bereich „des Sozialen" besetzt.

Bei weiteren klassischen Handlungsfeldern für CSR wie etwa Kultur und Sport gelten diese Feststellungen eingeschränkt ebenfalls. Eine stark ausdifferenzierte staatliche Förderlandschaft in Deutschland verortet die Zuständigkeit für eine Grundversorgung auch dieser Bereiche beim Staat, auch wenn sich hier deutlich partnerschaftlichere Förderstrukturen und ein insgesamt größeres Betätigungsfeld für – ein freilich selten im anspruchsvolleren Sinne strategisches – CSR herausgebildet haben.

Hohe Regulierungsdichte

Um den Anforderungen an einen Sozialstaat und an die Rahmengestaltung der sozialen Marktwirtschaft nachzukommen, regelt der Staat die Gestaltung der Gesellschaft in einer Vielzahl von Gesetzen. Im Ländervergleich gilt Deutschland in Bezug auf die allgemeine Regulierungsintensität als ein eher stark reguliertes Land. Bei der Betrachtung der Regulierung des Arbeitsmarktes im Besonderen sticht Deutschland im internationalen Vergleich als Land mit der zweithöchsten Regulierungsdichte heraus. Einen anderen stark regulierten Bereich bildet beispielsweise der Umweltschutz. Hier hat ein seit den 1960er Jahren stark ausgebildetes zivilgesellschaftliches Bewusstsein für den Schutz der natürlichen Ressourcen den Staat in neue Regulierungsgebiete eintreten lassen.

Sozialstaat, soziale Marktwirtschaft und hohe Regulierungsdichte: Konsequenzen für die politische Förderung von CSR

In zweierlei Hinsicht beeinflussen die sozialstaatlichen Strukturbedingungen sowie die daraus resultierende hohe gesetzliche Regulierungsdichte die CSR-Debatte in Deutschland: Zum einen ist der Bereich, in dem Unternehmen CSR-Aktivitäten entwickeln können, strukturell dadurch beschränkt, dass der Staat bereits ein hohes Maß an sozialen Sicherungen erbringt bzw. gesetzlich fordert. Das hohe Niveau gesetzlicher Regulierungen setzt dem freiwilligen, über die gesetzlichen Vorgaben hinausgehenden, Engagement von Unternehmen enge Grenzen. Zum anderen führt die Tatsache, dass das Politikinstrument der gesetzlichen Regulierung derart im Vordergrund steht, dazu, dass die CSR-Diskussion in Deutschland stark auf die Debatte Regulierung versus Freiwilligkeit fokussiert ist. Alternative, stärker auf Aushandlungsmodi zielende Formen der Politikgestaltung, neue Formen der Governance also, werden vernachlässigt. Dabei ist gerade in Deutschland eine besondere Form aushandelnder gesellschaftlicher Gestaltungsfunktion durchaus etabliert.

Sozialpartnerschaftliche Vereinbarungen

Neben der im internationalen Vergleich hohen Regulierungsdichte weist Deutschland im Bereich der Arbeitswelt als strukturelle Besonderheit einen in hohem Maße institutionalisierten

Austausch zwischen Arbeitgeberinnen und Arbeitgebern und Arbeitnehmerinnen und Arbeitnehmern auf. In der „Sozialpartnerschaft" vereinbaren beide Akteursgruppen im Rahmen gesetzlicher Spielräume konkrete Ausgestaltungsformen der Arbeitsbeziehungen. Im System der Mitbestimmung sind Arbeitnehmerinnen und Arbeitnehmer zudem an Unternehmensentscheidungen beteiligt. Gerade im Bereich der Arbeitspolitik zeigt sich also, dass in Deutschland neben dem Instrument der gesetzlichen Regulierung weitere Instrumente in der Gestaltung der Gesellschaft umfassend und erfolgreich eingesetzt werden.

Gerade der Erfolg der Sozialpartnerschaft zeigt aber auch, dass es über das hohe Maß an gesetzlicher Regulierung hinaus weitere Bereiche gibt, die in einer Weise geregelt sind, die den Spielraum für ein freiwilliges Engagement von Unternehmen weiter reduziert. Vor dem Hintergrund der klar definierten Strukturen im Rahmen der Sozialpartnerschaft und den Möglichkeiten der betrieblichen Mitbestimmung ist es wenig überraschend, dass Gewerkschaften die Möglichkeit eines möglichen freiwilligen Engagements von Unternehmen eher zurückhaltend behandeln. Sie zweifeln an der Verbindlichkeit freiwilliger Selbstverpflichtungen und befürchten ein Aufweichen bestehender verbindlicher Vereinbarungen. In der CSR-Debatte treten Gewerkschaften daher bisher eher zurückhaltend auf.

Sozialpartnerschaftliche Vereinbarungen: Konsequenzen für die politische Förderung von CSR

Die Sozialpartnerschaft als Strukturbedingung in Deutschland weist für die weitere Entwicklung von CSR in Deutschland also sowohl Vorteile als auch Nachteile auf: Sie stellt insofern eine förderliche Bedingung dar, als das Verfahren strukturierter Dialoge zwischen unterschiedlichen Stakeholdergruppen prinzipiell erprobt und eingeübt ist. In der Sozialpartnerschaft ist zudem der Gedanke verankert, dass gesellschaftliche Vereinbarungen jenseits staatlicher Gesetze zu effektiven Regelungen bestimmter Bereiche führen. Gleichzeitig jedoch wurde durch sozialpartnerschaftliche Vereinbarungen der Bereich für freiwillige CSR-Aktivitäten der Unternehmen über den bereits gesetzlich geregelten Bereich hinaus reduziert. Die Etabliertheit und Erfolgsgeschichte der Sozialpartnerschaft wirft darüber hinaus die Frage auf, ob ein auf einem weniger etablierten CSR-Konzept basierender Umgang mit Mitarbeiterinnen und Mitarbeitern („interne CSR") erforderlich und politisch wünschenswert ist. Projekte wie Erfolgsfaktor Familie des Bundesministeriums für Familien, Senioren, Frauen und Jugend haben jedoch gezeigt, dass politische Förderung dazu beitragen kann, sowohl seitens der Arbeitgeberinnen und Arbeitgeber wie auch der Arbeitnehmerinnen und Arbeitnehmer Bereitschaft zu erzeugen, gemeinsam jenseits der Sozialpartnerschaft und somit im Bereich CSR aktiv zu werden.

Wurden die Strukturbedingungen des Sozialstaats, der sozialen Marktwirtschaft und der daraus resultierenden hohen Regulierungsdichte vieler Gesellschaftsbereiche geschildert, so kann diese Schilderung nicht ohne den Verweis auf den Einfluss schließen, den die Globalisierung auf diese Bedingungen ausübt.

Deutsche Strukturbedingungen im Wandel

Im Zuge der Globalisierung findet auch in Deutschland ein, wenn auch „vielfach hinausgezögerter Wandel der Staatlichkeit" (Backhaus-Maul 2006: 35) statt. Die traditionellen Strukturbedingungen verändern sich; der Staat zieht sich aus einem Teil seiner bisherigen Aktionsbereiche zurück. In der Folge ist die deutsche Staatsausgabenquote, gemessen am Anteil der Staatsausgaben am nominalen Bruttoinlandsprodukt, mit 44,7 Prozent im Jahr 2007 auf den niedrigsten Stand seit 1990 gesunken.

Entsprechend haben 83 Prozent der an ein hohes Maß an staatlicher Aktivität gewöhnten Unternehmerinnen und Unternehmer in Deutschland den Eindruck, dass der Staat Teile seines bisherigen Verantwortungsbereichs und immer mehr seiner Aufgaben, vor allem auf kommunaler Ebene, privaten Initiativen überträgt, und insbesondere auch die Finanzierung der Aufgaben an die Privatwirtschaft delegiert. Gleichzeitig sind aber auch 82 Prozent der Entscheidungsträgerinnen und Entscheidungsträger der deutschen Wirtschaft der Auffassung, dass viele Aufgaben des Staates privatisierbar sind und dem Markt überlassen werden sollten. Faktisch gehört die Teilnahme an politischen Prozessen heute zum Alltag der Geschäftswelt. Hierzu zählt beispielsweise das zunehmende Engagement von Unternehmen in deutschen Schulen und Universitäten, durch das die ökonomischen Akteure am politischen Gestaltungs- und Entscheidungsprozess im Kernbereich der Kulturhoheit der Bundesländer mitwirken. Unternehmen, so legen die Umfrageergebnisse nahe, stehen dem so wahrgenommenen partiellen Rückzug des Staates aus seinen bisherigen Aktionsbereichen ambivalent gegenüber: Einerseits begrüßen sie die Erweiterung ihres Handlungsspielraums und sind der Ansicht, dass Unternehmerinnen und Unternehmer eine größere gesellschaftliche Verantwortung hätten als andere soziale Gruppen, gleichzeitig möchten sie aber nicht als „Zahlmeister" bisher als staatlich verstandene Aufgaben finanzieren. 71 Prozent der Unternehmen sind der Ansicht, dass durch die Globalisierung nicht nur die Möglichkeit für, sondern auch der Druck auf Unternehmen wächst, sich verstärkt international gesellschaftlich und politisch einzubringen.

Der Umbau des Sozialstaates führt darüber hinaus zu einer Verunsicherung unter den Bürgerinnen und Bürgern. Die Reduzierung gesetzlicher Gesundheitsleistungen, die Zunahme prekärer Arbeitsverhältnisse und Niedriglohntätigkeiten sowie stagnierende oder rückläufige Bruttoreallöhne, eine gesellschaftliche Diskussion über hohe Managergehälter und ein öffentlich stark kritisierter „Heuschreckapitalismus" lassen das Vertrauen der Bevölkerung in die staatliche Fähigkeit zur Gestaltung einer gerechten Gesellschaft schwinden. Mit dem Umbau des Sozialstaates wandelt sich auch der Stellenwert der sozialen Marktwirtschaft. Einer Umfrage des Meinungsforschungsinstitutes Allensbach zufolge haben nur noch 31 Prozent der Deutschen eine positive Meinung über die Wirtschaftsordnung der sozialen Marktwirtschaft, 38 Prozent hingegen haben „keine gute Meinung". 40 Prozent der Bundesbürger bezweifeln gar, dass die soziale Marktwirtschaft im Zeitalter der Globalisierung noch zeitgemäß ist.

Die in der sozialen Marktwirtschaft angestrebte Verbindung des kapitalistischen Prinzips mit einer fairen Ausgestaltung der Gesellschaft sieht eine Mehrheit der Bevölkerung nicht erreicht. 56 Prozent der Menschen beurteilen die Einkommens- und Vermögensverteilung im Land als ungerecht; 66 Prozent der Bevölkerung fordern mehr Umverteilungsmaßnahmen durch den Staat, gleichzeitig beurteilen allerdings 80 Prozent der Bevölkerung die staatlichen Abgaben und Steuern als zu hoch. Die Forderung nach stärkeren staatlichen Interventionen in das Wirtschaftsgeschehen wurde zuletzt im Zuge der Krise der Finanzmärkte des Jahres 2008 wieder verstärkt erhoben.

Die strukturellen, unter dem Eindruck der Globalisierung erfolgenden Veränderungen der Gestaltungsmodi der deutschen Gesellschaft, namentlich der Umbau des Sozialstaates und die Liberalisierung der sozialen Marktwirtschaft, schaffen neue Handlungsräume für die Wahrnehmung unternehmerischer Verantwortung. Die zitierten Erhebungen unter den ökonomischen und gesellschaftlichen Stakeholdergruppen machen dabei deutlich, dass der faktische Veränderungsprozess mit einer ganzen Reihe von Unsicherheiten verbunden ist und ein Austauschprozess über neue Rollenverteilungen systematisch gestaltet werden muss. Wenn der Staat nun unter diesen sich kontinuierlich im Wandel befindlichen Bedingungen Unternehmen darin unterstützen möchte, gesellschaftliche Verantwortung effektiv wahrnehmen zu können, können Strukturbedingungen der deutschen Wirtschaft nicht unbeachtet bleiben.

Ökonomische Strukturbedingungen in Deutschland

Kleine und mittlere Unternehmen (KMU) prägen die wirtschaftliche Struktur in Deutschland. 99,7 Prozent aller deutschen Unternehmen fallen in diese Gruppe; sie beschäftigen circa 70 Prozent aller Arbeitnehmerinnen und Arbeitnehmer und erwirtschafteten im Jahr 2006 nahezu die Hälfte der Nettowertschöpfung. Die stark verallgemeinernde Gruppierung „KMU" eint dabei die Gemeinsamkeit einiger charakteristischer Parameter. Neben der definitorischen Voraussetzung in Bezug auf die Unternehmensgröße, zählt hierzu beispielsweise die Rechtsform: Rund 85 Prozent aller KMU sind als Einzelunternehmung, GbR oder GmbH organisiert. Der Aktienmarkt ist als Stakeholder somit weit weniger relevant als bei Großunternehmen, die typischerweise als AG oder SE organisiert sind.

Gerade wenn es jedoch darum geht, die Möglichkeiten einer politischen Unterstützung unternehmerischer Verantwortung auszuloten, bietet eine Betrachtung der deutschen Unternehmenslandschaft entlang der Unterscheidung von KMU und Großunternehmen erste Anhaltspunkte, greift aber gleichzeitig zu kurz. Entscheidend für die Handlungs- und damit auch die politischen Unterstützungsoptionen für unternehmerische Verantwortung ist vielmehr eine ganze Reihe von Kriterien. Hierzu zählt beispielsweise der Grad der Einbindung eines Unternehmens in die globalisierte Wirtschaft: Die Ansprüche an ein kleines Unternehmen, das regionale Produkte für den regionalen Markt produziert, sind dabei andere als etwa an ein KMU, das Produkte aus weltweit beschafften Rohstoffen an globale Konzerne liefert.

Ein regional agierendes KMU ist in seinem Engagement durch das regionale Umfeld geprägt und in einem besonderen Maße auf eine intakte Umgebung angewiesen. Verbunden ist die unternehmerische Angewiesenheit auf die Umgebung häufig mit persönlichen ethisch-moralischen Überzeugungen des Unternehmers oder der Unternehmerin. Dies belegte auch ein im Rahmen der Erarbeitung der vorliegenden Empfehlungen durchgeführter Workshop. Das Engagement erfolgt dabei häufig bereits traditionell und in hohem Maße durch Spenden und Sponsoring. In der Öffentlichkeit wird das Engagement häufig wenig wahrgenommen und insbesondere weder von der Öffentlichkeit noch vom Unternehmen/Unternehmer selbst als „CSR" bezeichnet.

Der steigende Anteil von KMU hingegen, die in die globalen Güter-, Dienstleistungs- und Kapitalmärkte eingebunden sind, steht in einem CSR-Kontext, der dem der global agierenden Großunternehmen ähnelt: „Bei der Etablierung auf den internationalen Märkten werden auch für KMU Unternehmensleitlinien, Umwelt- und Sozialstandards sowie entsprechende Grundsätze immer wichtiger. Sie haben für KMU eine wachsende Bedeutung, vergleichbar zu den Großunternehmen, da sie mehr und mehr auftragsentscheidend sind und bei Nichteinhaltung zum Verzicht von Produkten und damit zu großen wirtschaftlichen Schäden führen können." (Deutscher Bundestag 2002) Die globale Dimension kann für ein KMU dabei vielfältig sein und beispielsweise in der Rohstoffbeschaffung, im Absatzmarkt (viele deutsche KMU sind Weltmarktführer in Nischenprodukten) oder in der Zulieferung an globale Konzerne liegen. Gerade in letzterem Bereich erreichen die Analystenanforderungen, die der Aktienmarkt an Großkonzerne im Bereich der „Non-financials" richtet, mittelbar auch die KMU. Auch die Frage also, ob ein Unternehmen andere Firmen („business to business") oder Endverbraucher („business to consumer") als Kunden hat, hat entscheidenden – und unternehmensgrößen-unabhängigen – Einfluss auf die Ausgestaltung und Kommunikation unternehmerischer Verantwortung und somit auch auf die politischen Unterstützungsoptionen.

Ökonomische Strukturbedingungen: Konsequenzen für die politische Förderung von CSR

In Hinblick auf die Unternehmensstruktur zeigt sich also für politische Förderungsoptionen, dass die Differenzierung von KMU und Großunternehmen in einigen Aspekten relevante Erkenntnisse für die Ausgestaltung von Förderungsinstrumenten liefert. Hierzu zählt insbesondere, dass die Verwendung des Begriffs „CSR" von den KMU tendenziell nur zurückhaltend aufgenommen wird. Um eine gezielte Ansprache in der Verbreitung von Förderinstrumenten zu erreichen, ist es insbesondere gegenüber diesen Unternehmen empfehlenswert, den Begriff der „unternehmerischen Verantwortung" zu verwenden und konkrete Beschreibungen von Engagementfeldern zu nutzen. Gleichzeitig hat die Analyse jedoch auch gezeigt, dass neben den rein regional agierenden KMU eine große Zahl von KMU in globale Dimensionen eingebunden ist. Diese Unternehmen stehen, ähnlich wie Großunternehmen, vor der Herausforderung, in ihrer Umgebung mit dem Begriff „CSR" häufig auf ein geringes Vorverständnis bzw. Vorbehalte zu treffen, während sie diese Begrifflichkeit für die Beschreibung ihres Engagements im globalen Wettbewerb verwenden müssen, um Anschlussfähigkeiten zu schaffen. In diesen Stellen können Namensgebungen von Förderinstrumenten, die sowohl deutsche Begriffsformen unternehmerischer Verantwortung mit dem englischen „CSR" verbinden, für eine global wettbewerbsfähige Darstellung des Engagements deutscher Unternehmen hilfreich sein.

Fazit

Aus der Analyse wurde deutlich, dass das Konzept der „Corporate Social Responsibility" aus dem spezifisch angloamerikanischen Kontext heraus entstanden und nur vor diesem Hintergrund zu verstehen ist. Die weltweite Verbreitung des Konzepts wurde durch die Globalisierung maßgeblich befördert, trifft aber in Deutschland weiterhin auf andere strukturelle Rahmenbedingungen. Diese Unterschiede und bedingte Passgenauigkeit des US-Konzepts erschweren dabei die Nutzung des Begriffs „CSR" in Europa insgesamt und in Deutschland im Speziellen. Gerade für KMU, deren Vielfältigkeit in diesem Kapitel ebenfalls deutlich wurde, sollten alternative bzw. kombinierte Begrifflichkeiten genutzt und gefördert werden.

Aufgezeigt wurde ferner, wie in Deutschland die Bedingungen des Sozialstaates und der sozialen Marktwirtschaft und die daraus folgende hohe Regulierungsdichte sowie die Tradition der Sozialpartnerschaft den Handlungsraum für unternehmerisches Engagement reduzieren. Gerade unter den auch in Deutschland wirkenden Einflüssen der Globalisierung entstehen jedoch gegenwärtig neue Räume für die aktive Wahrnehmung unternehmerischer Verantwortung. Deutlich wurde zudem, dass die CSR-Debatte in Deutschland bis dato unter weitgehender Abwesenheit der Politik erfolgt, sich hier jedoch gleichzeitig ein politischen Handlungsfeld bietet, indem unter Nutzung neuer Formen der Governance politischer Handlungsraum wieder erschlossen werden kann.

Quelle

Auszug aus der Studie „Die gesellschaftliche Verantwortung von Unternehmen zwischen Markt und Politik" im Auftrag des Bundesministeriums für Arbeit und Soziales

1.3 Standortbestimmung

US-Amerikanische Business Ethics-Forschung: Überblick über thematische Schwerpunkte und theoretische Ansätze

Von Prof. Dr. Sonja Grabner-Kraeuter

1. Einleitung und Problemstellung

Ziel des folgenden Beitrages ist es, eine Bestandsaufnahme zur Entwicklung und zum aktuellen Stand der US-amerikanischen Business Ethics Forschung zu liefern, wobei aufgrund der unüberschaubaren Vielfalt an Forschungsaktivitäten eine Konzentration auf ausgewählte Bereiche und Fragestellungen notwendig ist. Der Überblick über die Business Ethics Forschung erhebt keinen Anspruch auf Vollständigkeit, was angesichts der Flut an Publikationen auch gar nicht möglich scheint – allein im Journal of Business Ethics wurden bereits zwischen 1982 und 1999 1.523 Artikel veröffentlicht. Die folgende Bestandsaufnahme kann daher nur eine grobe und vereinfachende Beschreibung und Strukturierung einiger Schwerpunkte der Business Ethics-Forschung liefern, deren Auswahl gezwungenermaßen subjektiv ist.

Während im deutschsprachigen Raum erst seit den 80er Jahren eine verstärkte Auseinandersetzung mit wirtschafts- und unternehmensethischen Fragestellungen zu konstatieren ist, begann der unaufhaltsame Aufstieg der „Business Ethics" als Disziplin in den Vereinigten Staaten bereits in den 70er Jahren. Hand in Hand mit der Ausweitung der Forschungsaktivitäten wurde das Lehrangebot in „Business Ethics" ausgebaut, das nunmehr bereits seit mehr als 10 Jahren einen festen Bestandteil der Ausbildung in den wirtschafts-, rechts- und staatswissenschaftlichen Studienrichtungen bildet. Einer der Gründe für die im Vergleich zu Europa frühere und ausgeprägtere Auseinandersetzung mit unternehmensethischen Fragen liegt darin, dass die Betriebswirtschaftslehre in den USA viel pragmatischer und anwendungsorientierter ausgerichtet und durch ein – vor allem im Vergleich zum deutschsprachigen Raum – viel lockereres Umgehen mit Wertproblemen charakterisiert ist.

DeGeorge betrachtet Rawls' im Jahr 1971 erschienenes, einflussreiches Werk „A Theory of Justice", in dem sich der Autor mit grundlegenden ökonomischen Fragen philosophisch auseinandersetzt, als „theoretischen" Ausgangspunkt für die amerikanische Business Ethics-Bewegung. Praktisch moralische Fragen in der Wirtschaft und in der Politik stießen in der Folge aufgrund zahlreicher öffentlicher und privatwirtschaftlicher

Skandale (z.B. Enron/Anderson, WorldCom, Hewlett-Packard) zunehmend auch auf allgemeines Interesse. Auch im Zusammenhang mit der Finanz- und Wirtschaftskrise, die ihren Ausgang in den Vereinigten Staaten genommen hat, werden zahlreiche ethische Fragen aufgeworfen.

In der Business Ethics-Forschung werden unterschiedlichste Problemstellungen untersucht, die Forschungsziele und -methoden sowie die inhaltlichen Schwerpunkte waren bzw. sind noch wesentlich vielfältiger als im deutschsprachigen Raum. Im vorliegenden Beitrag wird zunächst ein Überblick über thematische Schwerpunkte der anwendungsorientierten Business Ethics-Literatur erarbeitet, der die Vielfalt an Forschungsaktivitäten jedoch nur andeuten kann. In weiterer Folge werden ausgewählte Forschungsparadigmen diskutiert, auf denen zahlreiche, an einer theoretischen Fundierung der Disziplin interessierte Forscher ihre Beiträge aufbauen: Stakeholder-Konzept, Vertragstheorie und Tugendethik. Ausgewählt wurden Ansätze, die als „major works" der jüngeren Business Ethics-Literatur angesehen werden und die den Anspruch erheben, konzeptionell von der theoretischen Begründung bis zur Anwendungsorientierung ausgearbeitet zu sein.

2. Anwendungsbezogene thematische Schwerpunkte

Das Engagement in der amerikanischen Business Ethics-Bewegung konzentriert sich seit Jahren auf die Frage, wie Ethik praktisch in den Alltag der Wirtschaft „hineingebracht" werden kann. Zentrale Bedeutung kommt der Analyse von Ursachen, Einflussfaktoren und Wirkungen moralischen Verhaltens von Individuen zu. Im Zusammenhang mit der Analyse konkreter ethischer Probleme werden häufig auch Empfehlungen gegeben, wie sich „rechtschaffene Bürger" in derartigen Konfliktsituationen verhalten sollten. „In short, it is the implementation in the business context of 'honesty, fairness and apple-pie'" (Nash 1994: 11).

Um einen Überblick über die vielfältigen anwendungsorientierten Forschungsaktivitäten zu erhalten, werden sie im folgenden verschiedenen Diskussionsbereichen oder -ebenen zugeordnet, die sich im Hinblick auf die Aspekte, die jeweils in den Vordergrund gestellt werden, unterscheiden. Die Zuordnung der beispielhaft zitierten Beiträge zu bestimmten Themenkomplexen erfolgt hier nach der jeweiligen inhaltlichen Schwerpunktsetzung. Aufgrund der Vielfältigkeit der Forschungsaktivitäten können die herausgearbeiteten Diskussionsbereiche nur einen Teil der untersuchten Fragestellungen einschließen und stehen zudem in einem mehr oder weniger engen Zusammenhang miteinander. Letzteres gilt insbesondere für den thematischen Schwerpunkt „ethische Entscheidungsfindung", da hier Einflussfaktoren anderer Diskussionsebenen berücksichtigt werden.

2.1 Individuelle Faktoren (Ebene des Indivuduums)

Collins hat festgestellt, dass „ethical sensitivity" in den 80-er und 90-er Jahren das am häufigsten untersuchte Forschungsthema im Journal of Business Ethics darstellt. Dabei finden individuelle Faktoren und deren Beziehungen zu moralischem bzw. unmoralischem Verhalten besonders starkes Interesse. Zahlreiche Beiträge beschäftigen sich beispielsweise mit der Frage, welche Bedeutung sozio-demografischen Faktoren für die ethische Sensibilität eines Individuums zukommt. Untersucht werden etwa der Einfluss des Geschlechts, des Alters, der Ausbildung oder der Nationalität, wobei die empirischen Untersuchungen uneinheitliche und teilweise widersprüchliche Ergebnisse liefern. So sind etwa die Ergebnisse zum Einfluss des Geschlechts nicht eindeutig – während in zahlreichen Studien kein signifikanter Einfluss festgestellt werden konnte, zeigt eine Reihe anderer Studien wiederum eine höhere ethische Sensibilität von Frauen. Auch zum Einfluss des Alters liegen gemischte und inkonsistente Resultate vor. Eher mit Vorsicht zu interpretieren sind auch Ergebnisse zahlreicher Studien, die zeigen, dass Amerikaner eine höhere ethische Sensibilität haben als Personen aus anderen Ländern. Die Wahrscheinlichkeit eines Bias in diesem Zusammenhang dürfte relativ groß sein – es besteht die Gefahr, dass Forscher häufiger solche moralischen Konflikte konstruieren, bei denen unter Amerikanern ein relativ starker Konsens in Bezug auf „richtiges" und „falsches" Verhalten herrscht und in weiterer Folge ein Scoring-System angewendet wird, das amerikanische Werte im Vergleich zu Werten in anderen Kulturen bevorzugt.

Noch vielfältiger und unüberschaubarer sind die Beiträge zu möglichen Beziehungen zwischen psychografischen Variablen und moralischem Verhalten. Berücksichtigt werden beispielsweise moralische Einstellungen, persönliche Werte und Wertsysteme, subjektive Normen, Charakterzüge, Ich-Stärke, Selbst-Konzept, individuelle Kontrollfähigkeit, Motivationsmechanismen, Arbeitszufriedenheit, kognitive moralische Kompetenz, moralische Urteilsbildung oder die wahrgenommene moralische Intensität des Entscheidungsproblems. In zahlreichen theoretisch ausgerichteten Beiträgen und qualitativen und quantitativen empirischen Studien wird untersucht, welche Bedeutung diesen Faktoren beispielsweise für die Wahrnehmung eines ethischen Problems, dessen moralische Beurteilung, für Handlungsabsichten oder für ein bestimmtes moralisches Verhalten zukommt. Die Ergebnisse sind wiederum uneinheitlich, teilweise widersprüchlich und sehr häufig auch nicht vergleichbar, weil unterschiedliche Faktoren und Faktorengruppen einbezogen werden. Zudem spielen in empirischen Untersuchungen unterschiedliche situative Faktoren (als moderierende Variable) eine zentrale Rolle, sodass eine Verallgemeinerung der Ergebnisse aus diesem Grund nicht zulässig erscheint. Hinzu kommen mögliche theoretische Probleme, wie beispielsweise unterschiedliche Operationalisierungen und eine relativ beliebige Verwendung theoretischer Konstrukte. So konstatieren etwa Elm et al. in zahlreichen Beiträgen „… confusion in the use of the construct of moral reasoning and other constructs that are similar to it" (Elm et al. 2001: 243).

Individuelle Faktoren sind jedenfalls trotz der „mixed results" ein wichtiger Einflussfaktor auf das moralische Verhalten von Unternehmensmitgliedern und werden daher in allen Modellen ethischer Entscheidungsfindung als wesentliche Determinanten berücksichtigt. Aus diesem Grund können zahlreiche Beiträge beiden thematischen Schwerpunkten – Untersuchung individueller Faktoren und Modelle zum „ethical decision making" – zugeordnet werden.

2.2 Organisationale Ebene

In den 70-er und 80-er Jahren lag der dominierende Forschungsschwerpunkt in der Analyse von Fällen unmoralischen Verhaltens in Unternehmungen. Einen weiteren Ansatzpunkt für Forschungsbemühungen bilden die Beziehungen zwischen moralischem bzw. unmoralischem Verhalten und Unternehmenserfolg, die insbesondere in Beiträgen zum Thema Corporate Social Performance untersucht werden. Die Analyse der Auswirkungen moralischen Verhaltens auf den ökonomischen Unternehmenserfolg gestaltet sich jedoch aufgrund zahlreicher Einflussfaktoren und deren Interdependenzen als äußerst schwierig und hat bisher keine eindeutigen Ergebnisse gezeigt.

Eine rege Diskussion wurde auch über den moralischen Status des Unternehmens bzw. die Frage, wer für unternehmerisches Fehlverhalten bestraft werden sollte, geführt. Die Mehrzahl der Autoren vertritt nunmehr die Auffassung, dass es aus ethischer Perspektive sinnvoll ist, das Unternehmen als moralischen

Akteur zu begreifen, der analog zu Personen „moralfähig" ist, dessen moralische Verpflichtungen sich aber in Art und Umfang von denen moralischer Personen unterscheiden. „Since corporate acts originate in the choices and actions of human individuals, it is these individuals who must be seen as the primary bearers of moral duties and moral responsibility ... Nonetheless, it makes perfectly good sense to say that a corporate organization has „moral" duties and that it is „morally responsible" for its acts ... in a secondary sense ..." (Velasquez 1992: 19).

Im Zusammenhang mit der Organisationsstruktur interessiert vor allem die Frage, welche sozialen Bedingungen und organisatorischen Einrichtungen moralisches Handeln von und in Unternehmen fördern können. Untersucht werden beispielsweise Merkmale und Eigenschaften, die eine „ethische Unternehmung" charakterisieren bzw. über die sie verfügen soll. In diesem Zusammenhang wird etwa postuliert, dass eine flexible, dezentrale Organisation die moralische Entwicklung der Unternehmensmitglieder fördert.

Als wesentliche Elemente formaler Organisationsstruktur, deren Gestaltung das moralische Verhalten von und in Unternehmen maßgeblich beeinflusst, werden Entlohnungs- und Kontrollsysteme sowie das Ausmaß an „Empowerment" angeführt. Als spezifische Einrichtungen, die im Unternehmen speziell im Hinblick auf die institutionelle Unterstützung der Bildung und Durchsetzung moralischer Normen geschaffen werden können, werden etwa Ethik-Büros oder Ethik-Stellen, Ethik-Kommissionen, Verbraucherabteilungen, Ethik-Beauftragte, Ombudspersonen und „Ethics Hot Lines" als anonyme Beschwerdenanlaufstellen vorgeschlagen. Diese expliziten Formen der Institutionalisierung von Ethik im Unternehmen werden – ebenso wie die Formulierung von Ethik-Kodices – durch rechtliche Regelungen wie die US Federal Sentencing Guidelines gefördert.

Eine häufig diskutierte Möglichkeit zur Förderung ethischen Verhaltens von und in Unternehmen stellen „Ethical Codes" dar. Ethik-Kodices sollen den hohen Stellenwert von Ethik in einem Unternehmen unterstreichen, ethische Werte und Normen von der Organisation zu ihren Mitgliedern übertragen und das ethische Verhalten der Unternehmensmitglieder positiv beeinflussen. Allein im Journal of Business Ethics wurden in den letzten 25 Jahren mehr als 100 Beiträge veröffentlicht, die sich mit unterschiedlichen Fragestellungen im Zusammenhang mit Ethikkodices beschäftigen, wie z.B. Voraussetzungen für deren Wirksamkeit, Grundtypen, (empfohlenen) Inhalten, allgemeinen Funktionen, Vorteilen und Problemen oder der empirischen Verbreitung von Kodices. Zum Einfluss von Ethikkodices auf das Verhalten von Unternehmensmitgliedern wurde eine Reihe von Untersuchungen durchgeführt, die unterschiedliche Ergebnisse im Hinblick auf ihre Wirksamkeit zeigen. „... previous research is clearly mixed with respect to results, with many studies finding that codes are effective, and many findings that codes have no significant effect on behavior" (Pitman 2002: 3).

Auf der Ebene der Unternehmenskultur wird in der Business Ethics-Literatur häufig versucht, die verhaltenssteuernde Wirkung von Unternehmenskulturen in den Dienst ethischer Ziele zu stellen. Als wesentliche Aufgaben einer ethischen Unternehmenskultur werden beispielsweise die Förderung der Autonomie und die Erhöhung des ethischen Reflexionsvermögens der Mitarbeiter angesehen. Angestrebt wird aber letztlich die Schaffung einer „... unitary and cohesive organisational culture around core ethical values. ... This approach to enhancing ethical behaviour ... attempts to ensure ethical conduct by eliciting behavioural conformity, not through explicit compulsion but through the more subtle socialisation of organisational culture" (Sinclair 1993: 66). In diesem Zusammenhang wird die Unternehmenskultur also zur Förderung ethischen Verhaltens von und in Unternehmen instrumentalisiert.

2.3 Ethical Issues

Im Mittelpunkt zahlreicher Beiträge stehen schließlich unterschiedliche Facetten der Frage, welche konkreten moralischen bzw. ethischen Probleme überhaupt in einem Unternehmen auftreten und wie diese gelöst werden könnten. Unter diesem Blickwinkel werden „moral issues" oder „ethical issues" untersucht, die in bestimmten Teilbereichen des Unternehmens, in der Personalführung bzw. im Human Resource Management oder im Marketing und Vertrieb oder im Zusammenhang mit bestimmten unternehmerischen Entscheidungen oder Handlungen, Lobbying-Aktivitäten oder Internationalisierungsstrategien relevant sind. Unter Zugrundelegung bestimmter normativ-ethischer Kriterien werden diese ausgewählten „ethical issues" nicht selten einer moralischen Beurteilung unterzogen, die dann die Grundlage für die Formulierung und Begründung spezifischer Handlungsgebote oder -verbote darstellt.

2.4 Modelle zum „ethical decision making"

In engem Zusammenhang mit der Ermittlung der Ursachen und Einflussfaktoren moralischen und unmoralischen Verhaltens steht der Versuch der Beschreibung des „ethical decision making" und dessen Strukturierung in bestimmte Entscheidungsschritte und -phasen. Parallel zur ethischen Analyse konkreter Fallbeispiele wurde vor allem Mitte der 80-er und zu Beginn der 90-er Jahre eine Reihe von Modellen entwickelt, die den Ablauf von Prozessen ethischer Entscheidungsfindung in der Realität zu erklären versuchen. Des Weiteren liegt eine Fülle empirischer Untersuchungen vor, in denen – nur teilweise theoretisch fundiert – zahlreiche verschiedene Einflussfaktoren auf das „moral reasoning" oder das „ethical decision making" untersucht werden. Abhängig von den Forschungsschwerpunkten der jeweiligen Autoren werden in den deskriptiven Modellen verschiedene, für die ethische Entscheidungsfindung als relevant angesehene Variable und/oder Konstrukte berücksichtigt, die sozialwissenschaftlichen und vor allem psychologischen Theorien entlehnt werden.

Die Autoren verschiedener Modelle ethischer Entscheidungsfindung sind sich weitgehend einig, dass sowohl die Wahrnehmung als auch die Handhabung ethischer Entscheidungsprobleme von individuellen und situativen Faktoren maßgeblich beeinflusst werden, wobei jedoch Variablenbezeichnung, -inhalt und -gruppierung sowie die Art und der Umfang des Einflusses, der verschiedenen Faktoren zugeschrieben wird, von Modell zu Modell unterschiedlich sind. Gemeinsam ist allen Versuchen der Entwicklung von Modellen des „ethical decision making", dass sie den Prozesscharakter ethischer Entscheidungsfindung betonen und von einem (beschränkt) rationalen Entscheidungsverhalten des entscheidenden Individuums ausgehen. Wegen der Konzentration auf die ethische Entscheidungsfindung des Individuums bleiben Gruppenphänomene sowie potentielle Konflikte zwischen Mitgliedern von Entscheidungskollektiven (beispielsweise aufgrund unterschiedlicher moralischer Normen und Wertvorstellungen) weitgehend unberücksichtigt.

2.5 Unternehmensexterne Rahmenbedingungen

Generell kommt unternehmensexternen Rahmenbedingungen in der US-amerikanischen Business Ethics-Bewegung im Vergleich zur Wirtschafts- und Unternehmensethik-Diskussion im deutschsprachigen Raum eine geringere Bedeutung zu. Dennoch sind rechtlich-institutionelle Regelungen und ihr Einfluss auf moralisches Verhalten von Unternehmen und Unternehmensmitgliedern Gegenstand zahlreicher Beiträge. Besonderes Interesse finden wiederum Ethik-Kodices, die für bestimmte Branchen und/oder Berufsgruppen (z.B. Werbewirtschaft, Immobiliensektor oder Wirtschaftsprüfungskanzleien) formuliert werden. Untersucht werden aber auch allgemeine Fragen zu Beziehungen zwischen Wirtschaft, Ethik und Recht oder ganz spezifische Fragen beispielsweise zu unternehmerischen Reaktionen auf Gesetzesänderungen im Zusammenhang mit „Whistleblowing" (Near and Morehead Dworkin 1998); (Mesmer-Magnus and Viswesvaran 2005) oder zu rechtlichen und moralischen Aspekten im Zusammenhang mit „Sexual Harrassment" (Wells and Kracher 1993) oder Dumpingmaßnahmen im internationalen Marketing (Delener 1998).

Ein weiterer häufig gewählter Ansatzpunkt für die Auseinandersetzung mit ethisch-moralischen Fragestellungen sind die US-Sentencing Commission Guidelines, die einen gesetzlich geregelten, ökonomischen Anreiz für die Gestaltung „ethikfreundlicher" Organisationsstrukturen darstellen. Diese gesetzlichen Vorschriften für die Bemessung des Strafausmaßes bei Organisationsverschulden sehen vor, dass Unternehmen, die organisatorische Maßnahmen zur Verhinderung von Straftaten ihrer Organisationsmitglieder treffen oder bei der Aufklärung von Straftaten behilflich sind, im Verurteilungsfall einen Straferlass erhalten. Das Ausmaß dieses Straferlasses ist prozentmäßig genau definiert. Auf diese Weise wird es für Unternehmen auch unter ökonomischen Gesichtspunkten vorteilhaft, geeignete organisatorische Vorkehrungen zu treffen und Ethikprogramme zu installieren. Als geeignete Maßnahmen sind in den Sentencing Guidelines beispielsweise die Formulierung von Verhaltensrichtlinien, die Durchführung von Mitarbeiterschulungen oder die Einrichtung von Ethik-Büros angeführt.

Zusammenfassend ist festzuhalten, dass unter der Bezeichnung „Business Ethics" von verschiedensten Forschern zahlreiche unterschiedliche Fragestellungen behandelt werden, was zu sehr vielfältigen und nicht mehr überschaubaren Forschungsergebnissen geführt hat. Die beeindruckende Vielfalt an Forschungsbemühungen geht einher mit einer Aufspaltung in zahlreiche mehr oder weniger unverbundene Teilbereiche. Als negative Begleiterscheinung der vielfältigen Forschungsaktivitäten fällt allerdings auf, dass es zahlreichen Autoren vor allem darum geht, ihre eigene Perspektive in die Diskussion einzubringen, ohne auf bereits vorliegenden Forschungsergebnissen zu einer bestimmten Fragestellung aufzubauen. „The conversation resembles a room full of people speaking at the same time without anyone really listening" (Collins 2000: 4).

3. Dominierende theoretische Ansätze

Seit Beginn der 90-er Jahre sind verstärkte Bemühungen im Hinblick auf eine gediegene theoretische Fundierung der Business Ethics als wissenschaftliche Disziplin erkennbar. Nach einer Phase, in der die überwiegende Mehrzahl der theoretisch ausgerichteten Beiträge der Business Ethics-Forschung entweder von einer utilitaristischen oder einer kantianischen Perspektive ausging, kristallisieren sich nunmehr einige speziell an den Anforderungen der multidisziplinären Business Ethics-Forschung orientierte Forschungsparadigmen heraus. Als wichtigste Forschungsparadigmen können der Stakeholder-Ansatz sowie vertragstheoretisch oder tugendethisch fundierte Konzepte identifiziert werden. Im folgenden werden einige Grundüberlegungen zu ausgewählten Konzepten aufrissartig dargestellt und kommentiert.

3.1 Stakeholder-Ansatz

Das Stakeholder-Konzept in seinen vielfältigen Facetten kann meines Erachtens nach als dominierendes Forschungsparadigma in der aktuellen Business Ethics-Diskussion angesehen werden. Allerdings handelt es sich beim Stakeholder-Ansatz nicht um eine Theorie im eigentlichen Sinn, sondern vielmehr um einen Bezugsrahmen für vielfältige Überlegungen und Argumente, warum neben den Interessen der Shareholder auch die (moralisch gerechtfertigten) Interessen anderer Anspruchsgruppen bzw. Stakeholder in unternehmerischen Entscheidungen berücksichtigt werden sollten. Die zentrale Aufgabe des Managements sieht der Stakeholder-Ansatz in der Verpflichtung „... to influence, or manage, or balance the set of relationships that can affect the achievement of an organization's purpose" (Freeman and Phillips 2002: 334). Als „seminal work", in dem die Grundgedanken des Stakeholder-Konzepts erstmals ausführlich erläutert wurden, wird von vielen Autoren das von Freeman 1984 veröffentlichte Buch „Strategic Management: A Stakeholder Approach" angesehen. Historische „Wurzeln" des Stakeholder-Ansatzes finden sich in organisationstheoretischen Arbeiten sowie in Beiträgen aus der Literatur zur strategischen Planung, der Systemtheorie und der Corporate Social Responsibility-Literatur.

Donaldson und Preston haben die vielfältigen Beiträge zum Stakeholder-Konzept drei unterschiedlichen Sphären bzw. Bereichen zugeordnet. Deskriptive/empirische Ansätze der Stakeholder-Theorie untersuchen beispielsweise, wie weit Manager die verschiedenen Interessengruppen des Unternehmens bei der Strategieentwicklung berücksichtigen. Instrumentell ausgerichtete Beiträge untersuchen, ob und welche Beziehungen zwischen Stakeholder-Management und der Erreichung verschiedener unternehmerischer Ziele bestehen und wie Unternehmen ihre Beziehungen zu verschiedenen Stakeholder-Gruppen gestalten können, um ihre Unternehmensziele besser zu erreichen. Normative Stakeholder-Ansätze definieren die durch ethische Argumentationen begründeten speziellen Verpflichtungen des Managements den verschiedenen Interessengruppen gegenüber und schließen Empfehlungen ein.

Normativ ausgerichteten Stakeholder-Ansätzen liegt keine einheitliche ethische Theorie zugrunde. Vielmehr können auf unterschiedlichen ethischen Theorien beruhende ethische Prinzipien zur Rechtfertigung der moralischen Ansprüche der Stakeholder herangezogen werden. In den früheren Arbeiten von Freeman sind die philosophisch-ethischen Argumente zur Rechtfertigung der Stakeholder-Ansprüche im wesentlichen auf Kant zurückzuführen, was einerseits in der zentralen Bedeutung der grundlegenden Prinzipien der Autonomie und der Freiheit und andererseits in der Forderung zum Ausdruck kommt, dass „... suppliers, customers, employees, stockholders, and the local community ... (must have) a right not to be treated as a means to some end ..." (Evan and Freeman 1993). Die Interessen der Stakeholder können auch von einem utilitaristischen Standpunkt aus gerechtfertigt werden, indem beispielsweise mit der Steigerung des Wohles bzw. Nutzens der jeweiligen Anspruchsgruppe argumentiert wird. Weitere Ansatzpunkte für die Forderung der Einbeziehung von Stakeholder-Interessen in unternehmerische Entscheidungen bieten Argumente in vertragstheoretischen Ansätzen der Philosophie und der politischen Ökonomie sowie in feminismusethischen und tugendethischen Ansätzen.

Eine grundlegende Forderung normativer Stakeholder-Ansätze liegt darin, die Rechte und Interessen der verschiedenen Anspruchsgruppen bei der Unternehmensführung zu berücksichtigen und den „Stakeholdern" darüber hinaus die Mitwirkung an Entscheidungen zu gestatten, von denen ihr Wohlergehen wesentlich beeinflusst wird. Das Management ist verpflichtet, im Interesse der Stakeholder zu agieren – außerdem handelt es auf diese Weise gleichzeitig im besten Interesse des Unternehmens, da die Existenz des Unternehmens den Grundgedanken des Stakeholder-Ansatzes entsprechend langfristig nur durch die Befriedigung der Ansprüche aller Stakeholder gesichert werden kann. Allerdings besteht keine einheitliche Auffassung darüber, wer überhaupt als Stakeholder anzusehen ist. Ungelöst ist des Weiteren das Problem, wie es gelingen kann, alle von einer konkreten unternehmerischen Entscheidung betroffenen Interessengruppen zu identifizieren und die Anspruchsgruppen – in welcher Form auch immer – in die Entscheidungsfindung einzubeziehen. Offen bleibt häufig auch, auf welche Art und Weise unterschiedliche (moralisch gerechtfertigte) Interessen miteinander abgestimmt werden können. Immerhin trägt der Stakeholder-Ansatz als konzeptioneller Rahmen für ethische Argumentationen zu einer Sensibilisierung des Problembewusstseins in Bezug auf die Werte und Interessen der von den Entscheidungen betroffenen Personen(gruppen) und so zu einer Erweiterung der Entscheidungsperspektive bei. „The value of this approach is to help one to step outside a particular context to make judgements that are not parochially embedded...".

3.2 Tugendethisch fundierte Business Ethics-Konzepte: Der Ansatz von Solomon

In tugendethischen Ansätzen, die in der Regel (mehr oder weniger fundiert) auf dem Gedankengebäude von Aristoteles aufbauen, geht es vor allem darum, den Entscheidungsträger dazu zu bringen, über die Natur des Guten nachzudenken und seinen eigenen Charakter zu reflektieren und in Übereinstimmung mit dieser Reflexion zu handeln. Das Gute lässt sich nach Aristoteles nicht abstrakt kennzeichnen, sondern nur von den Lebensformen her, in denen es in einer von Gerechtigkeit bestimmten Gemeinschaft angestrebt wird. In der aristotelischen Ethik wird das Gute charakterisiert als Glück (eudaimonía), wobei die Ausübung der Tugenden eine notwendige Voraussetzung für das Erreichen eines glücklichen, erfüllten Menschenlebens darstellt.

Solomons Ansatz einer aristotelischen Ethik, der hier stellvertretend für andere tugendethisch fundierte Business Ethics-Konzepte angeführt wird, knüpft im Sinne einer Lebensweltethik an der Alltagspraxis der Wirtschaft an. Es geht Solomon nicht darum, neue Werte und Normen für die Unternehmensführung zu entdecken, sondern darum, die bereits in der Unternehmenspraxis vorhandene ethische Basis offen zu legen. Solomon hebt die Einbettung des Individuums in die Gemeinschaft sowie dessen Streben nach Glück als höchstes Ziel und Inbegriff des guten Lebens hervor und entwirft ein Bild des Wirtschaftens als zutiefst menschliche, soziale Aktivität mit eigenen Regeln und Zielen. Unternehmen werden als menschliche Institutionen angesehen, mit dem ausschließlichen Zweck, Menschen zu dienen. Ein zentrales Merkmal dieses Ansatzes liegt in der Betrachtung des Unternehmens als wesentlicher Teilbereich des „guten Lebens", als Gemeinschaft in einer größeren Gemeinschaft, in der Zusammenarbeit und Integrität eine zentrale Rolle spielen. Eine hervorragende Bedeutung für die Legitimation und Auswahl „richtiger" unternehmerischer Verhaltensweisen schreibt Solomon der Integrität zu, die definiert wird als Gesamtheit verschiedener Tugenden, die gemeinsam den Charakter einer vertrauenswürdigen, loyalen Persönlichkeit mit moralischer Autonomie bestimmen.

Solomon ist der Meinung, dass Unternehmensethik nicht als Sammlung abstrakter Prinzipien oder aufgrund der Unvollkommenheit von Märkten notwendiger Beschränkungen aufgefasst werden sollte, sondern als normative Grundlage sämtlicher wirtschaftlicher Beziehungen. Er versucht, normative Empfehlungen mit der Natur des Wirtschaftssystems zu rechtfertigen, ohne klarzustellen, ob seine Konzeption der Wirtschaft das Wirtschaftsleben beschreibt wie es ist oder wie es sein sollte. Allerdings lassen die realen Gegebenheiten des Wirtschaftslebens wohl nur letztere Interpretation zu. Jedenfalls bleibt das Begründungsproblem in beiden Fällen ungelöst. Solomons idealistisches Menschenbild lässt die „dunklen Seiten" der Marktwirtschaft (wie beispielsweise Macht und Machtmissbrauch) gar nicht erst entstehen. Insofern brauchen Lösungsansätze für bestimmte ethische Probleme auf der Ebene institutioneller Rahmenbedingungen gar nicht angestrebt zu werden, wenn sich die Individuen und Unternehmungen nur „tugendhaft" bzw. „moralisch" im Sinne Solomons verhalten.

Moralische Probleme werden in tugendethischen Ansätzen vor allem auf persönliche Schwächen zurückgeführt, entweder auf eine verzerrte Perspektive des Entscheidungsträgers oder aber auf dessen mangelhaften Charakter. Institutionelle Rahmenbedingungen werden demgegenüber weitgehend vernachlässigt, da ihnen nur eine geringe Bedeutung für gutes, richtiges Handeln zugeschrieben wird. Die Tugendethik zeigt darüber hinaus in Hinblick auf ihre normative Orientierungsleistung erhebliche Schwächen. „Virtue ethics can fail to provide normative criteria by which to make concrete ethical decisions. ... This is because its notion of flourishing does not provide standards for moral decision-making" (Calkins 2002: 314).

So mag zwar Solomons an Manager gerichtete Empfehlung, sich in einem ethischen Dilemma auf (persönliche) Tugenden und insbesondere auf Integrität zu besinnen, in einigen Fällen hilfreich sein und tatsächlich einen Ausweg weisen, wird aber häufig nicht zu einer zufriedenstellenden, eindeutigen Konfliktlösung führen. Es ist also so gut wie unmöglich, bestimmte Verhaltensweisen ausschließlich tugendethisch zu rechtfertigen, da kein Maßstab zur Überprüfung angestrebter Ziele und zu deren inhaltlicher Konkretisierung durch Klugheit und ethische Tugenden angeboten wird. Ungelöst bleibt auch das Problem, dass verschiedene Tugenden nicht immer kompatibel miteinander sein müssen und unterschiedliche Handlungen als „practically wise" nahe legen können. Wie verhält man sich beispielsweise in Situationen „tugendhaft", in denen Loyalität gegenüber der Gemeinschaft des Unternehmens und Loyalität gegenüber der Gesellschaft unterschiedliche Verhaltensweisen als richtig erscheinen lassen?

Eine Ethik, die sich am Modell des guten Menschen orientiert, kann zwar einige in „moderneren" Ethik-Konzeptionen eher vernachlässigte Aspekte der Moral, wie etwa Gefühle, Hintergrundüberzeugungen und subjektive Werte integrieren und scheint insofern lebensnäher und der Komplexität unternehmerischer Entscheidungen eher angemessen zu sein. Ungelöst bleibt in tugendethischen Ansätzen jedoch, wie die Frage nach dem „Guten Leben" und den relevanten Tugenden nachvollziehbar und eindeutig beantwortet werden kann, ohne entweder doch auf Regeln und Zwecke zu rekurrieren, oder andererseits einem kulturellen Relativismus zu verfallen. Dieses Problem versuchen einige Autoren dahingehend zu umgehen, indem sie tugendethische Aspekte in vorhandene Ansätze der modernen Ethik integrieren. Von einer anwendungsorientierten Perspektive ausgehend kann argumentiert werden, dass „adding a virtue perspective as a complement to act-oriented perspectives can expand the scope and perspectives of ethical analysis and understanding" (Whetstone 2001: 111).

3.3 Vertragstheoretisch fundierte Business Ethics-Ansätze – die Integrative Social Contract Theory von Donaldson und Dunfee

Donaldson und Dunfee haben wesentlich dazu beigetragen, die Vertragstheorie als Grundlage für die Business-Ethics-Forschung fruchtbar zu machen. Ihr Ansatz wird als „Integrative Social Contracts Theory" (ISCT) bezeichnet, weil er zwei unterschiedliche Arten von Verträgen integriert. Zur Erklärung und Rechtfertigung der moralischen Grundlagen der Wirtschaft wird das in vertragstheoretischen Ansätzen der Philosophie und der politischen Ökonomie bekannte Hilfsmittel eines normativen, hypothetischen Gesellschaftsvertrages herangezogen. Dieser allgemeine, „makrosoziale" Vertrag zwischen der Gesellschaft und produktiven Organisationen definiert die normativen Basisregeln für die Errichtung impliziter „mikrosozialer" Verträge, die zwischen Mitgliedern bestimmter Gemeinschaften, wie etwa Unternehmungen, Abteilungen innerhalb von Unternehmungen, informellen Gruppen innerhalb von Abteilungen, nationalen und internationalen Organisationen, Berufs- und Branchenverbänden vereinbart worden sind bzw. vereinbart werden können. Durch die Kombination eines hypothetischen Gesellschaftsvertrages mit realen, „empirisch auffindbaren" Verträgen soll einerseits die Vagheit und Unbestimmtheit traditioneller ethischer Theorien verringert und andererseits ein ethischer Relativismus vermieden werden.

Donaldson und Dunfee gehen von der Annahme aus, dass die am Wirtschaftsleben teilnehmenden Personen über eine begrenzte moralische Rationalität verfügen. Ihrer Ansicht nach ist das Ausmaß der Begrenzung moralischer Rationalität kontextabhängig und die moralische Rationalität im wirtschaftlichen Kontext im allgemeinen sehr stark begrenzt. Die stark begrenzte moralische Rationalität sowie die Gestaltbarkeit und Situationsbezogenheit wirtschaftlicher Praxis liefern auch eine Erklärung für die Tatsache, dass moralische Normen für wirtschaftliche Interaktionen sowohl von Kulturkreis zu Kulturkreis als auch im Zeitablauf merklich variieren sowie für das in unternehmensethischen Diskussionen wohlbekannte Phänomen, dass sich die Anwendung abstrakter, universaler ethischer Prinzipien zur Lösung spezifischer ethischer Konflikte in der Wirtschaft äußerst schwierig gestaltet.

Unter den Annahmen, dass sich die am Wirtschaftsleben teilnehmenden Personen ihrer begrenzten moralischen Rationalität bewusst sind und sowohl ihre individuellen wirtschaftlichen Interessen befriedigen als auch sich den Gemeinschaften zugehörig fühlen möchten, die ihre persönlichen und kulturellen Werte widerspiegeln, würden sie als erstes Prinzip eines makrosozialen Vertrages einen „moralfreien Raum" vereinbaren, der mit spezifischen moralischen Normen „gefüllt" werden kann. Innerhalb dieses ethisch relativ indeterminierten Bereiches können verschiedene wirtschaftliche Gemeinschaften unterschiedliche moralische Normen für ihre Mitglieder spezifizieren, die in sogenannten mikrosozialen Verträgen festgelegt werden. Dieses Gedankengebäude ermöglicht die Rechtfertigung von Gemeinschaft zu Gemeinschaft unterschiedlicher moralischer Normen und trägt so der in der Realität anzutreffenden Normenvielfalt Rechnung.

Auch auf der Ebene der mikrosozialen Verträge spielt der Konsens eine zentrale Rolle, da die Gültigkeit bzw. Authentizität spezifischer Normen abhängig gemacht wird von der freiwilligen, informierten Zustimmung der Mitglieder der jeweiligen Gemeinschaft (zweites Prinzip des Gesellschaftsvertrages). Da Authentizität nicht mit moralischer Autorität gleichgesetzt werden darf und keine hinreichende Voraussetzung für die Legitimation ethischer Normen darstellt, müsste im Gesellschaftsvertrag ein weiteres allgemeines Prinzip zur Begrenzung des moralfreien Bereiches verankert werden. In mikrosozialen Verträgen vereinbarte moralische Normen sind nur dann als verbindlich anzusehen, wenn sie mit sogenannten Hypernormen kompatibel sind. Hypernormen werden definiert als grundlegende Prinzipien, anhand derer die Moralität aller anderen Normen zu beurteilen ist. Donaldson und Dunfee unterscheiden drei verschiedene Kategorien von Hypernormen: prozedurale (z.B. Austrittsrecht), strukturelle (z.B. Eigentumsrecht) und substantielle Hypernormen, die „fundamental conceptions of the right and the good" spezifizieren.

Die Autoren lassen offen, auf welche Art und Weise Hypernormen festzulegen sind und weisen lediglich darauf hin, dass die Begründung von Hypernormen aus ganz unterschiedlichen Perspektiven vorzunehmen wäre und Hinweise für deren Spezifikation aus einer Annäherung von religiösen, philosophischen und kulturellen Überzeugungen gewonnen werden könnten. Unter der Vagheit und Unbestimmtheit des Konzepts der Hypernormen leidet zunächst die theoretische Stringenz des Ansatzes, da in der Diskussion normative und deskriptive Argumente bunt zusammengewürfelt werden. Donaldson und Dunfee legen in ihrem Ansatz weder fest, ob Hypernormen rational oder empirisch oder durch ethische Argumentation zu begründen sind, noch ob sie sich im Laufe der Zeit ändern können. Sie bringen lediglich ihre Überzeugung zum Ausdruck, dass einige Hypernormen existieren und diese zumindest zentrale Menschenrechte (wie beispielsweise das Recht auf persönliche Freiheit) sowie die Verpflichtung zur Achtung der Würde jedes einzelnen Menschen beinhalten sollten. Allerdings sind derartige Prinzipien nicht kulturunabhängig, sondern je nach Kultur mit unterschiedlichen Gehalten erfüllt.

Zur Lösung potentieller Normenkonflikte zwischen authentischen, mit Hypernormen übereinstimmenden Normen verschiedener wirtschaftlicher Gemeinschaften wäre schließlich als viertes und letztes Prinzip des Gesellschaftsvertrages die Festlegung von mit den ersten drei Prinzipien kompatiblen Prioritätsregeln vorzusehen. Als wesentlicher Grund für das Auftreten von Normenkonflikten werden wiederum die vielfältigen unterschiedlichen Kontextbedingungen erwähnt, in deren Rahmen wirtschaftliche Aktivitäten stattfinden. Für den Fall, dass die Prioritätsregeln zu keinem eindeutigen Resultat führen, verbleibt dem moralischen Akteur ein Ermessensspielraum für die Auswahl der zu befolgenden ethischen Normen.

Zusammenfassend profiliert sich der Ansatz von Donaldson und Dunfee insbesondere durch die Konzentration auf unterschiedliche moralische Urteile und die Suche nach rationalen Lösungsmöglichkeiten für Konflikte zwischen verschiedenen moralischen Normen. Die Sensibilität im Hinblick auf die Vielfältigkeit moralischer Normen auf unterschiedlichen Ebenen wird erhöht und es wird deutlich, dass es keine eindeutigen, rezeptartigen Lösungen für moralische Konflikte gibt. Die grundlegende Logik des Ansatzes erfordert Toleranz und soll einen ethischen Pluralismus ermöglichen, ohne in eine extrem relativistische Position „abzugleiten". Die Wertebasis, auf der das Gedankengebäude der Integrative Social Contracts Theory errichtet wird, kann ihren US-amerikanischen bzw. westlichen Ursprung allerdings nicht verleugnen, was u.a. in den Hypernormen „notwendige gesellschaftliche Effizienz" und „Recht auf Eigentum" sowie in den formulierten Prioritätsregeln zur Lösung von Normenkonflikten deutlich zum Ausdruck kommt.

3.4 Unterschiede im Vergleich zu Unternehmensethik-Ansätzen im deutschsprachigen Raum

Die knappe Darstellung ausgewählter Business Ethics-Ansätze zeigt, dass diese im Hinblick auf die theoretischen Grundlagen unterschiedliche Schwerpunkte im Vergleich zu Unternehmensethik-Konzeptionen im deutschsprachigen Raum aufweisen. So spielt etwa die Diskursethik, auf deren Basis die Ansätze von Steinmann et al. und Ulrich aufgebaut sind, in der amerikanischen Business Ethics Literatur eine eher untergeordnete Rolle. Umgekehrt wird der Tugendlehre im deutschsprachigen Raum eine geringere Bedeutung als Grundlage für eine Unternehmensethik zugeschrieben. Ein Grund für die unterschiedliche Bedeutung ethischer Theorien liegt wiederum in der stärkeren Praxisorientierung, die ihren Ausdruck in diesem Zusammenhang darin findet, dass die wesentlichen Impulse für die amerikanische Business Ethics-Forschung von konkreten Entscheidungsproblemen des Managements ausgehen, was mit einer Konzentration der Forschungsbemühungen auf die Unterstützung des einzelnen Entscheidungsträgers in seiner Entscheidungsfindung und einer vergleichsweisen Vernachlässigung der Begründung und des Aufzeigens von qualifizierten Normen der multipersonalen, kommunikativen Entscheidungsfindung einhergeht.

Im Hinblick auf die unterschiedlichen theoretischen Grundlagen ist noch anzumerken, dass zwischen Stakeholder-Ansätzen und diskursethischen Ansätzen der Unternehmensethik zahlreiche Parallelen erkennbar sind. So wird in beiden Ansätzen dafür plädiert, die von einer Entscheidung des Unternehmens betroffenen Personen(gruppen) in die Entscheidungsfindung einzubeziehen. Eine auf der Diskursethik basierende Unternehmensethik schreibt als Verfahren für die Einbeziehung der Betroffenen den unternehmenspolitischen Diskurs bzw. Dialog vor, während in Business Ethics-Beiträgen zum Stakeholder-Management die Art und Weise der Stakeholder-Mitwirkung an unternehmerischen Entscheidungen nicht so detailliert und einheitlich geregelt ist. In der Diskursethik, die ein gedanklich idealisiertes Verfahren zur diskursiven Konfliktlösung aufzeigt, spielt der prozessuale Aspekt eine zentrale Rolle. Demgegenüber wird in normativ ausgerichteten Stakeholder-Ansätzen mehr Wert auf die Rechtfertigung der verschiedenen Ansprüche der betroffenen Personen(gruppen) gelegt, wobei die Argumentation auf unterschiedlichen ethischen Theorien aufbauen kann. Bei Zugrundelegung einer entsprechend weiten Stakeholder-Definition, nach der auch die kritische Öffentlichkeit als Anspruchsgruppe anzusehen ist (und bei bewusster Inkaufnahme der mit einer derart weiten Begriffsbestimmung verbundenen Abgrenzungsprobleme), kann die Notwendigkeit oder moralische Pflicht der Wahrung der Rechte der Stakeholder auch diskursethisch begründet werden.

Die Unterschiede in der Konzeption von Donaldson und Dunfee im Vergleich zu Homann und seinen Mitarbeitern, deren Wirtschafts- und Unternehmensethik ebenfalls auf einer vertragstheoretischen Grundlage aufbaut, machen deutlich, dass die Vertragstheorie unterschiedliche ethische Argumentationen zulässt. Während Homann versucht, seine Konzeption einer Wirtschafts- und Unternehmensethik aus Interessen herzuleiten und in Anknüpfung an Gauthier betont, dass die Produktivität von Moral der ausschlaggebende Grund für den einzelnen ist, bestimmte moralische Normen zu akzeptieren und zu befolgen, kritisiert Donaldson die mit der Vorstellung der rationalen Nutzenkalkulation verbundene Verkürzung des Menschenbildes und arbeitet zahlreiche Argumente gegen die Möglichkeit einer Begründung von Moralität durch egoistische Interessen und die Funktionslogik des Wettbewerbs heraus. Allerdings ist auch das von Donaldson und Dunfee für die Begründung unternehmensethischer Normen als zentral herausgearbeitete Konzept der Hypernormen sowohl von einem theoretischen als auch einem praktischen Standpunkt aus mit ungelösten (oder unlösbaren?) Schwierigkeiten verbunden.

4. Fazit

Während in der wissenschaftlichen Unternehmensethik-Diskussion im deutschsprachigen Raum seit Jahren Fragen der philosophischen Begründung ethischer Prinzipien sowie das Problem der grundsätzlichen Möglichkeit und Sinnhaftigkeit der Einbeziehung ethischer Elemente in wirtschaftliche Entscheidungen im Mittelpunkt des Forschungsinteresses stehen, konzentriert sich das wissenschaftliche Engagement in der amerikanischen Business Ethics-Bewegung vorrangig auf die Frage, wie Ethik praktisch in den Alltag der Wirtschaft „hineingebracht" werden kann. Die intensiven Forschungsbemühungen führten zu einer unüberschaubaren Flut an Publikationen, wobei die Forschungsziele und -methoden sowie die inhaltlichen Schwerpunkte noch wesentlich vielfältiger waren bzw. sind als im deutschsprachigen Raum.

In jüngerer Zeit haben zunächst das gehäufte Auftreten von Skandalen im Zusammenhang mit Bilanzfälschungen zu Beginn der 2000-er Jahre (dem Fall Enron/Arthur Anderson wurde wohl die größte mediale Aufmerksamkeit geschenkt) und die Finanzkrise, die ja durch unverantwortliches Verhalten in Zusammenhang mit der Vergabe von Hypothekar-Krediten jedenfalls mit ausgelöst wurde, zu einem neuerlichen Boom in der Diskussion wirtschaftsethischer Fragestellungen geführt. Ein großer Teil der Interpretationen und Reaktionen von amerikanischen Business Ethics-Autoren in diesem Zusammenhang kann vereinfachend zwei unterschiedlichen „Lagern" zugeordnet werden. Einerseits werden die aufgetretenen Fälle unverantwortlichen Verhaltens als klares Indiz für die Notwendigkeit verstärkter Business Ethics-Aktivitäten sowohl in der Forschung als auch in der Wirtschaftspraxis angesehen. In dieser Perspektive werden Wirtschaftsskandale und -krisen also gewissermaßen als Bestätigung und Ermutigung für weitere Bemühungen der Business Ethics-Bewegung interpretiert und unter anderem eine Rückbesinnung auf moralische Werte und Tugenden im Wirtschaftsleben gefordert. Andererseits wird die Meinung vertreten, dass gerade die gehäuft auftretenden Wirtschaftsskandale eindeutig das Scheitern bisheriger Bemühungen in den Bereichen Business Ethics und Corporate Social Responsibility zeigen. „All the things CSR has been measuring and fighting for and applauding may be colossally beside the point. ... If we want to know why the corporate social responsibility movement has accomplished so little of substance, here is the reason: the pressure to get numbers overrides everything else... because the system is designed that way" (Kelly 2002).

Diese Schlussfolgerung entspricht in etwa einer Position, wie sie in der Wirtschafts- und Unternehmensethik-Diskussion in Deutschland beispielsweise von Homann und Mitautoren vertreten wird. Homann betont, dass „gutes, richtiges" Handeln in der modernen Marktwirtschaft nicht durch altruistische Motive oder durch allen Marktteilnehmern gemeinsame Ziele sichergestellt werden kann, sondern durch allgemeine Regeln, die von den Wirtschaftssubjekten bei der Verfolgung ihrer je eigenen Ziele zu beachten sind. Moralisches Handeln hängt nach dieser Auffassung viel mehr von den institutionellen Rahmenbedingungen als Anreizstrukturen ab als von den vergleichsweise ohnmächtigen Motiven des einzelnen Handlungsträgers. Die gehäuft auftretenden Skandale in der US-amerikanischen Wirtschaft und vor allem auch die aktuelle Wirtschaftskrise könnten dazu führen, dass einer institutionalistischen Betrachtungsweise, die nicht auf Einzelpersonen und deren Handlungsmotive ausgerichtet ist, sondern die institutionellen Rahmenbedingungen als Restriktionen unternehmerischen Handelns fokussiert, auch in der US-amerikanischen Business Ethics-Diskussion in Zukunft eine größere Bedeutung zukommen wird.

Über die Autorin

Professor Dr. Sonja Grabner-Kraeuter
ist Mitglied der Curricularkommission
Angewandte Betriebswirtschaft, Wirtschaft
und Recht an der Alpen-Adria-Universität
Klagenfurt.

Warum überhaupt moralisch handeln?

Von Prof. Dr. Dieter Schönecker

Moralisch zu handeln fällt nicht immer leicht. Denn es kommt oft vor, dass die Handlung, die moralisch geboten ist, nicht mit den eigenen Interessen verträglich ist oder jedenfalls damit unverträglich scheint; moralisch zu handeln kostet etwas. Warum aber soll man denn überhaupt moralisch handeln, wenn doch Moral soviel kostet? Auf diese Frage gibt es eine Reihe verschiedener Antworten, die sich aber letzten Endes auf zwei Grundantworten zurückführen lassen: Entweder man soll moralisch handeln, weil es tatsächlich das Gute und damit verbundene moralische Gesetze an sich gibt. Dieser ersten Grundantwort zufolge sind moralische Gesetze unabhängig von unseren Interessen und Bestrebungen, so dass diese Gesetze trumpfend in dem Sinne sind, dass sie jedem Menschen einen Grund geben, immer moralisch gegenüber allen relevanten Subjekten zu handeln, und zwar auch dann, wenn es dem Eigeninteresse widerspricht. Wichtig ist dabei, dass jemand, der anerkennt, dass es solche moralischen Gesetze gibt, nicht mehr sinnvoll fragen kann, warum er sich daran halten soll; denn diese Person hat ja bereits anerkannt, dass sie sich daran halten soll – das ist u.a. die Bedeutung von „es gibt moralische Gesetze" im Sinne dieser ersten Grundantwort.

Oder man soll – nach der zweiten Grundantwort – moralisch handeln, weil es, gegen allen Anschein, dem Eigeninteresse dient. Moralische Gesetze sind aus dieser Perspektive Kooperationsregeln, die dazu dienen, Schaden abzuwehren und gegenseitige Hilfe zu ermöglichen, und beides wollen Menschen ja normalerweise. Auch hier gilt wieder, dass jemand, der anerkennt, dass moralische Gesetze diese Kooperationsfunktion erfüllen, nicht mehr sinnvoll fragen kann, warum er sich daran halten soll; denn diese Person hat ja bereits anerkannt, dass es einen guten Grund gibt, sich an sie zu halten – nämlich ihr Eigeninteresse. Wenn es also moralische Gesetze in der einen oder anderen Weise gibt, dann gibt es auch einen guten Grund, moralisch zu handeln, und damit eine Antwort auf die Frage, warum man überhaupt moralisch handeln soll. Aber gibt es moralische Gesetze tatsächlich?

Obwohl die vertragsorientierte Antwort – ja, es gibt moralische Gesetze: Moralische Gesetze sind Kooperationsregeln – zunächst sehr plausibel scheint, ist sie bei näherem Hinsehen unhaltbar. Das Grundproblem besteht darin, dass es unmöglich ist, von der Wichtigkeit meines Interesses für mich einen normativ zwingenden Weg zu der Wichtigkeit des Interesses eines anderen für mich zu schlagen. Dies ist auch die Wurzel des sogenannten „Schwarzfahrerproblems": Es kann Personen geben (z.B. Schwarzfahrer), die ohne Sanktionsrisiko die Vorteile eines Vertrages nutzen, dabei aber selbst zur Vertragserhaltung nichts beitragen. Da nun diesem Modell zufolge der einzige Grund, warum man überhaupt Verträge eingehen und sich an sie halten soll, darin besteht, dass es dem Eigeninteresse dient, wäre es irrational, sich an einen Vertrag zu halten, wenn ein Vertragsbruch (Schwarzfahren) dem Eigeninteresse förderlich und dieser Vertragsbruch möglich ist, ohne Sanktionen zu erleiden. Das mag zwar unfair sein; aber da man Fairness in diesem Ansatz wiederum nur durch Eigeninteresse begründen kann, greift dieser Einwand nicht.

Gegen Schwarzfahrer gibt es also keine moralischen Gründe, wenn moralische Gründe nur interessebasierte Kooperationsregeln sind. Eine weitere große Schwierigkeit dieses Ansatzes besteht darin, dass von vorneherein Subjekte aus den Kooperationsregeln mit dem Grund ausgeschlossen werden können, dass sie für uns weder eine potentielle Gefahr noch eine potentielle Hilfe sind. Warum sollte man Schwerbehinderte durch diese Kooperationsregeln schützen? Was kümmern mich die Interessen zukünftiger Mitglieder? Und wie steht es um den Schutz natürlicher Entitäten, die grundsätzlich gar nicht Vertragspartner sein können (z.B. Flora und Fauna)? Nichts spräche gegen Tierquälerei, solange sie uns nützt, und nichts wäre daran unmoralisch; denn Moralität wird ja über Nutzen definiert.

Wer zwingend begründen will, warum Schwarzfahrerei oder auch Tierquälerei verboten, Umweltschutz und Behindertenschutz aber geboten sind, der muss sagen: Es ist einfach falsch, Tiere aus Eigeninteresse zu quälen, oder auch: Es ist einfach falsch, Menschen zu töten, nur weil sie behindert sind und uns weder schaden noch nutzen können. Ohne Rekurs auf das an sich existierende Gute und Böse sind die Handlungen, die wir normalerweise und ganz selbstverständlich für geboten oder verboten halten, nicht zu begründen. Dann kommt man über eine Mafia-Moral nicht hinaus.

Aber woher haben wir solche Einsichten? Gemäß der Tradition des Intuitionismus wissen wir um moralische Sachverhalte durch so etwas wie moralische Selbst-Evidenz: Uns leuchtet – sei es durch eine moralische Intuition, sei es durch ein moralisches Gefühl – ohne jede weitere Begründung einfach ein, dass bestimmte Dinge gut oder schlecht, bestimmte Handlungen geboten oder verboten sind. Zwar hat es gegen den Intuitionismus immer wieder vor allem ontologische und erkenntnistheoretische Einwände gegeben. Ein ontologischer Einwand besagt, dass, wenn der Intuitionismus recht hätte, es Dinge geben müsste („das Gute an sich"), die nicht in das übliche Ensemble der Dinge passten (Tische, Bäume, Atome); die erkenntnistheoretischen Einwände laufen darauf hinaus, dass diese Art des Erkennens von den üblichen Erkenntnisweisen (vor allem Denken und Wahrnehmen) völlig verschieden wäre. Aber erstens sind moralische Güter auch nicht mehr oder wendiger absonderlich als andere Gegenstände unserer Welt auch (wie etwa Zahlen oder Naturgesetze, die ja auch nicht materiell-empirisch greifbar sind); und zweitens müssen wir uns bei all unserem Erkennen, auch beim mathematischen und naturwissenschaftlichen, am Ende darauf verlassen, dass uns etwas einleuchtet. Wir können nicht immer weiter argumentieren, sondern brauchen Einsichten, die selbst-evident sind. Das moralisch Gute befindet sich da also in guter Gesellschaft.

Über den Autor

Dr. Dieter Schönecker ist Professor am Lehrstuhl für Praktische Philosophie an der Universität Siegen.

Von der Umweltökonomie zur Nachhaltigen Ökonomie?

Von Prof. Dr. Holger Rogall

1. Entstehung der Umweltökonomie

1.1 Klassische Ökonomie

Die moderne Volkswirtschaftslehre entstand im 18. und 19. Jh., die bedeutendste Schule wird klassische Ökonomie genannt. Sie beschäftigte sich wenig mit der Bedeutung der natürlichen Ressourcen für die Wirtschaft (Ricardo ging z. B. davon aus, dass Luft, Wasser und andere „Naturgaben" in „in unerschöpflicher Menge vorhanden sind"; Ricardo 206/1821: 57). Immerhin war den klassischen Ökonomen die existenzielle Bedeutung des Bodens ständig präsent. Bewertung: Die klassische Ökonomie spielt eine große Rolle für die Entwicklung der ökonomischen Theorie. Leider haben die Schüler von Adam Smith die klassische Theorie immer weiter in Richtung eines radikalen Wirtschaftsliberalismus entwickelt. Das wenige Wissen über die Bedeutung der natürlichen Ressourcen und die Grenzen der Tragfähigkeit ging später verloren.

1.2 Neoklassische Ökonomie – Elementare Grundlagen

An die klassische Ökonomie anknüpfend entwickelte sich Ende des 19. Jh. die neoklassische Theorie. Viele Autoren verwenden den Begriff nur für eine Zeitspanne, die mit den Ökonomen Carl Menger (1840-1921), Leon Walras (1834-1919), Alfred Marshall (1842-1924) verbunden ist und sprechen lieber von der traditionellen Ökonomie. John M. Keynes sah alle Ökonomen vor sich als „klassische Ökonomen" an (d. h. inkl. der Neoklassiker). Wir verwenden die Begriffe traditionelle Ökonomie oder neoklassische Ökonomie und schließen hier die vielen neueren Unterschulen des Neoliberalismus, der Angebotsökonomie usw. mit ein, da sie letztlich alle eine Position des radikalen Marktliberalismus vertreten. Gemeinsam stellen sie heute das herrschende ökonomische Lehrgebäude dar. Ihr Ausgangspunkt ist das Modell der vollständigen Märkte, auf denen alle Produktionsfaktoren und Güter mittels Tauschprozessen optimal verteilt werden sollen. Voraussetzungen und Annahmen des neoklassischen Modells (Rogall 2006: 61):

1) *Menschenbild des homo oeconomicus:* Hiernach verhalten sich Menschen immer streng eigennutzstrebend, d.h. die Wirtschaftsakteure (Konsumenten und Unternehmen) bewerten alle Alternativen danach, wie sie ihren eigenen Nutzen bzw. Gewinn maximieren können. Somit verhalten sie sich (ökonomisch) zweckrational, d. h. sie versuchen bei gegebenen Mitteln das bestmögliche Ergebnis (den größten möglichen Nutzen) bzw. ein bestimmtes Ergebnis mit geringsten möglichen Mitteln zu erzielen.

2) *Unbegrenzte Bedürfnisse:* Hiernach haben Menschen unendliche Bedürfnisse. Die Produktionsfaktoren, mit denen die Güter zur Bedürfnisbefriedigung hergestellt werden, sind hingegen knapp. Daraus folgt, dass die Produktionsfaktoren effizient eingesetzt werden müssen und eine kontinuierliche Produktionssteigerung notwendig ist.

3) *Tauschakte führen immer zum Optimum für alle Partner:* Menschen tauschen ihre Wirtschaftsgüter auf Märkten, hierbei wird davon ausgegangen, dass alle gleichberechtigt sind und immer streng rational entscheiden sowie mit gleichen und vollständigen Kenntnissen ausgestattet sind.

4) *Die gesellschaftliche Wohlfahrt leitet sich aus den Präferenzen (Wünschen) der Individuen ab („denn nur jeder Einzelne kann wissen, was für ihn am besten ist"):* Aus dieser Annahme hat sich das neoklassische Dogma der Konsumentensouveränität entwickelt. Der neoklassische Umweltökonom Endres hat dies wie folgt formuliert: „In diesem Konzept ist kein Platz für ein Interesse

1.5

Neoklassische Theorie: Die n.T. entstand und verbreitete sich am Ende des 19. Jahrhunderts. Sie stellt heute die herrschende Wirtschaftsschule dar. Sie erklärt alle Wirtschaftsprozesse als Tauschprozesse auf Märkten (auf dem Güter-, Arbeits-, Kapitalmarkt). Diese Märkte finden durch den Preismechanismus langfristig immer zu einem Gleichgewicht (Angebot = Nachfrage), so dass (zumindest laut Theorie) alle Güter und Produktionsfaktoren optimal verteilt werden und eine Wirtschaftskrise ausgeschlossen ist. Als wichtigste Vertreter werden Jevons, Menger und Walras angesehen. Bewertung: Die n.T. stellt ein in sich geschlossenes Modell einer Tauschwirtschaft da, mit den dynamischen Prozessen einer Industriegesellschaft beschäftigt sie sich wenig.

Konsumentensouveränität: Die Verwendung des Begriffs der K. beinhaltet das neoklassische Dogma, dass niemand das Recht habe – auch die demokratisch legitimierten Entscheidungsträger nicht –, Entscheidungen der Konsumenten zu ändern. Diese Aussage basiert auf der Vorstellung, dass jeder Mensch immer zu seinem eigenen Besten handelt (und nach der Neoklassik damit in der Summe auch für die Gesellschaft als Ganzes). In dieser theoretischen Vorstellung ist kein Platz für gesellschaftliche Ziele jenseits der Interessen der einzelnen Gesellschaftsmitglieder. Damit ist aus dieser Sichtweise auch jegliche staatliche Einflussnahme überflüssig und abzulehnen.

Wohlfahrt: W. ist ein neoklassischer Begriff, der in der Wohlfahrtstheorie verwendet wird. Er wird heute nicht mehr, wie zu Zeiten von A.C. Pigou (1920), als Höhe der materiellen Güterproduktion einer Volkswirtschaft definiert, sondern umfasst als Maß der Befriedigung materielle sowie immaterielle (psychische und soziale) Bedürfnisse. Die Wohlfahrt ist somit auch abhängig von der Bildungs-, Gesundheits- und Umweltsituation eines Landes. Nachhaltige Ökonomen bevorzugen den Begriff Lebensqualität.

Wohlfahrtstheorie: Die W. ist ein Teilgebiet der neoklassischen Theorie. Im Mittelpunkt ihres Erkenntnisinteresses stehen die Formen und Folgen von Marktversagen (insbes. Fehlallokationen). Besondere Schwerpunkte bilden die Analyse öffentlicher bzw. meritorischer Güter, externe Effekte und die Messung der ökonomischen Wohlfahrt (Gabler 1993: 3853).

Allokation: A. meint die Verwendung (Verteilung) der Güter, insbesondere der Produktionsfaktoren, einer Volkswirtschaft. Ziel ist die optimale Allokation der Ressourcen, d.h. der effizienteste Einsatz der Produktionsfaktoren für alternative Verwendungszwecke.

Wirtschaftsakteure: Unter W. werden alle Personen verstanden, die durch Handlungen einen positiven oder negativen Einfluss auf den Verlauf der wirtschaftlichen Entwicklung nehmen (insbes. Konsumenten und Unternehmer).

der „Gesellschaft als solcher" jenseits der Interessen der einzelnen Gesellschaftsmitglieder (Endres 2007: 29).

1.3 Neoklassische Umweltökonomie

Die neoklassische Umwelt- und Ressourcenökonomie ist eine Unterschule der neoklassischen Ökonomie, sie entstand in den 1970er Jahren. Ihre theoretische Grundlage ist die Wohlfahrtstheorie. Wie oben beschrieben, spielten die natürlichen Ressourcen in der Ökonomie – so auch in der neoklassischen Theorie – lange Zeit keine Rolle. Auch wenn sich bereits Arthur Pigou in den 1920er Jahren mit der Überwälzung von Kosten auf die Gesellschaft (Wohlfahrtstheorie) und Harold Hoteling in den 1930er Jahren mit der Endlichkeit von Ressourcen beschäftigte, änderte sich diese Sicht erst mit der öffentlichen Wahrnehmung von Umweltproblemen ab Ende der 1960er Jahre und der Erdölpreiskrise 1973/74. In dieser Zeit wurden die wesentlichen Theorien der neoklassischen Ressourcen- und Umweltökonomie entwickelt. Sie sieht im Umweltschutz inkl. dem effizienten Verbrauch der natürlichen Ressourcen eine zentrale Aufgabe, denn nur so können die natürlichen Ressourcen über Generationen hinweg genutzt werden. Damit wird der Schutz der natürlichen Ressourcen zu einem reinen ökonomischen Problem erklärt (Primat der Ökonomie). Diese Theorie basiert auf der Vorstellung, dass der Mensch die knappen Ressourcen so verbrauchen muss, dass eine Wohlstands- und Wohlfahrtssteigerung erreicht werden kann.

1.4 Ausgewählte ökonomische Grundlagen

Für das weitere Verständnis des Beitrags ist es wichtig, dass der Leser einige bedeutsame ökonomische Begriffe und Grundlagen kennenlernt. Der Leser muss wissen, dass zwischen den Preisen und der Nachfrage ein Zusammenhang zu sehen ist, dass beim

Preismechanismus: In der Ökonomie existiert i. d. R. folgender Zusammenhang: Wenn die Preise eines Produktes sinken, nimmt die Nachfrage nach ihm zu. Wenn die Preise steigen, nimmt die Nachfrage ab. Viele Ökonomen bezeichnen diesen Zusammenhang als „Gesetz von Angebot und Nachfrage". Tatsächlich kann aber von einem (Natur-)Gesetz keine Rede sein, da zahlreiche Ausnahmen existieren (Snobeffekt, Qualitätsvermutungseffekt u.v.a.m.). Durch den Preismechanismus gelangen die Märkte nach der traditionellen Ökonomie immer ins Gleichgewicht, da z. B. bei einer Nachfrageschwäche die Preise sinken und damit die Nachfrage steigt (Rogall 2006: 137).

Externe Effekte (Überwälzung von Kosten und Nutzen ohne Bezahlung)**:** Wenn Menschen wirtschaften, kann sich dies positiv oder negativ auf die Gesellschaft auswirken. Bei positiven externen Effekten erhöht sich die Lebensqualität der anderen Gesellschaftsmitglieder, ohne dass sie für den zusätzlichen Nutzen bezahlen. Bei negativen externen Effekten entstehen Kosten, für die nicht der Verursacher, sondern andere Gesellschaftsmitglieder aufkommen müssen. Diese Kosten werden externalisiert, d.h. auf Dritte (z. B. Steuerzahler, künftige Generationen) überwälzt. Wenn negative externe Kosten im Produktpreis nicht enthalten sind, werden die Güter unter den (volkswirtschaftlichen) Produktionskosten verkauft. Die wahrscheinliche ökonomische Folge ist eine Übernachfrage und somit Fehlallokation (z. B. Übernutzung und ineffiziente Verwendung der Ressourcen). Als erster Wissenschaftler hat sich Pigou in den 1920er Jahren mit der Problematik der Externalisierung (Überwälzung) von Produktionskosten beschäftigt, die er durch die Erhebung einer Abgabe internalisieren wollte (Pigou-Steuer genannt). Baumol und Oates entwickelten Pigous Ansatz in den 1970er Jahren weiter (Buttgereit 1991; Leipert 1989).

Wirtschaften externe Effekte auftreten können, sowie dass verschiedene Güterarten und Produktionsfaktoren existieren, die unterschiedlich behandelt werden müssen.

Güterarten

Alle Dinge und Dienstleistungen, die der menschlichen Bedürfnisbefriedigung dienen, werden in der Ökonomie „Güter" genannt. Nach den Kriterien für die Einteilung von Gütern können wir die folgenden vier Güterarten unterscheiden (Rogall 2006: 35):

1) Private Güter unterliegen der Nutzenrivalität und dem Ausschlussprinzip. I. d. R. sind für ihre Bereitstellung Staatseingriffe lediglich zum Schutz der Konsumenten (Sicherheitsnormen, Garantieleistungen) und zum Umweltschutz (z. B. Sicherstellung der Energieeffizienz) notwendig.

2) Öffentliche Güter sind dadurch charakterisiert, dass sie weder einer Nutzenrivalität noch dem Ausschlussprinzip unterliegen. Demnach können nur Güter wie Sonne, Wind, Sterne usw. als öffentliche Güter bezeichnet werden, da ihr Nutzen nicht abnimmt und niemand vom Gebrauch dieser Güter ausgeschlossen werden kann. Bei öffentlichen Gütern muss der Staat (die Politik) nicht eingreifen, da diese Güter nach menschlichen Maßstäben unerschöpflich sind. Viele Autoren bezeichnen auch die natürlichen Ressourcen als öffentliche Güter (z. B. Siebert 1978: 9; Frey 1985: 48), was sie aber aufgrund der vorhandenen Belastungsgrenzen (Knappheiten) nicht sind.

3) Meritorische Güter weisen vier Merkmale auf: (a) Sie unterliegen der Nutzenrivalität, aber (b) selten dem Ausschlussprinzip, sie bringen (c) nicht nur dem Käufer eines Gutes einen Nutzen, sondern auch der Gesellschaft positive externe Effekte, (d) die

> **Güter:** G. sind alle in der Natur vorkommenden oder von Menschen gefertigten Dinge und Dienstleistungen, die der Bedürfnisbefriedigung dienen. Diese werden in unterschiedliche Güterarten eingeteilt, die sich anhand der beiden Kriterien Nutzenrivalität und Ausschlussprinzip unterscheiden:
>
> › Nutzenrivalität: N. liegt vor, wenn der Nutzen, den der Konsum eines Gutes einer Person stiftet, durch die Nutzung vieler weiterer Konsumenten sinkt (z. B. verringert sich der Nutzen eines Fahrrads, wenn mehrere Personen gleichzeitig damit fahren wollen). D.h., dass alle Güter, die einer Nutzenrivalität unterliegen, auch automatisch knapp sind.
>
> › Ausschlussprinzip: Unter dem A. wird das Recht (die Möglichkeit) jedes Eigentümers eines privaten Gutes verstanden, andere von der Nutzung dieses Gutes auszuschließen bzw. für die Nutzung einen Preis (eine Entschädigung) zu verlangen.

Konsumenten verwenden aus verschiedenen Gründen (z. B. falsche Kenntnis über die Bedeutung) nicht ausreichend viel Geld für die Kollektivgüter, wie für eine optimale Ausstattung der Gesellschaft notwendig wäre. Daraus folgt, dass meritorische Güter dem Marktversagen unterliegen. Daher muss der Staat (die Politik) diese Güter mit politisch-rechtlichen Instrumenten sichern, sie bereitstellen oder subventionieren. Beispiele für meritorische Güter sind die Vorsorge für: Alter, Gesundheit und Bildung sowie der Schutz der natürlichen Ressourcen (Musgrave u. a. 1975: 76; Stiglitz 1999: 598, Rogall 2006). Bewertung: Viele neoklassische Ökonomen bestreiten die Existenz von meritorischen Gütern. Sie glauben, dass sich der Wert aller Güter nur nach den Präferenzen (Wünschen) der Konsumenten richten darf und Staatseingriffe prinzipiell nicht stattfinden sollten. Diese Position finden wir erstaunlich, hatte doch schon Adam Smith die Notwendigkeit staatlicher Eingriffe betont (z. B. die Schaffung von ausreichenden Infrastruktureinrichtungen, Smith 1776/1999: 612), auch sind heute die Faktoren des Marktversagens eigentlich unbestritten.

4) Demeritorische Güter sind Güter, bei deren Konsum negative externe Effekte auftreten. Daher soll ihre Nachfrage durch Staatseingriffe verhindert oder vermindert werden (Verbote, Informationskampagnen, Abgaben). Als Beispiele werden in der Literatur meistens legale und illegale Drogen (Alkohol, Tabak, Rauschgift) genannt (Bajohr 2003: 27). Tatsächlich existieren aber sehr viel mehr Güter, deren Konsum gesellschaftliche (soziale) Kosten erzeugt (z. B. Gesundheits- und Umweltbelastungen). Bewertung: Konsequent zu Ende gedacht, könnte man sogar die fossilen Energieträger als demeritorische Güter bezeichnen, da sie im Übermaß konsumiert zu erheblichen Schäden führen (z. B. Schadstoffemissionen, Klimaveränderung). Ökonomen, die davon ausgehen, dass alle Güter optimal über Marktprozesse hergestellt und verteilt werden und daher die Existenz von meritorischen Gütern bestreiten und Staatseingriffe ablehnen (z. B. Friedman 1971), müssten eigentlich auch die Existenz von demeritorischen Gütern verneinen. Denn wenn jeder selbst weiß, was für ihn am besten ist, dürfte der Staat (die Politik) natürlich auch in diesen Bereichen der Konsumentensouveränität den Vorzug vor anderen Zielen geben. Diese Position wird aber auch von neoklassischen Ökonomen selten vertreten, eine inkonsequente Haltung, die in der Literatur kaum thematisiert wird.

Wir können als Erkenntnis festhalten, dass unterschiedliche Güterarten existieren, die unterschiedlich starken staatlichen Einfluss benötigen.

Produktionsfaktoren

Eine weitere wichtige ökonomische Grundlage stellt die Unterscheidung in unterschiedliche Produktionsfaktoren dar. Seit

> **Produktionsfaktoren:** Unter P., auch Inputs genannt, versteht man alle Faktoren, die zur Herstellung eines Gutes (Output) notwendig sind. Seit über 200 Jahren werden die Produktionsfaktoren in Arbeit, Kapital und Boden unterteilt. Heute können sie in die folgenden Kategorien gegliedert werden:
>
> › Arbeit (menschliche Arbeitskraft): (1) koordinierende Tätigkeiten (dispositiver Faktor); (2) geistige Kenntnisse (z. B. technisches Wissen, sog. Humankapital); (3) ausführende Tätigkeiten (z. B. handwerkliche Tätigkeiten)
>
> › Kapital: (1) Maschinen und Anlagen (Produktionsmittel, auch Realkapital genannt), (2) Gebäude, (3) Infrastruktur (Verkehrswege, Bildungseinrichtungen)
>
> › Natürliche Ressourcen: Unter den natürlichen Ressourcen werden alle Bestandteile der Natur verstanden. Sie wurden lange Zeit ausschließlich als Inputfaktoren für die Produktion betrachtet. Diese Sichtweise ist jedoch zu begrenzt. Natürliche Ressourcen wie Luft, Wasser, Boden, Rohstoffe und Primärenergieträger sind zwar wichtige Inputfaktoren, noch wichtiger sind aber ihre Funktionen als natürliche Lebensgrundlage aller Organismen. Daher ist der Begriff irreführend, müsste man doch eigentlich von den natürlichen Lebensgrundlagen sprechen (vgl. Kasten „Natürliche Ressourcen", S. 60).

Adam Smith wurden hierunter Arbeit, Boden und Kapital verstanden, heute sollten diese Faktoren differenzierter dargestellt werden.

Natürliche Ressourcen

Die neoklassische Umweltökonomie begreift die natürlichen Ressourcen als Güter, Umweltgüter genannt, die für den Menschen und die Wirtschaft eine Reihe von Funktionen übernehmen (Siebert 1978: 8 und Deutscher Bundestag 1997: 23). Wir wollen hier aus didaktischen Gründen aber nicht die neoklassische Definition von natürlichen Ressourcen benutzen, sondern die Definition der Nachhaltigen Ökonomie, wie wir sie in den anderen Teilen des Beitrags verwenden.

2. Ursachen der Übernutzung von Ressourcen

In zahlreichen Untersuchungen konnten die Umweltökonomen empirisch nachweisen, dass sozial-ökonomische Faktoren existieren, die es den Menschen sehr schwer machen, mit den natürlichen Ressourcen nachhaltig umzugehen. Wir fassen sie wie folgt zusammen: (1) Die Umweltkosten werden externalisiert. (2) Die natürlichen Ressourcen werden als öffentliche Güter angesehen und behandelt. (3) Eine Reihe weiterer sozial-ökonomischer Faktoren verstärkt die Übernutzung der natürlichen Ressourcen. Mit diesen Theorien konnten die Umweltökonomen zeigen, dass die Übernutzung der natürlichen Ressourcen strukturell bedingt ist und in den Industriestaaten quasi zwangsläufig entsteht.

2.1 Externalisierung der Umweltkosten

Nach der neoklassischen Theorie können alle Güter durch Marktmechanismen am effizientesten verteilt werden, da die Tauschprozesse durch den Preismechanismus langfristig immer zu einem Gleichgewicht streben. In diesem Gleichgewicht (Pareto-Optimum genannt) entspricht das Angebot der Nachfrage, d. h. von jedem Gut wird nur soviel produziert, wie zu den Marktpreisen nachgefragt wird bzw. genau die Menge wird nachgefragt, die zu dem Preis angeboten wird.

Damit der Selbststeuerungsmechanismus der Märkte funktioniert, müssen sich alle entstehenden Kosten (Produktions- und Folgekosten) in dem Produktpreis widerspiegeln. Wenn dies nicht geschieht, weil ein Teil der Kosten externalisiert (auf andere überwälzt) werden kann, kommt es zur Fehlallokation (zu einer Übernutzung, da die Güter sehr preiswert erscheinen). Diese Aussage gilt für alle Güter, hier am Beispiel Erdöl verdeutlicht: Würden sich Knappheit dieses kostbaren Rohstoffes und die erheblichen Kosten der Klimaerwärmung vollständig in den Öl-Preisen niederschlagen, wären alle Erdölprodukte deutlich teurer. In der Folge würden die Unternehmen Öl effizienter einsetzen und die Konsumenten ressourceneffizientere Produkte bevorzugen. Ernst Ulrich von Weizsäcker veranschaulichte diese Problematik, als er

> **Pareto-Optimum:** Nach der neoklassischen Theorie handeln und tauschen Wirtschaftsakteure (Konsumenten und Unternehmen) solange, bis sie zu einem Gleichgewichtspunkt kommen, bei dem beide Seiten gerade noch bereit sind den Handel abzuschließen. An diesem Punkt ist die Allokation der Güter (inkl. der natürlichen Ressourcen und des Kapitals) optimal, da kein Wirtschaftssubjekt besser gestellt werden könnte, ohne dass ein anderes schlechter gestellt wird. Bewertung: Der pareto-optimale Punkt sagt nichts über die gerechte Verteilung der Ressourcen oder Güter nach dem Tauschprozess aus, da z. B. die Ausgangsbedingungen der Tauschpartner extrem unterschiedlich gewesen sein können.

Natürliche Ressourcen (auch Umweltressourcen, Umweltgüter, Naturkapital oder natürliche Lebensgrundlagen genannt und als Gemeingüter angesehen): Zu den n.R. bzw. n.L. zählen alle Bestandteile der Natur. Sie werden in vier verschiedene Kategorien unterschieden:

› Erneuerbare Ressourcen, die aber erschöpfbar sind, wenn ihre Regenerationsrate überschritten wird: alle Tiere und Pflanzen (Artenvielfalt).
› Nicht erneuerbare Rohstoffe und Primärenergieträger (Kohle, Erdöl und Erdgas): Sie können sich in menschlichen Zeitmaßen nicht regenerieren und sind daher knapp.
› Quasi unerschöpfliche Ressourcen (jedenfalls für menschliche Zeiträume) wie Sonne, Wind, Gezeiten und Erdwärme.
› Umweltmedien: Boden, Wasser, Luft.

Diese vier Arten der natürlichen Ressourcen üben wichtige Funktionen aus, ohne die der Mensch weder leben noch wirtschaften könnte. Zu ihnen zählen (Siebert 1978: 8; Deutscher Bundestag 1997: 23):

› Die Produktionsfunktion (Lieferung von Umweltgütern, auch Inputfaktoren genannt). Zu ihnen gehört die Versorgung der Gesellschaft mit den Umweltmedien (Boden, Wasser, Luft), den erneuerbaren und nicht erneuerbaren Ressourcen (inkl. Primärenergieträgern) sowie den unerschöpflichen Ressourcen (Erneuerbare Energien wie Sonne, Wind, Gezeiten, Erdwärme).

› Die Senkenfunktion: Die Umwelt nimmt die bei der Produktion und beim Konsum entstehenden nicht erwünschten Koppelprodukte auf (zwangsläufig entstehende Nebenprodukte wie Abwärme bei der Stromproduktion). Zu ihnen zählen alle bei der Produktion und dem Konsum entstehenden Emissionen und Abfälle (Stengel; Wüstner 1997: 182);

› Die Lebensraumfunktion: Die Umweltmedien Boden, Wasser, Luft stellen den Lebensraum aller Lebewesen auf der Erde dar (Menschen, Tiere, Pflanzen und Mikroorganismen). Wenn Schadstoffe, Strahlungen usw. den Lebensraum belasten, müssen alle Lebewesen unter diesen Verschlechterungen leiden;

› Die Aufrechterhaltungsfunktion der natürlichen Systeme: Die natürliche Umwelt sorgt für die Aufrechterhaltung des Naturhaushaltes. Hierzu müssen auch das Klimagleichgewicht und eine funktionstüchtige Ozonschicht gezählt werden;

› Die Reproduktionsfunktion: Zur Reproduktionsfunktion werden alle ästhetischen und Erholungsfunktionen gerechnet.

Aus diesen unterschiedlichen Funktionen folgt, dass die natürlichen Ressourcen eine Multifunktionalität besitzen: Sie sind Inputfaktoren der Produktion und bilden gleichzeitig die existenzielle Grundlage für alle Lebewesen auf der Erde. Ein Wald erfüllt beispielsweise nicht nur eine Erholungsfunktion, die vielleicht substituierbar wäre, sondern er beeinflusst auch das Klima, ist Wasserspeicher, verhindert Bodenerosion und begünstigt die biologische Vielfalt.

sagte: „Von der ökologischen Wahrheit sind die Preise noch weit entfernt" (Weizsäcker 1997: 145).

2.2 Natürliche Ressourcen als öffentliche Güter

Die natürlichen Ressourcen sind bislang wie öffentliche Güter angesehen und behandelt worden, obgleich sie es aufgrund ihrer Verwendungsrivalitäten (Belastungsgrenzen) nicht sind (z. B. Wasser, Luft, Atmosphäre). Die falsche Zuordnung wirkte sich wenig aus, solange der Ressourcenverbrauch gering blieb und die Regenerationskraft der natürlichen Kreisläufe ausreichte, das ökologische Gleichgewicht aufrechtzuerhalten. Mittlerweile ist aber offensichtlich, dass die Umweltgüter (inkl. ihrer Funktionen) Verwendungsrivalitäten unterliegen, also knapp sind. Da sich ihre Knappheit nicht im Preis widerspiegelt (für sie werden keine oder zu geringe Preise gezahlt), führte der Preismechanismus zu einer Übernachfrage, d.h. Fehlallokation. Die Folge von kostenlosen Gütern ist auf Schützenfesten zu beobachten, auf denen Freibier ausgeschenkt wird. Hier wissen die Konsumenten oft selbst nicht mehr, was für sie am besten ist.

Der einzelne Wirtschaftsakteur kann das eigene – kollektiv unerwünschte – Fehlverhalten nur schwer verändern, da er (a) seinen eigenen Nutzen kurzfristig erhöhen kann, indem er die natürlichen Ressourcen übernutzt, und (b) eine Orientierung an den gesellschaftlich erwünschten Interessen aufgrund der sonstigen sozial-ökonomischen Faktoren schwierig ist. Da die natürlichen Ressourcen positive externe Effekte erzeugen, die Wirtschaftsakteure aber nicht genügend Geld für sie ausgeben, stellen sie meritorische Güter dar, die ohne Staatseingriffe zu wenig geschützt werden (Bartmann 1996: 47).

Manche Autoren gehen davon aus, dass die natürlichen Ressourcen bei zunehmender Übernutzung ebenso einen Knappheitspreis hervorbringen wie alle anderen Güter. Selbst wenn man diese Position teilen würde, müsste man jedoch aufgrund der entstehenden irreparablen Schäden bzw. langen timelags und überproportionalen Folgekosten zu der Erkenntnis kommen, dass das strukturelle Marktversagen zu Staatseingriffen (genau wie bei allen anderen meritorischen Gütern) führen muss. Z. B. kann die Klimaveränderung selbst dann nicht innerhalb weniger Jahre gebremst werden, wenn alle Wirtschaftsakteure die Bedrohung tatsächlich ernst nähmen. Auch können Märkte Ressourcenknappheiten, die erst in 50 Jahren auftreten, nicht in Form von Knappheitspreisen darstellen (Opschoor 1997: 282).

2.3 Sonstige sozialökonomische Faktoren

Sozialökonomische Faktoren beeinflussen jeden Menschen und bestimmen sein Verhalten. In der Umweltökonomie spielen neben der Externalisierung der Kosten und der Öffentlichen-Güter-Problematik vor allem folgende sozial-ökonomische Faktoren eine Rolle, mit denen die Übernutzung der natürlichen Ressourcen erklärt werden kann:

1) *„Trittbrettfahrersyndrom" (Free-Rider-Problem):* Immer wieder können wir Menschen beobachten, die versuchen, sich einer kollektiven Finanzierung gesellschaftlicher Kosten zu entziehen. Sie erwarten, dass andere Wirtschaftsakteure, z. B. andere Steuerzahler, die Finanzierung dieser Kosten übernehmen (z. B. die Kosten des Umweltschutzes). Das Wirtschaftssubjekt ist sich hierbei nicht im Klaren oder es ist ihm egal, dass sein Verhalten die Gesamtsituation negativ beeinflusst (z. B. Schwarzfahrer). Eine neue Aktualität hat diese Verhaltensweise bei den internationalen Klimaschutzverhandlungen erhalten, bei denen die meisten Staaten CO_2-Reduktionsforderungen an die anderen Staaten stellen, sich aber mit eigenen Maßnahmen zurückhalten.

2) *„Allmendeproblem"*: Wissenschaftler haben beobachtet, dass Wirtschaftsakteure mit dem Eigentum der Allgemeinheit nicht so effizient (sparsam) umgehen wie mit dem privaten Eigentum (z. B. Zerstörung öffentlichen Eigentums). Dieses Verhalten trifft auch auf die natürlichen Ressourcen zu, bei denen die Wirtschaftsakteure meist das Gefühl haben, sie gehören niemandem bzw. allen und man könne nach Belieben mit ihnen verfahren.

3) *Gefangenendilemma:* Für die einzelnen Wirtschaftsakteure ist es schwer, etwas für die Gemeinschaft zu tun, was ihren eigenen Nutzen beeinträchtigt. Ja selbst wenn der Akteur weiß, dass sein Verhalten gesellschaftliche Gefahren verstärkt, ist er kaum bereit auf seine Nutzenmaximierung zu verzichten, wenn er nicht sicher sein kann, dass alle anderen Menschen auch verzichten. Individuell ist dieses Verhalten nachzuvollziehen, da ein individueller Verzicht tatsächlich an den Problemen nichts ändert. Nur wenn (fast) alle Menschen ihr Verhalten verändern, ließen sich die Probleme lösen. Ein gutes Beispiel ist die mangelnde Bereitschaft der meisten Menschen in den Industriestaaten, auf Flugreisen zu verzichten, obgleich die weit überdurchschnittlichen Belastungen durch den Flugverkehr bekannt sind.

2.4 Sonstige Ursachen der Übernutzung

Die folgenden Ursachen entstammen nicht mehr der neoklassischen Umweltökonomie, werden aber aus didaktischen Gründen dennoch an dieser Stelle aufgeführt:

1) *Diskontierung:* Wie wir noch genauer kennen lernen werden, neigt der Mensch dazu, Kosten und Gefahren, die in der Zukunft anfallen, in der Gegenwart als wesentlich geringer zu empfinden, als sie zum Schadenseintritt tatsächlich sind. So kommen z. B. die Kosten der Klimaerwärmung, die in 50 Jahren zu bezahlen sind, perspektivisch verkleinert in der Gegenwart an. Würden die geschätzten Kosten von bis zu 5 Billionen US $ pro Jahr in der Gegenwart anfallen, würden die Industriestaaten sofort umfassende Maßnahmen hiergegen ergreifen, während die gleich hohen Kosten, die erst in 50 Jahren anfallen, nur schwache Maßnahmen bewirken (Inflation ist herausgerechnet). Dieser Faktor entspringt nicht der neoklassischen Umweltökonomie, da sie die Diskontierung ausdrücklich fordert.

2) *Bevölkerungswachstum und Armutsbedingte Umweltbelastungen:* In der Vergangenheit sind von einigen Autoren die Massenverelendung und der Hunger in den Entwicklungsländern allein als Verteilungsproblem angesehen worden. Doch selbst wenn man einräumt, dass die Erde unter Einsatz aller verfügbaren Techniken (Dünger, Pestiziden, Bewässerungssystemen) und einer „optimalen" Verteilung der vorhandenen Ernteerträge für eine gewisse Zeit vielleicht zehn Milliarden Menschen ernähren könnte, würde der Verzicht, das Bevölkerungswachstum zu stoppen, schon allein aufgrund des zunehmenden Wasserverbrauchs nur zu einer umso grundlegenderen Zerstörung der natürlichen Lebensgrundlagen führen. Ganz abgesehen davon, dass auch unter sozial-kulturellen Gesichtspunkten das An-den-„Tropf"-Legen ganzer Kontinente nicht akzeptabel erscheint. Die Menschheit benötigte etwa zwei Millionen Jahre, bis sie im Jahr 1804 auf eine Milliarde gewachsen war. Die zweite Milliarde war bereits 1927 nach nur 123 Jahren erreicht, die dritte 1960 (33 J.); die vierte 1974 (14 J.); die fünfte 1987 (13 J.); die sechste 1999 (12 J.); die siebte wird wahrscheinlich 2013 erreicht sein (14 J.; DSW 2005/03: 1, zu den Anforderungen an eine neue Bevölkerungspolitik Leisinger 1993). Z.Z. wächst die Weltbevölkerung alle 14 Jahre um eine weitere Milliarde Menschen. Wenn es nicht gelingt, das Bevölkerungswachstum zu verringern, werden 2050 bereits 11,7 Mrd. Menschen auf der Erde leben (DSW 2005/03. 4, s. a. Meyer 2008: 46). Wir vertreten daher die Position, dass die Beendigung des exponentiellen Bevölkerungswachstums zwar

nicht zur hinreichenden, aber zur notwendigen Bedingung der Vermeidung eines globalen Zusammenbruchs der Ökosphäre wird. Langfristig könnte die Senkung der Erdbevölkerung sogar zu einem Strategiepfad zur Erreichung einer dauerhaft aufrechterhaltbaren Entwicklung werden, denn die Umweltbelastung ist immer das Produkt aus dem Ressourcenverbrauch je Gut mal der Anzahl der hergestellten (also nachgefragten) Güter (Daly 1999: 162). In vielen Entwicklungsländern führt die große Armut der Landbevölkerung verknüpft mit der Überbevölkerung dazu, dass die natürlichen Ressourcen über ihre Regenerationsrate hinaus genutzt werden: Ackerböden, Weiden, Süßwasser, Holz und andere brennbare Pflanzen. In den Elendsvierteln der Metropolen der 3. Welt führt die fehlende Infrastruktur (Sanitäre Einrichtungen, Kanalisation, Klärwerke, Abfallentsorgung) zu einer Kontamination der Böden und des Trinkwassers (Haas; Schlesinger 2007: 1).

3) *Exponentielles wirtschaftliches Wachstum und Konsumstile:* Exponentielles wirtschaftliches Wachstum (gemessen an der Steigerung des Bruttoinlandsproduktes) bedeutete bislang, dass (a) immer mehr Güter bereitgestellt werden und (b) die natürlichen Ressourcen stärker beansprucht werden. Die wachsende materielle Güterproduktion führte dazu, dass Rohstoffe in immer größerem Umfang in Produkte umgeformt und hierbei immer mehr Energie und Wasser verbraucht, Abfälle und Schadstoffe erzeugt und freigesetzt wurden. Die weltweite Güterproduktion (BNE) wuchs von knapp 5.000 Mrd. US$ im Jahr 1950 auf über 29.000 Mrd. US $ im Jahr 1997. Dieser enorme Anstieg entsprach dem Wachstum von Beginn der Zivilisation bis zum Jahr 1950 (Worldwatch Institute Report 1998: 13). Zwischen 1997 und 2005 ist es nochmals um 20.000 Mrd. US$ auf 50.000 Mrd. US$ gestiegen (Weltbank 2007: 349, zur Wachstumsdiskussion s. Rogall 2009: Kap. 4.2). Die Industrialisierung und die Herausbildung des Wohlfahrtstaates haben zu ressourcenintensiven Konsumstilen geführt, die bis dahin in der Menschheitsgeschichte undenkbar waren. Diese Konsumstile prägen das Konsumverhalten der ca. 900 Mio. Menschen in den Industriestaaten und dienen als Vorbild für die etwa 1.000 Mio. Menschen in den sog. neuen Verbraucherstaaten. Zu diesen spezifischen Konsumstilen zählen wir: (a) das Streben, sich durch Statussymbole gegenüber anderen hervorzuheben (Hirsch 1980: 43), (b) die Orientierung der meisten Menschen an der Konsumgüterausstattung ihrer Nachbarn oder Kollegen („Keeping off the Jones" genannt), (c) den Wunsch, das jeweils technisch neueste Produkt besitzen zu wollen, (d) die fortschreitende Individualisierung (100 Singlehaushalte verfügen natürlich über mehr langlebige Konsumgüter als 25 Mehrpersonenhaushalte), (e) die „Bequemlichkeit" des Menschen (natürlich ist es bequemer, mit einem Pkw Einkäufe durchzuführen, der die Güter im Kofferraum aufnimmt, als sie zu tragen).

4) *Politikversagen, technische Fehlentwicklungen:* Politiker haben die Aufgabe, Rahmenbedingungen zu schaffen, die die Lebensqualität der Menschen dauerhaft verbessern. Die zunehmenden globalen Umweltprobleme zeigen, dass die Politiker aller Länder dieser Aufgabe bislang nicht ausreichend nachgekommen sind. Die Vernachlässigung der natürlichen Ressourcen mit ihren Knappheitsgrenzen führte dazu, dass die Politik in der Vergangenheit keine „ökologischen Leitplanken" (politisch-rechtliche Instrumente) einführte, so dass in den vergangenen 250 Jahren Industriegeschichte eine ressourcenintensive Durchflusswirtschaft entstanden ist. Sie führt kurzfristig betrachtet zu einem maximalen Output, führte aber zu einer Übernutzung der natürlichen Ressourcen (zu den Ursachen des Politikversagens Rogall 2003: 114 u. 2006: 177). Dieses Politikversagen hatte eine technische Fehlentwicklung zur Folge. Wären die externalisierten Kosten der fossilen und atomaren Energieumwandlung von vornherein internalisiert worden, hätte die Geschichte der Technikentwicklung vielleicht einen ganz anderen Verlauf genommen (Jonas 1979; Bartmann 1996).

5) *Barrieren:* Am Beispiel des Wechsels zu Öko-Stromanbietern lässt sich zeigen, dass sich den Konsumenten eine Reihe von psychologischen Barrieren auftut, wenn sie sich umweltfreundlicher verhalten wollen. Prinzipiell verändern Konsumenten ihr Verhalten/Gewohnheiten ungern, hierfür existieren verschiedene Gründe: (a) Sie fürchten den Aufwand des Wechsels, (b) das Standardangebot (örtliches EVU) wird als Empfehlung anerkannt, (c) Menschen schlüpfen nicht gern aus „dem gemachten Bett" (Pichert; Schwarzburger 2007/04: 12).

3. Lösungsansätze

3.1 Berechnung des optimalen Umweltschutzes

Wie gezeigt, führen die sozial-ökonomischen Faktoren zu einer Übernutzung der natürlichen Ressourcen und somit zu einer Fehlallokation. Ergreift ein Staat keine Umweltschutzmaßnahmen, entstehen hieraus hohe Umweltschadenskosten. Wenn daraufhin Umweltschutzmaßnahmen ergriffen werden, entstehen natürlich auch Kosten, die Umweltschutzkosten genannt werden. Ziel der neoklassischen Umweltökonomie ist es, durch Umweltschutzmaßnahmen die Übernutzung der natürlichen Ressourcen soweit zu vermindern, bis ein Optimum zwischen den vermiedenen Umweltschadenskosten und den Umweltschutzkosten erreicht ist. Hierzu werden Umweltmaßnahmen durchgeführt, die allmählich die Übernutzung (und damit deren Kosten) verringern. Da die Maßnahmen zur Verringerung der Übernutzung ebenfalls Kosten verursachen (z. B. der Bau von Klärwerken, Wärmeschutzsanierung der Gebäude), nähern sich die vermiedenen Kosten der Übernutzung und die Kosten für die Vermeidungsmaßnahmen an.

Der optimale Punkt ist erreicht, wenn die Kosten zur Vermeidung der Übernutzung so hoch sind wie die Kosten der Übernutzung. Würden die Maßnahmen zum Schutz der natürlichen Ressourcen über diesen Punkt hinaus betrieben werden, würden sie mehr kosten, als sie Kosten einsparen könnten. Da dies (ökonomisch) nicht rational wäre, ist es das Ziel der Umweltökonomie, dieses optimale Umweltqualitätsniveau (den optimalen Verschmutzungsgrad) zu erreichen (Cansier 1996: 27).

3.2 Errechnung der Umweltschadenskosten

Die erste monetäre Bewertung der natürlichen Umwelt, die auf den Reisekosten der Touristen basierte, wurde im Jahr 1956 durchgeführt, um den Erholungsnutzen eines von Kalifornien geplanten Touristenprojekts zu ermitteln. In der Folgezeit wurden zahlreiche Studien zur Errechnung der Umweltschadenskosten durchgeführt. Aufgrund der weiter unten skizzierten Bewertungsprobleme schwanken die Angaben über die jährlichen Gesamtumweltkosten in Deutschland zwischen 102 und 511 Mrd. €. Wicke kam in einer Schätzung Anfang der 1990er Jahre auf etwas über 104 Mrd. €. pro Jahr (Wicke 1993: 60). Das Heidelberger Umwelt- und Prognose-Institut kommt auf eine Schadensbilanz von ca. 243 Mrd. € (Teufel 1991/04). Das Fraunhofer Institut für Systemtechnik und Innovationsforschung (ISI) hat die Umweltkosten mit etwa 312 Mrd. € pro Jahr beziffert (Canibol 1992/11: 15), Leipert kam gar auf Kosten zwischen 307 und 511 Mrd. € (Leipert 1991: 26; zu den Methoden der Berechnung der Umweltschadenskosten Rogall 2008: Kap. 2.4).

Schon die Bandbreite der oben angegebenen Umweltschadenskosten zeigt, wie schwer es ist, die Kosten der Übernutzung der natürlichen Ressourcen zu monetarisieren. Viele Bewertungsprobleme der Monetarisierung von volkswirtschaftlichen Umweltschadenskosten sind bis heute nicht befriedigend gelöst:

- Wie hoch sind die Belastungen (Datenerhebungsprobleme)?
- Welche Belastungen sollen erfasst werden (reichen die zehn meist erfassten Schadstoffe aus, oder sind hundert, tausend oder eine Million zu beachten)?
- Wie sollen die psychischen und physischen Umweltbelastungen auf den Menschen monetarisiert werden (wie hoch ist der Preis für die Erhöhung der Geräusche um ein dB (A)?
- Wie hoch sind die Belastungen und Schäden in der Natur zu bewerten (was kostet die Versiegelung einer Wiese, was eine ausgestorbene Rotkehlchenart)?
- Wie sollen Folgekosten großer Veränderung im natürlichen Gleichgewicht bewertet werden (z. B. die Zerstörung von Nahrungsmittelketten oder die Massenmigration aufgrund der Klimaveränderung)?
- Wie soll der Wert einer knappen Ressource (z. B. Erdöl und -Gas), die heute ineffizient verbraucht wird und damit künftigen Generationen nicht mehr als Rohstoff zur Verfügung steht, bewertet werden?
- Wie hoch sollen die Eintrittswahrscheinlichkeiten großer Störfälle („Katastrophen") angegeben werden? In zahlreichen Vergleichen von Berechnungen über die Eintrittswahrscheinlichkeiten von Technikversagen wurden Spannbreiten bis zum Faktor 46 festgestellt (zu den Grenzen der Risikofolgenforschung Günther 1997: 111).

Bei allen „subjektiven" Bewertungsmethoden (Zahlungsbereitschaftsmethoden) treten andere, nicht weniger schwerwiegende Probleme auf (Cansier 1996: 117). Um diese Schwächen auszugleichen, wurde in den vergangenen zwanzig Jahren eine Reihe von Methoden entwickelt, um die Befragungs- und Auswertungstechniken zu verbessern (unstrukturierte und strukturierte Befragung, Budgetierungsverfahren zu den neueren Methoden). Dennoch bleiben viele strukturelle Probleme erhalten.

3.3 Zwischenfazit

Neoklassische Umweltökonomen wollen den Markt als alleiniges Verteilungsinstrument erhalten und hierzu die Umweltschadenskosten in die Marktpreise internalisieren (bzw. den monetären Wert des Naturvermögens berechnen). Aufgrund der zentralen Schwächen aller Monetarisierungsmethoden folgen wir dem Beirat „Umweltökonomische Gesamtrechnungen" beim BMU, der in seiner abschließenden Stellungnahme eine Monetarisierung als nicht zweckmäßig ablehnt (BMU 1998/07: 16 und 2002/03: 34). Da die neoklassische Umweltökonomie ihr selbstgestecktes Ziel (den optimalen Naturnutzungspunkt exakt berechnen zu können) nicht erfüllen kann, wird sie, salopp gesprochen, „politikunfähig", da sie keine Empfehlungen über die „richtige" (objektive) Höhe der Internalisierungsstrategien (z. B. Umweltabgaben) geben kann. Allerdings räumen Vertreter der Nachhaltigen Ökonomie ein, dass eine Monetarisierung von Umweltschadenskosten – im Sinne der Abschätzung von Belastungen – für die Öffentlichkeitsarbeit sinnvoll sein kann (zu den aktuellen Ansätzen s. UBA 2007/04). Hinzu tritt eine Reihe weiterer Probleme neoklassischer Methoden und Annahmen, zum Beispiel die Annahme, man dürfte Umweltkosten der Zukunft diskontieren, das Dogma der Konsumentensouveränität, das auch demokratisch legitimierten Entscheidungsträgern verbietet, die Kaufentscheidungen von Konsumenten durch Gesetze zu beeinflussen. Oder die Annahme, dass die natürlichen Ressourcen substituierbar wären. Diese Annahmen sorgen dafür, dass der Beitrag der neoklassischen Umweltökonomie für eine Nachhaltige Entwicklung und eine Nachhaltige Ökonomie begrenzt blieb.

4. Bausteine für eine Nachhaltige Ökonomie

4.1 Gründung

Seit den 1970er Jahren sind zahlreiche Schulen und Forschungsansätze entstanden, die sich mit der Übernutzung der natürlichen Ressourcen und den Bedingungen einer Nachhaltigen Entwicklung beschäftigen (sustainable science genannt). In unserem Beitrag stehen die ökonomisch orientierten Schulen im Fokus. Als besonders wichtig sehen wir an: (1) Die neoklassische Umweltökonomie (entstanden in den 1970er Jahren), ohne wesentlichen Beitrag für eine Nachhaltige Ökonomie, aber ein wichtiger Vorläufer. (2) Die Ökologische Ökonomie (1980er Jahre), (3) die Neue Umweltökonomie als Unterschule der Ökologischen Ökonomie (1990er Jahre), (4) den Greifswalder Ansatz (GA), (Ott; Döring 2004), (5) das integrierte Nachhaltigkeitskonzept der Helmholtz-Gesellschaft Deutscher Forschungszentren (HFG-Ansatz; Kopfmüller u. a. 2001, Kopfmüller 2006), (6) die Industrial Ecology (1990er Jahre, Isenmann; Hauff 2007), (7) die postautistische Ökonomie (Dürmeier und andere 2006). Diese Schulen und Unterschulen haben wichtige Beiträge für die Sustainable Science geliefert, die durch eine Nachhaltige Ökonomie aufzunehmen und zusammen zu führen sind, damit sie sich zu einer ernst zunehmenden Alternative zur traditionellen Ökonomie entwickeln kann.

In den vergangenen fast 250 Jahren stand die maximale Steigerung der Gewinne und Güterproduktion im Mittelpunkt der Ökonomie, die mit einem stetigen Wachstum des Ressourcenverbrauchs verbunden waren. Angesichts der globalen Gefahren wird sich diese Kurzfristökonomie in Richtung einer Langfristökonomie wandeln müssen, die die Grenzen der natürlichen Tragfähigkeit und die Gerechtigkeitsprinzipien respektieren lernt. Hierbei kann die Mehrzahl der traditionellen Ökonomen (inkl. der Umweltökonomen) aufgrund ihrer Dogmen keinen ausreichenden Beitrag für die Entwicklung zu einer Nachhaltigen Ökonomie leisten. Die Ökologische Ökonomie hat einen Teil dieser Lücke geschlossen, deshalb baut die Nachhaltige Ökonomie auf ihren Erkenntnissen auf. Bislang hat die Ökologische Ökonomie ihr Erkenntnisinteresse aber auf die Frage konzentriert, wie die Grenzen der natürlichen Tragfähigkeit eingehalten werden können. Um die ethischen Grundprinzipien einer Nachhaltigen Entwicklung einzuhalten (intra- und intergenerative Gerechtigkeit sowie Verantwortung und Dauerhaftigkeit) muss eine Nachhaltige Ökonomie aber weitergehen. Sie muss sich auch damit beschäftigen, wie ausreichend hohe Standards im Rahmen der natürlichen Tragfähigkeit erreicht werden können (Definition der Nachhaltigen Entwicklung). In sofern sehen wir die Nachhaltige Ökonomie als eine konsequente Weiterentwicklung der Ökologischen Ökonomie an. Die Nachhaltige Ökonomie befindet sich in der Entstehung. Sie entwickelt sich aus der Volkswirtschaftslehre und der sustainable Science (insbes. der Ökologischen Ökonomie und Neuen Umweltökonomie). Sie wird von uns als „ökonomische Theorie der Nachhaltigen Entwicklung unter Berücksichtigung der transdisziplinären Grundlagen" definiert. Im Zentrum stehen hierbei die Fragen, wie sich ausreichend hohe ökonomische, sozial-kulturelle und ökologische Standards in den Grenzen der natürlichen Tragfähigkeit erreichen sowie das intra- und intergenerative Gerechtigkeitsprinzip verwirklichen lassen. Parallel zum Abschluss der Arbeiten an dem Lehrbuch „Nachhaltige Ökonomie" wurde das internationale „Netzwerk Nachhaltige Ökonomie" gegründet, das heute über 140 Mitglieder aus der Wissenschaft, Lehre, sowie Vertreter aus der Wirtschaft und Politik hat.

4.2 Kernaussagen der Nachhaltigen Ökonomie

Auf dem Gründungsworkshop des Netzwerks im Herbst 2009 wurden die folgenden Kernaussagen beschlossen:

1) *Starke statt schwache Nachhaltigkeit:* Die Nachhaltige Ökonomie bekennt sich zu einer Position der starken Nachhaltigkeit. (Kopfmüller 2003: 22, Bartmann 2001: 62). Hierfür schlagen wir folgende Definition vor: „Eine Nachhaltige Entwicklung strebt für alle heute lebenden Menschen und künftigen Generationen ausreichend hohe ökologische, ökonomische und sozial-kulturelle Standards in den Grenzen der natürlichen Tragfähigkeit an. Sie will somit das intra- und intergenerative Gerechtigkeitsprinzip umsetzen" (Rogall 2000: 100; vgl. a. Abgeordnetenhaus von Berlin 2006/06: 12).

2) *Abgrenzung von der traditionellen Ökonomie bei Aufnahme einzelner Aspekte:* Die Nachhaltige Ökonomie erkennt bestimmte Erkenntnisse der traditionellen Umweltökonomie an, z.B. die sozial-ökonomischen Faktoren der Übernutzung der natürlichen Ressourcen und die daraus abgeleitete Diskussion um die Notwendigkeit politisch-rechtlicher Instrumente. Da die Umweltökonomen aber den Markt als alleiniges Verteilungsinstrument erhalten wollen und auch nicht bereit sind, auf andere Dogmen zu verzichten (Diskontierung, Monetarisierung der Umweltkosten, Konsumentensouveränität), bleibt ihr Beitrag für eine Nachhaltige Ökonomie insgesamt bescheiden.

3) *Eine Weiterentwicklung der traditionellen Ökonomie und Ökologischen Ökonomie zur Nachhaltigen Ökonomie ist notwendig:* Die Nachhaltige Ökonomie grenzt sich von einer Reihe Aussagen der traditionellen Ökonomie ab und sieht die Zeit gekommen, dass Lehrgebäude unter Heranziehung der Erkenntnisse anderer Disziplinen (z. B. der Gehirn-, Verhaltens-, Klimaforschung) neu zu errichten bzw. eine Vollsanierung durchzuführen (hier aus Platzgründen nur die ökologisch relevanten Teile als Stichworte):

› Statt einer reinen Marktwirtschaft wird eine nachhaltige (sozial-ökologische) Gemischtwirtschaft angestrebt, die ausreichend hohe ökonomische, ökologische und sozial-kulturelle Standards sicherstellt und die Industriegesellschaft mit Hilfe von Instrumenten in eine Nachhaltige Wirtschaft umbaut (z. B. handelbare Naturnutzungsrechte, Ökologisierung des Finanzsystems, Mindestlöhne, aktive Wirtschaftspolitik).

› Demokratie wird als Grundprinzip verstanden, von dem kein Subsystem ausgespart bleibt.

› Die Einhaltung der Nachhaltigkeitsprinzipien wird ins Zentrum der volkswirtschaftlichen Ziele genommen, Minderungsziele des Ressourcenverbrauchs formuliert und Strategiepfade zum Nachhaltigen Umbau der Industriegesellschaft formuliert.

› Der Zielkatalog der Wirtschaftspolitik wird nach den Prinzipien einer starken Nachhaltigkeit ausgerichtet, d.h. das Ziel ist nicht der optimale Verbrauch, sondern der Erhalt der natürlichen Ressourcen.
Eine Reihe von neoklassischen Dogmen wird eingeschränkt (Bartmann 1996, Rogall 2009).

4) *Bausteine einer Nachhaltigen Ökonomie und Kontroversen:* Seit den 1970er Jahren sind zahlreiche Schulen und Forschungsansätze entstanden, die sich mit den Bedingungen einer Nachhaltigen Entwicklung beschäftigen (sustainable science). Diese Schulen haben wichtige Beiträge für die Sustainable Science geliefert, die von der Nachhaltigen Ökonomie aufgenommen werden. Wie in anderen Wirtschaftsschulen existieren auch zwi-

schen den Ökonomen der Nachhaltigen Ökonomie Kontroversen über verschiedene Fragestellungen, z. B. wie ein Nachhaltigkeitsparadigma aussehen müsste, dass das heutige Wachstumsparadigma ersetzen kann. Vertreter der traditionellen Ökonomie sehen ein stetiges wirtschaftliches Wachstum als das wichtigste wirtschaftspolitische Ziel an. Dass eine dauerhafte exponentielle Steigerung des BIP (z. B. über 1.000 Jahre) nicht möglich ist, wird verdrängt, die Folgen für die Übernutzung der natürlichen Lebensgrundlagen verharmlost. Vertreter der Nachhaltigen Ökonomie sehen dieses Wachstumsparadigma als nicht zukunftsfähig an (BUND 2008). Aus ihrer Sicht muss es durch ein Nachhaltigkeitsparadigma ersetzt werden, dass den scale, die absolute Nutzung der natürlichen Ressourcen (den Stoffdurchsatz) kontinuierlich senkt (Hinterberger 1996: 40). Das soll durch die drei Strategiepfade der Nachhaltigen Ökonomie (Effizienz, Konsistenz, Suffizienz) erreicht werden. Hierbei herrscht Einigkeit darüber, dass die Realisierung einzelner Effizienzmaßnahmen nicht zu einer Nachhaltigen Entwicklung führen kann, es vielmehr um eine 3. Industrielle Revolution geht, die den Verbrauch der natürlichen Ressourcen in den Industriestaaten innerhalb der nächsten 40 Jahre um 80 bis 90 Prozent vermindert. Das bedeutet aber nicht weniger als die Neuerfindung (fast) aller Produkte und Anlagen nach den Kriterien und Managementregeln der Nachhaltigkeit. Umstritten ist aber die Hierarchie dieser Pfade: Während ein Teil sich für eine Steadystate Ökonomie (mit eingefrorenem BIP) ausspricht und die Suffizienz in den Mittelpunkt stellt, hält die zweite Gruppe eine technisch orientierte Strategie (Effizienz und Konsistenz) für ausreichend. Die dritte Gruppe strebt ein selektives Wachstum an (wirtschaftliche Entwicklung im Rahmen der natürlichen Tragfähigkeit, mit Wachstums- und Schrumpfungsprozessen in ausgewählten Sektoren). Hierbei soll durch die konsequente Umsetzung der Strategiepfade eine absolute Abkoppelung, d.h. eine stetige absolute Minderung des Ressourcenverbrauchs erreicht werden (im Unterschied zum relativen Verbrauch, der den Verbrauch pro BIP misst). Dieser Strategieansatz wird durch die Nachhaltigkeitsformel verdeutlicht (Δ Ressourcenproduktivität > Δ BIP, d.h. die Steigerung der Ressourcenproduktivität muss immer – Jahr für Jahr – größerer als die Steigerung des BIP sein).

5) *Eine Nachhaltige Ökonomie beruht auf ethischen Prinzipien und damit auf der Forderung nach persönlicher Verantwortung und Handlung:* Als zentrale Prinzipien werden anerkannt: intra- und intergenerative Gerechtigkeit (Bartmann 1996: 210; Hampicke 1999: 167) sowie Dauerhaftigkeit und Verantwortung (Kopfmüller 2003: 22). Damit geht es dieser Schule nicht alleine um Optimierungs- und Effizienzziele (wie der neoklassischen Umweltökonomie), sondern auch um Gerechtigkeit (Verteilungsfragen) und Erhaltung. Für alle heute und künftig lebenden Menschen soll das Recht auf Befriedigung ihrer Grundbedürfnisse und fairen Zugang zu den natürlichen Ressourcen sowie den Erhalt der natürlichen Lebensgrundlagen durchgesetzt werden (Kopfmüller 2003: 25). In der Konsequenz bedeutet die Anerkennung dieser Grundwerte aber auch, dass nur die Produkte und Konsumstile als Nachhaltig bezeichnet werden können, die auf alle Menschen übertragen nicht zur Überschreitung der Grenzen der natürlichen Tragfähigkeit führen (zur Diskussion moderater Öko- bzw. Biozentrismus versus aufgeklärter Anthropozentrismus, vgl. Lerch 2001: 100; WBGU 1999: 31; Rogall 2008: 154). Als ebenfalls wichtig wird das Prinzip der partizipativen Demokratie angesehen, aus dem sich die Notwendigkeit eines stetigen gesellschaftlichen Diskurs- und Partizipationsprozess in allen Bereichen ergibt, und die Menschen auf die dramatischen Änderungen in diesem Jahrhundert vorbereitet. Hierdurch tritt zu der zentralen Rolle der Politik, als unverzichtbare rahmensetzende Instanz, die persönliche Verantwortung jedes einzelnen. Die enormen Umweltbelastungen „normaler" Konsumgüter zeigen die Unverzichtbarkeit langfristiger Suffizienzstrategien (ein Pkw bis zu 400.000 l Wasser, ein Kilo

Rindfleischs bis zu 16.000 l, ein T-Shirts bis zu 20.000 l Wasser, eine Vielzahl von chemischen Stoffen, THG-Emissionen usw.). Daher möchten schon heute viele Menschen (nicht die Mehrheit) ethisch verantwortbar leben, einen eigenständigen Beitrag für eine Nachhaltige Entwicklung leisten. Das kann ein erfolgreicher Ansatz werden, wenn ein Imagewechsel der Produkte gelingt, ein energieeffizientes kleines Fahrzeug „hipp" wird, weil der Fahrer es offensichtlich nicht nötig hat, seinen beruflichen Erfolg zur Schau zu stellen, und weil er moderne Technik statt „Dinosauriertechnik" einsetzt. Die Frage „Rechnet sich das?" müsste für andere Produkte gestellt werden als heute: Bekanntlich „rechnet" sich eine „Luxus-Limousine" oder ein Sportwagen nie, während eine Solaranlage eine „Emotionalrendite" verschafft. Auf einen derartigen Imagewechsel darf man sich aber nicht verlassen, deshalb fordert die Nachhaltige Ökonomie auch ökologische Leitplanen.

6) *Transdisziplinärer Ansatz statt Primat der Ökonomie:* Die Nachhaltige Ökonomie will die rein ökonomische Betrachtungsweise durch einen transdisziplinären Ansatz ersetzen. Hierzu ist eine enge Kooperation mit den Politik- und Rechtswissenschaften (Instrumentendiskussion) sowie mit den Natur- und Ingenieurwissenschaften (Nachhaltige Produkt- und Anlagengestaltung) unerlässlich. Einen weiteren Schwerpunkt stellt die Akteursanalyse dar, die zu dem Ergebnis kommt, dass viele Brachen nach wie vor einer Kurzfristorientierung unterliegen und sie daher eine Nachhaltige Umgestaltung der Industriegesellschaft verhindern wollen. Im Zuge der weiteren Verschärfung der Ressourcen- und Klimakrise bestehen aber erhebliche Potentiale für erfolgreiche Bündnisse zwischen den nachhaltigkeitsorientierten Teilen der Wirtschaft, Politik und Bürgergesellschaft.

7) *Notwendigkeit der Änderung der Rahmenbedingungen mittels politisch-rechtlicher Instrumente:* Die meisten Vertreter der Nachhaltigen Ökonomie akzeptieren, dass die sozial-ökonomischen Faktoren quasi zwangsläufig zu einer Übernutzung der natürlichen Ressourcen führen. So ist die Ökobilanz (der Ressourcenverbrauch) von Bürgern mit einem höheren Einkommen, die sich für umweltbewusst halten, aufgrund ihrer Flugreisen, größeren Wohnungen und Autos erheblich schlechter, als die von Bürgern mit niedrigen Einkommen, denen die Umwelt nach eigenen Angaben unwichtig ist (Kulke 1993, Bodenstein u.a. 1998). Nachhaltige Ökonomen schlussfolgern daraus, das die Höhe des Einkommens für den Umweltverbrauch der Mehrheit eine wichtigere Rolle spielt als der Bewusstseinsstand, und der Staat daher mit Hilfe von politisch-rechtlichen Instrumenten eingreifen muss, um das Marktversagen auszugleichen (Holstein 2003: 107). Derartige ökologische Leitplanken werden somit als eine Art notwendige Bedingung angesehen, ohne die es keine Nachhaltige Entwicklung geben kann. Im Mittelpunkt steht hierbei ein Instrumentenmix, insbes. mit umweltökonomischen (Ökologisierung des Finanzsystems, Bonus-Malus-Regelungen und Naturnutzungsrechten) und ordnungsrechtlichen Instrumenten mit Stufenplänen (Nutzungspflichten, Standards und Grenzwerte). Die neoklassische Forderung der Errechnung eines (ökonomisch) optimalen Naturnutzungspunktes wird aber aus ethischen Gründen und den Monetarisierungsproblemen abgelehnt (Rogall 2008: 76). Allerdings verwenden Vertreter der Nachhaltigen Ökonomie die Methode der Monetarisierung aus taktischen Gründen, um in der öffentlichen Diskussion die Größenordnung der Umweltkosten (z. B. einer unzureichenden Klimaschutzpolitik) zu verdeutlichen. Es darf aber darüber nicht vergessen werden, dass es eigentlich darum geht, die Grenzen der natürlichen Tragfähigkeit zu ermitteln und sie einzuhalten, d.h. den Verbrauch der natürlichen Ressourcen (den scale) auf ein dauerhaft aufrechterhaltbares Maß zu senken. Vertreter der Nachhaltigen Ökonomie empfehlen daher die folgenden Ansätze:

› Den Standard-Preis-Ansatz, bei dem Standards festgelegt und mit politisch-rechtlichen Instrumenten durchgesetzt werden (Baumol; Oates 1971: 42, im Deutschen vgl. Bartmann 1996: 141.

› Die Theorie der meritorischen Güter, bei der Staat ebenfalls Standards politisch festlegt und durchsetzt.

8) *Notwendigkeit der Operationalisierung des Nachhaltigkeitsbegriffs und neue Messsysteme:* Durch die Vielzahl an Interpretationen besteht die Gefahr, dass der Nachhaltigkeitsbegriff zum inhaltsleeren Allerweltsbegriff wird. Diese Entwicklung muss durch die Formulierung von Prinzipien, Managementregeln und neuen Messsystemen verhindert werden. Der Nachhaltigkeitsbegriff soll so wie der Begriff Demokratie zwar unterschiedliche Ausprägungen im Detail zulassen (z. B. in Großbritannien und Deutschland), in der Substanz aber eindeutig bleiben. Hierzu werden neue Messsysteme in Form von Ziel- und Indikatorensystemen entwickelt und der Zielerreichungsgrad durch das Statistische Bundesamt überwacht (vgl. Bundesregierung 2008/11: 36).

9) *Globaler Ordnungsrahmen und Verantwortung der Industriestaaten statt Freihandel und Turbokapitalismus:* Vertreter der Nachhaltigen Ökonomie sind sich über die folgenden Aussagen und Ziele einig:

› Die ungerechten Austauschbeziehungen und Arbeitsteilung zwischen Industrie- und Entwicklungsländern führen zu materiellem Wohlstand in den Industrieländern und zu Armut in den Entwicklungsländern.

› Eine Nachhaltige Entwicklung ist aber ohne die Verwirklichung der intragenerativen Gerechtigkeit nicht möglich. Hierbei tragen die Industriestaaten aufgrund der historischen Entwicklung und ihrer hohen Leistungsfähigkeit eine besonders hohe Verantwortung (Prinzip der gemeinsamen, aber unterschiedlichen Verantwortung; Kopfmüller 2003: 37).

› Die Einführung eines globalen Ordnungsrahmens wird als notwendig angesehen, mit sozial-ökologischen Mindeststandards, die kontrolliert und sanktioniert werden und Mechanismen für einem fairen Handelsaustausch (Costanza u. a. 2001: 197; Kopfmüller 2003: 36).

› Der heutige Pro-Kopf-Ressourcenverbrauch der Industrieländer kann nicht auf alle sieben – bis 2050 etwa 9,0 Milliarden Menschen übertragen werden (DSW 2005/03: 4). Vielmehr werden schon heute die Belastungsgrenzen als überschritten angesehen. Vertreter der Nachhaltigen Ökonomie fordern, dass der Verbrauch der natürlichen Ressourcen bis zum Jahr 2050 global um 50 Prozent gesenkt wird. Da die Entwicklungsländer ihren geringen Pro-Kopf-Verbrauch nicht senken werden, sondern ihnen vielmehr eine gewisse Steigerung zusteht, müssen die Industriestaaten ihren Verbrauch bis 2050 um 80-90 Prozent senken.

› Die Schwellenländer (insbes. die „neuen Verbrauchsstaaten" wie China, Indien, Brasilien usw.) dürfen die Technik- und Strukturentwicklung der Industriestaaten nicht einfach nachahmen, sondern müssen von Anfang an ressourceneffiziente und nachhaltige Techniken einsetzen, dass geht nur durch Technologietransfer.

› Alle Schwellen- und Entwicklungsländer tragen Verantwortung für die weitere Bevölkerungsentwicklung, da die Gesamtbelastung der natürlichen Lebensgrundlagen sich aus dem Pro-Kopf-Verbrauch mal der Bevölkerungsanzahl ergibt (Costanza u. a. 2001: 109, 206).

› Um diese Ziele zu erreichen müssen die internationalen Institutionen systematisch nach den Zielen der Nachhaltigen Entwicklung reformiert werden (dabei müssen die Schwellenländer, z. B. nach dem G20 Gedanken, in die Entscheidungsprozesse integriert werden).

10) *Nachhaltige (sozial-ökologische) Markt- oder Gemischtwirtschaft:* Vertreter der Nachhaltigen Ökonomie konstatieren ein umfangreiches Marktversagen (z. B. Armut und Verteilungsungerechtigkeit, Übernutzung der natürlichen Ressourcen, Unterausstattung mit meritorischen Gütern, Stabilitätsprobleme; Rogall 2006). Das Marktversagen kann nur dann auf ein akzeptables Maß reduziert werden, wenn die Politik eingreift. Daher sprechen sie sich für eine nachhaltige (sozial-ökologische) Markt- bzw. Gemischtwirtschaft aus (Schiller 1965; Bartmann 1996: 10), die wir wie folgt definieren: „Unter einer nachhaltigen Marktwirtschaft wird ein Wirtschaftssystem verstanden, dass auf den ethischen Prinzipien des intra- und intergenerativen Gerechtigkeitsgrundsatzes und der Verantwortung beruht. Hierzu werden die Märkte nicht abgeschafft, aber sie erhalten mit Hilfe von politisch-rechtlichen Instrumenten einen Entwicklungsrahmen (z.B. ökologische Leitplanken, Sozial-, und Mitbestimmungsgesetze), der dafür sorgt, dass die Folgen des Marktversagens ausgeglichen werden und die Volkswirtschaft sich nach den Zielen und Prinzipien einer Nachhaltigen Ökonomie umstrukturiert." (zur gesellschaftlichen Abkehr von rein wirtschaftsliberalen Positionen Niejahr; Schmidt 2007/08: 3; Stiglitz 2006).

11) *Handlungsfelder:* Um die Transformation der heutigen Industriegesellschaft in eine Nachhaltige Wirtschaft zu beschleunigen, werden zentrale Strategiefelder ausgewählt, in denen dieser Prozess mit Hilfe der Effizienz-, Konsistenz-, Suffizienzstrategie forciert und exemplarisch vorangetrieben wird (Nachhaltige Wirtschafts-, Energie, Mobilitäts-, Ressourcenschonungs- und Produktgestaltungspolitik). Diese Felder eigenen sich besonders gut, da sich hier exemplarisch zeigen lässt, dass eine Nachhaltige Wirtschaft nicht Askese propagiert und Armut verfestigt, sondern im Zuge einer 3. Industriellen Revolution eine ausreichende Güterausstattung und hohe Lebensqualität innerhalb der Grenzen der natürlichen Tragfähigkeit ermöglicht. Hierbei werden auch die Chancen für die Beschäftigung und damit die Sozialpolitik gesehen, allerdings auch die Hemmnisse und noch zu lösenden Probleme benannt (z. B. einen vollständigen Umstieg vom „Fossilen- und Atomarenzeitalter" in das Solarzeitalter bis zur Mitte bzw. dem Ende des Jahrhunderts).

Über den Autor

Dr. Holger Rogall ist Professor für Nachhaltige Ökonomie an der Hochschule für Wirtschaft und Recht Berlin.

Eine Lanze für die Globalisierung

Von Prof. Dr. Paul J.J. Welfens

Aus ökonomischer Sicht gebe es keine Situation, in der die Öffnung eines Landes für Handel nicht für alle beteiligten Länder Vorteile brächte. Dumpfe Globalisierungskritik, die ökonomische Aufholprozesse negiere, laufe auf ein Verweigern von Entwicklung im Süden der Weltwirtschaft hinaus. Diese Lanze für die Globalisierung bricht Prof. Dr. Paul J.J. Welfens, Präsident des Europäischen Instituts für Internationale Wirtschaftsbeziehungen (EIIW) an der Universität Wuppertal, Jean Monnet Lehrstuhl für Europäische Integration. Mit Rückblick auf die deutsche G8-Präsidentschaft und hier vor allem den Gipfel in Heiligendamm im Sommer 2007 meint Welfens, dass es nicht gerade für die politische Reife in Europa zu Beginn des 21. Jahrhunderts spreche, wenn ein Weltwirtschaftsgipfel nur unter sehr massivem Polizeischutz stattfinden konnte. Der Bundesregierung hätte es gut angestanden, im Vorfeld des Gipfels die vielen positiven Argumente zur Globalisierung fundiert darzustellen und die wenigen kritischen Negativ-Punkte ernsthaft zu reflektieren, erklärt Welfens weiter. Hier die Stellungnahme des Wuppertaler Ökonomen aus dem Jahr 2007 im Wortlaut:

Vor dem Weltwirtschaftsgipfel in Deutschland in 2007 gibt es allerlei öffentliche Aufregung über die Gipfel-Agenda und vor allem die Grundfragen der Globalisierung. Es gibt prinzipielle Gegner der G-8-Gipfel, in dem man eine Art verkappte Weltregierung sieht, die ohne Legitimierung agiere. Diese Sichtweise ist nicht überzeugend, denn eine Art faktische ökonomische Weltregierung käme nur zustande, wenn man auch China und Indien sowie Brasilien und Indonesien dazu bitten wollte. Das käme vermutlich vielen G-8-Kritikern auch nicht gelegen, da man sich dann einer Art politisch-ökonomischer Übermacht von noch größerem Kaliber gegenübersähe. Hier liegt ein Widerspruch, denn im Interesse demokratischer Prinzipien und ökonomischer Vernunft sollte man sicher einen größeren Kreis von Ländern zusammenrufen, also etwa G-12 [Anm. d. Red.: inzw. G-20]; aber damit riefe man sicher noch größeren Protest hervor – allein mit Blick auf China als Zusatz-Mitglied beim Gipfel fänden sich wohl mehrere Kritikpunkte der Globalisierungsgegner.

Der politische Protest ist teilweise eine Art von Widerstand gegen Globalisierung im Sinn von zunehmender Bedeutung internationaler Handels- und Kapitalverkehrsbeziehungen; diese werden als anonyme und im Zweifelsfall dunkle Mächte wahrgenommen. Hier trifft sich die Suche nach kleinbürgerlicher Gemütlichkeit des Typs „Mein Dorf soll schöner werden" mit einer diffusen Sehnsucht nach einem Mehr an politischer Gestaltung gegen die anonymen internationalen Marktkräfte.

Staaten sollen mehr Macht haben, dann wird alles besser? Wo doch Staatsversagen in der Weltwirtschaft mehr noch ein Problem ist als gelegentliches Marktversagen. Noch ein Widerspruch ergibt sich hier: Denn wenn schon die G-8 als Übermacht empfunden werden, wie wäre es dann erst, wenn die Staaten allesamt noch mehr Macht hätten? Vor allem spielt der Argwohn gegen multinationale Unternehmen eine große Rolle; im Zweifelsfall gibt es hier auch ein Stück Anti-Amerikanismus, der mit der großen Zahl von US-Multis zusammenhängt. Dann gibt es da noch das Unbehagen gegen die angeblich wachsende Einkommensungleichheit in der Weltwirtschaft und zudem eine verbreitete Sorge um den Treibhauseffekt im Kontext von CO_2-Emissionen.

Emotional gesehen mag sich ein G-8-Gipfel ideal als medialer Sündenbock für globalisierungskritische Zeitgenossen eignen, aber die Globalisierungskritiker stehen eben auch für eigene Widersprüchlichkeiten und teilweise überhaupt für das Negieren von Fakten. Überhaupt ist mancher gegen die Billigkonkurrenz aus Asien, aber ein preiswertes schickes Handy hat man doch gerne in der Tasche – wohl auch bei der Mehrheit der Globalisierungsgegner.

1.6 Standortbestimmung

Preiswerte Elektronikprodukte und Textilien aus Asien im Tausch gegen Automobile und Maschinen aus Europa, das ist Teil der Globalisierungswirklichkeit und auch ein Element des ökonomischen Aufhol- und Modernisierungsprozesses in der Weltwirtschaft. Längerfristig werden China und Indien in technologisch immer anspruchsvollere Bereiche vorstoßen, der Strukturwandel in Europa und den USA und in anderen Ländern wird damit Schritt halten müssen. Wichtig ist allerdings, eine vernünftige Balance zwischen Wachstum und Umweltschutz sowie Gesundheitsstandards zu halten, erst dann wird ein nachhaltiger ökonomischer Konvergenzprozess möglich. Eine dumpfe Globalisierungskritik, die den Fakt der ökonomischen Aufholprozesse negiert, läuft auf ein Verweigern von Entwicklung im Süden der Weltwirtschaft hinaus.

Die Einkommensungleichheiten im Sinn von Nord-Süd-Unterschieden beim Pro-Kopf-Einkommen haben, das zeigen die Weltbankstatistiken, in den 20 Jahren nach 1985 deutlich abgenommen; nicht etwa zugenommen, wie Attac behauptet. Die Relation der Pro-Kopf-Einkommen – nach Kaufkraftparitäten, also bereinigt um Unterschiede in den Preisen nichthandelsfähiger Güter wie etwa Friseurdienste und Mieten – der reichen OECD-Länder zu den ärmsten Ländern der Weltwirtschaft betrug 1950 etwa 17:1, 1973 dann 13:1 und 1998 dann 9:1, wenn man Afrika als Sonderfall außen vor lässt; nimmt man Afrika mit hinein, kommt man für 1998 auf 19:1. Afrika ist aber kein Opfer der Globalisierung, es wird durch politische Instabilität und Bürgerkriege in seiner Entwicklung gehindert.

Die langfristige Verminderung der globalen Einkommensungleichheiten ist vor allem dem Wirtschaftsaufschwung in China, Indien und den ASEAN-Staaten zuzuschreiben. Dass beim Aufschwung in China wiederum die Einkommensunterschiede innerhalb Chinas zunehmen, ist unübersehbar, aber es gehört zu einem normalen langfristigen Aufholprozess. Es ist außerdem absurd, wenn Europäer sich über Ungleichheit in China mehr aufregen als Chinesen selbst.

Die G-8 sind keine Wundermaschine, schon gar nicht können sie irgendwo auf der Welt Elend rasch besiegen. Es klingt im Zweifelsfall gut, wenn man nach Schuldenerlass für einige Länder der Dritten Welt ruft, aber dadurch verbaut man ihnen wohl auch den Weg zum globalen Kapitalmarkt und gibt den Mächtigen nur Anreize, neuerlich unverhältnismäßige Schulden aufzutürmen, damit dann alsbald der nächste Schuldenerlass stattfinde. Im Einzelfall kann ein Schuldenerlass einem Land helfen, aber die Bausteine zu Wohlstand heißen politische Stabilität, Marktwirtschaft, liberaler Handel und Rechtsstaat. Das führt zu Wachstum und gibt die Chance für ökonomische Aufholprozesse.

Demokratie nachhaltig mit Marktwirtschaft und Rechtsstaat zu verbinden, ist allerdings offenbar schwierig; die unabdingbare Pressefreiheit als Vehikel der Transparenz für alle zu akzeptieren, fällt ebenso schwer. Es fehlt in vielen Ländern der Welt an Sinn für fairen Sport bzw. sportliche Fairness – letzteres eben in der Politik, wo man doch kaum einen Wahlverlierer in Afrika seine Wahlniederlage eingestehen sieht und wo Wahlkämpfe selten eine freie Presse erleben. Der westliche Parlamentarismus ist eben nicht exportfähig, wenn nicht der Sinn für britisches Fairplay hinzutritt; den gilt es zu verbreiten, und so gesehen ist Sport eigentlich immer Politik. Gefordert ist auch der Wille zum wirtschaftlichen Wettbewerb; auch auf internationalen Märkten.

Warum sollte man gegen Globalisierung sein? Aus ökonomischer Sicht gibt es mit Ausnahme eines kuriosen Lehrbuchfalls keine Situation, in der die Öffnung eines Landes für Handel nicht für alle beteiligten Länder Vorteile brächte. Der kuriose und in der Praxis höchst selten relevante Fall bezieht sich auf ein großes

Eine Lanze für die Globalisierung

Land, das sich auf die Produktion bzw. den Export von Gütern spezialisiert, deren Preis auf dem Weltmarkt sinkt. Hier könnte man an Brasilien und seinen Kaffee oder China und seine Textilien denken, aber Brasilien und China sind im Export schon viel zu differenziert, um ein Problem im Sinn von Verelendungswachstum zu haben. Umgekehrt gilt, dass ein Land ohne Außenhandel arm ist und wohl auch arm bleibt – siehe zum Beispiel Nordkorea.

Was die Rolle von Direktinvestitionen von multinationalen Unternehmen angeht, so hat deren Rolle für Produktion, Forschung und Beschäftigung in den Industrieländern und in einigen Schwellen- und Entwicklungsländern seit 1985 zugenommen; China avancierte gar neben den USA zum Hauptempfänger von Direktinvestitionszuflüssen. Als Problem erscheinen nun gerade solche Länder, die keine nennenswerten Direktinvestitionen aus dem Ausland anziehen konnten. Das gilt für viele Länder in Afrika, wo Korruption, Bürgerkriege, Bürokratie und mangelnde Rechtssysteme vielfach die Investitionsmöglichkeiten in- und ausländischer Investoren beeinträchtigen. Aus ökonomischer Sicht sind von ausländischen Direktinvestitionszuflüssen große Vorteile zu erwarten: Technologietransfer, höhere Lohnsätze und ein erhöhtes Bruttoinlandsprodukt bzw. Bruttonationaleinkommen.

Der einzige Fall, wo Direktinvestitionszuflüsse für das Gastland problematisch sein könnten, besteht dann, wenn das betrachtete Land klein ist und der investitionswillige Multi eine Monopolposition hat. Einen Ausweg aus dem potenziellen Dilemma können kleine Länder aber selber finden, indem sie nämlich eine regionale Wirtschaftsintegration – wie etwa den MERCOSUR in Lateinamerika oder ASEAN in Asien – bilden: Mit einem größeren regionalen Markt wird man eine Vielzahl von ausländischen Investoren ansiedeln können, das Monopolproblem entschärft sich.

Afrika hatte 1950 in etwa dasselbe Pro-Kopf-Einkommen wie Asien (ohne Japan). Zu Ende des 20. Jahrhunderts war das Pro-Kopf-Einkommen in Asien kräftig angestiegen, während es in Afrika nur geringes Wachstum gab. Ein Blick nach Südostasien oder auch nach Osteuropa – zu den erfolgreichen postsozialistischen Ländern – zeigt uns, dass es durchaus Wege zu mehr Wohlstand gibt. Die Länder Afrikas haben nicht zuviel, sondern zuwenig Globalisierung; viele Länder haben vor allem keine politische Stabilität.

Hatte man noch in den 80er Jahren zu Recht beklagen können, wie groß die Einkommensunterschiede zwischen Nord und Süd in der Weltwirtschaft seien, so hat der Aufholprozess Chinas diese Thematik deutlich relativiert.

Der wirtschaftliche Erfolg Chinas scheint vielen Globalisierungskritikern wiederum auch nicht recht zu sein. Denn mit Chinas hohem Wachstum gehen neue Umweltprobleme inklusive erhöhte CO_2-Emissionen in der Weltwirtschaft einher. So gesehen bringt wirtschaftliche Globalisierung auf den ersten Blick verschärfte Umweltgefahren. Es hängt allerdings von Pekings Wirtschaftspolitik selbst ab, ob man durch eine Reform des Wirtschaftssystems und vernünftige Umweltschutzgesetze sowie Innovationspolitik einen positiven Beitrag Chinas zur Lösung des Klimaproblems erbringt. Hier mögen sich die Umweltaktivisten unter den Globalisierungskritikern in ihrem Protest gegen Peking richten; zudem ggf. auch gegen die USA, die sich dem Kyoto-Protokoll aus einer Mischung kurzsichtiger Wachstums- und egozentrischer Ölinteressen im Öl-Bundesstaat Texas heraus breit verweigert haben.

Ein nicht unproblematisches Feld sind Fragen der Arbeitssicherheitsstandards in Nord und Süd. Haben die Industrieländer ein Interesse, anspruchsvolle gesundheitsrelevante Sicherheits-

Über den Autor

Prof. Dr. Paul J.J. Welfens ist Präsident des Europäischen Instituts für Internationale Wirtschaftsbeziehungen (EIIW) an der Universität Wuppertal, Jean Monnet Lehrstuhl für Europäische Integration.

standards von Nord nach Süd zu exportieren? Nach neueren ökonomischen Analysen erscheint das als zweifelhaft, so dass man von EU-Seite durchaus auch Gewerkschaften zu einer aktiveren Nord-Süd-Politik drängen könnte. Vor einer Unterminierung der Standards im Norden durch arme Länder im Süden braucht man jedenfalls keine Furcht zu haben.

Wirklich beklagenswert stehen die EU und durchaus auch die europäischen Hauptländer Deutschland, Frankreich, Italien und Großbritannien beim Thema Zollpolitik bzw. EU-Agrarsubventionen da. Diese sind ein Ärgernis für die EU-Steuerzahler, zudem behindern diese Subventionen die Entwicklungs- und Exportchancen vieler Entwicklungsländer, die komparative Vorteile in der Landwirtschaft haben. Die Subventionierung der Landwirtschaft in der EU – und den USA und Japan – ist ein kritisches Thema und diese Subventionen sollten schrittweise auch sehr drastisch zurückgeführt werden. Sie kosten die Steuerzahler viel und sind ein Hemmnis für landwirtschaftliche bzw. ökonomische Entwicklung in vielen Ländern des Südens. Mehr Mut zu Reformen, mehr Marktwirtschaft und weniger Subventionierung in OECD-Ländern sind unbedingt zu fordern.

Es spricht nicht gerade für die politische Reife in Europa zu Beginn des 21. Jahrhunderts, wenn ein Weltwirtschaftsgipfel nur unter sehr massivem Polizeischutz stattfinden kann. Wer fundierte Argumente gegen den Gipfel, die Globalisierung oder die EU-Integration vorbringen will, der kann ja durchaus in einem friedlichen Gegengipfel im öffentlichen Diskurs zu punkten versuchen. Wichtig sind am Ende Demonstrationsfreiheit und zudem die Pressefreiheit; mit Blick auf letztere kann der G-8-Gipfel durchaus mit Ernst nach Russland als einem der Länder beim Gipfel blicken. Mag man Russland – oder auch China – nicht ohne weiteres mit westlichen Demokratiemaßstäben messen, die Sicherung und Wahrung der Pressefreiheit ist ein absolutes Muss, da sonst eine breite transparente Politikdebatte nicht stattfinden kann. Wer sich daheim einem Wettbewerb der Argumente verweigert, der wird wohl für den internationalen Diskurs schlecht gerüstet sein und ihn als notwendigen Teil vernünftiger Globalisierung auch nicht aktiv führen können.

Die Globalisierung braucht Regeln, damit Stabilität gewahrt wird und Wohlstand ausgebaut werden kann. Die G-8-Länder hätten beim Thema Klimaschutz eine Chance zur gemeinsamen Initiative für Regelsetzung gehabt, aber das westliche Führungsland USA hat sich verweigert. Das ist ein Problem in sich, denn eine Führungsnation setzt den Anspruch auf Richtungsgebung für andere aufs Spiel, wenn all die anderen schon selbst eine neue anspruchsvolle Richtung definiert haben. Der Weltwirtschaft wird fehlende Führung auf Dauer schlecht bekommen, die alternative andere Führungsmacht aus dem Pazifik, Asien, ist noch ökonomisch und politisch ein Stück von globalem Führungsanspruch entfernt. Die EU-Länder könnten durchaus versuchen, Führungsarbeit für die Weltwirtschaft zu leisten; aber allein wird dies nicht gelingen. Es wäre allerdings eine gemeinsame Initiative der Integrationsclubs EU-ASEAN-MERCOSUR denkbar – dies wäre ziemlich schwierig, aber durchaus erwägenswert.

Es hätte der Bundesregierung gut angestanden, im Vorfeld des Gipfels einmal die vielen positiven Argumente zur Globalisierung wissenschaftlich fundiert darzustellen und die wenigen kritischen Negativ-Punkte ernsthaft intern und öffentlich zu reflektieren. Dieses Defizit gilt es rasch zu schließen.

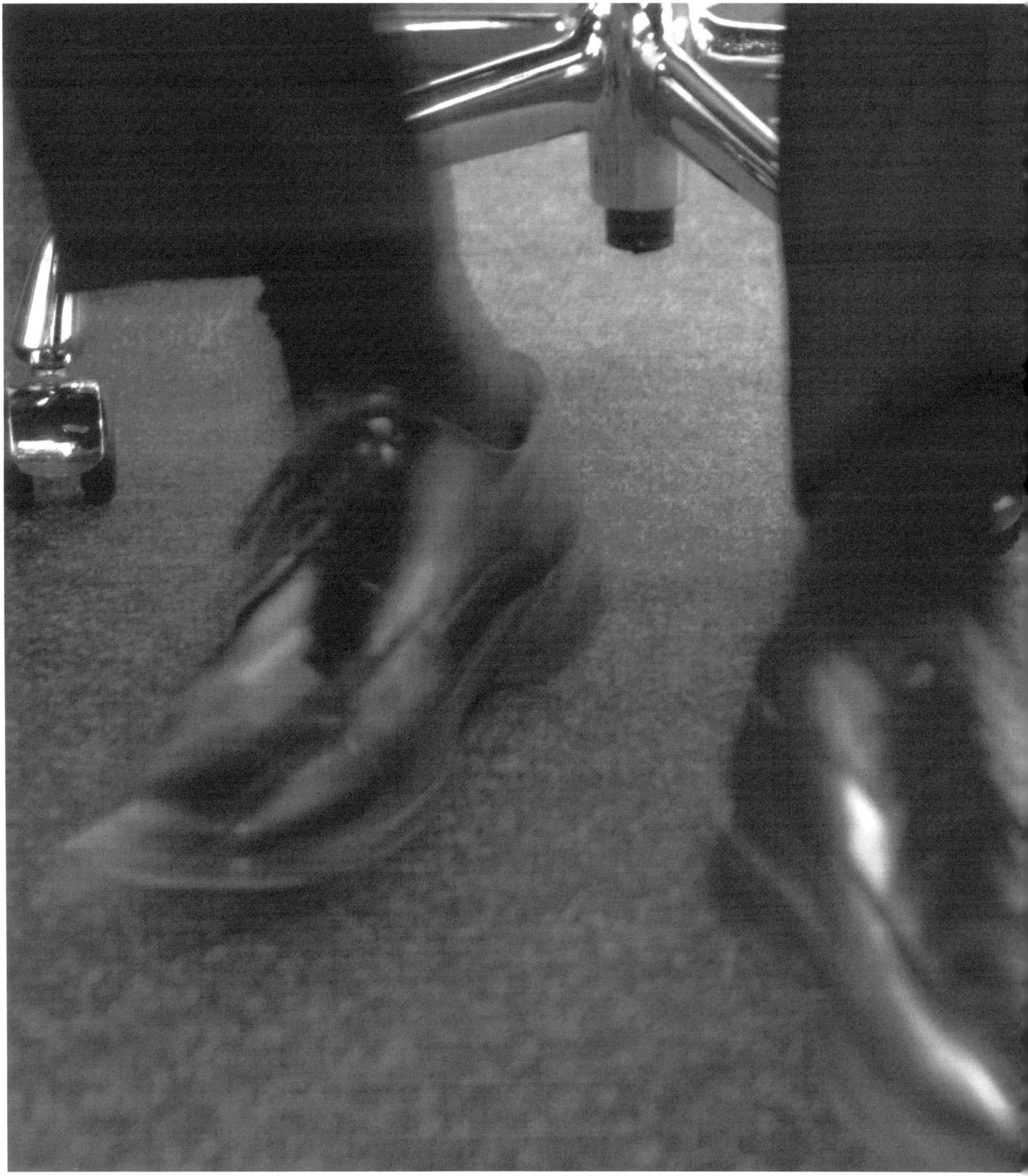

Management

2.1

CSR zwischen Corporate Citizenship und unternehmerischer Nachhaltigkeit

Von Prof. Dr. Stefan Schaltegger, Martin Müller, Frank Dubielzig

1. CSR – altes Konzept und neues „Buzzword" in der Unternehmenswelt

Corporate Social Responsibility (CSR) hat sich in den vergangenen Jahren in der Wirtschaft, aber auch in Wissenschaft und Politik regelrecht zu einem „Buzzword" entwickelt. Die Aufnahme des Themas in Wirtschaftsverbänden, die Schaffung von CSR-Beauftragen oder gar von CSR-Abteilungen in Unternehmen, die Publikation von CSR-Berichten usw. zeigen den beachtlichen Stellenwert, den dieses Thema gegenwärtig in breiten Kreisen der Wirtschaft einnimmt. Unklar ist jedoch häufig, worüber eigentlich genau gesprochen wird, wenn von CSR die Rede ist. Diese Frage deutet an, dass die Beschreibung und vor allem die Verwendung des CSR-Begriffs sehr uneinheitlich und unübersichtlich sind. Als besonders strittig kann dabei angesehen werden, was CSR inhaltlich abdeckt bzw. nicht abdeckt, und aus welcher Motivation heraus Unternehmen CSR verfolgen (sollten). Ist Corporate Social Responsibility „an essential ingredient for the survival of any organisation" oder eher ein Oberbegriff für ethisch motivierte Luxusaktivitäten in wirtschaftlich guten Zeiten? Hinsichtlich der Motive zu CSR reicht das Verständnis von ethisch motivierten oder gar altruistischen Handlungen der Unternehmensleitung bis hin zu eher geschäftsdienlichen freiwilligen Leistungen oder Maßnahmen zur Sicherung der Legitimation von Unternehmenstätigkeiten. Dabei ist oftmals nicht klar, was primär gesellschaftsorientiert und was vor allem geschäftsdienlich ist, was vorauseilender Gehorsam und was wirklich innovativ und proaktiv ist – und wo die Abgrenzungen erfolgen. Im Folgenden wollen wir einen Überblick zum Thema liefern. Dieser umfasst zunächst eine Definition des Begriffs und eine Skizzierung der bisherigen Entwicklung. Die gegenwärtige uneinheitliche Verwendung des Begriffs bedingt ferner eine Systematisierung sowohl von CSR aus der Perspektive verschiedener Fachdisziplinen und die Darstellung von Gründen für die unternehmerische Beschäftigung mit CSR als auch eine Systematisierung von CSR im Kontext von Nachhaltigkeitsmanagement bzw. nachhaltiger Unternehmensentwicklung. Da Umwelt- und Sozialthemen nicht grundsätzlich zum Unternehmenserfolg beitragen, ist dabei auch zu analysieren, welche Zusammenhänge zwischen ökologischen und sozialen Aktivitäten und dem ökonomischen Erfolg eines Unternehmens bestehen und wie daraus der Business Case unternehmerischer Nachhaltigkeit entwickelt werden kann. Wir schließen den Überblick mit Hinweisen und Empfehlungen zur Umsetzung von CSR und Nachhaltigkeitsmanagement in Unternehmen.

Infobox 1

Gesellschaftliche Verantwortung von Unternehmen (Corporate Social Responsibility) und Nachhaltigkeitsmanagement (Corporate Sustainability (Management)) – Begriffe und Ansätze

Wird der **Corporate Social Responsibility** Ansatz umschrieben „as categories or levels of economic, legal, ethical and discretionary activities of a business entity as adapted to the values and expectations of society" (Joyner/Payne 2002, S. 300), so bedeutet dies, dass gesellschaftliche Belange auf freiwilliger Basis in die Unternehmenstätigkeit und in die Wechselbeziehungen mit Stakeholdern zu integrieren sind.

Corporate Citizenship beschreibt die Rolle von Unternehmen, sich wie „gute, gesellschaftlich eingebettete Bürger" zu verhalten. Corporate Citizenship wird häufig als Teilaspekt und Konkretisierung von CSR verstanden. Der Ansatz umfasst: Corporate Giving (z.B. Sponsoring, Firma stellt ihre Produkte unentgeltlich für Katastrophenhilfe zur Verfügung), Corporate Volunteering (z.B. Förderung ehrenamtlichen Engagements der Mitarbeiter), kaufmännische Betreuung von Non-Profit-Organisationen und Corporate Community Investment (z.B. regionales Engagement an Unternehmensstandorten). In Deutschland in den letzten Jahren besonders an Bedeutung gewonnen hat das Corporate Volunteering oder Employee Volunteering.

Unternehmerisches Nachhaltigkeitsmanagement (corporate sustainability management) bezweckt die Steuerung von ökologischen, sozialen und ökonomischen Wirkungen, um erstens eine nachhaltige Unternehmens- und Geschäftsentwicklung zu erreichen und zweitens einen positiven Beitrag des Unternehmens zur nachhaltigen Entwicklung der gesamten Gesellschaft sicherzustellen. Unternehmerisches Nachhaltigkeitsmanagement umfasst damit alle systematischen, koordinierten und zielorientierten unternehmerischen Aktivitäten, die der nachhaltigen Entwicklung einer Unternehmung dienen und eine nachhaltige Entwicklung der Wirtschaft und Gesellschaft befördern. Es beinhaltet die Koordination und Integration des Umwelt- und des Sozialmanagements mit dem konventionellen betrieblichen Management.

1.1 Verständnisse von CSR und CS (Corporate Sustainability)

Die noch uneinheitliche Begriffsdefinition ist typisch für dieses noch junge, sich in der Entwicklung befindliche Forschungsfeld. Der Begriff wird teils missverständlich und widersprüchlich genutzt. Dies zeigt sich in Literatur und Praxis gerade auch in der zumeist mangelnden Abgrenzung zu anderen Begriffen wie Corporate Social Responsiveness, Corporate Citizenship oder Corporate Sustainability. Infobox 1 gibt Definitionen der drei Ansätze wider.

Ins Deutsche wird der Begriff oftmals als gesellschaftliche Verantwortung von Unternehmen übersetzt. Dies schließt auch die Verantwortung zu gesellschaftlich thematisierten Umweltthemen mit ein, wodurch ein Bezug zum Konzept der nachhaltigen Entwicklung (Sustainable Development) hergestellt werden kann. Demzufolge kann mit Joyner und Payne CSR definiert werden „as categories or levels of economic, legal, ethical and discretionary activities of a business entity as adapted to the values and expectations of society". CSR bedeutet, auf freiwilliger Basis gesellschaftliche Belange in die Unternehmenstätigkeit und in die Wechselbeziehungen mit Stakeholdern zu integrieren.

1.2 Entwicklung von CSR

Die Verwendung des Begriffs „Corporate Social Responsibility" hat in den vergangenen Jahren stetig zugenommen. Dabei ist der Ansatz jedoch keineswegs neu: die Ursprünge datieren auf die erste Hälfte des 20. Jahrhunderts und liegen in den USA. Bestärkt durch eine Wirtschaftspolitik des Laissez-faire der letzten Jahre wurden den Unternehmen von vielen gesellschaftlichen Gruppen vermehrt Aufgaben zugeschrieben, die in Kontinentaleuropa häufig von den Nationalstaaten wahrgenommen werden. In Europa war CSR bis vor wenigen Jahren kaum ein ausdrückliches Thema. In den 80er Jahren führte eine weitere De-Regulierung in England und den USA zu einer zunehmenden Mobilisierung von Nichtregierungsorganisationen gegen multinationale Unternehmen. Entsprechende Beispiele reichen von Nike über Dole Food bis GM. Auch die Gründung der Kampagne für saubere Kleidung (Clean Clothes Campaign) fällt in diese Zeit. 1997 schließlich gelang es der International Labour Organization (ILO, www.ilo.org) ihre sieben Kernarbeitsnormen über grundlegende Prinzipien und Rechte bei der Arbeit zu verabschieden. Weiterhin wurden die Sullivan Principles in Global Sullivan Principles of Social Responsibility umbenannt. Aktivitäten der Organisation für wirtschaftliche Zusammenarbeit und Entwicklung (OECD) und der Vereinten Nationen im Bereich CSR fallen ebenfalls in diese Zeit. Zu Beginn des neuen Jahrtausends hat die Intensität von CSR-Aktivitäten substanziell zugenommen. Dies dokumentiert die Entwicklung des Global Compact (UNGC) und zahlreicher anderer Umwelt- und Sozialstandards. Auch die Europäische Union (EU) hat sich des Themas angenommen und 2001 ein Grünbuch mit dem Titel „Europäische Rahmenbedingungen für die soziale Verantwortung von Unternehmen" vorgelegt.

Zusammenfassend kann festgehalten werden, dass sich seit den 90er Jahren ein zunehmender (öffentlicher) Bedeutungsgewinn von CSR feststellen lässt. In diesem Zusammenhang stellt eine Studie der US-amerikanischen National Policy Association aus dem Jahr 2002 einen Wandel fest, wonach Europa die USA in Bezug auf freiwillige CSR-Maßnahmen überholt hat. Wie einige Studien in Europa zeigen, gehen auch viele Unternehmen davon aus, dass das Thema CSR in Zukunft weiter an Bedeutung gewinnen wird. CSR wird demnach einen noch weiter zunehmenden Stellenwert in Praxis und Politik einnehmen. Insofern ist von Bedeutung, dass die Wissenschaft dieses noch junge Feld kritisch begleitet und einen Beitrag zur Entwicklung leistet.

1.3 Systematisierung von CSR und Gründe für die Beschäftigung mit dem Konzept

Die am weitesten verbreitete Systematisierung des CSR-Konzepts geht zurück auf Carroll, die er bereits 1979 entwickelt hat. Nach dieser Systematisierung erwartet die Gesellschaft von den Unternehmen über die ökonomische Verantwortung und Gesetzestreue hinaus auch eine ethische und wünscht sich eine philantropische Verantwortung. Diese in Interaktion stehenden Ebenen einer Pyramide (Abbildung 1) ergänzen sich zu einer umfassenden CSR-Konzeption.

Die Systematisierung nach Carroll ist zur ersten Groborientierung sicherlich hilfreich. Allerdings ist sie einerseits weitumfassend und allgemein sowie andererseits, wie Hiß anmerkt, analytisch-trennend. Für eine „praktisch-betriebswirtschaftliche Sicht" (Hiß 2005, S. 37) ist sie nur bedingt geeignet, da die einzelnen Ebenen teilweise ineinander übergehen.

Hiß unterteilt in ihrem Ansatz CSR in drei konzentrische Verantwortungsbereiche (Abbildung 2): der innere Verantwortungsbereich (Markt und Gesetz), der mittlere Verantwortungsbereich (freiwillige CSR in der Wertschöpfungskette) und der äußere Verantwortungsbereich (freiwillige CSR außerhalb der Wertschöpfungskette). Der innere Verantwortungsbereich, die sog. „unfreiwillige CSR", beinhaltet neben der Wahrnehmung der ökonomischen Funktion durch das Unternehmen die Beachtung und Einhaltung von Gesetzen und Abkommen.

Der mittlere Verantwortungsbereich beinhaltet freiwillige, d.h. nicht gesetzlich vorgeschriebene CSR-Aktivitäten, die mit der Ausgestaltung der Wertschöpfungskette verbunden sind. Beispiele hierfür sind Verhaltenkodizes und soziale Gütesiegel wie z.B. das Rugmark-Label gegen illegale Kinderarbeit in der Teppichindustrie.

Der äußere Verantwortungsbereich umfasst residual alles, was nicht durch die beiden anderen Verantwortungsbereiche abgedeckt ist. Zu diesem Bereich gehören Philanthropie, Mäzenatentum, Charity und Initiativen der Wirtschaft, wie z.B. der World Business Council for Sustainable Development (WBCSD), der Bundesarbeitskreis für Umweltbewusstes Management (B.A.U.M. e.V.) oder das Econsense Forum für nachhaltige Entwicklung. Die unter dem Titel des Corporate Citizenship häufig diskutierten Ansätze lassen sich großteils diesem äußeren Verantwortungsbereich zuordnen. So sind vor allem Corporate Volunteering, Corporate Giving, Community Involvement ausdrücklich nicht in die ökonomischen Kernaktivitäten des Unternehmens eingebunden, selbst wenn in jüngerer Zeit immer häufiger eine Verknüpfung

Abbildung 1:
CSR-Systematik (Quelle: nach Carroll 1979; 1991, 42)

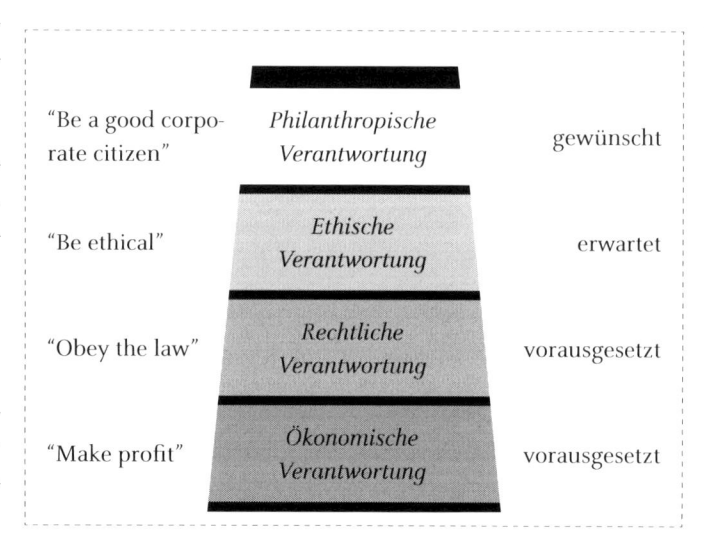

"Be a good corporate citizen"	Philanthropische Verantwortung	gewünscht
"Be ethical"	Ethische Verantwortung	erwartet
"Obey the law"	Rechtliche Verantwortung	vorausgesetzt
"Make profit"	Ökonomische Verantwortung	vorausgesetzt

Abbildung 2:
Drei Verantwortungsbereiche von Corporate Social Responsibility
(Quelle: Hiß 2005, S. 38)

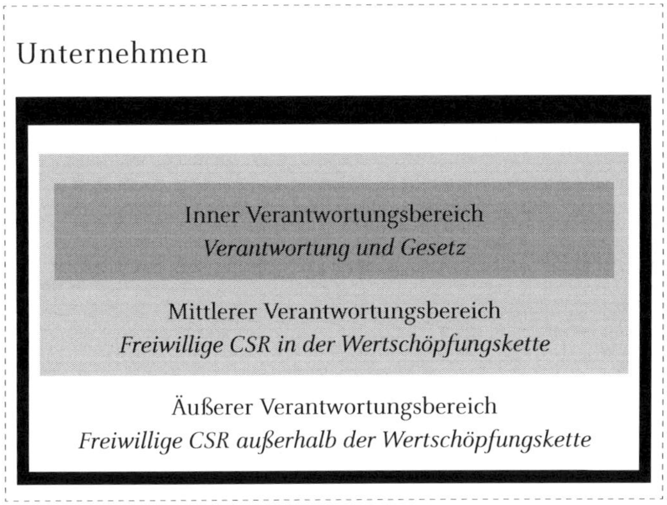

Unternehmen

- Inner Verantwortungsbereich
  Verantwortung und Gesetz
- Mittlerer Verantwortungsbereich
  Freiwillige CSR in der Wertschöpfungskette
- Äußerer Verantwortungsbereich
  Freiwillige CSR außerhalb der Wertschöpfungskette

mit den Produkten und dem Namen des Unternehmens gefordert wird.

Der angesprochene Bedeutungszuwachs des CSR-Konzepts ist auf vielerlei Gründe, die sich auch in die dargestellten Systematisierungen einordnen lassen, zurückzuführen. Grundsätzlich kann festgehalten werden, dass sich durch den Wandel der gesellschaftlichen Rahmenbedingungen aus ökologischen und sozialen Themen Risiken und Chancen für den Unternehmenserfolg ergeben. Diese Chancen und Risiken stellen Gründe dafür dar, dass sich Unternehmen zunehmend mit CSR auseinandersetzen. Die Gründe sind dabei keineswegs allein stehend, sondern stehen miteinander in Beziehung und bedingen sich zum Teil gegenseitig. Sie reichen von rein ökonomisch geprägten Gründen bis hin zu makropolitischen und ethischen Gründen:

› *Einhaltung gesetzlicher Vorgaben:* Das gesetzliche Rahmenwerk beinhaltet in den meisten Ländern auch rechtliche Vorgaben in Bezug auf den unternehmerischen Umgang mit ökologischen und sozialen Aspekten.

› *Zunehmende Wettbewerbsfähigkeit:* Eine hohe Regulierungsdichte kann in drei Fällen die Wettbewerbsfähigkeit von Unternehmen befördern. Erstens kann durch die Gesetzgebung ein Markt für Unternehmen geschaffen werden, die auf die Herstellung umweltschonender Produkte und Dienstleistungen spezialisiert sind. Zweitens kann die relative Wettbewerbsfähigkeit von Unternehmen eines Landes gestärkt werden, wenn diese sich aufgrund der fortschrittlicheren Gesetzgebung des eigenen Landes früher mit sozialverträglicheren und umweltschonenderen Produktionsweisen auseinandersetzen müssen als Unternehmen in Ländern mit schwächeren Umwelt- und Sozialauflagen. Drittens können Unternehmen durch eine entsprechende Gesetzgebung überhaupt erst auf so genannte low-hanging fruits aufmerksam werden, also Fälle in denen sich nachhaltigkeitsbezogene Anforderungen leicht und z.B. gewinnbringend oder kostenreduzierend umsetzen lassen.

› *Management von Unternehmensrisiken:* Von sozialen und ökologischen Aspekten wie Kinderarbeit, Diskriminierung, Landkontamination, Chemieunfällen usw. gehen Risiken für Unternehmen aus, deren Vermeidung durch ein risikoorientiertes CSR-Management das langfristige Überleben des Unternehmens sichern hilft.

› *Persönliche Risiken und Reputation von Managern:* Das Management von sozialen und ökologischen Themen kann gleichermaßen helfen, Risiken für einzelne Manager abzuwenden. Darüber hinaus ermöglicht die aktive Übernahme von Verantwortung durch einen Manager beispielsweise das Schaffen von Vertrauen unter den Mitarbeitenden.

› *Kostenreduktion:* Verschiedene neuere Managementansätze, wie beispielsweise das Umweltrechnungswesen, zeigen Kosteneinsparungen z.B. durch einen geringeren Ressourcenverbrauch auf.

› *Integration von parallelen Aktivitäten einzelner Abteilungen:* Die koordinierte Schaffung eines CSR-Managements kann helfen, Parallelaktivitäten hinsichtlich der Bewältigung sozialer und ökologischer Themen zu bündeln und dadurch Kosten reduzieren.

› *Geschäftschancen:* Nachhaltigkeitsbezogene Themen können Auslöser für die Unternehmens- oder Produktdifferenzierung gegenüber Wettbewerbern am Markt darstellen. Dies kann in z.B. in höheren Gewinnen oder Deckungsbeiträgen aufgrund einer erhöhten Zahlungsbereitschaft von Kunden für sozial- oder umweltverträglichere Produkte resultieren.

› *Referenzpunkt für Innovationen:* Die Betrachtung von Produkten und Prozessen aus allen drei Nachhaltigkeitsperspektiven kann helfen, Innovationspotenziale zu identifizieren und neue Märkte zu schaffen wie beispielsweise in der Windkraftindustrie.

› *Steigerung des Shareholder Value:* Konzeptionelle und empirische Untersuchungen zeigen, dass das Management von Umwelt- und Sozialthemen die Treiber des Shareholder Value positiv beeinflussen kann.

› *Verbesserung der Unternehmensreputation und des Markenwerts:* Die Reputation als einer der bedeutendsten immateriellen Vermögenswerte bezeichnet die Summe der Wahrnehmungen von Stakeholdern hinsichtlich der Produkte, Leistungen und Organisation eines Unternehmens. Als ein wesentlicher Beförderer der Reputation gilt die Übernahme gesellschaftlicher Verantwortung.

› *Erhaltung der Legitimität und der „licence to operate":* Stakeholder können den Unternehmenserfolg direkt oder indirekt z.B. durch Boykotte, Verabschiedung von Gesetzen usw. beeinflussen. Gründe, die unternehmerischen Bemühungen hinsichtlich der Übernahme gesellschaftlicher Verantwortung zu forcieren, können hier in der Sicherung der sozialen Akzeptanz und Legitimität gesehen werden.

› *Förderung von Selbstregulierung und Einfluss auf die zukünftige Gesetzgebung:* Unternehmen oder Unternehmensverbünde können dazu verleitet werden, den Schutz von Umwelt und Gesellschaft von sich aus voran zu treiben, um dadurch sozialem Druck oder der Verabschiedung von nachhaltigkeitsbezogenen Gesetzen zuvor zu kommen. Andererseits ist auch denkbar, dass innovative Unternehmen die Verschärfung bestimmter Gesetze befördern, um dadurch neue Märkte entwickeln zu können.

› *Rolle von Unternehmen als Treiber von ökonomischer und gesellschaftlicher Entwicklung:* Das Management, die öffentliche Verwaltung und Regierungen können die Rolle von Unternehmen als Treiber von gesellschaftlicher Entwicklung sehen. Dies kann in der Schaffung von Public-Private-Partnerships oder auch der Bildung von Industrieverbänden mit dem Fokus auf unternehmerisches Management von sozialen und Umweltthemen resultieren.

› *Moralische Verpflichtung von Managern und Mitarbeitenden:* Das Ergreifen von nachhaltigkeitsbezogenen Maßnahmen aus eigenem persönlichen Antrieb kann ein starker Treiber von

CSR-Management sein und ist besonders bei Unternehmern zu beobachten.

Die angesprochenen Gründe, warum sich Unternehmen zunehmend mit CSR und dem Management von sozialen und ökologischen Themen beschäftigen, finden sich zum Teil auch in den unterschiedlichen Fachdisziplinen wieder, die sich mit dem Thema CSR auseinandersetzen.

1.4 CSR in unterschiedlichen Fachdisziplinen

Das Konzept CSR erfreut sich über die Fachdisziplinen hinweg einer breiten Beliebtheit. So werden in der Wirtschaftsethik seit längerer Zeit unterschiedliche normative Begründungen für CSR diskutiert. Hier wird in der Regel einerseits eine Dominanz von Konfliktsituationen zwischen der ökonomischen Logik und ethisch begründeten gesellschaftlichen Zielen betont. In der Folge wird versucht, mittels normativer Ansätze zu begründen, wie sich Unternehmen in Dilemma-Situationen zu verhalten haben. Im Sinne von CSR geht es darum, gerade für Situationen Handlungsanweisungen zu geben, wo beispielsweise sozial-ökologische Positionen mit ökonomischem Gewinnstreben in einer Dilemmasituation stehen. Leider können die ethischen Herangehensweisen keiner Letztbegründung zugeführt werden. So sympathisch diese normativen Ansätze oft sind, sowenig überzeugen sie im Regelfall im Kontext der betrieblichen und marktlichen Realität.

Im Rahmen einer rechtswissenschaftlichen Debatte wird der Frage nachgegangen, wie CSR in Recht, Gesetz oder internationale Abkommen integriert werden kann. In der politikwissenschaftlichen Literatur hingegen wird unter anderem diskutiert, wie multinationale Unternehmen als politische Akteure ihre Rolle im Rahmen von Global Governance wahrnehmen können. Hier stehen insbesondere unterschiedliche Re-Regulierungen durch Global-Governance-Strukturen im Mittelpunkt.

Im Kontext der wirtschaftswissenschaftlichen Debatte lassen sich zwei Extrempole des Spektrums der Diskussion beschreiben. Das eine Ende wird durch eine unternehmensethische Sichtweise und das andere von einer konventionellen Finanzperspektive beschrieben. Dabei geht die konventionelle finanzökonomische Sichtweise davon aus, dass Unternehmen lediglich ein Gewinninteresse besitzen. Vor diesem Hintergrund wird ein positiver Zusammenhang zwischen gesellschaftlichen Handlungen und Gewinn als Voraussetzung für ein (aus rechtlicher Sicht) freiwilliges CSR Engagement von Unternehmen angesehen. Eine solche Perspektive versteht Unternehmen als Ausführende von Handlungsbeschränkungen, die im Sinne gesellschaftlich gesetzter Spielregeln einer reinen Shareholder-Orientierung folgen. In diesem Zusammenhang wird dann häufig eine grundsätzlich positive Korrelation zwischen CSR-Aktivitäten und Gewinn vermutet. Als Gründe werden insbesondere „weiche" Faktoren wie Mitarbeitermotivation, Reduzierung gesellschaftlicher Risiken, Reputation, verbesserter Kapitalmarktzugang usw. angeführt. Dennoch bleiben hierbei die Fragen der zeitlichen Perspektive (kurzfristig/langfristig), der Messbarkeit der Zusammenhänge oder auch der Konkurrenz zu anderen gewinnbringenden Projekten offen. Dabei ist zu bedenken, dass sich die Einhaltung von Sozial- und Umweltstandards nicht immer und schon gar nicht automatisch rechnet. Ein Business Case von Umwelt- und Sozialmanagementaktivitäten muss vielmehr aktiv geschaffen werden und entsteht nicht von selbst. Vor diesem Hintergrund erscheint es fraglich, CSR lediglich als Ergebnis gewinnmaximierenden Handelns konstruieren zu wollen.

Verfolgt man die andere Extremposition und argumentiert ausschließlich unternehmensethisch, so kann der zumindest teilweise in Beziehung zum Geschäft stehende Charakter gewisser CSR-Aktivitäten nur unzureichend erklärt werden. Auch die ohne Zweifel existierende Wirkung von CSR-Maßnahmen auf Stakeholder-Beziehungen und die damit einhergehenden Einflüsse auf das Geschäftsumfeld würden in ihrer Funktion als beiläufiger Seiteneffekt degradiert.

Verkürzt kann man schlussfolgern, dass die CSR-Diskussion vorwiegend von der Debatte Moral gegen Profit gekennzeichnet ist, beide Extrempositionen für sich gesehen jedoch einen unzureichenden Erklärungs- und Gestaltungswert aufweisen. Damit stehen wir vor der Frage, wie bzw. in welchem Verhältnis CSR und unternehmerische Nachhaltigkeit zueinander stehen und wie sich die Positionen verbinden lassen.

1.5 Von CSR zu unternehmerischer Nachhaltigkeit

Auf die Frage nach dem Zusammenhang von CSR und unternehmerischer Nachhaltigkeit (corporate sustainability) gibt es einfache und komplexere Antworten. Starten wir mit einfachen und verbreitet akzeptierten Teilantworten, so ist CSR ein Teilaspekt von nachhaltigem Wirtschaften. Akzeptieren wir nachhaltiges Wirtschaften als eine angestrebte Zielgröße der nachhaltigen Entwicklung einer Volkswirtschaft, eines Unternehmens oder irgendeiner wirtschaftlich agierenden Organisation oder Person, so ist offensichtlich, dass Corporate (Social) Responsibility sich in direkter Form auf den unternehmensbezogenen Teil des nachhaltigen Wirtschaftens bezieht. Dabei ist allerdings zu bedenken, dass auch politische und gesellschaftliche Akteure, wie Ministerien, Regierungen und NGOs sich mit CSR befassen können – hier allerdings als Betrachtungsobjekt und nicht als auf die eigene Organisation bezogener Verhaltensbereich.

Die komplexere Frage bezieht sich auf das Verhältnis von CSR zu nachhaltiger Unternehmensentwicklung oder unternehmerischem Nachhaltigkeitsmanagement (Corporate Sustainable Development oder Corporate Sustainability). Selbstverständlich könnte man bei der Vielfalt und den enormen Unterschieden an Perspektiven, die CSR inzwischen in der Praxis und Literatur zugeschrieben werden, CSR auch als ein allumfassendes oder auch gleiches Unternehmensführungsverständnis deklarieren wie dies das Nachhaltigkeitsmanagement tut. In diesem Falle sollte man zur Reduktion von Verwirrung jedoch auf eine Reduktion der Begriffsvielfalt pochen.

Eine in der Praxis häufig genannte, verkürzte vergleichende Betrachtung könnte CSR als einen Dreiklang aus Anspruch (verantwortlich in der Wirkung zu sein), Einstellung (Verantwortung übernehmen zu wollen) und grundsätzlicher Geschäftshaltung (Verantwortung im Handeln zu zeigen) bezeichnen, der mit Nachhaltigkeitsmanagement (systematische Herangehensweise und Satz an Methoden) in Unternehmen umgesetzt werden soll und kann. Diese Sichtweise wird allerdings beiden Ansätzen nicht gerecht. Während CSR sehr wohl einen Umsetzungsbezug hat, legt auch das Nachhaltigkeitsmanagement dem Handeln eine verantwortungsorientierte Werthaltung und Einstellung zugrunde.

Wenngleich die Begriffe CSR und Corporate Sustainability bzw. Nachhaltigkeitsmanagement in ihrer umgangssprachlichen Verwendung häufig auswechselbar eingesetzt und die Unterschiede nicht bei der Frage der Einstellung und der Umsetzung liegen werden, so zeigen sich bei genauerer Betrachtung im Kern dennoch klare Unterschiede, und dass CSR einen Teil des unternehmerischen Nachhaltigkeitsmanagements abdeckt. Aufbauend auf den zwei Definitionen in Infobox 1 können neben der historischen Herkunft (USA bzw. Europa) folgende wesentliche

Unterschiede zwischen CSR und Nachhaltigkeitsmanagement identifiziert werden:

1) *Freiwillig oder umfassend (freiwillig und unfreiwillig):* Die ausschließliche Berücksichtigung ökonomischer Aspekte kann eindeutig nicht als CSR bezeichnet werden. Erst die über die ökonomisch motivierten Unternehmenstätigkeiten hinausgehenden Aktivitäten konstituieren CSR. CSR bezieht sich im Kern damit auf freiwillige Aktivitäten von Unternehmen. CSR umfasst gesellschaftsorientierte Unternehmensaktivitäten, die über die Einhaltung von Gesetzen hinausgehen. Nachhaltigkeitsmanagement umschließt hingegen sowohl freiwillige ökologisch und sozial ausgerichtete Aktivitäten als auch die unfreiwillig durchzuführenden. Während das systematische Management von Rechtssicherheit in Umwelt- und Sozialfragen noch als freiwillige Aktivität zur verbesserten Bewältigung unfreiwilliger Vorgaben angesehen werden kann, handelt es sich bei durch Stakeholderdruck erzeugten Umwelt- und Sozialmanagementfragen oft schon nur noch um scheinbar „freiwillige" Handlungen. So können Unternehmensaktivitäten infolge von Öffentlichkeitsdruck wie zum Beispiel im Fall Brent Spar oder im Falle des Drucks von großen industriellen Kunden auf Lieferanten, ein Umweltmanagementsystem nach ISO 14001 einzuführen, auch dann nicht als wirklich freiwillig bezeichnet werden, wenn sie sehr systematisch gemanagt werden und wenn keine gesetzliche Vorgabe besteht. Solche Aktivitäten werden dementsprechend auch fast nie in der Literatur als CSR-Aktivitäten bezeichnet. Die Nachhaltigkeits- und besonders die Umweltmanagementliteratur behandelt Unternehmensreaktionen auf Öffentlichkeits- und Kundendruck jedoch schon seit langem sehr ausführlich. Ein weiterreichender Schritt sind Managementmaßnahmen, die der effizienten Bewerkstelligung von Sozial- und Umweltrechtssicherheit dienen. Häufige, gesetzlich geprägte oder gar vordefinierte Anwendungsbereiche finden sich zum Beispiel zuhauf im Rahmen der Gestaltung von Arbeitsplatzsicherheit, Personalmanagement, Gesundheitsmanagement, Abfall-, Abwasser- oder Luftreinhaltemanagement usw. Der Managementcharakter in der Erfüllung gesetzlicher Vorgaben äußert sich dabei vor allem in der Ausgestaltung besonders effizienter Vorgehensweisen und Methoden zur Erreichung von Rechtssicherheit. Im Unterschied zum CSR-Ansatz umfasst Nachhaltigkeitsmanagement demnach explizit das gesamte Spektrum zwischen Freiwilligkeit und Unfreiwilligkeit.

2) *Die Unternehmung als aktive Rezipientin oder proaktive Gestalterin:* Bei CSR steht die Berücksichtigung gesellschaftlicher Anliegen und Themen im Zentrum des Interesses (EU). Auch wenn immer wieder betont wird, dass Unternehmen sich den gesellschaftlichen Ansprüchen frühzeitig, antizipierend annehmen sollten, so ist der CSR-Ansatz dennoch deutlich von der stark rezeptiven Vorstellung geprägt, dass Unternehmen gesellschaftliche Themen aufnehmen, auf sie antworten und an der gesellschaftlichen Wohlfahrt aktiv teilhaben sollen. Bei aller Frühzeitigkeit und Antizipation wird die Rolle des Unternehmens somit ähnlich dem Marktforschungsverständnis als beobachtend und rezeptiv definiert. Auch Antizipation ist Rezeption.

Beim Nachhaltigkeitsmanagement und insbesondere beim nachhaltigen Unternehmertum wird dahingegen zusätzlich eine proaktive, strukturpolitische Gestaltungsrolle als Kernelement definiert. Von Nachhaltigkeitsmanagement kann nur gesprochen werden, wenn das Unternehmen sowohl die eigene Organisation nachhaltig entwickelt als auch einen aktiven Beitrag zu nachhaltigen Entwicklung von Wirtschaft und Gesellschaft leistet. Auf einer generellen Ebene entspricht diese Aussage teilweise auch dem Gedankengut neuerer CSR-Entwicklungen, wobei der CSR-Ansatz von der gesellschaftlichen Verantwortung auf die Eigenverantwortung für das eigene Unternehmen zurückschließt, während sich das Nachhaltigkeitsmanagement von der organisatorischen Eigenverantwortung hin zum Management der unternehmerischen Wirkung auf die Gesellschaft entwickelt hat.

Hinzu kommt, dass der gesellschaftliche Beitrag im Ansatz der unternehmerischen Nachhaltigkeit nicht nur die Wahrnehmung oder die Reaktion auf gesellschaftliche Ansprüche umfasst, sondern auch das Angebot neuer möglicher nachhaltiger Zukunftsdesigns und die aktive Gestaltung der Zukunftspfade von Wirtschaft und Gesellschaft. Als gesellschaftliche Akteurin ist die Unternehmung im Rahmen des strategischen und normativen Nachhaltigkeitsmanagements auch wertorientiert strukturgestaltend beteiligt, indem sie Wirtschaft, Politik und Gesellschaft insgesamt Angebote für gesellschaftliche Zukunftsdesigns unterbreitet. Im Unterschied und zusätzlich zu einer Rezeption und bestmöglichen Bedienung gesellschaftlicher Anliegen, stehen auch die Schaffung neuer zukunftsfähiger gesellschaftlicher, wirtschaftlicher und politischer Strukturen (die bisher vielleicht so gar noch nie von Stakeholdern geäußert wurden) im Aufgabenspektrum des unternehmerischen Nachhaltigkeitsmanagements. Aus dem Verständnis des Schumpeterschen kreativen Zerstörers wird von einer Unternehmensleitung erwartet, dass sie unnachhaltige Verhältnisse in der Gesellschaft als Anlass für die Schaffung neuer nachhaltigerer Produkt- und Dienstleistungsangebote nimmt, welche die bisherigen Strukturen ersetzen und unattraktiv oder gar obsolet machen.

3) *Zwischen gesellschaftlicher Verantwortung und Business Case for Sustainability:* CSR betont die gesellschaftliche Eingebundenheit und Verantwortung von Unternehmen. Ausgangspunkt ist dabei ein ethisches Normativ zu den Pflichten der Unternehmensführung. Im Kern der Betrachtungen steht die (altruistische) Wahrnehmung gesellschaftlicher Erwartungen, die nicht ohnehin im Rahmen der Verfolgung ökonomischer Ziele erfüllt werden. Damit wird im Extremfall am einen Ende des Spektrums (das andere Ende wäre, dass gesellschaftliche Verantwortung sich in der Gewinnerzielung beschränkt) impliziert, dass ein Dissens oder zumindest ein klarer Unterschied zwischen den Zielen der Geschäftstätigkeit bzw. des Unternehmens und gesellschaftlichen Zielen besteht.

Beim Nachhaltigkeitsmanagement stehen Fragen der Interaktionen und Verknüpfungen zwischen den Dimensionen unternehmerischer Nachhaltigkeit von jeher im Zentrum. Die Suche nach „Win-Win"- oder „Tripple-Win"-Potenzialen zur Verbesserung von Öko-Effizienz und Sozio-Effizienz werden sowohl inhaltlich als auch methodisch genauso angegangen wie Fragen der inhaltlichen Integration aller drei Perspektiven (Soziales, Ökologisches, Ökonomisches) und der methodischen Integration von Umwelt- und Sozialmanagement in die Prozesse und Strukturen des konventionellen betrieblichen Managements. Da Unternehmen für ökonomische Zwecke geschaffen werden (ansonsten würde man eine NGO oder Regierungsorganisation schaffen), steht der Business Case for Sustainability als originäres Thema im Kern des Umwelt- und Nachhaltigkeitsmanagements. In der ausgeprägtesten Form des Nachhaltigkeitsmanagements und nachhaltigen Unternehmertums wird der Business Case for Sustainability zum Sustainable Business Model und Sustainability Creating Business Model. Es geht nicht darum, einen Geschäftsfall (den es ohnehin gibt) zu identifizieren, sondern darum, mit geeigneten Maßnahmen einen solchen zu schaffen. Dies kann gegebenenfalls eine Neu- oder Weiterentwicklung des Geschäftsmodells oder auch der Marktrahmenbedingungen beinhalten.

4) *Parallelsystem oder integriert in Kernaktivitäten:* Da Unternehmen zur Erstellung ökonomischer Leistungen geschaffen und geführt werden, muss sich Umwelt- und Sozialmanagement hieran ausrichten und in das konventionelle ökonomische Management

integriert werden. Werden Umwelt- und Sozialmaßnahmen, wie heute meist noch der Fall, als Parallelaktivität oder -system zum konventionellen betriebswirtschaftlichen Management geplant, so besteht die Gefahr, dass es in Luxuszeiten nebenbei betrieben und in der Rezession vernachlässigt oder gar abgebaut wird. Aufgrund der hohen Bedeutung, die Umwelt- und Sozialaspekte gerade auch für den Unternehmenserfolg haben können, erweisen sich Parallelsysteme meist als ein Bumerang. Interessanterweise zeigen sowohl Forschungsentwicklungen in der Betriebswirtschaftslehre als auch Beispiele in der betrieblichen Praxis, dass umgekehrt auch von der Umweltmanagementforschung Impulse auf die Weiterentwicklung des konventionellen betrieblichen Managements ausgehen. Diese gegenseitige Befruchtung kann mit einer gezielten Ausgestaltung eines unternehmerischen Nachhaltigkeitsmanagements bewusst gefördert werden.

5) *Geschäftsbegleitende gesellschaftliche oder kerngeschäftsprägende Aktivitäten:* Sowohl in seiner Entstehung als auch bezüglich seines zentralen Anliegens stellt CSR eine Aktivität dar, die das Kerngeschäft des Unternehmens begleitet und sinnvoll ergänzt. Selbst die neuere CSR-Literatur, die auch unter dem Einfluss der Diskussionen im Umwelt- und Nachhaltigkeitsmanagement die Verbindung von CSR-Aktivitäten mit dem Kerngeschäft vorschlägt, stellt weder das Kerngeschäft als solches noch das Geschäftsmodell des Unternehmens unter Beobachtung. Davon unterscheidet sich Nachhaltigkeitsmanagement, das ein breites Spektrum von reaktiven bis sehr proaktiv gestaltenden Formen annehmen kann, deutlich. In einem fortgeschrittenen Stadium unternehmerischer Nachhaltigkeit wird dem Unternehmen die Rolle zuteil, nachhaltige Innovationen im Kerngeschäft und nicht nur im Umfeld des Kerngeschäfts zu managen, Märkte aktiv (mit)

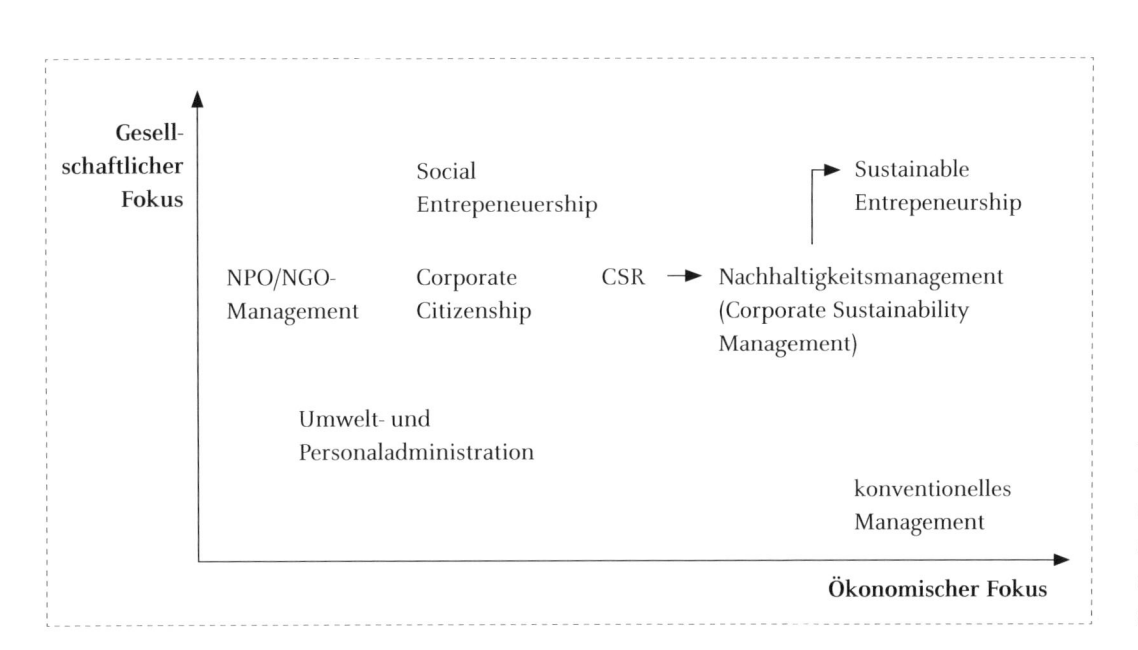

Abbildung 3:
Verortungsmatrix von CSR und Nachhaltigkeitsmanagement
Quelle: Eigene Darstellung; ähnlich Weber 2007

zu gestalten und Marktrahmenbedingungen substanziell mitzuprägen. Dies kann auch eine mehr oder weniger grundsätzliche Revision des Geschäftsmodells beinhalten oder gar voraussetzen. Von nachhaltigem Unternehmertum als die letztendlich konsequente Fortführung des Nachhaltigkeitsmanagements kann in diesem Verständnis nur gesprochen werden, wenn das Kerngeschäft die Beförderung einer nachhaltigen Entwicklung zum Gegenstand hat.

Abbildung 3 unternimmt den Versuch einer Verortung von CSR, Corporate Citizenship und Nachhaltigkeitsmanagement (Corporate Sustainability Management) sowie verwandter Begrifflichkeiten und Ansätze nach den Dimensionen des gesellschaftlichen und des ökonomischen Fokus. Während NGO/NPO-Management einen gesellschaftlichen Fokus einnimmt und Social Entrepreneurship neben dem Steuerungsansatz des Managements das unternehmerische Element zur Verfolgung gesellschaftlicher Ziele beinhaltet, folgt konventionelles Management der individuellen ökonomischen Logik ohne besonderen gesellschaftlichen Bezug. Umwelt- und Personaladministration verfolgt als Ansatz weder gesellschaftliche noch ökonomische Ziele in ausgeprägtem Maße.

CSR positioniert sich gegenüber den anderen gesellschaftlich orientierten Ansätzen (NPO-Management und Social Entrepreneurship) durch die klare Verortung in gewinnorientierten Unternehmen. Nachhaltigkeitsmanagement (Sustainability Management) argumentiert demgegenüber auch methodisch-konzeptionell stärker aus der betriebswirtschaftlichen Sicht der Unternehmensperspektive. Nachhaltiges Unternehmertum (Sustainable Entrepreneurship) wiederum versucht, beide Perspektiven durch die Kombination einer starken Betonung von gesellschaftlichen Nachhaltigkeitszielen im Kerngeschäft mit einem klaren ökonomischen Interesse zu verbinden.

2. Umwelt- und Sozialaspekte beeinflussen den wirtschaftlichen Erfolg

Erstaunlich oft wird immer noch übersehen, dass Umwelt- und Sozialaspekte schon heute ökonomisch relevant sind, es in Zukunft noch vermehrt sein werden und eine mangelnde Beachtung den wirtschaftlichen Erfolg beeinträchtigen kann. Für das Management ist es dabei wichtig zu erkennen, dass strategisch relevante Umwelt- und Sozialthemen sowohl marktlichen als auch außermarktlichen Charakter besitzen können.

Eine Reihe von Nachhaltigkeitsthemen haben heute schon einen marktlichen Charakter. Konsumenteneinstellungen und -verhalten, wie zum Beispiel, dass gentechnologisch erzeugte Lebensmittel derzeit nicht nachgefragt werden, können mit Marktforschung erfasst und im Rahmen des konventionellen Marketings berücksichtigt werden. Auch eingesparte Kosten aus der Reduktion des Materialverbrauchs in der Produktion äußern sich im Rechnungswesen und können offensichtlich erfolgsrelevant sein.

Demgegenüber entwickeln sich viele Umwelt- und Sozialthemen gerade nicht innerhalb des Marktes, sondern im rechtlichen oder gesellschaftlichen Umfeld – sie haben oft einen außermarktlichen Charakter. So hat zum Beispiel Kinderarbeit bei Vorlieferanten keinen direkten Kosten- oder Erfolgsbezug. Weder müssen vertragliche Beziehungen noch ein direkter Kontakt mit den Vorlieferanten oder den Kindern bestehen, die dort beschäftigt sind, damit das Thema erfolgsrelevant wird. Wie zum Beispiel der Sportartikelhersteller Nike erfahren musste, kann dieses außermarktliche Thema, wenn es von den Medien aufgegriffen und entsprechend thematisiert wird, plötzlich zu Umsatzeinbrüchen führen und erfolgsrelevanter werden als viele marktliche Themen (Wirkung außermarktlicher Themen über Marktprozesse). Außermarktliche Themen (z.B. Protest von Anwohnern gegen den Lärm durch Anlieferungen bei einem Werk) können aber auch zu politischem Druck und zu neuen Regulierungen oder gesellschaftlichen Verhaltensveränderungen führen und so über außermarktliche Wirkungsmechanismen den Unternehmenserfolg beeinflussen (z.B. eingeschränkte Zeiten für Lastwagenanlieferungen). Meist weniger geschäftsrelevant, aber durchaus existent ist der Einfluss marktlicher Veränderungen auf politische Prozesse und gesellschaftliche Rahmenbedingungen, die wiederum den Unternehmenserfolg beeinflussen. Als Beispiel hierfür kann die in Europa verbreitete Konsumentenverweigerung von gentechnologisch erzeugten Lebensmitteln gesehen werden, die den Gesetzgebungsprozess beeinflusst und damit die Standortvoraussetzungen für Nahrungsmittelhersteller mit entsprechender Produktion verschlechtert.

Unabhängig davon, wie Nachhaltigkeitsaspekte extern auf ein Unternehmen und den Unternehmenserfolg einwirken, steht das Management vor der Herausforderung, die unternehmensinternen Zusammenhänge zwischen der freiwilligen Berücksichtigung von Umwelt- und Sozialaspekten und dem Unternehmenserfolg zu erkennen und zu managen.

3. Grundsätzliche Zusammenhänge: Nicht jede Art von Umwelt- und Sozialmanagement steigert den wirtschaftlichen Erfolg

Die meisten Unternehmen legen bei der Planung ökologischer oder sozialer Maßnahmen viel Wert auf die Realisierung ökonomischer Vorteile. Der Business Case unternehmerischer Nachhaltigkeit hat demnach einen hohen Stellenwert für das Management. Dennoch sind die grundsätzlichen Zusammenhänge zwischen Nachhaltigkeit und Unternehmenserfolg meist nicht bekannt. Abbildung 4 illustriert die möglichen unternehmensinternen Zusammenhänge zwischen freiwilligen ökologischen und sozialen Aktivitäten (horizontale Achse) und ökonomischem Erfolg (vertikale Achse).

Die gepunktete und die gestrichelte Kurve in Abbildung 4 stellen zwei grundsätzlich unterschiedliche Meinungen dar, wie sich freiwillige Umwelt- und Sozialmaßnahmen auf den ökonomi-

Abbildung 4:
Verortungsmatrix von CSR und Nachhaltigkeitsmanagement
(Quelle: Eigene Darstellung; ähnlich Weber 2007)

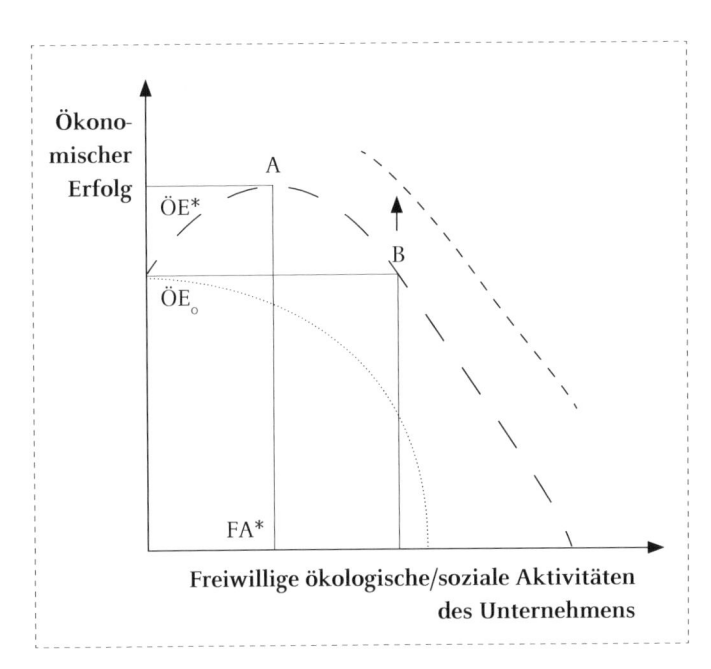

schen Erfolg des Unternehmens auswirken. Einerseits existiert die Vorstellung, dass Umwelt- und Sozialaktivitäten, die über die Erfüllung der Gesetze hinausgehen, nur Kosten verursachen und in Konflikt mit dem Ziel des wirtschaftlichen Erfolgs stehen (gepunktete Linie in Abbildung 4). Diese Ansicht geht davon aus, dass jede Umwelt- und Sozialmaßnahme (Bewegung nach rechts) den ökonomischen Erfolg reduziert (fallender Verlauf der gepunkteten Linie). Typischerweise angeführte Beispiele sind End-of-pipe-Maßnahmen wie Kläranlagen, Lärmwälle, Deponien oder Filter im Umweltschutz.

Demgegenüber steht die Position, dass durch betriebliche Umwelt- und Sozialmaßnahmen die wirtschaftliche Performance verbessert werden kann, also ein positiver Zusammenhang besteht (oberer Aufwärtsbogen der dicken gestrichelten Line). Da nicht x-beliebig viele Umwelt- und Sozialmaßnahmen den ökonomischen Erfolg immer weiter erhöhen, wird der maximale wirtschaftliche Erfolg (ÖE*) bei Punkt A erreicht. Ab diesem Punkt vermindern weitere ökologische und soziale Maßnahmen dann den wirtschaftlichen Erfolg, wobei in Punkt B der wirtschaftliche Erfolg dem Ausgangsniveau ($ÖE_0$) entspricht. Typische Beispiele für einen positiven Zusammenhang zwischen freiwilligen Nachhaltigkeitsmaßnahmen und Unternehmenserfolg sind eine Kostenreduktion durch gesteigerte Energieeffizienz oder neu erschlossene Kundenkreise durch Bioprodukte.

Ohne auf die Gründe für die unterschiedlichen Sichtweisen einzugehen, zeigt die Darstellung, dass es Einzelbeispiele an Maßnahmen gibt, die beide Sichtweisen illustrieren und dass der firmenspezifische Zusammenhang zwischen einem Umwelt- und Sozialengagement und dem Unternehmenserfolg im Spektrum zwischen den beiden Kurven in Abbildung 4 liegen kann. Mit anderen Worten: für den Business Case unternehmerischer Nachhaltigkeit kommt es weniger auf die Anzahl an Nachhaltigkeitsaktivitäten an, als auf die Art und Weise, wie das Nachhaltigkeitsmanagement ausgestaltet wird. Je nach Ausgestaltung wird der Zusammenhang zwischen freiwilligen Umwelt- und Sozialmaßnahmen positiv oder negativ auf den Unternehmenserfolg wirken.

Die Herausforderung für das Management besteht demnach darin, diejenigen ökologischen und sozialen Aktivitäten zu identifizieren, die den ökonomischen Erfolg am meisten stärken und diese Maßnahmen so umzusetzen, dass die Kosten plangemäß niedrig gehalten werden, um den ökonomischen Erfolg zu maximieren. Damit stellt sich die Frage nach den Ansatzpunkten, um den Business Case unternehmerischer Nachhaltigkeit zu entwickeln.

4. Ansatzpunkte für den Business Case unternehmerischer Nachhaltigkeit

Die Beurteilung der Wirkung von Umwelt- und Sozialaktivitäten auf den Unternehmenserfolg muss anhand der Variablen und Treiber erfolgen, aus denen sich der wirtschaftliche Erfolgsbeitrag des Unternehmens auch konventionellerweise zusammensetzt. Die ökonomischen Wirkungen von Nachhaltigkeitsmaßnahmen können zu einer Verbesserung oder Verschlechterung folgender ökonomischer Erfolgstreiber führen:
› Kosten
› Umsatz, Preis und Gewinnmarge
› Risiko
› Reputation, intangible Werte und Markenwert
› Weitere Faktoren wie Innovation und Arbeitszufriedenheit mit Einfluss auf die oben genannten Aspekte

Nachhaltigkeitsmaßnahmen können in einem ersten Schritt im Licht dieser Ansatzpunkte grundsätzlich checklistenartig geprüft werden, wobei auch kombinierte Wirkungen und Folgewirkungen möglich sind (z.B. durch steigende Reputation erhöht sich der Umsatz).

4.1 Kosten

Während Kostensteigerungen durch Umwelt- und Sozialmaßnahmen meist rasch erkannt werden, müssen Kostenreduktionspotenziale gezielt gesucht und gemanagt werden. Dies ist einerseits dadurch bedingt, dass Kosten von Umweltmaßnahmen meist auch entsprechend benannt werden (z.B. Kosten der Kläranlage, Personalkosten der Umweltbeauftragten), während kostensenkende Wirkungen in der Regel unter anderen Bezeichnungen im Rechnungswesen erscheinen (z.B. durch geringere Material- oder Energiekosten). Wichtige Ansatzpunkte zur Kostensenkung liegen in der Dematerialisierung von Produktionsverfahren (z.B. durch Abfallvermeidungs- sowie Energie- und Wassersparmaßnahmen). Von besonders großer Bedeutung sind dabei die durch Reststoffe verursachten indirekten Produktionskosten. Indirekte Kostensenkungswirkungen betreffen insbesondere auch intangible Aspekte wie die Arbeitsmoral oder die Unternehmensreputation.

4.2 Umsatz, Preis und Gewinnmarge

Die Erhöhung des Umsatzes oder des Preises und der Gewinnmarge bedingt eine Nutzensteigerung für die Abnehmer. Dabei können ökologische und soziale Produkteigenschaften besonders im Konsumgütermarkt einen wesentlichen Beitrag leisten. Umsatzwachstum und betriebliche Gewinnmarge werden von der allgemeinen Entwicklung der Branche und der Wettbewerbsposition der Unternehmung innerhalb der Branche bestimmt. Einzelne Unternehmen können ihre Wettbewerbsfähigkeit und -position durch eine geeignete Strategie steigern. In Anlehnung an Porter kann grundsätzlich zwischen den Strategien der Preisführerschaft und der Differenzierung zur Verbesserung der Wettbewerbsposition gegenüber den Konkurrenten einer Branche unterschieden werden. Ökologische und soziale Faktoren können einen materiellen Einfluss auf beide Strategien haben.

Eine Preisführerschaft kann unter anderem durch Kostensenkungen erreicht werden, die Spielraum für eine kompetitive Preisgestaltung geben. In dem Maße, in dem es zu einer zunehmenden Internalisierung externer ökologieinduzierter Kosten kommt, das heißt zu einer Kongruenz von gesamtgesellschaftlichen und betrieblichen Kosten, harmoniert das betriebswirtschaftliche Ziel einer Kostenreduktion mit Nachhaltigkeitszielen. Es kann bei zunehmender Internalisierung externer Kosten daher davon ausgegangen werden, dass Nachhaltigkeitsmanagement auch für die Strategie der Preisführerschaft in Zukunft an Bedeutung gewinnen wird.

Besonders in sehr umkämpften Märkten kann einem Margenverfall durch die Strategie der Differenzierung entgegengewirkt werden. In etlichen Märkten bietet sich eine ökosoziale Differenzierung an. In bestimmten Fällen kann sich eine Unternehmung durch eine Zertifizierung nach ISO 14000, EMAS oder SA 8000 gegenüber der Konkurrenz abheben. So stellen beispielsweise immer mehr Unternehmungen entsprechende Anforderungen an ihre Lieferanten.

4.3 Risiko

Ökologisch und gesellschaftlich induzierte Risiken betreffen oft ganze Branchen (d.h. haben einen systematischen Charakter), können jedoch auch einzelne Unternehmen sehr unsystematisch treffen. Während Energiepreissteigerungen einen systematischen Charakter haben (d.h. alle Unternehmen betreffen), kennzeichnen sich Unfälle oder Boykottaufrufe von NGOs durch ihren unsystematischen und unvorhersehbaren Einzelfallcharakter. Selbst mittelständische Unternehmen, die selten einem Boykottaufruf ausgesetzt sind, können in ihrer Rolle als Lieferanten großer Markenartikelanbieter dennoch von solchen ebenso betroffen oder Auslöser dafür sein. Beide Arten von Risiken können für Unternehmen ein substanzielles Ausmaß bis zur Existenzgefährdung annehmen. Das Risikomanagement muss entsprechend angepasst werden. Während es im ersten Fall darum geht, mit Effizienzsteigerungen die Exponiertheit gegenüber zum Beispiel einer Energiepreissteigerung zu reduzieren, können Unfallrisiken durch Risikovorsorge und manchmal auch durch Versicherungen vermindert werden.

4.4 Reputation, intangible Werte und Markenwert

Ökologische und soziale Aspekte können für die Unternehmensreputation und die Identifikation mit Marken eine essentielle Rolle spielen. Dies gilt sowohl für den Aufbau der Reputation als auch für deren Pflege. Da Innovationen von der Konkurrenz kopiert werden und damit Preise und Margen über die Zeit erodieren, besteht eine wichtige Rolle der Markenführung in der Signalisierung von Innovationen sowie der Schaffung von intangiblen und immateriellen Werten zur Kundengewinnung und -bindung. Eine Vernachlässigung kann die Reputation rasch für sehr lange Zeit schädigen und hohe Marketingkosten für den Wiederaufbau des guten Rufes und des Markenwerts zur Folge haben. Wie schwerwiegend derartige Reputationsschäden sein können, beweisen die Beispiele Enron, Worldcom und Ahold.

4.5 Weitere Faktoren

Selbstverständlich können weitere Faktoren einen Einfluss auf die oben genannten Aspekte ausüben, wie das aus der Beschäftigung mit Nachhaltigkeitsthemen entstehende Innovationspotenzial oder die Arbeitszufriedenheit. Eine systematische Prüfung geplanter Umwelt- und Sozialmaßnahmen bezüglich ihrer Wirkungen auf Kosten, Umsatz und Margen, Risiko, Reputation und Markenwert dient der Identifikation positiver und negativer Einflüsse auf den Unternehmenserfolg. Dies stellt die Ausgangslage für einen weiteren Konkretisierungsschritt dar.

5. Zentrale Besonderheiten und Implementationsprobleme – Was ist wichtig für die Umsetzung?

Das Management von sozialen und ökologischen Themen ist mit etlichen Umsetzungsproblemen konfrontiert. Den direkter wahrnehmbaren Implementationsproblemen wie ein Widerstand einzelner Mitarbeiter oder des mittleren Managements, mangelnde finanzielle Ressourcen oder Zeitmangel usw. liegen eine Reihe von inhärenten Umsetzungsproblemen zugrunde. Zu den wichtigsten zählen:

1) *Messbarkeit der Umwelt- und Sozialverträglichkeit, Erfolgswirksamkeit und Informiertheit des Managements*: Die Messung der ökologischen und sozialen Qualität von Gütern und der Umwelt- und Sozialeinwirkungen von Produktionsprozessen ist vielfach ausgesprochen schwierig. Welche Produktionsprozesse, Zulieferprodukte und Endprodukte besonders nachhaltig sind, ist keineswegs auf den ersten Blick zu erkennen. Die Messung und Kommunikation der Nachhaltigkeitseinwirkungen eines Produktes erfordert den interdisziplinären Austausch zwischen technisch-naturwissenschaftlichen und sozialwissenschaftlichen Experten und Marketingfachleuten. Meist fehlt das entsprechende Know-how. Ebenso verhält es sich mit der Messung der ökonomischen Wirkung einer Verbesserung der Umwelt- oder Sozialperformance, die meist weder klar quantifizierbar noch klar auf Einzelmaßnahmen zurückgeführt werden kann.

2) Überzeugungen des Managements: Nachhaltigkeitsmanagement erfordert die Offenheit der Manager, nach Chancen für das Unternehmen zu suchen. Im Unterschied zu Unternehmern (Entrepreneuren) empfinden Manager die Auseinandersetzung mit ökologischen und sozialen Themen vorwiegend oftmals noch als externen Druck und „Belästigung". Im Unterschied zu vielen anderen Unternehmensaktivitäten, wie Marketing- oder PR-Maßnahmen, wird gefordert, dass der Beitrag von Umwelt- und Sozialmaßnahmen zum Unternehmenserfolg klar rechenbar sein muss. Stark verbreitete Clichéevorstellungen, dass freiwillige Umwelt- und Sozialmaßnahmen ohnehin nur Kosten verursachen würden, tragen dazu bei, dass es im Management sehr häufig an Grundkenntnissen zu Nachhaltigkeitsmanagement fehlt, und sich Viele nicht an das Thema heranwagen, weil es ihnen zu komplex erscheint.

3) Werturteile und Stakeholder-Diskurs: Unternehmerische Nachhaltigkeitsorientierung ist nicht nur eine methodische Frage, sondern beinhaltet Urteile über Werte und Lebensstile. Nur dort, wo es um die Existenzbedrohung der Menschheit geht, wird man einen ökologischen oder sozialen Imperativ ableiten können. Nachhaltigkeitsmanagement betrifft jedoch meist normative Entscheidungen, die Werturteile erfordern. Mit solchen Werturteilen tut sich die Unternehmensleitung oft schwer.

4) Nachhaltigkeit als Querschnittsaufgabe: Die Mischung aus Ratlosigkeit, wie mit Umwelt- und Sozialaspekten umgegangen werden soll, und aus der hohen Bedeutung, die außermarktliche Themen auf den Unternehmenserfolg haben können, führt häufig zur Bildung einer Stabsgruppe zu CSR- oder Nachhaltigkeitsmanagement. Diese Stäbe stehen organisatorisch parallel zur „Managementlinie". Umwelt- und Sozialmanagement wird damit als spezielle betriebliche Funktion außerhalb der konventionellen Managementaufgaben gesehen und delegiert. Erforderlich ist jedoch eine Integration des Managements von Umwelt- und Sozialaspekten in das konventionelle betriebliche Management und eine Klarstellung, dass die Verantwortung zu Nachhaltigkeitsfragen in der Linie verbleibt, um dem Querschnittscharakter von Nachhaltigkeitsthemen berücksichtigen zu können.

5) Konkretisierung und Operationalisierung eines abstrakten Zielbündels: Nachhaltige Entwicklung stellt ein abstraktes Zielbündel (von der inhaltlichen Berücksichtigung sozialer, ökologischer und ökonomischer Aspekte, der Zukunftsorientierung, Partizipation bis zu methodischen Fragen usw.) dar, das für jedes Unternehmen im Lichte seiner Märkte und Rahmenbedingungen konkretisiert und operationalisiert werden muss. Ausgehend von der Unternehmensstrategie, der Markt- und Konkurrenzsituation, der Produktions- und Geschäftsprozesse sowie den spezifischen Rahmenbedingungen ist zu analysieren, welche Umwelt- und Sozialaspekte besonders erfolgsrelevant sind, wie sie mit anderen Erfolgsgrößen des Unternehmens zusammenhängen und wie sie gemessen und gemanagt werden können.

6) Wertschöpfungsübergreifende Betrachtung: Nachhaltigkeitsmanagement erfordert mehr als üblich die Beachtung ökologischer und sozialer Probleme über die gesamte Wertschöpfungskette. Entsprechend ergibt sich ein großer Koordinations- und Kommunikationsbedarf über unterschiedlichste Produktions- und Handelsstufen.

7) Glaubwürdigkeit des Angebots, Informiertheit der Konsumenten und Nachhaltigkeit als Querschnittsaspekt im Konsummuster: Konventionellerweise wird im Marketing davon ausgegangen, dass Konsumenten zwar eher uninformiert sind, sich aber prinzipiell Transparenz über die Qualität der Produkte verschaffen könnten. Eine der zentralen Herausforderungen des Nachhaltigkeitsmarketings besteht in den speziellen Informations- und Glaubwürdigkeitsproblemen nachhaltiger Angebote. Vielen nachhaltigen Produkten sind die entsprechenden Eigenschaften weder anzusehen noch können sie beim Gebrauch erfahren werden. Auch wurden nachhaltige Produkte lange auf ein spezielles Marktsegment der Umwelt- und Sozialbewegten ausgerichtet. Eine entsprechend isolierbare Gruppe ist allerdings kaum auszumachen. Nachhaltigkeit ist ein Querschnittsthema durch unterschiedlichste Käuferschichten und soziale Gruppen. Nachhaltigkeitsmarketing steht vor der Herausforderung, verschiedenste Konsumentengruppen von Gelegenheitskäufern, die relativ wenig Kenntnisse über nachhaltige Produkte besitzen, bis zu Gruppen mit ganz bestimmten Kaufgewohnheiten anzusprechen.

8) *Umwelt- und Sozialmanagementsysteme oder CSR-Managementsysteme* werden häufig als Satellitensysteme dem konventionellen Management hinzugefügt. Dies ist einerseits strategisch fahrlässig, da die ökonomischen Risiken, die aus den Umwelt- und Sozialthemen hervorgehen, von den Entscheidungsträgern in der „Linie" oft zu spät erkannt und nachträgliche Korrekturen erforderlich werden. Andererseits ist dies zu bedauern, da eine solche Herangehensweise nicht dem Querschnittscharakter von Umwelt- und Sozialaspekten gerecht wird, und somit weder die ökologischen und sozialen noch die ökonomischen Chancenpotenziale des Nachhaltigkeitsmanagement voll ausgeschöpft werden können. Zu beobachten ist auch, dass mit der organisatorischen Ausgliederung der Verantwortung für Umwelt- und Sozialthemen vielfach selbst die marktlich relevanten Nachhaltigkeitsthemen in der Linie übersehen werden.

Aus diesem Grund sollte der Fokus auf Nachhaltigkeitsmanagementansätze gelegt werden, die ökologische und soziale Aspekte in das konventionelle Management integrieren.

6. Ausblick

Es zeigt sich aus den vorangehenden Abschnitten, dass es zahlreiche gute Gründe für Unternehmen gibt, ihre gesellschaftliche Verantwortung durch die Integration von Umwelt- und Sozialthemen in die Unternehmensaktivitäten wahrzunehmen. Es zeigt sich jedoch auch, dass gezielt nach geeigneten und auf das Unternehmen abgestimmten CSR-Maßnahmen gesucht werden muss und für die erfolgreiche und systematische Berücksichtigung sozialer und ökologischer Themen der Implementation eines CSR-Managements besondere Beachtung geschenkt werden muss. Soll CSR keine philanthropische Übung sein oder sich als Argument einer Luxusthese etablieren, sondern ein anerkannter Ansatz in der Wirtschaft werden, so muss das Konzept die Entscheidungsträger in Unternehmen und im Unternehmenskontext verstärkt erreichen und im Sinne der unternehmerischen Nachhaltigkeit an die ökonomische Logik anknüpfen. In diesem Anliegen beginnt sich der CSR-Ansatz in neuerer Zeit an das unternehmerische Nachhaltigkeitsmanagement anzunähern. Nur wenn es gelingt, die moralischen Werte in die ökonomischen und betrieblichen Steuerungslogiken integrativ einzubeziehen, hat CSR eine Chance, nicht nur eine vorübergehende Mode zu bleiben. Dabei geht es einerseits um die wohlbegründete Argumentation und Legitimationssicherung in Stakeholderbeziehungen und andererseits um die Verankerung und Ausgestaltung konkreter Instrumente.

Über den Autor

Dr. Stefan Schaltegger ist Professor für Nachhaltigkeitsmanagement an der Leuphana Universität Lüneburg und Leiter des Instituts Centre for Sustainability Management (CSM).

2.2

Beyond Commitment: An Introduction to the UN Global Compact Management Model

1. Introduction to the UN Global Compact

The UN Global Compact is a strategic policy initiative for businesses that are committed to aligning their operations and strategies with ten universally accepted principles in the areas of human rights, labour, environment and anti-corruption. By doing so, business, as a primary agent driving globalization, can help ensure that markets, commerce, technology and finance advance in ways that benefit economies and societies everywhere.

This articles describes an updated performance model that guides companies through the process of formally committing to, assessing, defining, implementing, measuring, and communicating a corporate sustainability strategy based on the Global Compact and its principles.

Never before have the objectives of the international community and the business world been so aligned. Common goals, such as building markets, combating corruption, safeguarding the environment and ensuring social inclusion, have resulted in unprecedented partnerships and openness among business, government, civil society, labour and the United Nations. Many businesses recognize the need to collaborate with international actors in the current global context where social, political and economic challenges (and opportunities) – whether occurring at home or in other regions – affect companies as never before.

This ever-increasing understanding is reflected in the growth of the Global Compact, which today stands as the largest corporate citizenship and sustainability initiative in the world – with over 7,700 corporate participants and stakeholders from over 130 countries.

The Global Compact is a leadership platform, endorsed by Chief Executive Officers, and offering a unique strategic platform for participants to advance their commitments to sustainability and corporate citizenship. Structured as a public-private initiative, the

Global Compact is policy framework for the development, implementation, and disclosure of sustainability principles and practices and offering participants a wide spectrum of specialized workstreams, management tools and resources, and topical programs and projects – all designed to help advance sustainable business models and markets in order to contribute to the initiative's overarching mission of helping to build a more sustainable and inclusive global economy.

The UN Global Compact has two objectives:
› Mainstream the ten principles in business activities around the world;
› Catalyze actions in support of broader UN goals, including the Millennium Development Goals (MDGs).

With these twin and complementary objectives in mind, the Global Compact has shaped an initiative that provides collaborative solutions to the most fundamental challenges facing both business and society. The Global Compact seeks to combine the best properties of the UN, such as moral authority and convening power, with the private sector's solution-finding strengths, and the expertise and capacities of a range of key stakeholders. The initiative is global and local; private and public; voluntary yet accountable. The Global Compact's has a unique constellation of participants and stakeholders – bringing companies together with governments, civil society, labour, the United Nations, and other key interests.

The benefits of engagement include the following:
› Adopting an established and globally recognized policy framework for the development, implementation, and disclosure of environmental, social, and governance policies and practices.
› Sharing best and emerging practices to advance practical solutions and strategies to common challenges.
› Advancing sustainability solutions in partnership with a range of stakeholders, including UN agencies, governments, civil society, labour, and other non-business interests.
› Linking business units and subsidiaries across the value chain with the Global Compact's Local Networks around the world – many of these in developing and emerging markets.
› Accessing the United Nations' extensive knowledge of and experience with sustainability and development issues.
› Utilizing UN Global Compact management tools and resources, and the opportunity to engage in specialized workstreams in the environmental, social and governance realms.

A more detailed analysis of the benefits of particiaption in the Global Compact can be found in The Importance of Voluntarism – which also focuses on the importance of the Global Compact as a complement rather than substitute for regulatory regimes.

Finally, the Global Compact incorporates a transparency and accountability policy known as the Communication on Progress (COP). The annual posting of a COP is an important demonstration of a participant's commitment to the UN Global Compact and its principles. Participating companies are required to follow this policy, as a commitment to transparency and disclosure is critical to the success of the initiative. Failure to communicate will result in a change in participant status and possible delisting.

In summary, the Global Compact exists to assist the private sector in the management of increasingly complex risks and opportunities in the environmental, social and governance realms. By partnering with companies in this way, and leveraging the expertise and capacities of a range of other stakeholders, the Global Compact seeks to embed markets and societies with universal principles and values for the benefit of all.

2. UN Global Compact Management Models

Over the past decade, more than 5,000 companies have committed to integrating the ten United Nations Global Compact principles into their strategies and operations. Participants in the Global Compact – both large multinationals and small enterprises – are providing leadership through commitments to respect and promote universal human rights, implement decent work practices, reduce environmental impact, and ensure zero incidents of corruption within their own operations and spheres of influence. More and more business leaders wish to contribute to corporate sustainability, including through mainstreaming the ten principles of the UN Global Compact into their corporate strategies and operations.

One reason is that increasingly, research confirms that companies who explicitly consider sustainability topics widen their company's view on risks and opportunities and therefore increase long-term value creation. Companies are looking for reliable, objective guidance to begin their efforts to embrace corporate sustainability. As the Global Compact begins its second decade, the Global Compact Office, in collaboration with Deloitte, has designed the UN Global Compact Management Model to support companies' efforts to embrace corporate sustainability through integrating the Global Compact commitment into their mainstream business practices. Doing so is a key component of corporate sustainability.

For those who are deciding whether to participate in the Global Compact, the Global Compact Office provides resources to clarify what is involved and what the benefits and business case might be from committing. For more information, see the Global Compact's Corporate Citizenship in the World Economy.

Once a company decides to commit to the Global Compact, the UN Global Compact Management Model helps companies ensure that their corporate sustainability strategy is aligned with both the letter and the spirit of the Global Compact. This document provides a simple, yet broad and flexible, model to guide companies of all sizes through the process of organizational change to embrace corporate sustainability by implementing the ten principles into day-to-day operations and organizational culture.

Providing actionable guidance that is applicable to a wide variety of companies is a difficult task. This task is not only challenging because companies operate in vastly different contexts, but also because companies need to ensure their behaviors, investments, and planned activities are designed to address a variety of global issues – human rights, labour, environment, and anti-corruption. Complicating matters further is the fact that the issues continue to evolve, requiring all facets of a company's value chain to change over time.

Iterative, Flexible Process for Continuous Improvement

Recognizing that a company's ability to integrate the ten principles evolves over time and that there is no one-size-fits-all approach, the Model has adopted the shape of a circle to suggest that progress requires an iterative and ongoing process. After all, there is neither a right entry point nor end point to a company's sustainability journey, nor an approach that ensures the company will get every part of its strategy right during an initial pass. The Model is flexible and should be used to guide annual strategy planning and execution efforts in relation to integrating the Global Compact principles, forming a response to ad hoc issues, or a combination of these elements. In other words, this Model is equally effective when used on an annual basis, a semiannual basis, or even on an ad hoc basis.

While each of the Model's steps provides an essential piece to support a company's corporate sustainability efforts, companies might benefit from customizing the order of steps to meet their specific needs. For example, a company might communicate the findings of its assessment to stakeholders, prior to defining its initial sustainability strategy. In addition, companies can also work through two or more of the Model's steps at the same time.

Intended Audience

The Model is designed for all Global Compact signatories. For organizations that are just embarking on the journey, the "Getting Started" callout boxes provide a good starting point. For companies more experienced with the Global Compact, we have provided example "Leadership Practices" to serve as both inspiration for continuous improvement and aspiration as these companies set and work towards long-term goals. Some companies might be tempted to adopt solely the leadership practices as a means to becoming a corporate sustainability leader. We urge companies to avoid this ineffective shortcut. Instead, companies might be better off viewing the leadership practices not as finite and prescribed behaviors to be adopted blindly, but as goalposts to guide the maturation of their corporate sustainability approaches.

Past, Present, and Future

The UN Global Compact Management Model provides companies with guidance about assessing the impacts of their most recent actions on the issues related to their commitment, as well as suggestions about how to identify risks and opportunities. It is critical for companies to realize that reliance on the Model can also spark innovative ideas aimed at creating value for shareholders and stakeholders over the long term. In particular, we urge companies to challenge themselves proactively to project where their current strategies will position them in three, five, and seven years, and then, using this vision as a starting point, work through the Model to forecast their impact levels and identify new risks and new opportunities. Companies likely will first need to develop a view on emerging sustainability scenarios and trends to conduct this exercise. Some companies might work through this exercise alone; others may choose to collaborate with one or more stakeholder groups. More important than how a company conducts this exercise is that it attempts this exercise, recognizing that, like the Model itself, the real value will be unlocked through lessons learned over numerous iterations.

Crosscutting Efforts

Several elements serve to underpin a company's ability to manage with success its efforts to align policies and operations with the Global Compact. These crosscutting efforts include governance, transparency, and engagement, and are essential to every step of the Model. Appropriate governance is foundational to aligning with the ten principles. Governance refers to a continuous effort to ensure the company behaves in shareholders' and increasingly stakeholders' best interests. Depending on the size and scale of the organization, the critical task of providing governance is carried out by an operating context-appropriate combination of the company's Board (or similar body), C-suite officers, cross-company corporate sustainability steering committee, and/or an external stakeholder committee.

As governments enact sustainability oriented regulations, the company's governance structure is responsible for ensuring the company adheres to these new compliance requirements. The governance structure also provides guidance and support to the

Source

This article is part of the publication "UN Global Compact Management Model" published by the UN Global Compact and Deloitte. New York 2009.

rest of the organization throughout its corporate sustainability journey. Transparency is a continuous effort to operate as openly as possible in the eyes of shareholders and other stakeholders alike. Specific considerations include documenting and communicating key economic, human rights, labour, environmental, and/or anti-corruption risks, opportunities, impacts, progress, and forward-looking plans. Such communications on progress enable shareholders and other stakeholders to make well-informed decisions about investments in or relationships with the company.

Engagement with stakeholders, both internally such as through ongoing relations with employees, and externally such as through dialogue with governments, local communities, trade unions, and nongovernmental organizations (NGOs), serves as another crosscutting effort to embrace corporate sustainability. Many companies find that frequent contact with stakeholders, such as governments, NGOs, and local community groups, yields timely advice and relevant feedback.

Leadership

Implementing the Global Compact can be a difficult and complex effort that requires strong leadership. As a company starts its journey to integrate the Global Compact principles, company leadership may find it helpful to assign responsibility for developing and driving the efforts throughout the company to one or more people.

Depending on the size of the company and scale of operations, company leadership may put a support team in place to take the company through iterations of the management process. This person or team needs to have leadership support, in the form of mandate and resource availability, to drive change throughout the organization.

As a company becomes more advanced in integration of the strategies into day-to-day policies and operations, and embedding a culture of corporate sustainability throughout its organization, everyone in the company eventually becomes involved in driving the principles throughout daily activities. Over time, the breadth of corporate sustainability tasks may require a cross-functional steering committee that comprises representatives from various business units to refine the strategy, review potential investments, and remove obstacles.

3. Steps

The UN Global Compact Management Model guides companies through the process of formally committing to, assessing, defining, implementing, measuring, and communicating a corporate sustainability strategy based on the Global Compact and its principles. Note the scope of the UN Global Compact Management Model focuses on the steps companies take once having made the commitment to the UN Global Compact. In addition, please note that this is a dynamic and continuous process designed to assist companies in achieving higher levels of performance over time. Each step is described in greater detail below:

1) *Commit – Leadership commitment to mainstream the Global Compact principles into strategies and operations and to take action in support of broader UN goals, in a transparent way*:
During this step, company leadership publicly signals its commitment to stakeholders. Specifically, leadership commits to supporting the Global Compact and making the ten principles part of the strategy, culture, and day-to-day operations of the company, with oversight provided by transparent governance structures.

2) *Assess – Assess risks, opportunities, and impacts across Global Compact issue areas*: Equipped with a commitment to the Global Compact and in support of UN goals, the company assesses its risks and opportunities – in financial and extra-financial terms – as well as the impact of its operations and activities on the issue areas, on an ongoing basis in order to develop and refine its goals, strategies, and policies.

3) *Define – Define goals, strategies, and policies*: Based on its assessment of risks, opportunities, and impacts, the company develops and refines goals and metrics specific to its operating context, and creates a roadmap to carry out its program.

4) *Implement – Implement strategies and policies through the company and across the company's value chain*: The company establishes and ensures ongoing adjustments to core processes, engages and educates employees, builds capacity and resources, and works with supply chain partners to address and implement its strategy.

5) *Measure – Measure and monitor impacts and progress toward goals*: The organization adjusts its performance management systems to capture, analyze, and monitor the performance metrics established in the Assess and Define steps. Progress is monitored against goals and adjustments are made to improve performance.

6) *Communicate – Communicate progress and strategies and engage with stakeholders for continuous improvement*: During this step, the company communicates its progress and forward-looking strategies for implementing its commitment by developing a Communication on Progress, and engages with stakeholders to identify ways to improve performance continuously.

2.3

Betriebliches Umweltmanagement

Von Dr. Annette Baumast und Prof. Dr. Jens Pape

In einer Zeit der Diskussion um Klimawandel bei gleichzeitig immensem Wirtschaftswachstum in Schwellen- und Entwicklungsländern wie China und Indien, welches diese Länder – aber auch deren Wirtschaftspartner in den Industrieländern – nicht nur vor ökonomische sondern auch ökologische und soziale Herausforderungen stellt, ist die Forderung nach einer Nachhaltigen Entwicklung von der Agenda gesellschaftlicher Auseinandersetzungen nicht mehr weg zu denken.

Betriebliches Umweltmanagement ist zum Erfolgsfaktor verantwortungsbewusster Unternehmensführung geworden und integriert neben ökologischen Fragestellungen auch zunehmend soziale/gesellschaftliche sowie ökonomische Aspekte in die betriebliche Praxis, so dass sich die Systeme durch die Ansprüche der Anwendenden immer stärker vom Umwelt – zum Nachhaltigkeitsmanagement entwickeln .

Im folgenden Beitrag wird zunächst das regulative Umfeld standardisierter betrieblicher Umweltmanagementsysteme skizziert. Fragestellungen und Instrumente der Betriebs- und Produktökologie werden ebenso dargestellt wie das zentrale und zunehmend an Bedeutung gewinnende Thema der Umwelt- und Nachhaltigkeitsberichterstattung. Ein Ausblick in die weitere Entwicklung des Nachhaltigkeitsmanagements insbesondere im Kontext der „Corporate Social Responsibility" rundet den Beitrag ab.

Umweltmanagementsysteme zielen auf die kontinuierliche Verbesserung der betrieblichen Umweltleistung und zeichnen sich nach DYLLICK (1997; zitiert in PAPE 2003, 127) durch die folgenden fünf grundlegenden Konstruktionsmerkmale aus:

1) Umweltschutz wird zur Managementaufgabe.

2) Ansatzpunkte des Umweltmanagements sind die betrieblichen Entscheidungssysteme und Führungsstrukturen des Unternehmens.

3) Die Systeme basieren auf einer eigenverantwortlichen Selbststeuerung gekoppelt mit einer externen Kontrolle.

4) Umweltleistung ist transparent zu machen und zu kommunizieren und kann so werblich und wettbewerblich eingesetzt werden.

5) An die Stelle ökologischer Leistungsmaßstäbe tritt die Selbstverpflichtung in Form selbstdefinierter Umweltziele: Der Zielraum ist lediglich nach unten durch die einschlägigen Umweltgesetze und -vorschriften begrenzt.

Seit Beginn hat dabei das Leitbild einer nachhaltigen Entwicklung (vgl. hierzu auch KANNING, 2007) eine zentrale Bedeutung bei der Entwicklung standardisierter Umweltmanagementsysteme wie der ISO 14001 und der EG-Öko-Audit-Verordnung (EMAS).

Die Umweltaktivitäten in der Normung gehen auf die Vorbereitung der Konferenz für Umwelt und Entwicklung (UNCED), die im Juni 1992 in Rio de Janeiro stattfand, zurück. In dem vom „Business Council for Sustainable Development" (BCSD) für den Rio-Weltgipfel verfassten Bericht „Changing Course" wurde als Aufgabe für die Industrie formuliert, „ihre eigene Umweltleistung im Hinblick auf eine saubere Umwelt und eine zukunftsfähige Entwicklung zu bewerten" (SEIFERT, 1998).

Die Internationale Organisation für Normung (ISO) wurde vom BCSD aufgerufen, Normungsaktivitäten auf dem Sektor Umweltmanagement aufzunehmen. Ziel der Normungsaktivitäten sollte es sein, der Privatwirtschaft Normen für effektive Umweltmanagementsysteme sowie flankierende Instrumente zur Verfügung zu stellen, um insbesondere vor dem Hintergrund des Oberzieles der UNCED, einen Beitrag zur nachhaltigen Entwicklung (Sustain-able Development) zu leisten.

Im Ergebnis wurde schließlich die sogenannte „Strategic Advisory Group on Environment" (SAGE) gegründet, die den Auftrag erhielt, den Bedarf an internationalen Umweltmanagement-Normen zu untersuchen und soweit erforderlich Handlungsempfehlungen für Normungsvorhaben zu unterbreiten. Im Februar 1993 wurde ein erster Vorschlag für die internationale gültige Umweltmanagementnorm ISO 14001 vorgelegt, der sich stark an eine kurz zuvor publizierte Fassung der britischen Umweltmanagementnorm BS 7750 anlehnte (vgl. MÜLLER ET AL., 2007).

Die 1993 in Kraft getretene EG-Öko-Audit-Verordnung (Eco-Management and Auditing Scheme - EMAS) wurde – gemäß dem in Art. 20 EMAS I formulierten Selbstüberprüfungsmechanismus – durch den europäischen Verordnungsgeber einer Revision unterzogen. EMAS II trat im Frühjahr 2001 in Kraft und ist seither gültig. Die erneute Revision der Verordnung steht bevor, ihre Verabschiedung wird für 2010 erwartet.

EMAS II verzichtet auf eigene Vorschriften zur Regelung von Aufbau und Ablauf eines Umweltmanagementsystems. Stattdessen verweist der Verordnungstext auf den Abschnitt 4 der DIN EN ISO 14001 und die darin dokumentierten Anforderungen an die Implementierung eines Umweltmanagementsystems. Dabei ist jedoch zu berücksichtigen, dass ISO-Begriffe „EMAS-konform" zur Anwendung kommen: HANSEN (2000) führt hier etwa den Begriff der Umweltpolitik sowie die neue Bezugsgröße Organisation auf, für die in den beiden Normen unterschiedliche Definitionen zur Anwendung kommen.

Wenngleich laut Art. 12 (1) lit. a EMAS I die Anwendung der ISO 14001 im Rahmen der Validierung gemäß EMAS-Verordnung bereits möglich war, wird durch die Einbeziehung der Umweltmanagementnorm ISO 14001 eine direkte Kopplung der bisher „konkurrierenden" Systeme vollzogen. Die Integration wird vielfach als folgerichtige Reaktion der EU auf das praktische Verhältnis der beiden Regelwerke gesehen (WASSMUTH, 1999). So entpuppt sich die oftmals beklagte „Konkurrenz" der beiden Systeme bei genauerer Betrachtung doch eher als „komplementäre Beziehung" (KREKLAU, 1998):

Während die ISO 14001 durch ihre Anwender- und Umsetzungsfreundlichkeit die Implementierung eines Umweltmanagementsystems und damit die Verbreitung betrieblicher Umweltmanagementsysteme insgesamt unterstützt und somit als Grundmodul für die Erfüllung der EMAS-Anforderungen anzusehen ist, wird mit der vollständigen Umsetzung der EMAS-Verordnung – insbesondere durch die Pflicht zur Erstellung einer Umwelterklärung, die Standortregistrierung und die Überprüfung durch einen akkreditierten Umweltgutachter? einem Ziel mit starkem umweltpolischen Charakter Rechnung getragen.

Signalisiert und unterstrichen wird durch die Einbeziehung der ISO 14001 in EMAS II somit auch, dass die Verordnung auf eine „Star-Performance" ausgelegt ist, da mit der ISO-Umweltmanagementnorm doch zunächst der Aufbau, die Anwendung und die Weiterentwicklung des Moduls Umweltmanagement umgesetzt und dokumentiert wird. Die ausdrückliche Forderung nach „legal compliance", einer quantifizierbaren und messbaren Verbesserung der Umweltleistung in stofflicher und energetischer Hinsicht, die aktive Einbeziehung der Arbeitnehmenden, die externe Begutachtung sowie das Bekenntnis zu einer aktiven externen Kommunikation unter anderem anhand der Umwelterklärung, bleiben weiterhin Zusatzanforderungen der europäischen Verordnung.

Durch die Einbeziehung der ISO-Norm in EMAS II ist es somit gelungen, das Verhältnis der beiden Standards zu entspannen, ohne einerseits eines der beiden Systeme auf- oder abzuwerten oder andererseits die anspruchsvolleren Inhalte der EMAS-Verordnung zu tangieren. Anhand dieser „Integrationslösung" (WASSMUTH, 1999) werden Unternehmen einerseits zunächst nicht gezwungen, sich für eines der Systeme zu entscheiden oder ggf. die gefürchtete und unnötige „Doppelarbeit" zu leisten.

Wie wird sich EMAS weiterentwickeln? Der Revisionsprozess der EMAS II-Verordnung ist bereits in vollem Gange. Die in diesem Kontext geführten Diskussionen zeigen, dass die Umweltleistungsorientierung der Verordnung weiter gestärkt werden soll: So wird die Notwendigkeit des Einsatzes von Umweltkennzahlen – bis hin zu Branchenkennzahlen — diskutiert und auch die Idee die Umwelterklärung zukünftig als „Umweltleistungsbericht" zu bezeichnen unterstreicht die Betonung der Leistungsorientierung. Darüber hinaus wird die Möglichkeit der Erstellung einer „Produktumwelterklärung" wie auch die Möglichkeit einer weltweiten Anwendung der Verordnung diskutiert.

Neben den formellen Standards (EMAS und ISO) gewinnen so genannte „niederschwellige" Umweltmanagementansätze (BMU 2005) zur Verbesserung des betrieblichen Umweltschutzes zunehmend an Bedeutung. Diese Ansätze sind vielfach branchenbezogen (z.B. „Ecocamping" für Fremdenverkehrseinrichtungen oder der „Grüne Gockel" für Kirchengemeinden) oder zielen auf bestimmte Wirtschaftszweige, wie etwa das Handwerk ab. Oft sollen sie dazu dienen, kommunale Netzwerke großer und kleiner Unternehmen einzuführen. Umweltmanagementansätze sind i.d.R. weniger auf ein kontinuierliches Management des betrieblichen Umweltschutzes ausgerichtet als vielmehr auf einzelne oder mehrere zeitlich begrenzte Maßnahmen zur Verbesserung der Umweltleistung. Die Einbeziehung der Beschäftigten oder eine vollständige interne Auditierung sind oft nicht gewährleistet. Zwar sind Umweltmanagementansätze vielfach grundsätzlich geeignet, den betrieblichen Umweltschutz einer Organisation weiterzuentwickeln. In der Regel sind sie jedoch nicht auf eine kontinuierliche Verbesserung der Umweltleistung ausgelegt. Als „Basisarbeit" können Umweltmanagementansätze eine gute Wahl für kleine und nur regional tätige Unternehmen sein oder aber einen geeigneten Einstieg für EMAS oder ISO 14001 bieten (vgl. hierzu auch http://www.uga.de).

In einer Studie im Auftrag des Bundesumweltministeriums und des Umweltbundesamtes wurden Umweltmanagementansätze in Deutschland untersucht. Sie gibt einen Überblick über 16 Umweltmanagementansätze, die in Deutschland angewendet werden, und zeigt auf, wo ihre spezifischen Vor- und Nachteile liegen (vgl. http://www.ums-fuer-kmu.de/).

Die Internationale Organisation für Normung (ISO) hat 2003 den Vorschlag unterbreitet einen Guidance Standard on Social Responsibility zu entwickeln, der weltweit für alle Arten von Organisationen gültig sein soll. 2004 wurde eine Arbeitsgruppe innerhalb der ISO etabliert, deren Aufgabe es ist, einen internationalen Standard (ISO 26000) zu erarbeiten, der Organisationen darin unterstützt, ihre gesellschaftliche Verantwortung wahrzunehmen und dabei die kulturellen, gesellschaftlichen, umweltbedingten, sowie rechtlichen und wirtschaftlichen Unterschiede respektiert.

Die ISO 26000 soll darauf abzielen, praxisgerechte Leitlinien zu liefern, wie gesellschaftliche Verantwortung von Organisationen wahrgenommen werden kann, Anspruchsgruppen identifiziert und einbezogen werden können und gleichzeitig die Glaubwürdigkeit der Berichterstattung über gesellschaftliche Verantwortung verbessert werden kann.

Die Norm soll einen Beitrag dazu leisten, das weltweite Bewusstsein über gesellschaftliche Verantwortung zu stärken, eine einheitliche Terminologie zu schaffen und dabei bereits existierende Dokumente sowie internationale Verträge und Konventionen zu dem Thema einzubeziehen. Dabei soll der Standard ein Richtliniendokument bleiben und keine Verpflichtungen enthalten; die Zertifizierbarkeit ist ausdrücklich ausgeschlossen.

Ziel ist es, bis 2008 einen Konsens der sechs am Prozess beteiligten Interessensgruppierungen (Wirtschaft, Verwaltung, Arbeitnehmende, Konsumenten, Beratende und Wissenschaft, Nichtregierungsorganisationen) hinsichtlich dieses „Guidance Standard on Social Responsibility – ISO 26000" zu erzielen [Anm. d. Red.: Die ISO 26000 trat am 01.11.2010 in Kraft.].

Umweltmanagementsysteme müssen von betrieblichen Controlling-Instrumenten unterstützt werden, die es den Entscheidungsträgern ermöglichen, in Fragen der Betriebsökologie, d.h. die durch die Tätigkeit direkt und/oder indirekt induzierten Stoff- und Energieflüssen zu bewerten sowie Ziele und Maßnahmen zu deren Reduzierung und Optimierung zu entwickeln. Neben der Stoff- und Energieflussanalyse sowie der Ökobilanzierung (vgl. SEURING ET AL., 2007) kommen zunehmend auch Instrumente wie die „Sustainable Balanced ScoreCard" oder das „Sustainable Supply Chain Management" zum Einsatz, die ihren Ursprung nicht im Umwelt- oder Nachhaltigkeitsbereich haben, sondern aus der klassischen Unternehmensführung stammen und entsprechend angepasst wurden.

So soll mit Hilfe der Balanced Scorcard (BSC) die Lücke zwischen strategischer und operativer Ebene weitestgehend geschlossen werden, indem die Umsetzung der Vision eines Unternehmens in Strategien, qualitative und quantitative Ziele und die zu ihrer Erreichung erforderlichen Maßnahmen erfolgt (vgl. MAHAMMADZADEH, 2007). Planung, Kontrolle, Steuerung und Kommunikation erfolgen über ein abgestimmtes Kennzahlensystem.

Als Ergänzung zur Betriebsökologie spielt die Produktökologie eine wichtige Rolle sowohl in produzierenden als auch bei Dienstleistungsunternehmen. Im Rahmen der Produktökologie steht die Umweltverträglichkeit von Produkten im Vordergrund, die zunehmend – je nach Branchen und Produkt – auch auf das Thema Sozialverträglichkeit ausgeweitet wird. Neben der Vermeidung der Verwendung gefährlicher Stoffe in Produkten, einer langen Lebensdauer und einer guten Recyclingfähigkeit (z.B. bei Elektrogeräten), sind damit auch Fragen nach Zugänglichkeit (z.B. bei Finanzprodukten) oder Handhabbarkeit (z.B. Internet-Dienstleistungen für Seh- oder Hörbehinderte) zu lösen. Ein zentrales Instrument stellen die bereits erwähnten Ökobilanzen bzw. Lebenszyklusanalysen (Life Cycle Assessment – LCA) dar, die vor allem umweltbezogene Auswirkungen eines Produktes entlang seines gesamten Lebenszyklus im Vorfeld seiner Realisierung erheben und so bereits in der Designphase eine Optimierung nach Umweltaspekten ermöglichen (vgl. z.B. ZÜST, 1998; JAHNES, 1998).

Um die produktbezogenen Umweltaktivitäten auch nach außen zu signalisieren – nämlich vor allem den Konsumentinnen und Konsumenten – haben sich in den letzten Jahren Öko- und später auch Soziallabel durchgesetzt, von denen der Blaue Engel (http://www.blauer-engel.de) wohl das in Deutschland bekannteste Umweltzeichen darstellt (vgl. KUPP, 2007). Derzeit (Stand: August 2007) sind über 3600 Produkte mit diesem Umweltlabel ausgezeichnet. Der Blaue Engel zählt zu den sogenannten ISO-Typ-I-Labels, bei denen eine externe Stelle – im Fall des Blauen Engels ist dies die Zeichenvergabestelle RAL Deutsches Institut für Gütesicherung und Kennzeichnung – im Rahmen eines Vergabeprozesses die Einhaltung festgelegter Anforderungen überprüft und das Zeichen vergibt. ISO-Typ-II-Labels sind von Unternehmen selbst kreierte Labels, die nicht zwingend von dritter Seite überprüft bzw. vergeben werden. ISO-Typ-III-Labels schliesslich sind Umweltkennzeichen mit extern verifizierten Informationen zur Umweltqualität eines Produktes, die auf der Basis von Lebenszyklusanalysen erstellt werden und einen Vergleich verschiedener Produkte ermöglichen (http://www.iso.org). Auch im Kontext von Umweltmanagementsystemen gewinnt das Themenfeld Produktökologie zunehmend an Bedeutung. Wie bereits erwähnt soll zukünftig durch sog. „Produktumwelterklärungen" das produktökologische Engagement von Organisationen transparent gemacht werden. Dabei kann davon ausgegangen werden, dass die Kommunikation des eigenen Umweltengagements über das Produkt vor allem in Bezug auf Konsumentinnen und Konsumenten in der Regel wettbewerbswirksamer ist als die reine Darstellung betriebsökologischer Anstrengungen.

Als Beispiel für ein Soziallabel sei das Fairtrade-Zeichen genannt (http://www.transfair.org), das seit 2003 in Deutschland als Nachfolgelabel des bis dahin verwendeten TransFair-Zeichens angewandt wird. Auch dieses Label wird von externer Seite für Produkte vergeben (in Deutschland vom gemeinnützigen Verein TransFair) und zeichnete Ende 2006 Produkte von fast 2000 Lizenznehmern als fair gehandelt aus.

Mit der Verabschiedung der EG-Öko-Audit-Verordnung (EMAS) Mitte der 1990er Jahre rückte auch die interne und externe Kommunikation betrieblicher Umweltaktivitäten in den Vordergrund. Um eine Registrierung zu erhalten, war es notwendig, eine Umwelterklärung zu publizieren, welche die wichtigsten Daten zum Umweltmanagement und Aspekten der Betriebsökologie enthielt und diese den relevanten Anspruchsgruppen sowie der interessierten Öffentlichkeit zugänglich machte. Wie bereits erwähnt wird diskutiert, die Umweltwelterklärung im Zuge der aktuellen EMAS-Revision in „Umweltleistungsbericht" umzubenennen und damit den Performance-Aspekt weiter in den Vordergrund zu rücken.

Inzwischen gehört es für die meisten großen (börsennotierten) Unternehmen zum guten Ton, nicht nur über finanzielle Kennzahlen Rechenschaft abzulegen, sondern auch einen Umwelt-, Nachhaltigkeits- oder CSR-Bericht herauszugeben und damit nach innen und außen die eigenen Anstrengungen in den Bereichen Umwelt und Soziales zu kommunizieren (vgl. PIA-NOWSKI und HERZIG, 2007). „Tue Gutes und sprich' darüber" – dieser PR-Grundsatz hat auch beim Thema Nachhaltigkeit seine Gültigkeit. Mit der Anzahl der Berichte wuchs auch die Vielfalt der Inhalte und damit das Bedürfnis nach Vereinheitlichung und konkreten Vorgaben, um zumindest einen gewissen Grad an Vergleichbarkeit gewährleisten zu können. Neben Forderungen nach Veröffentlichung nachhaltigkeitsbezogener Indikatoren, die in der Gesetzgebung festgeschrieben sind (wie bspw. die §§ 289 und 315 des deutschen Handelsgesetzbuchs, die vorschreiben, dass alle „extra-finanziellen" Indikatoren, die Auswirkungen auf die finanzielle Lage eines Unternehmen haben können, von börsennotierten Unternehmen offen gelegt werden müssen), entsprechen die aktualisierten und im Oktober 2006 veröffentlichten Richtlinien der „Global Reporting Initiative" (GRI – www.globalreporting.org) seit 2000 diesem Bedürfnis.

Die aktuellen, sogenannten „G3" (Richtlinien der 3. Generation) bieten konkrete Indikatoren für die drei Teilbereiche der Nachhaltigkeit – Ökonomie, Ökologie und Soziales – die von den Unternehmen entweder als Anhaltspunkte oder konkrete Inhalte in der Berichterstattung verwendet werden können. Dabei kann es sich zum Beispiel um Umweltperformance-Kennzahlen handeln oder Informationen zu den Arbeitsbedingungen für Mitarbeitende. Seit 2006 ist eine Selbstdeklaration notwendig, welche der drei Stufen der G3-Richtlinien (A, B oder C) der Nachhaltigkeitsbericht erfüllt. Dabei müssen für Stufe C mindestens 10 Performance-Indikatoren verwendet werden, für Stufe B mindestens 20. Für Stufe A müssen die Bedingungen der Vorstufen erfüllt sein sowie zusätzlich Informationen über gewisse Kernindikatoren zur Verfügung gestellt werden. Um für zusätzliche Transparenz und Glaubwürdigkeit zu sorgen, ist es zudem möglich, den Nachhaltigkeitsbericht von unabhängiger dritter Seite oder von der GRI selber überprüfen zu lassen. Dies wird bei der Kennzeichnung der Stufe mit einem „+" ausgewiesen. Während weltweit inzwischen weit über 2000 Nachhaltigkeitsberichte auf der Basis der GRI-Richtlinien (alt und neu) erschienen sind (Stand: August 2007), stammen lediglich 81 davon aus Deutschland.

Seit der erstmaligen Veröffentlichung von ISO 14001 und EMAS Mitte der neunziger Jahre hat das betriebliche Umweltmanagement eine umfangreiche Entwicklung durchlebt. Nicht nur diese beiden Regelwerke wurden in den letzten Jahren (mehrfach) revidiert, viele neue Instrumente und Konzepte sind (weiter-) entwickelt worden und unterstützen heute das betriebliche Umweltmanagement. Auch die durch die Berichte des „Intergovernmental Panel on Climate Change", von denen drei im Jahr 2007 veröffentlicht wurden (Stand: August 2007), entfachte öffentliche Diskussion zum Thema Klimawandel hat erneut dazu beigetragen, das Thema Umweltschutz auch auf der betrieblichen Ebene als relevant zu positionieren. Gleichzeitig hat sich in den letzten Jahren auch die Wahrnehmung bezüglich der dritten Säule der Nachhaltigkeit, dem Thema Soziales, deutlich verschoben. Spielten sozialbezogene Themen in deutschen Unternehmen eine dem Umweltmanagement untergeordnete Rolle, so sind sie in der Zwischenzeit aus diesem Schattendasein deutlich herausgetreten. Nicht zuletzt angesichts verschiedener „Korruptionsskandale" in den letzten Jahren fordert die Öffentlichkeit – und damit auch die Kundinnen und Kunden – von den Unternehmen die Wahrnehmung der eigenen sozialen Verantwortung (vgl. CZYMMEK et al., 2007). Es kann nicht mehr „nur noch" darum gehen, Geld zu verdienen, sondern es zählt vermehrt auch das „wie". Dabei beschränkt sich die Sicht dieser Anspruchsgruppen nicht nur auf die Unternehmen selber, sondern bezieht auch deren Zulieferketten mit ein. Unternehmen haben dafür zu sorgen, dass Ihre Zulieferer ebenso rigorosen Umwelt- und Sozialstandards genügen wie sie selber. Gelingt das nicht, drohen Reputationsverluste, wie verschiedene Fälle aus den vergangenen Jahren in denen Kinderarbeit oder menschenunwürdige Arbeitsbedingungen aufgedeckt wurden, illustrieren (vgl. SEURING und MÜLLER, 2007).

Neben das heute gut entwickelte Umweltmanagement muss also ein gleichfalls anspruchsvolles Management sozialer Aspekte treten, um Unternehmen auf den Pfad einer nachhaltigen Entwicklung zu führen. Während einige wenige Unternehmen bereits heute diese beiden Säulen der Nachhaltigkeit zusammen mit wirtschaftlichen Aspekten in ihr Managementsystem integrieren, stehen Umwelt- und Sozialmanagementsysteme bei den meisten Unternehmen noch parallel nebeneinander, wenn überhaupt schon beide Ansätze konsequent verfolgt werden.

Über die Autoren

Dr. Annette Baumast ist Nachhaltigkeitsanalystin bei der Zürcher Kantonalbank.
Prof. Dr. Jens Pape ist Leiter des Instituts Unternehmensführung in der Agrarwirtschaft an der Hochschule für nachhaltige Entwicklung Eberswalde.

Umweltmanagement und Emissionsrechtehandel

Von Dr. Axel Hermeier

Am 25. Oktober 2003 ist die „Richtlinie 2003/87/EG des Europäischen Parlaments und des Rates der Europäischen Union über ein System für den Handel mit Treibhausgasemissionszertifikaten in der Gemeinschaft und zur Änderung der Richtlinie 96/61/EG des Rates" in Kraft getreten. Ziel der Richtlinie ist die Errichtung eines gemeinschaftsweiten Emissionshandelssystems zum 1. Januar 2005. Hierdurch soll im Hinblick auf eine Erfüllung der im Protokoll von Kyoto zum Rahmenübereinkommen der Vereinten Nationen über Klimaänderungen vom 11. Dezember 1997 für die Mitgliedsstaaten vorgesehenen Verpflichtungen ein kosteneffizienter Beitrag zur Reduzierung von Treibhausgasen geleistet werden.

Mit der Einführung des ersten multinationalen Emissionshandelssystems beschreiten sowohl der europäische als auch der nationale Gesetzgeber neue Wege in der Klimapolitik. Abweichend von der bisherigen Strategie, klimapolitische Ziele vorrangig durch ordnungspolitische Maßnahmen und Lösungen erreichen zu wollen, wird mit der Installierung eines gemeinschaftlichen Systems für den Handel mit Emissionszertifikaten erstmals flächendeckend ein marktwirtschaftlich organisiertes Instrumentarium genutzt, um möglichst kosteneffizient die gesetzten klimapolitischen Zielvorgaben der EU zu erfüllen.

Anknüpfend an erste Bestrebungen der EU-Umweltpolitik in den 1990er Jahren, durch die Einführung von normierten Umweltmanagementsystemen die Verantwortung für das Erreichen umweltpolitischer Ziele verstärkt auf die Ebene der Unternehmen zu verlagern, kann der Handel mit Emissionszertifikaten im Feld der Klimapolitik als Evolution dieser Strategie bezeichnet werden, um ergänzend zu ordnungspolitischen und gesamtstaatlichen Maßnahmen durch marktwirtschaftliche Anreize die Industrie zu einem möglichst kosteneffizienten Beitrag zum europäischen und in der Zukunft internationalen Klimaschutz zu bewegen.

Der Klimaschutz als ein Teilbereich der Umweltpolitik stellt für die beteiligten Unternehmen eine neue Herausforderung dar. In Verbindung mit dem klimapolitischen Instrumentarium des Emissionshandels handelt es sich hierbei für die Mehrzahl der betroffenen Unternehmen um ein gänzlich neues Betätigungsfeld [Anmerkung der Redaktion: Der Beitrag bezieht sich auf die erste, mittlerweile abgeschlossene Phase des Emissionshandels.]. Zwar hat die deutsche Industrie mit der „Vereinbarung zwischen der Regierung der Bundesrepublik Deutschland und der deutschen Wirtschaft zur Klimavorsorge" vom 9. November 2000 eine erste Strategie im Sinne einer freiwilligen Selbstverpflichtung als Beitrag zum nationalen Klimaschutzprogramm der Bundesregierung vorgelegt und damit erstmals das Erfordernis, auch auf der Ebene der Unternehmen Maßnahmen zur Reduktion von Treibhausgas-Emissionen zu ergreifen, in den Fokus der öffentlichen Diskussion gerückt. Infolge dessen setzte gerade in energieintensiven Unternehmen langsam ein Prozess des Umdenkens ein, indem dem Thema Klimaschutz auf Unternehmensebene im Rahmen des betrieblichen Umweltschutzes bzw. Umweltmanagements erstmals verstärkte Aufmerksamkeit geschenkt wurde. Davon unberührt erlangen die europäische und nationale Klimaschutzpolitik durch die Einführung des europäischen Emissionshandelssystems eine neue Qualität dadurch, dass der Emission von Treibhausgasen bzw. Kohlendioxid erstmals ein monetärer Wert zugeschrieben wird. Dieser Aspekt führt in Verbindung mit der verbindlichen Teilnahme bestimmter durch die EU-Richtlinie definierter Industriesektoren zu weit reichenden Veränderungen im Bereich der betrieblichen Anstrengungen zum Klimaschutz im Speziellen bzw. Umweltschutz im Allgemeinen.

Der betriebliche Umweltschutz in Deutschland hat in Folge ständig gestiegener rechtlicher Vorgaben sowie eines wachsenden Drucks seitens der relevanten Stakeholder inzwischen ein im internationalen Vergleich hohes Niveau erreicht. Durch vor

2.4 Management

allem auf technische Lösungen fokussierenden Umweltschutz konnten in den letzten 20 Jahren erhebliche Reduktionen negativer Umweltauswirkungen der Industrie erreicht werden. Darüber hinaus zeigen sich durch die Einführung der europäischen Öko-Audit-Verordnung (Environmental Management and Audit Scheme, EMAS) sowie der internationalen Umweltmanagementnormen DIN ISO 14001 Mitte der 1990er Jahre erste positive Anzeichen hinsichtlich eines betrieblichen Umweltschutzes mit eher vorsorgendem als nachsorgendem Charakter. An diesen Systemnormen orientierte betriebliche Umweltmanagementsysteme gehören in den Industrieländern mittlerweile zum „State of the art" moderner Unternehmensführung und können vor allem in Deutschland als durchaus etabliert angesehen werden.

Durch die Implementierung eines solchen Umweltmanagementsystems wurde ein Prozess der systematischen und aktiven Auseinandersetzung mit dem Thema Umweltschutz angestoßen. Problematisch in diesem Zusammenhang zeigte sich jedoch die Weiterentwicklung des betrieblichen Umweltmanagements über die Durchführung rein technischer Problemlösungen hinaus. Vor allem diejenigen Unternehmen, die sich erst im Zuge der Einführung eines Umweltmanagementsystems systematisch mit betrieblichem Umweltschutz auseinandergesetzt haben, konnten mit relativ geringem Aufwand kurzfristig erhebliche ökologische und ökonomische Wirkungen und Erfolge erzielen. Dieser eher operative betriebliche Umweltschutz war jedoch in der Mehrzahl der Fälle durch die kurzfristige Realisierung von Kostensenkungspotenzialen in den Bereichen der Ressourcennutzung sowie der Energieeffizienz gekennzeichnet, ohne dass eine konsistente Umweltschutzstrategie entwickelt bzw. verfolgt worden ist. Seinem Charakter als im Rahmen der Unternehmensentwicklung nachträglich integrierter Problemstellung entsprechend wird das betriebliche Umweltmanagement vielfach als ein randständiges Thema weniger Experten betrachtet, das auf Grund gegebener rechtlicher, politischer sowie marktlicher Zwänge zwar eine gewisse Relevanz für die Unternehmenstätigkeit besitzt, aber eher als Kostenfaktor bzw. Belastung und nicht als Chance betrachtet wird.

Ausgehend von der dargestellten Grundkonstellation stellt sich die Frage, wie betroffene Unternehmen auf die Einführung des Emissionshandels reagieren. Aufgrund fehlender Erfahrungen mit einem solchen Instrumentarium in Deutschland über eine größere Anzahl von Unternehmen hinweg, besteht gerade im Bereich der betriebswirtschaftlichen Forschung ein Mangel an empirischen Ergebnissen hinsichtlich der strategischen und organisatorischen Bewältigung des Emissionshandels auf Unternehmensebene.

Der vorliegende Beitrag referiert die Ergebnisse einer explorativen empirischen Studie, durchgeführt zwischen Juni und Oktober 2005, in der die Rolle des Umweltmanagements im Zusammenhang mit der Einführung des Emissionshandels untersucht worden ist. Hierzu wurden Vertreter von zwölf deutschen Industrieunternehmen unterschiedlicher Branchen und Größe, die sowohl über ein Umweltmanagementsystem nach EMAS oder ISO 14001 verfügen als auch in den Geltungsbereich des Emissionsrechtehandels fallen, befragt. Neben der Identifizierung möglicher Integrationsformen strategischer und organisatorischer Art wurde die Frage beleuchtet, inwieweit das betriebliche Umweltmanagement von der Einführung des Emissionshandels profitieren kann.

Basierend auf empirischen Befunden der Umweltmanagementforschung einerseits und den umweltpolitischen Zielsetzungen des Gesetzgebers andererseits wurden hierzu zwei gegensätzliche Szenarien hinsichtlich der strategischen und organisatorischen Bewältigung des Emissionshandels unter besonderer Berücksichtigung der Rolle des betrieblichen Umweltmanagements entwickelt und im Rahmen der empirischen Untersuchung einer Überprüfung unterzogen.

Im Ergebnis hat die empirische Befragung einige bemerkenswerte Erkenntnisse zu Tage geführt. Hinsichtlich der Umsetzung des betrieblichen Umweltmanagements muss festgestellt werden, dass weder in Bezug auf die organisatorische Integration in den Unternehmen noch auf die strategische Ausrichtung der von der staatlichen Umweltpolitik gewünschte Zustand erreicht ist. Im Gegensatz zu früheren Befunden sind jedoch durchaus positive Ansätze und Entwicklungsprozesse zu erkennen, die in ihrer Tendenz auf einen zunehmenden Mentalitätswechsel in Richtung einer durch die Unternehmen wahrzunehmenden Verantwortung für Umwelt und Gesellschaft hindeuten. Zwar verfügt die Mehrheit der untersuchten Unternehmen noch nicht über eine ausformulierte Strategie im Umweltschutz, jedoch sind, vielfach eingefordert und unterstützt durch die Unternehmensführung, Anstrengungen über die gesetzlichen Anforderungen hinaus zu erkennen, die den Weg hin zu einer Chancenorientierung im Umweltmanagement weisen können.

Der Einführung des EU-Emissionshandelssystems steht die Mehrzahl der befragten Unternehmen negativ gegenüber. Ungeachtet der vielfach verbreiteten Ablehnung staatlich verordneter Gestaltungskonzepte im Umweltschutz ist diese Haltung vorrangig durch die aus Sicht der Unternehmen fehlerbehaftete europäische und nationale Umsetzung des Emissionshandels begründet. So zeigen die Ergebnisse hinsichtlich entstandener Herausforderungen, dass weniger die direkte finanzielle Belastung durch den Zertifikatehandel als das zentrale Problem wahrgenommen wird, sondern vielmehr die Systemausgestaltung und die mit den wechselnden politischen Vorgaben verbundene Planungsunsicherheit. Erschwerend kommt aus Unternehmenssicht hinzu, dass gerade in Deutschland, das auf dem Gebiet des Wirtschafts- und Ordnungsrechts eine lange Tradition und hohe Regelungsdichte hat, nur noch geringe Emissionsminderungspotenziale vorhanden seien und demzufolge im europäischen Vergleich die deutschen Unternehmen ungleich höhere Anstrengungen zur Erfüllung der Emissionsreduktionsziele zu unternehmen hätten. Überdies wird insgesamt mit einer zukünftig steigenden Belastung durch den Handel mit Emissionsrechten gerechnet. Dieses Stimmungsbild deutscher Unternehmen unterschiedlicher Größe, Betroffenheit und Branche begründet erhebliche Zweifel an einem gelungenen Start des Emissionshandels in Deutschland.

Entgegen dieser negativen Bewertung des Gesamtsystems und seiner Ausgestaltung zeigen sich die untersuchten Unternehmen mit dem Verlauf der Umsetzung im eigenen Unternehmen insgesamt zufrieden. Hierzu finden in der Unternehmenspraxis unterschiedliche Bewältigungsstrategien Anwendung. Aufbauend auf einer überwiegend indifferenten bis ablehnenden Grundhaltung gegenüber der Ausgestaltung des Instrumentariums gibt zwar die Mehrzahl der zwölf befragten Unternehmen an, sich strategisch mit dem Emissionshandel auseinanderzusetzen, jedoch zumeist nicht in der vom Gesetzgeber gewünschten Form einer aktiven Chancenorientierung. Mit der Nutzung marktwirtschaftlicher Steuerungsmechanismen und der Einführung des Emissionshandels sollten eigentlich die Defizite im Zusammenhang mit der Umsetzung des Umweltordnungsrechts überwunden werden, indem den Unternehmen bei klaren Zielvorgaben mehr Eigenverantwortung und Flexibilität zugestanden wird, um eine möglichst effiziente Erfüllung der Emissionsreduktionsverpflichtungen zu gewährleisten. Die Ergebnisse der Studie zeichnen diesbezüglich ein klares Bild: Während die großen Energiekonzerne sowohl über ausformulierte Handelsstrategien verfügen als auch eine aktive Teilnahme am Emissionshandel anstreben bzw. praktizieren, versuchen die Unternehmen anderer Branchen und speziell kleinere und mittlere Unternehmen im Sinne einer defensiven Abwehr- und Erfüllungsstrategie lediglich die unvermeidbaren Aufgaben des Emissionshandels abzuarbeiten und die Systemvoraussetzungen möglichst aufwandsminimal zu erfüllen. So verfügen diese Unternehmen überwiegend weder über eine ausformulierte Handels- und/oder Klimaschutzstrategie noch beabsichtigen sie die aktive Nutzung des Emissionshandels. Der Befund einer eher defensiven Auseinandersetzung mit dem neuen Instrument der Klimaschutzpolitik wird gestärkt durch die überwiegend gewählte Doppelstrategie im Rahmen der Vorbereitung auf die Einführung des Emissionshandels: Zunächst versuchten die betroffenen Unternehmen durch aktives Lobbying vor allem auf der Ebene der Verbände zu ihren Gunsten Einfluss auf die Ausgestaltung des Handelssystems zu nehmen. Als aber deutlich wurde, dass die Einführung politisch gewollt und nicht mehr zu verhindern ist, wurde unternehmensintern eine Anpassung der Organisationsstrukturen an die Erfordernisse des Emissionshandels vorgenommen.

Insgesamt konnte durch die Einführung des Emissionshandels ein seitens der staatlichen Klimaschutzpolitik erhoffter Mentalitätswechsel auf Unternehmensebene somit nicht bewirkt werden. Um die gesetzten Ziele erreichen zu können, ist eine einfachere Ausgestaltung der Systemelemente erforderlich, so dass in der Praxis die notwendigen Anreize geschaffen werden, die der Gesetzgeber in der Theorie mit der Einführung des Emissionshandels verbunden hatte.

Entsprechend den Erkenntnissen hinsichtlich der strategischen Bewältigung des Emissionshandels zeigen sich die Befunde im Bereich der organisatorischen Abwicklung. In Abhängigkeit von der Höhe der Betroffenheit des jeweiligen Unternehmens wurden unterschiedliche Lösungen gewählt, die fast ausschließlich auf vorhandenen Strukturen aufbauen. So wurde nur in einem untersuchten Fall eine eigenständige, ausschließlich für die Koordination und Abwicklung der Teilnahme am Emissionshandel verantwortliche Einheit aufgebaut. Alle anderen Unternehmen waren bestrebt, die neu entstandenen Aufgaben auf bestehendes Personal zu verteilen und keine zusätzlichen Strukturen zu installieren. In den großen Energiekonzernen wurde dementsprechend ein Projekt zur Implementierung des Emissionshandels in die vorhandene Unternehmensorganisation aufgesetzt, um möglichst frühzeitig eine Diffusion in allen Unternehmensbereichen zu erreichen. Mit abnehmender Betroffenheit zeigt sich die Tendenz, Aufgaben des Emissionshandels additiv und in Zweitfunktion auf bestehendes Personal zu übertragen. In dieser Ressourcenzuweisung spiegelt sich vielfach die strategische Grundausrichtung im Rahmen des Emissionshandels wider. Die Mehrzahl der Unternehmen ist entweder nicht in der Lage oder sieht nicht die Notwendigkeit, zusätzliche Ressourcen für die Teilnahme am Emissionshandel bereitzustellen. Damit schließt sich wieder der Kreis in Bezug auf eine strategische Auseinandersetzung mit dem Thema. Das mit dem Emissionshandel betraute Personal ist überwiegend mit der Erfüllung der Systemvoraussetzungen neben seinem originären Aufgabengebiet ausgelastet, so dass für weiterreichende Strategieentwicklung und -umsetzung keine Kapazitäten verfügbar sind. Dementsprechend wird die beschriebene reaktive Ausrichtung der Mehrzahl der Unternehmen in Bezug auf den Emissionshandel durch die organisatorische Abbildung zusätzlich verstärkt.

Ein weiterer Schwerpunkt der Untersuchung ist die konkrete Beziehung zwischen Umweltmanagement und Emissionshandel. Die Befunde hierzu fallen eindeutig aus: Eine Fortschreibung der mittlerweile – vor allem in Deutschland – durchaus als „Erfolgsstory" zu bewertenden Entwicklung des betrieblichen Umweltmanagements konnte durch die Einführung des EU-Emissionshandelssystems nicht bewirkt werden. Diese Aus-

Umweltmanagement und Emissionsrechtehandel

sage begründet sich auf zweierlei Weise: Zum einen konnten wesentliche Zielsetzungen der Einführung, wie etwa das Schaffen zusätzlicher Anreize zur Kraftwerksmodernisierung und für Investitionen in Emissionsminderungstechnologien, nicht erreicht werden. Zum anderen konnte die Hoffnung auf eine weitergehende Flexibilisierung eines auf marktwirtschaftlichen Steuerungssystemen und Eigenverantwortung basierenden betrieblichen Umwelt- bzw. Klimaschutzes keine Bestätigung finden. Die in der empirischen Studie gewonnenen Erkenntnisse haben zudem die der referierten Arbeit zu Grunde liegende Annahme, dass auf Unternehmensebene eine unmittelbare und konkrete Verbindung zwischen den betrieblichen Umweltmanagement und dem Emissionshandel bestehen würde, widerlegt.

Der Emissionshandel wird auf Unternehmensebene, obwohl er als Instrument der staatlichen Umweltpolitik eingesetzt wird, nicht als ein solches wahrgenommen. Demnach wird die Bewältigung des Emissionshandels in der Praxis auch nicht als Aufgabe des betrieblichen Umweltmanagements verstanden. Diese Tendenz spiegelt sich auch in den Aussagen hinsichtlich der Organisation der Vorbereitung auf und Teilnahme am Emissionshandel wider. Lediglich ein Unternehmen hat während des gesamten Prozesses die Verantwortung für den Emissionshandel in die Hände des zentralen Umweltschutzbereiches gelegt und trägt sich mit dem Gedanken, diese an eine andere Fachabteilung abzutreten. Überdies konnte festgestellt werden, dass sich die untersuchten Unternehmen auf unterschiedlichen Stufen eines Entwicklungspfades bzw. einer Lernkurve befinden, mit dem Ergebnis, die Koordinierung des Emissionshandels vom Umweltmanagement in andere Unternehmensbereiche zu verlagern.

Welche Schlussfolgerung lassen diese Aussagen nun zu? Offensichtlich scheint es in den Unternehmen Bestrebungen zu geben, den Emissionshandel in erster Linie als finanzwirtschaftliches Instrument darzustellen und demnach als eine Aufgabe für die Handelsabteilung bzw. -gesellschaft oder den Einkauf. Dementsprechend vollziehen zwei Drittel aller befragten Unternehmen eine klare Trennung zwischen den Themen Umweltschutz und Emissionshandel bzw. sehen den Emissionshandel eher als Energie- und nicht als Umweltfrage.

Hierzu bieten sich zwei mögliche Erklärungen an. Zunächst kommen die Rolle und der Stellenwert des betrieblichen Umweltmanagements im Gesamtgefüge des Unternehmens als Ursache in Betracht. Die Untersuchung zeigt, dass dem betrieblichen Umweltmanagement als Expertensystem die Bewältigung dieser neuen funktionsübergreifenden Herausforderung vielfach nicht zugetraut wird. Trotz erster Anzeichen einer besseren Integration dieses Funktionsbereichs in die Unternehmensprozesse wurde deutlich, dass das Thema Umweltschutz nicht mehr als ein Faktor unter vielen sein kann, der bei Entscheidungsprozessen zu berücksichtigen ist. Die Wirtschaftlichkeit einer getroffenen Maßnahme bleibt weiterhin oberstes Kriterium. Somit verharrt der Umweltschutzbereich vielfach in seiner eher randständigen Rolle als Stabsstelle und Berater. Die Bewältigung des Emissionshandels erfordert auf Grund seines Charakters als eine über alle Organisationsbereiche des Unternehmens hinweg wirkende Herausforderung zusätzliche Kompetenzen. Neben der Erfüllung einzelner Fachtätigkeiten, wie der Erfassung und Dokumentation von Stoffströmen und Emissionsdaten, stehen vor allem die Koordinationsfunktion und die strategische Komponente im Vordergrund. Offensichtlich werden diese Aufgabenstellungen nicht in der Verantwortung des betrieblichen Umweltmanagements gesehen.

Orientiert man sich jedoch an den konkreten Aussagen der Unternehmensvertreter zur Rolle des Emissionshandels im Umweltmanagement, so wird deutlich, dass der Grundgedanke, der hinter der Einführung des EU-Emissionshandelssystems steht, nämlich einen kosteneffizienten Beitrag zum Klimaschutz zu leisten, verloren gegangen ist. Im Vordergrund der Betrachtungen steht nicht der umweltschutzpolitische Aspekt, sondern der finanzwirtschaftliche. Dadurch, dass CO_2 erstmals einen monetären Wert zugeschrieben bekommen hat, ist er zu einer Kalkulationsgröße und einem Produktionsfaktor des Anlagenmanagements und/oder Handels geworden. Dadurch ist in der Wahrnehmung der Unternehmen der eigentliche Handel mit Emissionszertifikaten von der Durchführung konkreter Maßnahmen zur Emissionsminderung, initiiert durch das betriebliche Umweltmanagement, abgekoppelt. Die Studie zeigt in ihrer Tendenz, dass die Behandlung der Emissionszertifikate bei der Mehrzahl der Unternehmen im Vordergrund steht. Da es sich hierbei um Vermögenswerte handelt, wird somit die Verantwortung für diese Aufgabe und ihre Koordinierung eher in den Handels- oder Strategiebereich der Unternehmen gegeben. Die eigentliche Identifikation und Durchführung von Emissionsminderungsoptionen erfolgt vielfach davon losgelöst, teilweise sogar erst nachrangig. Hinsichtlich der Rolle des Umweltmanagements in diesem Prozess ist erkennbar, dass selbst dieser Schritt oftmals nicht in seinem Verantwortungsbereich liegt. Während bei großen Konzernen das Asset-Management verantwortlich zeichnet, handelt es bei kleineren Unternehmen eher um eine unternehmenspolitische als eine umweltpolitische Entscheidung, die somit der Verantwortung der Unternehmensführung unterliegt.

Beide möglichen Erklärungsvarianten führen letztlich auf einen zentralen Punkt: Unabhängig davon, ob dem Umweltmanagement allein die Koordinierung dieser komplexen Thematik nicht zugetraut wird, oder der Emissionshandel lediglich als betriebswirtschaftliche Größe und damit nicht als seine Aufgabenstellung identifiziert wird, muss festgestellt werden, dass das betriebliche Umweltmanagement weder strategisch noch organisatorisch von der Einführung des europäischen Emissionshandels profitieren konnte.

Zusammenfassend lässt sich festhalten, dass in der Unternehmenspraxis lediglich eine sehr kleine Schnittmenge zwischen dem betrieblichen Umweltmanagement und dem Emissionshandel existiert. Als innovatives Instrument der Umwelt- bzw. Klimapolitik gepriesen, führte der Blick auf die Ebene der Unternehmen zu teilweise ernüchternden Ergebnissen. Weder im Bereich des betrieblichen Umweltmanagements allgemein, noch in der Frage der Implementierung des Emissionshandels in Deutschland ist der seitens des Gesetzgebers gewünschte Zustand erreicht. Die vorliegende Untersuchung hat einige Antworten hinsichtlich der strategischen und organisatorischen Bewältigung dieser neuen Aufgabenstellung auf Unternehmensebene geben können. Die aufgedeckten Defizite sollten jedoch sowohl auf der Ebene der betroffenen Untenehmen, als auch auf Seiten des Gesetzgebers als Anlass einer weitergehenden Optimierung auf dem Weg zu einem proaktiven und chancenorientierten Umwelt- und Klimaschutz verstanden werden.

Über den Autor

Dr. Axel Hermeier promovierte über das Thema Umweltmanagement und Emissionshandel. Der Beitrag ist ein Auszug aus seiner Promotionsschrift.

Management

2.5

Nachhaltigkeit von Unternehmen in Euro gemessen

Von Prof. Dr. Frank Figge und Dr. Tobias Hahn

Sowohl das Management als auch Investoren konzentrieren sich üblicherweise auf die Kapitalrentabilität eines Unternehmens. Vor dem Hintergrund des Nachhaltigkeitsgedankens greift dies jedoch zu kurz. Unternehmen benötigen nicht nur ökonomisches Kapital, sondern auch ökologische und soziale Ressourcen, um einen Ertrag zu erzielen. Für eine Analyse der Nachhaltigkeitsperformance von Unternehmen muss daher das gesamte Bündel der verschiedenen eingesetzten Ressourcen betrachtet werden.

Eine Bewertung der Nachhaltigkeitsleistung fällt in der Praxis allerdings schwer. Dies ist in erster Linie darauf zurückzuführen, dass Unternehmen viele verschiedene Ressourcen einsetzen, die zudem in verschiedenen Einheiten gemessen werden. Will man nun die Nachhaltigkeitsleistung eines Unternehmens bestimmen, muss man diese Ressourcen in einer gemeinsamen Einheit messen. Dieses Problem ist nicht neu und wird beispielsweise in der Öko-Bilanzierung seit langem diskutiert. In der praktischen Konsequenz heißt dies, dass man um eine Monetarisierung der Bewertung sozialer und ökologischer Ressourcen nicht herumkommt. Kennt man die (wahren) Kosten ökologischer und sozialer Ressourcen, kann man sie mit Kosten ökonomischer Ressourcen und dem von Unternehmen geschaffenen Wert vergleichen.

Forscher und Praktiker setzen sich seit langem mit der Bestimmung der Kosten ökologischer Ressourcen auseinander. Am prominentesten sind die Versuche, die externen Kosten von Emissionen zu bestimmen. Hierzu wurden unterschiedliche Verfahren eingesetzt. Alle eingesetzten Verfahren haben aber eine Gemeinsamkeit. Sie basieren darauf, die relativen Belastungen oder Kosten verschiedener Emissionen zu bestimmen. Weiß man beispielsweise, dass eine Tonne SO_2 fünfmal mehr belastend ist als eine Tonne CO_2, so müssen auch die Kosten fünfmal höher liegen. Es reicht dann, die Kosten von SO_2 zu bestimmen, um auch die Kosten von CO_2 zu kennen. Was theoretisch einfach klingt, ist praktisch äußerst schwierig. Es gelingt in der Praxis nicht, die Belastung aller Emissionen relativ zu allen anderen Emissionen zu bestimmen. Selbst die Bestimmung der monetären Kosten einer einzelnen Emission ist umstritten; von einer Bestimmung der Kosten aller Emissionen sind wir weit entfernt. Dies überrascht nicht. Viele Emissionen haben nicht nur eine, sondern mehrere negative Wirkungen, sie wirken häufig überregional oder sogar global und die Folgen lassen sich nicht mit Sicherheit voraussagen.

Welche Kapitalkosten entstehen?

Interessanterweise, und dies wird häufig nicht beachtet, stellt sich ein ähnliches Problem bei der Bestimmung der Kosten des ökonomischen Kapitals. Welche Kapitalkosten entstehen, wenn sich ein Unternehmen bei einer Bank für ein Jahr 100 € leiht? Nur wenn die Bank die Kapitalkosten kennt, weiß sie auch, wie viel Zinsen sie dem Unternehmen in Rechnung stellen kann. Natürlich könnte man nun versuchen, die Belastungen und Unannehmlichkeiten zu bewerten, die dem Anleger dadurch entstehen, dass er während eines Jahres auf sein Geld verzichten muss. Dass dies in der Praxis nicht gelingen wird, ist offensichtlich.

Die Ökonomen haben daher bereits in der Mitte des 19. Jahrhunderts eine clevere Idee entwickelt. Die Kosten, die durch den Einsatz einer Ressource entstehen, entsprechen dem Wert, den man bei einem anderen Einsatz der Ressource schaffen könnte. Was verwirrend klingt, ist in der Praxis verblüffend einfach. Könnte die Bank von einem anderen Unternehmen 5 € Zinsen erhalten, so muss unser Unternehmen mindestens 5 € Zinsen zahlen, da die Bank sonst auf Ertrag verzichten würde; die Kapitalkosten wären nicht gedeckt. Dieses Prinzip der Opportunitätskosten hat sich zur Bestimmung der ökonomischen Kapitalkosten in der Folge rasant durchgesetzt. Dass die Kosten des ökonomischen Kapitals seinen Opportunitätskosten entspricht, ist heute allgemein anerkannt.

Übersehen wurde, dass bereits Ende des 19. Jahrhunderts gefordert wurde, dieses Opportunitätskostenprinzip auch für natürliche Ressourcen einzusetzen. Praktisch umgesetzt wurde diese Empfehlung erst vor kurzem. Dies erstaunt, da wir – wie erläutert – bei der Bestimmung der Kosten des ökologischen und sozialen Kapitals vor einer ähnlichen Herausforderung stehen. Der Sustainable-Value-Ansatz setzt auf eine Opportunitätskostenlogik und erlaubt es, die Nachhaltigkeitsperformance von Unternehmen monetär auszudrücken. Unternehmen schaffen dann Wert, wenn sie ihre Ressourcen effizienter einsetzen als andere Unternehmen. Der Sustainable Value vergleicht daher den Ressourceneinsatz eines Unternehmens mit dem Ressourceneinsatz im Benchmark. Sustainable Value ist somit der weltweit erste Ansatz, der eine integrierte monetäre Bewertung der Nachhaltigkeitsleistung von Unternehmen erlaubt.

Beispiel Degussa AG

Im ADVANCE-Projekt haben wir den Sustainable-Value-Ansatz erstmals in der Breite zur Bewertung der Umweltperformance europäischer Industrieunternehmen angewandt. Im folgenden demonstrieren wir den Sustainable Value Ansatz am Beispiel der Degussa AG.

Unternehmen setzen ökologische Ressourcen ein, um einen Ertrag zu erzielen. In der ADVANCE-Studie betrachten wir den Einsatz der folgenden sieben ökologischen Ressourcen: Kohlendioxid (CO_2)-Emissionen, Stickoxid (NOx)-Emissionen, Schwefeloxid (SOx)-Emissionen, Emissionen leichtflüchtiger organischer Verbindungen (VOC), Wassereinsatz, Abfallerzeugung und Methan (CH_4)-Emissionen. Als Ertragsgröße betrachten wir die Wertschöpfung der Unternehmen. Die Wertschöpfung ist der Beitrag eines Unternehmens zum Bruttoinlandsprodukt (BIP). Als Benchmark betrachten wir in der ADVANCE-Studie die EU15. Das heißt, wir gehen davon aus, dass die von Degussa eingesetzten Ressourcen alternativ von anderen europäischen Unternehmen hätten eingesetzt werden können.

Aus dem Umweltbericht von Degussa wissen wir, dass das Unternehmen im Jahr 2003 rund 4,93 Millionen Tonnen CO_2 emittiert hat. Aus dem Geschäftsbericht des Unternehmens können wir bestimmen, dass das Unternehmen mit diesen Ressourcen im Jahr 2003 eine Bruttowertschöpfung von rund 5 Milliarden € erzielt hat. Ohne eine Vergleichsgröße fällt es jedoch schwer zu beurteilen, wie gut Degussa mit seinen CO_2-Emissionen gewirtschaftet hat. Wir ziehen daher die EU15-Volkswirtschaft als Vergleichsgröße heran. Mit Hilfe von EU- und UN-Statistiken können wir ermitteln, dass die EU15 im Jahr 2003 pro Tonne Kohlendioxid ein BIP in der Höhe von 2.701 € erzielt hat. Das bedeutet, dass ein durchschnittliches europäisches Unternehmen mit den CO_2-Emissionen von Degussa eine Bruttowertschöpfung von etwa 13,3 Milliarden € erzielt hätte. Dies sind die Opportunitätskosten des CO_2-Einsatzes bei Degussa. Degussa hat mit den Ressourcen nur einen Ertrag von rund 5 Milliarden € erzielt. Das Unternehmen deckte im Jahr 2003 somit nicht seine Opportunitätskosten der CO_2-Emissionen. Der CO_2-Einsatz bei Degussa leistet einen negativen Wertbeitrag von -8,3 Milliarden €. Das bedeutet, dass ein durchschnittliches europäisches Unternehmen mit den CO_2-Emissionen von Degussa 8,3 Milliarden € mehr Ertrag erzielt hätte. Die folgende Abbildung verdeutlicht diese Vorgehensweise (Abb. 1).

Neben CO_2 setzt die Degussa AG eine Vielzahl weiterer Ressourcen ein. Wie oben bereits erwähnt, haben wir in der ADVANCE-Studie neben Kohlendioxidemissionen auch Stickoxidemissionen, Schwefeloxidemissionen, Emissionen leichtflüchtiger organischer Verbindungen, den Wassereinsatz, die Abfallerzeugung und Methanemissionen betrachtet. Der Einsatz dieses Ressourcenbündels kann nun analog zum eben beschriebenen Vorgehen beim CO_2 bewertet werden.

Die Bewertung des Sustainable Value eines Unternehmens wird in fünf Schritten vorgenommen:

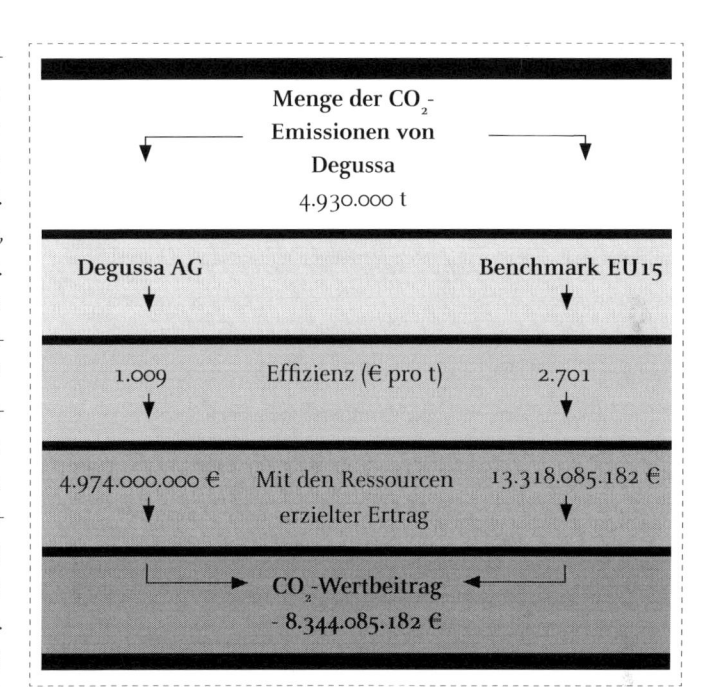

Abbildung 1:
Berechnung des Sustainable Value am Beispiel der CO_2 Emissionen der Degussa AG im Jahr 2003.

1) Wie viel einer Ressource setzt das Unternehmen ein? Für jede der betrachteten Ressourcen muss ermittelt werden, welche Menge das Unternehmen im untersuchten Jahr eingesetzt hat.

2) Welchen Ertrag hat das Unternehmen mit dieser Ressourcenmenge erzielt? Im zweiten Schritt wird ermittelt, wie viel Ertrag das Unternehmen mit der eingesetzten Ressourcenmenge erzielt hat. In der ADVANCE-Studie wird die Bruttowertschöpfung als Ertragsgröße betrachtet.

Nachhaltigkeit von Unternehmen in Euro gemessen

3) Wie viel Ertrag hätte der Benchmark mit diesen Ressourcen erzielt? Es wird also die Frage beantwortet, wie viel Ertrag erzielt worden wäre, wenn die Ressourcen des Unternehmens anders eingesetzt worden wären. Dadurch werden die Opportunitätskosten des Ressourceneinsatzes ermittelt. In der ADVANCE-Studie betrachten wir als Benchmark den Ertrag, den die EU15 im Durchschnitt erzielt hätte.

4) Welche Ressourcen setzt das Unternehmen wertschaffend ein? Um festzustellen, ob das Unternehmen eine Ressource wertschaffend einsetzt, werden vom Ertrag des Unternehmen die Opportunitätskosten – also der Ertrag, den die EU15 mit den Ressourcen des Unternehmens erzielt hätte – abgezogen.

5) Wie viel Sustainable Value schafft das Unternehmen? Durch eine Addition der Wertbeiträge würde der Sustainable Value überschätzt. Dies liegt daran, dass bei der Berechnung der Wertbeiträge (Schritt 4) jeweils davon ausgegangen wird, dass der gesamte Wert durch jede einzelne Ressource geschaffen wird. Dies wird korrigiert, indem die Summe der Wertbeiträge durch die Zahl der berücksichtigten Ressourcen dividiert wird. Der Sustainable Value zeigt, wie viel Wert durch den Einsatz des

Abbildung 2:
Sustainable Value und Ertrags-Kosten-Verhältnis der Degussa AG im Jahr 2003.

	Menge der im Jahr 2003 eingesetzen Ressourcen	Ertrag von Degussa	Ertrag der EU15 = Opportunitätskosten	Wertbeitrag
CO_2-Emissionen (t)	4.930.000	4.974.000.000 €	− 13.318.085.182 € =	−8.344.085.182 €
NO_2-Emissionen (t)	10.456	4.974.000.000 €	− 10.500.958.770 € =	−5.526.958.770 €
SO_2-Emissionen (t)	23.653	4.974.000.000 €	− 42.085.868.870 € =	−37.111.868.870 €
Abfallerzeugung (t)	733.013	4.974.000.000 €	− 4.600.902.464 € =	373.097.536 €
Wassereinsatz (m²)	416.000.000	4.974.000.000 €	− 17.252.826.972 € =	−12.278.825.972 €
VOC-Emissionen (t)	4.236	4.974.000.000 €	− 4.111.784.999 € =	862.215.001 €
CH_2-Emissionen (t)	1.722	4.974.000.000 €	− 1.009.234.766 € =	3.964.765.234 €
Sustainable Value von Degusa im Jahr 2003		4.974.000.000 €	− 13.268.523.146 € =	−8.294.523.146 €

1 : 2.7
Ertrags-Kosten-Verhältnis

Über die Autoren

Prof. Dr. Frank Figge, Universität St. Andrews & Sustainable Development Research Centre (SDRC), Forres, (Großbritannien).

Dr. Tobias Hahn, IZT – Institut für Zukunftsstudien und Technologiebewertung, Berlin.

gesamten Bündels aller sieben betrachteten Umweltressourcen insgesamt entstanden ist.

Für die Degussa AG errechnet sich für das Jahr 2003 ein Sustainable Value von rund -8,3 Milliarden € (siehe Abb. 2). Degussa setzt sein Bündel ökologischer Ressourcen folglich insgesamt weniger effizient als der EU15-Benchmark ein. Hierdurch geht Bruttosozialprodukt verloren. Dieser Verlust kann auf rund 8,3 Milliarden € geschätzt werden. Der Sustainable Value von -8,3 Milliarden € zeigt, dass selbst durchschnittliche Unternehmen aus der EU15 mit den Ressourcen von Degussa 8,3 Milliarden € mehr Wertschöpfung erzielt hätten als Degussa.

In der ADVANCE-Studie haben wir die Umweltperformance von 65 europäischen Industrieunternehmen mit dem Sustainable Value Ansatz untersucht. Sobald man nun Vergleiche zwischen den Unternehmen anstellen möchte, kommt die Unternehmensgröße als wichtiger Faktor ins Spiel. Große Unternehmen erwirtschaften üblicherweise auch hohe Gewinne, Umsätze oder Cashflows. Dies trifft auch für den Sustainable Value zu. Daher berücksichtigen wir die Unternehmensgröße bei unseren Unternehmensvergleichen. Zu diesem Zweck verwenden wir das sogenannte Ertrag-Kosten-Verhältnis (Englisch: Return to Cost Ratio). Das Ertrag-Kosten-Verhältnis (EKV) setzt den Ertrag – also die Bruttowertschöpfung des Unternehmens – ins Verhältnis zu den Opportunitätskosten – also zu dem Ertrag, den der Benchmark mit den Ressourcen erzielt hätte (siehe Abb. 2). Ein Ertrag-Kosten-Verhältnis größer (kleiner) als 1 zeigt an, dass das Unternehmen mit seinen Ressourcen mehr (weniger) Ertrag als der Benchmark erzielt, d.h. sein Bündel an ökologischen Ressourcen effizienter (weniger effizient) als der EU15-Durchschnitt einsetzt. Im Jahr 2003 hatte die Degussa AG ein Ertrag-Kosten-Verhältnis von 1 : 2,7, das heißt, insgesamt setzte Degussa seine ökologischen Ressourcen 2,7 mal weniger effizient ein als die EU15 im Durchschnitt. Anders ausgedrückt, Degussa erzielte nur 1 € Bruttowertschöpfung aus der Ressourcenmenge, die im EU15-Durchschnitt einen Ertrag von 2,70 € einbrachte. Unter den in der ADVACNE-Studie untersuchten Chemieunternehmen liegt Degussa damit im Mittelfeld. Das beste der untersuchten Chemieunternehmen ist Imperial Chemical Industries (ICI) mit einem Ertrags-Kosten-Verhältnis von 1 : 1,4, gefolgt von BASF mit einem EKV von 1 : 2,2. Die Degussa ist somit etwa halb so öko-effizient wie der Branchenführer ICI. Schlusslicht unter den betrachteten Chemieunternehmen ist die finnische Kemira mit einem EKV von 1 : 9,2. Das bedeutet, dass Kemira seine Umweltressourcen etwa 6,5 mal weniger effizient einsetzt als ICI und immerhin noch fast 3,5 mal ineffizienter als die Degussa AG. Die besten Unternehmen in der ADVANCE-Studie haben ein EKV von über 4 : 1. das heißt, sie wirtschaften mehr als viermal öko-effizienter als die EU15 im Durchschnitt.

Insgesamt liegt mit der ADVANCE-Studie die erste Breitenanwendung des Sustainable Value Ansatzes zur Bewertung der Umweltperformance von Unternehmen vor. Da die Analyse komplett auf frei zugänglichen Daten beruht, konnten wir gleichzeitig demonstrieren, dass der Ansatz heute unter Praxisbedingungen anwendbar ist und aussagekräftige Ergebnisse liefert. Mit dem Sustainable Value Ansatz gelingt somit erstmals eine integrierte Bewertung der Umwelteffizienz von Unternehmen in Eurogrößen. Gleichzeitig bedient sich der Sustainable Value Ansatz der fest etablierten Bewertungslogik der Finanzmärkte und übersetzt die Umweltperformance von Unternehmen so in die Sprache von Managern und Investoren.

Finanzmarktakteure und CSR-Management

Von Stefan Schneider

Banken und Nachhaltigkeit? Die Ereignisse, die zur internationalen Finanz- und Wirtschaftskrise in den Jahren 2007 bis 2009 führten, gaben Kritikern genügend Nahrung, ob beide Begriffe überhaupt zusammenpassen.

Unabhängig von den aufgedeckten Fehlentwicklungen haben sich im Bankensektor tiefgreifende Veränderungen vollzogen: Die Marktteilnehmer, Kunden, Unternehmen, Mitarbeiter, Lieferanten, der Gesetzgeber oder Medien stellen heute andere Anforderungen als noch vor wenigen Jahren: Nachhaltigkeit wird in der Gesellschaft zum Mainstream, nachhaltige – ökologische, ethische und soziale – Kriterien bestimmen zunehmend das Handeln des Finanzsektors, auch wenn das Verhalten mancher Finanzmarktakteure in der Realität von den Wunschträumen der „Nachhaltigkeitsfundamentalisten" noch deutlich abweicht. Es raucht zwar nicht aus den Frankfurter oder New Yorker Bankentürmen, und es stinkt nicht, doch die Ansatzpunkte und die Hebel, das Thema Nachhaltigkeit in die Geschäftstätigkeit des Finanzsektors und damit in die Wirtschaft zu integrieren, sind so groß wie in kaum einer anderen Branche.

Kreditinstitute haben eine grundsätzliche volkswirtschaftliche Funktion: Als sogenannte Kapitalsammelstellen nehmen sie auf der einen Seite Geld von Sparern, Anlegern und Investoren entgegen, das sie auf der anderen Seite als Kredite an Unternehmen und Haushalte zur Finanzierung von Investitions- bzw. Konsumgütern vergeben. Welche Geschäfte sie darüber hinaus tätigen dürfen, ist in §1 Kreditwesengesetz (KWG) geregelt. Die Handlungsfelder eines Kreditinstituts, in denen nachhaltige Aspekte beachtet werden müssen, reichen heute von der Anlageberatung über das Kreditgeschäft bis hin zu nachhaltig orientierten Vertriebskonzepten. Den meisten Instituten ist bewusst, dass ökologische und soziale Risiken auch Kredit-, Haftung- und Reputationsrisiken darstellen.

Verändert haben sich nicht nur die Rahmenbedingungen, die Gesetze vorgeben, vor allem müssen klassische Kreditinstitute heute auf den Wertewandel ihrer Kunden und anderer Stakeholder reagieren. Dazu zwingen sie auch neue Wettbewerber, die seit den Auswirkungen der Finanzkrise einen Kundenzulauf erleben und langsam der Nische entwachsen. Die Bankenlandschaft hat sich in den vergangenen Jahrzehnten gewandelt. Neben dem klassischen deutschen 3-Säulen-Prinzip mit Großbanken, Sparkassen und Volksbanken umfasst die Bankenlandschaft noch Privatbanken und Spezialinstitute. Vergleichsweise neu hinzugekommen sind Direktbanken und eigenständige Nachhaltigkeitsbanken, die nachhaltig ausgerichtete Bankprodukte und Vertriebskonzepte anbieten. Zu diesen Instituten gehören zum Beispiel die GLS Bank, bereits 1974 gegründet, die Umweltbank (Gründung 1997) und die niederländische Triodos Bank (Gründung 1980). Im Jahr 2002 ist die EthikBank hinzugekommen. Sie umreißt ihr Geschäftsprinzip so: „Die EthikBank ist eine ethisch-ökologische Direktbank. Was die EthikBank von anderen Banken unterscheidet, ist der Umgang mit dem Geld ihrer Kunden. Deshalb macht die EthikBank nur solche Geschäfte, die ihren strengen Anlagekriterien genügen" (www.ethikbank.de).

1. Leitlinien, Gesetzliche Vorgaben, Initiativen und Labels für Kreditinstitute

Die wachsende Bedeutung der grünen Banken und die zunehmende Nachfrage von Kunden und Nicht-Regierungsorganisationen (NGOs) zwingen die etablierten Kreditinstitute, ebenfalls nachhaltige und verantwortungsvolle Kriterien in ihr Handeln zu integrieren. Beispielsweise hat die WestLB Geschäftsgrundsätze für Umwelt und Soziales entwickelt: „Die 'WestLB Geschäftsgrundsätze für Umwelt und Soziales' präzisieren das geschäftliche Engagement der WestLB AG im Hinblick auf Umweltschutz und soziale Belange als Beitrag zu einer nachhaltigen Entwicklung.

2.6 Management

In diesen Geschäftsgrundsätzen sind themen- und sektorspezifische Prinzipien formuliert, mit denen die Bank die Einhaltung von sozialen und ökologischen Standards gewährleistet. ... Die Bank verpflichtet sich bei ihrer Geschäftstätigkeit auf die Einhaltung der Grundsätze. Die Geschäftsgrundsätze für Umwelt und Soziales gelten für alle Geschäftsbereiche der WestLB AG und sämtliche Geschäfte mit nationalen oder internationalen Kunden. Bereits bestehende Verpflichtungen durch Beteiligungen an nationalen und internationalen Initiativen, beispielsweise die Equator Principles, behalten ihre Gültigkeit"(www.westlb.de). Die zur italienischen UniCredit-Gruppe gehörende HypoVereinsbank schreibt zum Punkt „Leitlinien & Strategie": „Das Vertrauen unserer Kunden ist Voraussetzung für unsere Zukunftsfähigkeit. Unser Geschäftsmodell, die Unternehmensführung und das Personalmanagement richten sich bei der HypoVereinsbank deshalb am Leitbild des 'nachhaltigen Geschäftserfolgs' aus und bauen auf langfristige Vertrauensverhältnisse" (www.hypovereinsbank.de). Banken, die die „Nachhaltigkeitswelle" nur zu Marketingzwecken nutzen, aber ihre Geschäftstätigkeit nicht anhand entsprechender Leitlinien ausrichten, werden langfristig aus dem Markt gedrängt.

Neben selbst entworfenen Leitlinien geben Gesetze Kreditinstituten schon längst vor, Nachhaltigkeitsaspekte zu beachten. Paragraf 315 HGB (Konzernlagebericht) schreibt beispielsweise vor: „Im Konzernlagebericht sind der Geschäftsverlauf einschließlich des Geschäftsergebnisses und die Lage des Konzerns so darzustellen, dass ein den tatsächlichen Verhältnissen entsprechendes Bild vermittelt wird. Er hat eine ausgewogene und umfassende, dem Umfang und der Komplexität der Geschäftstätigkeit entsprechende Analyse des Geschäftsverlaufs und der Lage des Konzerns zu enthalten. In die Analyse sind die für die Geschäftstätigkeit bedeutsamsten finanziellen Leistungsindikatoren einzubeziehen ... Satz 3 gilt entsprechend für nichtfinanzielle Leistungsindikatoren, wie Informationen über Umwelt- und Arbeitnehmerbelange, soweit sie für das Verständnis des Geschäftsverlaufs oder der Lage von Bedeutung sind."

Dazu kommen „Verpflichtungen" aus Initiativen, denen sich die Kreditinstitute freiwillig anschließen. Einige Initiativen sind aber kritisch zu beurteilen, da sie teilweise recht allgemein formuliert werden oder ihre Einhaltung nicht wirklich überprüft bzw. Nichteinhaltung nicht sanktioniert wird.

UNEP FI

Die United Nations Environment Programme Finance Initiative (UNEP FI) ist ein Teil des UN-Systems und eine globale Partnerschaft zwischen UNEP und Finanzinstituten (Kreditinstitute und Versicherungen) auf der ganzen Welt. Sie verfolgt das Ziel, nachhaltige Entwicklung durch die Erarbeitung geeigneter Umweltstrategien zu fördern. Die UNEP-FI-Erklärung besteht aus den drei Teilbereichen:

1) Verpflichtung zur nachhaltigen Entwicklung,
2) Umweltmanagement und Finanzinstitute und
3) Öffentlichkeit und Kommunikation.

UN Global Compact

Der Global Compact (UNGC) der Vereinten Nationen ruft Unternehmen weltweit dazu auf, zehn Prinzipien aus den Bereichen „Menschenrechte", „Arbeitsnormen", „Umweltschutz" und „Korruptionsbekämpfung" umzusetzen.

UN PRI

Die UN PRI (Principles for Responsible Investment) wurden im Jahr 2005 von der UN mit einer internationalen Gruppe großer

Abbildung 1:
Nachhaltige Handlungsfelder von Kreditinstituten

Finanzmarkt	Bankbetrieb	Neue Geschäftsfelder	Dienstleistungen	Produkte	Vertriebskonzepte
Wertpapier/ Derivatehandel	Mitarbeiter	CO_2-Emissionsrechtehandel	Kreditgeschäft/ Finanzierung	Anlageprodukte	Kundenbetreuung
Kapitalvermittlung	Kommunikation		Anlageberatung/ -vermittlung	Versicherungsprodukte	Kundengruppen
	Gesetzliche Vorgaben		Versich.-beratung/ -vermittlung	Kreditprodukte	
	Gesellschaftliche Verantwortung		Asset Management		
	Lieferanten		Research		
	Umweltmanagementsysteme				

Leitlinien

institutioneller Investoren entwickelt und spiegeln die zunehmende Bedeutung von Umwelt-, Sozial- und Unternehmensführungskriterien (ESG-Kriterien) bei Investitionsentscheidungen wider. Sie umfassen insgesamt sechs Prinzipen. Koordiniert wurde der Prozess von der UNEP FI und dem UN Global Compact.

Equator Priciples

Die im Jahr 2003 vereinbarten und 2006 überarbeiteten Equator Principles (EP) sind freiwillige Richtlinien für Kreditinstitute, die in der internationalen Projektfinanzierung tätig sind und gelten für Projektfinanzierungen ab zehn Mio. US-Dollar. Sie basieren auf den Ökologie- und Sozialstandards der Weltbank und wurden zusammen mit der International Finance Corporation (IFC), einer Weltbank-Tochter, ausgearbeitet.

Derzeit werden die EP von fast 70 weltweiten Kreditinstituten akzeptiert. Damit werden etwa 85 Prozent der internationalen Projektfinanzierungen durch die Prinzipien abgedeckt. Die Unterzeichner werden als Equator Principles Financial Institutions (EPFIs) bezeichnet. Inzwischen veröffentlichen die EPs auch, welche der unterzeichneten Kreditinstitute ihre Reporting-Pflichten erfüllen.

Nach den Erfahrungen früherer Jahre, in denen Projektfinanzierer zum Beispiel wegen der Finanzierung von Pipelines durch Regenwälder, die große Umweltzerstörungen zur Folge hatten, von NGOs öffentlich an den Pranger gestellt wurden, ist die Sensibilität für die Einhaltung öko-sozialer Standards in diesem Geschäftsgebiet gestiegen.

Carbon Principles

Die Carbon Principles (CP) wurden im Jahr 2007 in Amerika von führenden Finanzinstituten zusammen mit großen Energieunternehmen erarbeitet. Ziel ist es, bei Kunden der Kreditinstitute darauf hinzuwirken, die Energieeffizienz zu steigern und erneuerbare Energien sowie Energien mit niedrigen CO_2-Emissionen zu fördern.

Neben den genannten Initiativen wurden in der Vergangenheit spezielle Labels für den Finanzsektor entwickelt, eine spezielle Form von Gütezeichen. Dazu zählt im Bereich nachhaltiger Kapitalanlagen unter anderem das seit Mai 2008 gültige Transparenzlogo, das auf den Europäischen Transparenzleitlinien basiert. Ähnlich wie beim „Bioland-" oder „FairTrade-" Siegel soll damit Verbrauchern signalisiert werden, welche Produkte bestimmte Eigenschaften beinhalten. Da es aber bislang keine allgemein gültige, einheitliche Definition nachhaltiger Kapitalanlagen gibt, ist die Aussagekraft solcher Labels beschränkt.

Über die Einhaltung der Richtlinien, Anerkennung von Prinzipen oder Labels berichten die Kreditinstitute – wie Unternehmen aus anderen Bereichen auch – in ihren Nachhaltigkeits- bzw. CSR-Berichten oder veröffentlichen Kennzahlen im Internet.

2. Nachhaltige Handlungsfelder für Kreditinstitute

Aufgrund ihrer Funktionen als Kapitalsammelstellen, die einerseits Geld annehmen, das sie andererseits verleihen, als Arbeitgeber mit 663.000 Beschäftigten per Jahresende 2009 und allgemein als Bestandteil der Wirtschaft, bieten Kreditinstitute viele Handlungsfelder, um nachhaltige Kriterien zu integrieren. Da die Risiken für Unternehmen steigen, wenn Nachhaltigkeitsstandards nicht eingehalten werden, Kreditinstitute aber von Hause aus daran interessiert sind, Risiken gering zu halten, werden sie gezwungen, ESG-Kriterien in ihrem gesamten Handeln zu beachten und Leitlinien zu entwickeln und einzuhalten.

2.1 Geschäftsbetrieb

Das Spektrum an Nachhaltigkeitsstandards und -regelungen, das Kreditinstitute im normalen Geschäftsbetrieb (Bankbetrieb) erfüllen (müssen), ist mit dem von Unternehmen aus anderen Wirtschaftsbereichen vergleichbar. Es umfasst unter anderem Umweltmanagementsysteme, den Umgang mit Mitarbeitern und Lieferanten sowie ihr gesellschaftliches Engagement.

Sie installieren Umweltmanagementsysteme entsprechend der internationalen Umweltmanagementnorm ISO 14001. Die dahinter stehende Normenfamilie umfasst weitere Normen zu verschiedenen Bereichen des Umweltmanagements, unter anderem zu Ökobilanzen, zu Umweltkennzahlen bzw. zur Umweltleistungsbewertung. Sie kann auch auf dienstleistende Unternehmen, in diesem Fall Kreditinstitute, angewendet werden.

Ein weiterer Punkt ist das gesellschaftliche Engagement, zum Beispiel durch die Förderung von Kunst und Kultur oder von sozialen Projekten. Gerade bei regional verankerten Instituten lässt sich eine starke Teilnahme am öffentlichen Leben in der Region feststellen. Beispielsweise pflegen Sparkassen und Volksbanken Streuobstwiesen, oder ihre Auszubildenden bauen Spielplätze für Kinder. International agierende Finanzinstitute richten hingegen ihr Engagement eher weltweit aus, zum Beispiel durch Fördermaßnahmen in Entwicklungsländern. Im Jahr 2009 hat die Sparkassenfinanzgruppe insgesamt 519,2 Mio. Euro für gesellschaftliches Engagement ausgegeben, die Volks- und Raiffeisenbanken für Spenden und Sponsoring 121 Mio. Euro, die Deutsche Bank kommt auf Investitionen für gesellschaftliches Engagement von 81,1 Mio. Euro.

Auch die Kommunikation der Nachhaltigkeitsleistung erfolgt über Nachhaltigkeitsberichte, allerdings fällt es Instituten im Bereich der Sparkassen- und Volksbanken aufgrund der geringen Größe und fehlender Mitarbeiterressourcen schwer, regelmäßig und detailliert solche Berichte zu erfassen. Lösbar wäre das über die konsolidierte Erfassung innerhalb der Verbände.

2.2 Dienstleistungen

Mit der Ausrichtung auf Nachhaltigkeit ergeben sich für die Kreditinstitute Möglichkeiten, ihr Dienstleistungsspektrum zu erweitern. So fließen nachhaltige Aspekte inzwischen in das Kreditgeschäft, die Anlageberatung, das Asset-Management oder das Research von Wertpapieren für Investoren ein.

Anlageberatung/-vermittlung

„Vor allem ist dies die Krise von Finanzjongleuren, die mit teils abenteuerlichen Produkten, Konstruktionen und Aktionen versuchten, sich und andere auf Kosten Dritter reich zu machen", stellt Meinhard Miegel fest (Miegel, Meinhard; Exit; Berlin 2010).

In den vergangenen Jahren wurden bei vielen Kreditinstituten mit Mitarbeitern im Kundengeschäft Zielvereinbarungen getroffen, die auf der Höhe der Provisionserträge basierten. Das hat in zahlreichen Fällen dazu geführt, dass die Beratung durch einen Verkauf von Produkten abgelöst wurde, die einen hohen Provisionsertrag versprachen, aber nicht zum Kunden und dessen Anlagementalität passten. Um dies zukünftig zu unterbinden, wurden die Regelungen für die Anlageberatung weiter verschärft.

Seit der Einführung des Wertpapierhandelsgesetzes (WpHG) im Jahr 1994 hat es diverse Reformen der Verhaltensregeln gegeben. Seit dem Jahr 2009 muss nach Vorgabe der EU-Finanzmarktrichtlinie MiFID (Markets in Financial Instruments Directive) bei jeder Beratung eines Privatkunden ein Gesprächsprotokoll erstellt werden. Währenddessen arbeiten die nationalen und europäischen Gesetzgeber an einer Verschärfung der Anlegerschutzbestimmungen. Dazu zählt auch das vom Bundesverbraucherministerium initiierte Produktinformationsblatt, das Anleger in standardisierter Form über die Kernpunkte des jeweiligen Wertpapiers informieren soll.

Kreditinstitute, die die gesetzlichen Vorgaben nicht beachten, laufen Gefahr, von Anlegern wegen Falschberatung verklagt zu werden. Erfolgt dies in größerem Stil, erwächst daraus ein nicht zu unterschätzendes Reputationsrisiko. Verschiedene Banken haben diese Erfahrung im Zusammenhang mit dem Verkauf von Zertifikaten der in Insolvenz gegangenen US-Investmentbank Lehman gemacht, die daraufhin wertlos wurden.

So fließen nachhaltige Aspekte auf der einen Seite in den direkten Umgang mit den Kunden ein, auf der anderen Seite auch in die Umsetzung der Anlageziele der Kunden. Diese möchten zunehmend ihre ökologischen, ethischen oder sozialen Vorstellungen auch bei der Kapitalanlage umsetzen; das bisherige „Magische Dreieck" bei der Geldanlage von Sicherheit, Rendite und Verfügbarkeit, wird um den Punkt „Nachhaltigkeit" erweitert. Problematisch zeigt sich inzwischen die Produktauswahl, da nachhaltige Produkte in der Anlageberatung über kein einheitliches Label verfügen und Kunden mit dem Begriff höchst unterschiedliche Wertevorstellungen verbinden. Außerdem hat die Zahl nachhaltiger Anlageformen – Investmentfonds, Zertifikate, Beteiligungen, Aktien und Anleihen – in den vergangenen Jahren erheblich zugenommen. Daneben hat sich in den vergangenen zwei Jahren der europäische Markt für nachhaltige und verantwortliche Investments von 2,7 auf fünf Billionen Euro fast verdoppelt. Kreditinstitute werden dadurch gezwungen, sich mit dem Thema Nachhaltigkeit auseinanderzusetzen.

Research

Das Research von Wertpapieren, vor allem Aktien und Anleihen ist traditionelles Geschäft großer Kreditinstitute und Privatbanken. Mit ihren Empfehlungen, eine Aktie zu kaufen oder zu verkaufen, beeinflussen sie die Anlageentscheidungen institutioneller Investoren und steuern Kapitalströme. Inzwischen haben viele Banken das klassische Finanz-Research von Wertpapieren um ESG-Faktoren erweitert und bieten ihren Kunden auch eine Bewertung im extra-finanziellen Bereich an. Dabei gibt es aber Unterschiede, ob ein Kreditinstitut die Research-Ergebnisse mit den eigenen Umwelt- und Sozial-Leitlinien abgleicht und somit möglicherweise durch Ausschlusskriterien die Zahl der analysierten Wertpapiere einschränkt; oder ob sich das Institut als Broker betrachtet, der zwar alle Informationen in der Analyse verarbeitet und bewertet, mögliche Ausschlusskriterien aber seinen Kunden überlässt.

Asset-Management

Das Asset-Management bietet heute ebenfalls einen Hebel, Nachhaltigkeitsprinzipien durchzusetzen. Dazu werden die Vermögen großer Anleger nicht nur unter dem Ansatz der Portfolio-Theorie beleuchtet, es werden darüber hinaus Nachhaltigkeitsfilter eingesetzt, um einerseits Anlagerisiken besser einschätzen zu können, andererseits die Wertevorstellungen der Kunden in der Vermögensaufteilung umzusetzen.

Beispielsweise bietet die Schweizer Privatbank Pictet seit einigen Jahren Nachhaltigkeitsportfolios an. Die klassische Effizienzlinie eines Portfolios, wonach die maximale Rendite für ein bestimmtes Risiko oder das minimale Risiko für eine bestimmte Rendite verfolgt wird, wird durch die sogenannte „Pictet´s Sustainable Efficient Frontier" ersetzt: Demnach bietet ein effizientes Portfolio das tiefstmögliche Risiko für einen erwarteten Grad an Nachhaltigkeit bzw. die maximale Nachhaltigkeit für ein bestimmtes Maß an Risiko.

Versicherungsberatung/-vermittlung

Die Summe der Schäden, die durch Naturkatastrophen hervorgerufen wurden, hat in den vergangenen Jahren ständig zugenommen. Experten machen hierfür vor allem den Klimawandel verantwortlich. Für die Kreditinstitute bedeutet dies, ihre Kunden umfassender in geeigneten Versicherungsprodukten zu beraten und alte Verträge gegebenenfalls anzupassen. Hinzu kommt die Einführung neuer Versicherungsprodukte, zum Beispiel Versicherungen für Solaranlagen, oder, sofern Kreditinstitute über einen Versicherungsagentur-Status verfügen, Schadensfälle zu beurteilen und abzuwickeln.

Kreditgeschäft/Finanzierung

Gerade im Kreditgeschäft und bei Finanzierungen sind die Risiken durch eine Nichtbeachtung von Nachhaltigkeitsaspekten besonders hoch. Erstens kann das Finanzierungsvolumen eines Gebäudes durch unerwartete Mehrkosten, zum Beispiel durch den Abtransport verseuchten Bodens, erheblich steigen. Zweitens kann der Wert von Sicherheiten stark sinken, sofern Umweltrisiken nicht abgeprüft wurden, diese aber anschließend auftreten. Für Banken muss es heute selbstverständlich sein, bei großen Finanzierungen solche Umweltrisikoprüfungen durchzuführen und auf das Know-How von Spezialisten zuzugreifen oder ihre Kreditberater ausreichend ausbilden.

Drittens entstehen Kreditinstituten erhebliche Reputationsrisiken, wenn das zu finanzierende Projekt in der Gesellschaft kritisch gesehen wird. Während vor einigen Jahren mehrere Banken aus diesem Grund die Finanzierung eines Staudamms in der Türkei ablehnten, übten NGOs und Medien öffentlich Kritik an der DekaBank, die sich an der Finanzierung beteiligen wollte. Nach dieser massiven Kritik änderte die Bank ihren bisherigen Kurs und lehnte eine Beteiligung ebenfalls ab. Für Kreditinstitute wird es deshalb wichtiger, über Umwelt- und Sozial-Leitlinien Ausschlusskriterien für Finanzierungen zu entwickeln. Beispielsweise hat die HypoVereinsbank festgelegt: „Die Kreditgrundsätze der HypoVereinsbank legen fest, dass die Bank ihre Kreditvergabe an ethischen Grundwerten ausrichtet." Und: „Bei Finanzierungen von Großprojekten in Schwellen- und Entwicklungsländern sind die von der Weltbank definierten sozialen und ökologischen Mindeststandards oder, falls strikter, die nationalen Gesetzgebungen der entscheidende Maßstab"(www.hypovereinsbank.de).

Das Kreditgeschäft bietet aber nicht nur Risiken, sondern durch die Erschließung neuer Finanzierungsfelder, zum Beispiel der Finanzierung von Solaranlagen für Privatkunden oder Solarparks für Unternehmen, Chancen, das Kreditgeschäft auszubauen und Finanzierungen mit vergleichsweise hohen Margen zu tätigen. Damit kommt den Kreditinstituten hier eine entscheidende Steuerungsrolle zu: das von Anlegern eingesammelte Geld unter Beachtung von Nachhaltigkeitskriterien in den Wirtschaftskreislauf wieder zu verteilen.

2.3 Produkte

Im Gleichschritt mit dem zunehmenden Wunsch vieler Investoren, Nachhaltigkeitskriterien bei der Geldanlage zu berücksichtigen, ist das Produktangebot kontinuierlich gestiegen. Ende 2009 waren im deutschsprachigen Raum insgesamt 313 nachhaltige Fonds zugelassen, ermittelte das Sustainable Business Institute (SBI), Ende 2008 waren es 274 und Ende 2007 insgesamt 181 Fonds. Eine ähnliche Entwicklung gab es bei den nachhaltigen Zertifikaten, die in

Deutschland zum Vertrieb zugelassen wurden: Ihre Zahl stieg von 211 (Ende 2007) über 238 (Ende 2008) auf 256 per 31.12.2009.

Damit wird für Kreditinstitute die Bewertung und die Auswahl immer aufwändiger, denn viele Produkte sind rein themenorientiert und vorgegebene Positiv- und Negativkriterien unterschieden sich erheblich voneinander. Für Kreditinstitute ist die Produktneuentwicklung aber auch ein lohnendes Geschäft. So hatten Ende 2009 29 Emittenten mindestens ein nachhaltiges Zertifikat im Angebot. Die Zahl der Anlageprodukte nimmt nicht nur bei den Provisionsprodukten, sondern auch bei Zinsprodukten zu – seitdem auf Nachhaltigkeit spezialisierte Banken grüne Spar- und Termineinlagen anbieten, sind diese auch für klassische Banken interessant, um neue Kunden zu gewinnen.

Auch im Bereich der Versicherungsprodukte müssen Finanzinstitute neue Versicherungstarife für Schäden aus Umwelt- oder Naturkatastrophen entwickeln, sowohl für Privat- wie für Unternehmenskunden. Inzwischen versuchen einige Banken und Versicherer, Risiken über sogenannte Cat-Bonds (Katastrophen-Anleihen) an Investoren weiterzugeben. Dahinter verbergen sich Anleihen, deren Verzinsung oder Rückzahlung von der Höhe und der Anzahl von Naturkatastrophen oder der Schadenshöhe abhängen.

Im Kreditgeschäft entstehen ebenfalls neue Produkte, beispielsweise zinsgünstige Kredite für ökologische Umbau- und Sanierungsmaßnahmen für Hausbesitzer, Bürgerbeteiligungen für Windkraft- und Solarparks oder spezielle Leasingverträge für Elektrofahrzeuge.

Tabelle 1:
Die teuersten Naturkatastrophen für die Versicherungswirtschaft 2009 (Auszug)
Quelle: Munich RE

*in Mio. US-Dollar, Originalwerte

Monat	Ereignis	Gebiet	Gesamtschäden*	Versicherte Schäden*
Januar	Wintersturm Klaus	Frankreich, Spanien, Italien	5.100	3.000
Februar	Unwetter, Tornados	Vereinigte Staaten	2.500	1.350
Juli	Unwetter, Hagelstürme	Österreich, Deutschland, Tschechien, Polen, Schweiz	1.800	1.200
April	Unwetter, Tornados	Vereinigte Staaten	1.700	1.150
Juni	Unwetter, Tornados	Vereinigte Staaten	2.000	1.100

2.4 Vertriebskonzepte

Den Veränderungen der gesellschaftlichen Werte müssen die Banken bei der Kundenbetreuung Rechnung tragen. Die Kritik am provisionsgetriebenen Verkauf hat einige Kreditinstitute veranlasst, die Punkte „Kundenzufriedenheit" und „langfristige Kundenbindung" in den Zielvereinbarungen zu verankern. Kritisch gesehen bleibt fraglich, ob die Strategie, Kunden wieder fair zu behandeln, langfristig von den Banken durchgehalten wird.

Die steigende Nachfrage der Kunden nach nachhaltigen Anlageprodukten verlangt von den Finanzinstituten eine differenzierte Betreuung einzelner Kundengruppen. So ist für „Trendinvestoren" der Anlageschwerpunkt eher unerheblich. Sie bevorzugen Anlagen, die eine hohe Rendite versprechen und sind damit eher kurzfristig- und themenorientiert. Für sie gilt es, Trends zu identifizieren. Hingegen bietet die aktuell größte Gruppe das höchste Vertriebspotenzial: Im Bereich der institutionellen Anleger sind dies Vermögensverwalter, Versicherungen und Portfolio-Manager, bei Privatkunden sind dies an Nachhaltigkeit interessierte Anleger. Hier geht es um die langfristige Ausrichtung des Vermögens nach öko-sozialen Kriterien – allerdings nicht im Gegenzug für Renditeverzicht. In dieser Gruppe stehen Aufwand zu Ertrag für die Kreditinstitute in einem wirtschaftlich sinnvollen Verhältnis.

Die Ziele der dritten Gruppe „Nachhaltigkeitspuristen" sind hingegen nur mit verstärktem Aufwand zu erfüllen, da diese Kunden den meisten Anlageformen sehr kritisch gegenüber stehen und sehr detaillierte Informationen abfordern. Hier müssen die Institute im Einzelfall prüfen, ob sich die Kundenbeziehung wirtschaftlich trägt. Dennoch kann die gezielte intensive Betreuung von Stiftungen aufgrund des dahinter stehenden Anlagevolumens interessant sein, denn die Affinität von Stiftungen zu Nachhaltigkeit ist hoch.

2.5 Finanzmarkt

Die Orientierung an eigenen entwickelten Umwelt- und Sozial-Leitlinien oder die Verpflichtung, bestimmte Standards einzuhalten, wirkt sich auch auf die Funktion der Kreditinstitute am Kapitalmarkt aus. Sie können damit zu einem den Handel kritischer Wertpapiere oder Derivate ausschließen. Dafür verzichten sie möglicherweise auf Erträge, reduzieren aber Reputationsrisiken. Zum anderen schränken sie ihre Funktion als Kapitalvermittler ein, indem sie beispielsweise die Emission von Anleihen für besonders korrupte Staaten nicht mehr betreuen. Im Gegenzug verlagern sie ihre Ressourcen in Bereiche ohne Reputationsrisiko und steuern somit gewollt oder ungewollt die Kapitalverteilung hin zu nachhaltig orientierten Finanzmarktakteuren.

2.6 Neue Geschäftsfelder

Mit dem Trend zur Nachhaltigkeit können sich Kreditinstitute neue Geschäftsfelder erschließen. Zwei Beispiele: Mit der Vereinbarung von CO_2-Emissionszielen im Zuge des Kyoto-Protokolls entstand der Handel mit CO_2-Emissionsrechten. Da international agierende Banken über große Handelsabteilungen verfügen, können sie Kapazitäten in den Handel mit diesen Derivaten umlenken und so für eine ausreichende Liquidität sorgen. Durch die Förderung erneuerbarer Energien bot sich vor einigen Jahren ebenfalls ein neues Geschäftsfeld für Kreditinstitute. So hat die Sparkasse Passau gezielt Kunden in ihrem Geschäftsgebiet auf die Installation von Photovoltaik-Anlagen angesprochen und die Finanzierung übernommen.

Auch in der Zukunft werden sich ständig neue Möglichkeiten für die Kreditinstitute ergeben, neue Geschäftsfelder im Zuge der nachhaltigen Entwicklung auf- und auszubauen und damit langfristig ihre Erträge zu sichern.

Abbildung 2:

Einteilung von Investoren

	Institutionelle Investoren	
„Trendinvestoren"	Vermögensverwalter Versicherungen Portfolio-Manager	„Nachhaltigkeitspuristen" Kirchen / Stiftungen Umweltorganisationen
Nachhaltigkeitsbewusstsein ➔		
Anlageschwerpunkt ist unerheblich	Anlageschwerpunkt soll nachhaltig sein	Anlageschwerpunkt muss nachhaltig sein
Ziel: möglichst hohe Rendite erzielen	Ziel: gleiche Rendite und gleiches Risiko wie bei herkömmlichen Anlagen	Ziel: Renditeverzicht ist eingeschränkt möglich
Nachhaltigkeitsbewusstsein ➔		
„Trendinvestoren"	An Nachhaltigkeit interessierte Privatanleger	„Nachhaltigkeitspuristen"
	Privatanleger	

Über den Autor

Stefan Schneider arbeitet als Redakteur beim Handelsblatt und ist Herausgeber der regelmäßig erscheinenden Studie zu nachhaltigen Zertifikaten und ETFs.

Markus Miele über
Marken, Werte & Verantwortung

Von Jochen Fengler

UmweltDialog: Was verstehen Sie persönlich unter dem Begriff „Marke"?

Dr. Markus Miele: Oh, das ist gar nicht so einfach zu beantworten. Ein Marketingexperte hat einmal gesagt: Eine Marke ist ein akkumuliertes Leistungsversprechen. Das fand ich nicht schlecht. Ich verstehe darunter, dass ein Konsument, der ein Produkt kauft, nicht nur das Produkt selber erwirbt, sondern zudem alles, was damit verbunden ist. Marke bedeutet eben auch: Wenn man einmal gute Erfahrungen gemacht hat, erwartet man, mit einem Folgegerät wieder gute Erfahrungen zu machen, etwa in Sachen Langlebigkeit und hoher Qualität. Das heißt: Die Marke eines Unternehmens ist immer zugleich ein Versprechen, dass das nächste Produkt mindestens so gut ist, wie das zuvor erworbene. Das heißt aber auch: Eine Marke kann man nicht machen. Eine Marke kann man nur werden, und es braucht dazu eine gewisse Zeit. In unserem Fall sind es jetzt bereits 108 Jahre.

UmweltDialog: Bei Ihnen handelt es sich um einen Sonderfall, denn Sie sind nicht nur Geschäftsführer, sondern als Miterbe des Familienunternehmens zugleich Gesellschafter. Wie muss man sich Ihr persönliches Verhältnis zur Marke Miele vorstellen? Immerhin tragen Sie denselben Namen...

Dr. Miele: Das ist eigentlich eine ganz normale Geschichte, man wächst mit dem Namen auf wie andere auch. Dass es in meinem Fall ein sehr bekannter Name ist, sehe ich nicht als Besonderheit an. Ich kenne es nicht anders.

UmweltDialog: Wie viel ist die Marke Miele – eingedenk der Auszeichnungen – Ihrer Ansicht nach heute wert?

2007 wird der Hausgerätehersteller Miele gleich mit drei Auszeichnungen geehrt: als „Erfolgreichste Unternehmensmarke" noch vor Google und Porsche, als „Most Trusted Brand" sowie als „Superbrand". Im Exklusivinterview mit UmweltDialog spricht der Geschäftsführer und Gesellschafter des Familienunternehmens, Dr. Markus Miele, über den Wert der Premium-Marke, die Bedeutung von Mund-zu-Mund-Propaganda und den Anspruch seines Urgroßvaters, ‚Immer besser' zu sein als die Konkurrenz.

Dr. Miele: Das mag für andere Unternehmen von Bedeutung sein, uns als Familienunternehmen interessiert es nicht, da wir nicht im entferntesten darüber nachdenken, die Marke zu verkaufen. Das ist wie bei unseren Patenten. Wichtig für uns ist, dass wir immer wieder neue Ideen haben. Über den monetären Wert haben wir uns dabei nie Gedanken gemacht und möchten das auch nicht. Die Marke Miele ist für uns eine wichtige Grundlage, ein Fundament, das wir ausbauen wollen.

UmweltDialog: Was macht die Marke Miele für Sie aus?

Dr. Miele: Wenn man sich die Geschichte des Unternehmens anschaut, sieht man, dass bereits mein Urgroßvater auf die Butter- und Waschmaschinen die beiden Worte „Immer besser" geschrieben hat. Damit meinte er, er wollte ein qualitativ hochwertiges Produkt herstellen, das länger hält als die Konkurrenzprodukte. So hat er zum Beispiel immer darauf geachtet, die besten Materialen zu verwenden. Diese Einstellung, dieses „Immer besser" ist heute die Grundlage für die Marke Miele. Wir versuchen immer besser zu sein als die Mitbewerber, aber auch immer besser als die Vorgängerprodukte. Diese Philosophie ist für uns immer wieder der Ansporn, neue Technologien hervorzubringen. Ich glaube, das macht die Marke Miele aus: Das Versprechen der Qualität und der Anspruch, diese Qualität immer weiter zu verbessern und nach vorne zu bringen.

UmweltDialog: Unabhängig vom Preis?

Dr. Miele: Weitgehend unabhängig vom Preis. Sehen Sie: Wir haben uns ganz bewusst für das Premiumsegment entschieden.

Damit ist natürlich eine entsprechend hohe Leistung und Qualität verbunden, und das „Immer besser" soll darauf hindeuten. Deswegen haben wir den Slogan auch in allen Ländern, wo wir vertreten sind, beibehalten, wie wir auch das Logo seit Jahren beibehalten. Das ist Teil unserer Strategie. Ganz gleich in welchem Land, überall auf der Welt werden unsere Kunden denselben Standard hinsichtlich Produkt- und Dienstleistungsqualität vorfinden, den sie gewohnt sind. Etwa beim Service: Wie bei unseren Produkten haben wir den Anspruch, dass auch unser Kundenservice perfekt ist. Das fängt bei der Lieferung an: Wir achten darauf, dass unsere Lieferwagen sauber sind, dass unsere Servicemitarbeiter Überschuhe anziehen, bevor sie das Haus betreten und so weiter. All diese kleinen Dinge gehören bei einem Premiumprodukt dazu und sollen den Kunden begeistern.

UmweltDialog: Unter Marketinggesichtspunkten schwimmen Sie gegen den Trend: Obwohl Sie als einziger Hersteller von Haushaltsgeräten auf allen fünf Kontinenten vertreten sind, haben Sie Ihren Hauptsitz im beschaulichen Gütersloh, Sie bekennen sich dazu, ein Familienunternehmen zu sein, und Ihr Logo stammt aus den 20er Jahren des vorigen Jahrhunderts. Wo sehen Sie die Grundlage für Ihren Erfolg, obwohl Sie nicht die neuesten Trends bedienen?

Dr. Miele: Ich glaube, das Premiumsegment verlangt, anders zu sein. Wenn man im Massenmarkt tätig ist, muss man bestimmten Regeln und Entwicklungen folgen. Davon können wir uns schon von daher absetzen, weil wir aufgrund unserer Qualität ganz andere Preise verlangen. Das heißt, wir können und dürfen nicht nur anders sein, wir müssen es bis zu einem gewissen Grade sogar. Angefangen bei der Entwicklung über die Produktion und die Auswahl der Materialien bis hin zum Vertrieb: In all diesen Bereichen sind wir anders als der Massenmarkt, bewusst anders. So präsentieren wir unsere Geräte auch hochwertiger. Ich bin jetzt kürzlich in Salzburg gewesen, bei der Eröffnung eines neuen Ausstellungsraumes. Der ist so ausgerichtet, dass die Menschen dort zur Probe kochen und so die Qualität unserer Produkte erleben können. Das Interessante dabei ist: Es kommen nicht nur Leute, die sich über uns informieren und uns testen wollen, sondern auch viele, die bereits unsere Geräte besitzen und noch einmal die Leistungs- und Angebotsvielfalt kennen lernen möchten. Diese Art der Präsentation ist bei einem Massenprodukt nicht möglich.

»Das Premiumsegment verlangt, anders zu sein.«

UmweltDialog: Bei der Vorstellung Ihres neuen Nachhaltigkeitsberichts hat Miele-Geschäftsführer Dr. Eduard Sailer davon gesprochen, dass sich die Markenfaszination, die Miele ausübt, unter anderem auf traditionelle Werte stützt. Was verstehen Sie in diesem Zusammenhang unter traditionellen Werten?

Dr. Miele: Ich denke, das sind vor allem Qualität und Innovation. Dafür steht die Marke Miele seit vielen Jahrzehnten. Ein Beispiel: Als sich mein Urgroßvater damals zu Herstellung der ersten Waschmaschinen entschloss, das waren damals noch große Holzzuber, war die Holzqualität ein ganz wichtiges Gütemerkmal. Alle Erfahrungen, die man bezüglich dieses Materials bei der Herstellung von Buttermaschinen gewonnen hatte, Auswahl, Trocknung, Verarbeitung, Lagerung, hat man dann bei Miele auch für die Herstellung von Waschmaschinen benutzt. Dieses Bewusstsein für Qualität und Innovation ist bei uns bis heute tief im Denken verwurzelt.

UmweltDialog: Tradition verpflichtet, sagt der Volksmund. Wozu sehen Sie sich verpflichtet?

Dr. Miele: Erst einmal die Firma im Sinne eines unabhängigen Familienunternehmens weiter zu führen. Das wollen wir bleiben.

Markus Miele über Marken, Werte & Verantwortung

Dazu hat sicher jede Zeit ihre ganz eigenen Herausforderungen, denen wir uns im Sinne unserer Tradition stellen wollen. Ich gebe ihnen ein Beispiel: Nach dem zweiten Weltkrieg hat mein Vater die Internationalisierung der Marke Miele massiv gefördert, indem er zunächst in Europa, dann in Übersee immer neue Vertriebsgesellschaften gegründet hat. Mein Vater fühlte sich damit der Tradition verpflichtet. Die Firmengründer hatten zunächst mit überschaubarem Erfolg die ersten Maschinen vielleicht bis Herford, sprich in einem Umkreis von 60 Kilometern verkauft, und trotzdem stand unter dem Logo „Miele – die Weltmarke". Heute ist Miele eine Weltmarke, macht der Export über 70 Prozent unseres Umsatzes aus. Im Sinne dieser Philosophie, neue Wege zu beschreiten, ohne die Grundlage für unseren Erfolg aus den Augen zu verlieren, wollen wir weiter machen.

UmweltDialog: Warum ist Tradition für Sie mehr als nur Vergangenheit?

Dr. Miele: Vergangenheit ist wichtig, vor allem für eine Premiummarke wie unsere. Werbung kann jeder machen. Jeder kann sagen: ‚Unsere Qualität ist die beste.' Aber man muss sich auch am Markt durchsetzen, und das geschieht zumeist über Mund-zu-Mund-Propaganda. Man hat das in unserem Falle ganz deutlich gesehen, als damals die Mauer fiel. In Westdeutschland hat die Großmutter bereits Miele Waschmaschinen gekauft, dann die Mutter, dann die Tochter und so fort über Generationen hinweg. In den neuen Bundesländern hat sich erst langsam durchgesetzt, das Miele-Maschinen mehr wert sind. Das Vertrauen der Verbraucher in die Qualität unserer Produkte ist über lange Zeit gewachsen. Das zeigen auch Untersuchungen zur Wiederkaufsrate im Rahmen des deutschen Kundenbarometers, die seit 1992 durchgeführt werden. Dort liegen wir regelmäßig bei über 92 Prozent. Das heißt: Nahezu jeder, der einmal ein Miele-Gerät erstanden hat, kauft wieder ein Miele-Gerät und empfiehlt uns weiter. Das eigene Erleben ist für das Vertrauen in eine Marke von entscheidender Bedeutung.

» Werbung kann jeder machen. Aber man muss sich auch am Markt durchsetzen. «

UmweltDialog: Wieso wird gerade der Marke Miele auf der ganzen Welt so viel Vertrauen entgegen gebracht?

Dr. Miele: Ich denke, weil wir eine klare Politik, eine klare Linie verfolgen und unsere Geschäftsstrategie langfristig ausgelegt ist. Wir versuchen stets, organisch zu wachsen. Etwa auf dem amerikanischen Markt. Dort haben wir uns für eine Vertriebsausrichtung nach dem Motto ‚no service – no sale' entschlossen. Sprich: Überall, wo die Amerikaner eine Miele Waschmaschine kaufen, gibt es auch einen Servicedienst, damit keine Negativerlebnisse durch lange Reparaturwartezeiten entstehen. Wir hätten sicher mit einer anderen Philosophie schneller wachsen können, aber dann hätten wir mehr investieren und uns von Krediten abhängig machen müssen. Doch gerade unsere Unabhängigkeit versetzt uns in die Lage, langfristig Dinge zu machen, die andere Unternehmen, die von Ihren Kreditgebern oder Aktionären an Quartalszahlen gemessen werden, nicht machen können. Natürlich werden wir auch an Zahlen gemessen. Aber wenn sie beispielsweise ein neues Werk bauen, amortisiert es sich nicht direkt im nächsten Jahr und auch nicht in den folgenden zwei. Deswegen denken und planen wir langfristig. Das sieht man auch an den handelnden Personen. Etwa im Managementbereich: Alle Geschäftsführer sind inzwischen 10, 20 Jahre, in einem Fall sogar über 40 Jahre bei Miele. Auch das schafft Vertrauen, nach außen und nach innen.

UmweltDialog: Vertrauen bedeutet auch Verantwortung. Inwieweit kann man es sich als global player überhaupt leisten, verantwortungsbewusst zu handeln?

Dr. Miele: ‚Leisten' ist vielleicht der falsche Ausdruck, ich würde es eher ‚geben und nehmen' nennen. Vielleicht kann ich Ihnen das anhand unserer Betriebskrankenkasse verdeutlichen. Die haben wir uns damals, 1909, als erstes Unternehmen in Deutschland ohne Druck von außen im Wortsinne geleistet. Natürlich wollten wir mit diesem Modell etwas zurückgeben, denn die Arbeiter haben uns ja auch etwas gegeben. Auf der anderen Seite konnten wir genau durch diese Leistung gute Ingenieure davon überzeugen, zu uns zu kommen und nicht zur Konkurrenz zu gehen. Ganz ähnlich verhält es sich mit unseren Produkten. Auch hier haben wir von jeher versucht, verantwortlich mit unseren Ressourcen umzugehen. Wir verwenden zum Beispiel als einziger Anbieter Kontergewichte aus Gusseisen in unseren Waschmaschinen. Warum? Weil wir sie wunderbar einschmelzen und wiederverwerten können und damit zugleich auf die Wünsche der Kunden reagieren, denn immer mehr Menschen machen sich zunehmend Gedanken über den Müll, den sie produzieren. Uns kommt also zugute, dass wir seit jeher großes Augenmerk auf die Ressourcen- und Energieeffizienz in unserem Unternehmen gelegt haben. Solange das Rezept so gut funktioniert, werden wir es mit Sicherheit nicht ändern.

UmweltDialog: Herzlichen Dank für das Gespräch!

Zur Person

Dr. Markus Miele ist Geschäftsführer und Gesellschafter des gleichnamigen Familienunternehmens.

Herbert Höltschl, BMW Group: „Nachhaltig aus Grundüberzeugung"

Von Dr. Elmer Lenzen

Die Analysten sind sich seit mehreren Jahren einig: Die BMW Group hat beim Thema Nachhaltigkeit in der Automobilbranche einen Spitzenplatz inne. Grundlage dieses Erfolges bildet eine klare Verankerung des Themas in allen Unternehmensbereichen, erläutert Herbert Höltschl. Er ist Konzernbeauftragter für Nachhaltigkeit und Umweltschutz der BMW Group. Im UmweltDialog-Interview gibt Höltschl Einblicke in die strategische Ausrichtung von CSR bei der BMW Group.

UmweltDialog: Gratulation Herr Höltschl – Ihr Konzernchef Reithofer hat gesagt, eine Premiummarke wie BMW definiere sich in Zukunft auch über Nachhaltigkeit. Zum besseren Verständnis für unsere Leser: Wo ist das Thema aber genau in der Unternehmensstrategie angesiedelt?

Herbert Höltschl: Wir haben bei der BMW Group hierzu ein Strategiehaus eingerichtet, in welchem die Nachhaltigkeit als Grundüberzeugung aller Ressortstrategien verankert ist. Ganz wichtig ist uns dabei auch, dass die Nachhaltigkeitsstrategie explizit mit der Unternehmensstrategie „Number ONE" verlinkt ist, so dass sie wirklich integraler Bestandteil aller Entscheidungen und Vorgehensweisen ist.

UmweltDialog: Wie kann man sich das Strategiehaus vorstellen? Was befindet sich im Keller, was im Spitzboden, bildlich gesprochen?

Höltschl: Das Fundament der Unternehmensstrategie bilden die Grundüberzeugungen. Eine von ihnen ist Nachhaltigkeit. Auf den Grundüberzeugungen fußen als Querschnittsstrategie die angesprochene Nachhaltigkeitsstrategie, aber auch die Personalstrategie, weil unsere Mitarbeiter das größte Potenzial unseres Unternehmens darstellen, und sich auch diese Strategie über alle Themen und Ressorts erstrecken muss. Durch diese zentrale Verankerung wird die Nachhaltigkeitsstrategie verbindlich für unser gesamtes Handeln und für alle Ressorts und Bereiche. Sie setzt sich zusammen aus den drei Säulen Ökologie, Ökonomie und Soziales, über denen das oberste Ziel steht: Das nachhaltigste Unternehmen der Automobilindustrie zu sein.

Durch die Verknüpfung mit der Unternehmensstrategie Number ONE schaffen wir es, dass jedes Ressort, vom Einkauf über die Entwicklung, Produktion, Vertrieb und Finanzen bis hin zum Personalressort das Nachhaltigkeitsziel verinnerlicht. Jedes Ressort schaut sich an, was die Konzernstrategie Number ONE und was die Nachhaltigkeitsstrategie besagt, und setzt dies in ihre jeweilige Vorgehensweisen und Prozessen um.

UmweltDialog: Die Strategie Number ONE kommt in der Öffentlichkeit häufig als Sparprogramm an. Dabei ist es mehr. Was heißt Number ONE unter Nachhaltigkeitsgesichtspunkten?

Höltschl: Number ONE ist keine Sparstrategie. Number ONE fragt danach: Was heißt Zukunftsfähigkeit? Mit welchen Technologien geht es weiter? Welche Regelungen kommen auf uns zu? Wie wollen wir weiter gefasste Geschäftsmodelle verstehen? Bei der Elektromobilität in Megacities zum Beispiel geht es auch um die Frage der Organisation verschiedener Module von Verkehrsträgern, deren Infrastruktur, Ladestationen etc. Kann man in einem Netzverbund Fahrzeug und Versorgung als eine Einheit sehen und sagen: Mal zieht das Fahrzeug Strom, man liefert es Strom? Das sind Beispiele für künftige, innovative Mobilitätskonzepte.

UmweltDialog: Das Beispiel Elektromobilität macht deutlich, dass man das Mobilitätsthema eng im Zusammenhang mit dem legislativen und gesellschaftlichen Rahmen sehen muss. Was erwarten Sie von der Politik?

Management

2-B

Höltschl: Wichtig beim Blick auf die Politik ist dort mitzuarbeiten und mitzugestalten. Der wesentliche Auftrag der Politik ist aus meiner Sicht die Festlegung von Rahmenbedingungen, die dann durch die jeweiligen Unternehmen zu technologischen Lösungen ausgearbeitet werden. Wenn sich Politik dagegen selbst zu sehr der Technologiedebatte verschreibt, steht sie der Innovation letztendlich im Weg.

UmweltDialog: Und wie werden diese Rahmenbedingungen, etwa beim Klimaschutz, künftig ausfallen?

Höltschl: Der Ausgang des Klimagipfels in Kopenhagen 2009 sollte uns nicht irritieren. Meiner Einschätzung nach war Kopenhagen eine Machtdemonstration der USA und Chinas. Vielleicht auch eine Ohnmachtsdemonstration Europas. Wir bei der BMW Group werden deshalb keineswegs nachlassen. Im Gegenteil: Wir werden weiterhin Gas geben, denn wahrscheinlich kommen später dann strengere Regeln. Wir wollen daher an den Lösungen weiterarbeiten, auch wenn die Politik nicht ganz so schnell ist.

UmweltDialog: Und das machen Sie seit Jahren sehr erfolgreich! Erst dieser Tage haben Sie wieder eine Auszeichnung für Ihr CSR-Mangement erhalten. Wie sehen andere Sie?

Höltschl: Wir sind sehr stolz darauf, dass wir zum 5. Mal in Folge vom Dow Jones Sustainable Index als Branchenleader ausgezeichnet wurden. Wir schauen auch sehr genau auf den FTSE-4Good Index sowie das Carbon Disclosure Project (CDP), wobei man hier sagen muss, dass das CDP eigentlich nicht Nachhaltigkeitsleistung bewertet, sondern die Vollständigkeit der Berichterstattung. Oekom Research ist uns sehr wichtig und wertvoll, weil dieses Rating aus unserer Sicht eine hohe analytische Tiefe hat. Schließlich haben wir uns intensiv mit dem Thema Sustainable Value auseinandergesetzt, weil es in meinen Augen zur Zeit die einzige Methode ist, die am Ende einen echten, vergleichbaren Wert in Euro generiert. All das liefert uns wiederum einen Input für unseren Strategie-Review und das Ableiten weiterer Maßnahmen zur Substanzbildung. Unser Grundprinzip ist nämlich, dass wir zuvorderst eine gute Substanz haben und danach erst die Kommunikation dessen erfolgt.

UmweltDialog: Dennoch. Nobody is perfect. Wo sehen Sie bei der BMW Group Optimierungspotenziale? Wo sind andere besser?

Höltschl: Nobody is perfect ist ein gutes Stichwort. Wir sagen: Wir sind nirgends perfekt! Wir wissen ganz genau, dass es überall Verbesserungspotenziale gibt. Wir wollen uns nicht auf unseren Ergebnissen ausruhen, sondern fragen uns stets: Was packen wir als Nächstes an?

UmweltDialog: Wie messen Sie Sozialstandards?

Höltschl: Wir diskutieren sehr konkret Human Capital Management Indikatoren. Hier suchen wir vergleichbare Standard wie im Umweltbereich. Bei der sozialen Nachhaltigkeit ist uns klar, dass es nicht alleine relevant ist, wie man sich im Branchenvergleich darstellt, sondern wir schauen nach Best Practice Ansätzen im gesamten Industriesektor.

UmweltDialog: Beim Thema branchenübergreifender Normen, etwa als ISO-Standard, sind Viele aber eher zurückhaltend.

Höltschl: Um es ganz offen zu sagen: Auch wir sind davon nicht überzeugt. Wenn man über Managementsysteme und Normen spricht, ist man immer ein Stück weit beim Thema Bürokratie und Formalismen. Das wiederum weckt beim Manager nicht so viele Emotionen wie eine Verankerung im strategischen Kontext.

Klimaschutz bei RWE:
„Der Aufwand lohnt sich auf jeden Fall!"

Von Jochen Fengler

Der Klimawandel ist derzeit das bestimmende Thema in der Energiepolitik. Vor allem die Stromkonzernen als größte CO_2-Emittenden stehen in der Kritik, nur unzureichend über nachhaltige Strategien zur Emissionsvermeidung zu verfügen. Dabei lägen entsprechende Konzepte längst in der Schublade, so Dr. Johannes Heithoff, Leiter des Bereichs Forschung und Entwicklung bei RWE Power, im UmweltDialog-Interview aus dem Jahr 2007. Was den Konzernen fehlt, ist Planungssicherheit.

UmweltDialog: Sie haben angekündigt bis 2014 das erste großtechnische CO_2-freie Kraftwerk auf Kohlebasis bauen zu wollen. Wie ist der Stand der Dinge?

Dr. Johannes Heithoff: Bei unserem Leuchtturmprojekt in Sachen Klimaschutz sind wir auf einem guten Weg. Mitte diesen Jahres werden wir Klarheit über die einzusetzende Vergasungstechnik und damit den Energieträger haben. Von dieser Entscheidung hängt dann auch der zukünftige Standort für das Kraftwerk und den unterirdischem CO_2-Speicher ab.

UmweltDialog: Durch die Abtrennung und Speicherung des CO_2 im Kraftwerksprozess müssen Sie im Vergleich zu bisherigen Anlagen Einbußen im Wirkungsgrad hinnehmen. Das heißt, Sie müssen mehr Kohle verbrennen, um die gleiche Menge Strom zu produzieren. Lohnt sich dann dieser Aufwand überhaupt?

Dr. Heithoff: Dieser Aufwand lohnt sich in jedem Falle. Zum einen beeinflusst die von uns ausgewählte IGCC-Technik zur Abtrennung des CO_2 im Vergleich zu allen bisher bekannten Verfahren den Wirkungsgrad am wenigsten. Zum anderen sage ich: Von nichts kommt nichts. Wenn Sie hiermit CO_2-frei Strom erzeugen wollen, müssen Sie dafür hohen Aufwand treiben und zwar in Form von Energie. Und das geht zu Lasten des Wirkungsgrades, selbst bei Einsatz modernster Technologien. Nach Inbetriebnahme des CO_2-freien Kraftwerks wollen wir jährlich rund 2,3 Millionen Tonnen CO_2 der sicheren Speicherung zuführen. Das wäre ein Quantensprung in Sachen Klimaschutz.

UmweltDialog: Sie betonen immer, dass Sie verlässliche politische Rahmenbedingungen für ihre Kraftwerksinvestitionen brauchen. Was heißt das konkret für die Realisierung des CO_2-freien Kraftwerks und der übrigen Neubauprojekte?

Dr. Heithoff: Wir wollen bis 2014 weit mehr als 11 Milliarden Euro in hocheffiziente Kraftwerke investieren und damit einen zentralen Beitrag zum Klimaschutz leisten. Allein bei der Realisierung unserer Projekte im Inland würden im Vergleich zu Altanlagen jährlich 13 Millionen Tonnen CO_2 weniger anfallen und das bei gleicher Stromproduktion. Allein eine Milliarde Euro wollen wir in das CO_2-freie Kraftwerk investieren. Damit sind wir der größte Investor im Erzeugungsbereich in Deutschland. Angesichts dieser Investitionspläne wird deutlich, dass langfristige und verlässliche energiepolitische Rahmenbedingungen für uns von fundamentaler Bedeutung sind. Die jüngsten Entwürfe zum zweiten nationalen Zuteilungsplan für Emissionsrechte führen jedoch zu deutlich schlechteren Rahmenbedingungen für die Energiewirtschaft. Eine endgültige Bewertung im Hinblick auf unsere Investitionsvorhaben können wir aber erst vornehmen, wenn verlässliche Daten vorliegen. Für die Versorgungssicherheit sowie für eine nachhaltige Klimaschutzpolitik in Deutschland, ist es wichtig, dass wir unsere Investitionspläne realisieren können.

UmweltDialog: Was bedeutet das Auslaufen des deutschen Steinkohlenbergbaus im Jahr 2018 für die Stromerzeugung von RWE Power und Ihre Kraftwerksneubaupläne?

Dr. Heithoff: Die Steinkohlenkraftwerke der RWE Power werden bereits heute in einer gemischten Fahrweise betrieben, das heißt wir setzen sowohl Importkohle als auch heimische Steinkohle ein. Auch langfristig müssen wir uns keine Sorgen um die Verfügbarkeit dieses Energieträgers machen. Die weltweiten Vorkommen an Steinkohle reichen noch rund 200 Jahre und damit viermal so lange wie die Erdölreserven. Außerdem wird Steinkohle in vielen Ländern der Erde gefördert, die eine langfristige Liefersicherheit garantieren.

UmweltDialog: Die Einsparung von CO_2 bei den konventionellen Kraftwerken ist das eine, das andere ist der Ausbau der regenerativen Energieerzeugung. Was tut RWE Power auf diesem Sektor?

Dr. Heithoff: RWE verfügt bereits heute über rund 2.000 Megawatt an erneuerbaren Energien. Als Leiter des Bereiches Forschung und Entwicklung halte ich den weiteren Ausbau der Erneuerbaren für wichtig und richtig und zwar dort, wo es ökologisch und ökonomisch sinnvoll ist. Deshalb werden wir in den kommenden vier Jahren rund 700 Millionen Euro insbesondere in die Stromerzeugung aus Wasser, Wind und Biomasse investieren. Konkrete Beispiele unseres Engagements sind der Bau eines neuen Laufwasserkraftwerks am Hochrhein zwischen Bodensee und Basel für rund 70 Millionen Euro sowie die Errichtung des größten Onshore-Windparks in Frankreich. Hier sind wir im Rahmen eines Joint Ventures beteiligt.

UmweltDialog: Herzlichen Dank für das Gespräch!

Zur Person

Dr. Johannes Heithoff ist Leiter des Bereichs Forschung und Entwicklung bei RWE Power.

Lufthansa-Umweltchef erläutert Klimaschutzkampagne

Von Arne Philipp Klug

Einige Branchen stehen in der aktuellen Klimadebatte erheblich in der Kritik. Dazu zählen auch die Fluglinien. Bei Lufthansa hat man darauf reagiert und eine breit angelegte Informationskampagne gestartet, die das Umwelt- und vor allem Klimaengagement des Aviationkonzerns aufzeigen soll. Im Exklusiv-Interview für UmweltDialog aus dem Jahr 2007 erläutert Dr. Karlheinz Haag, Umweltbeauftragter bei der Lufthansa, Ziele und Hintergründe.

UmweltDialog: Zur Zeit stehen Airlines wegen Ihres Treibhausgas-Ausstoßes in der Kritik. Lufthansa fordert hier mehr Sachlichkeit in der Debatte. Was heißt das?

Dr. Karlheinz Haag: Der Luftverkehr hat einen relativ geringen Anteil an den antrophogenen Emissionen. In den letzten Jahren und auch in der aktuellen Debatte hat man sich zum Teil sehr stark – auch aufgrund des hohen Wachstums der Industrie – auf den Luftverkehr fokussiert. Aber das Wachstum des Luftverkehrs ist nun einmal an das Wirtschaftswachstum gekoppelt. Die Lufthansa und die ganze Luftfahrtbranche insgesamt tut sehr viel, um das Wachstum des Transportaufkommens vom Wachstum der Emissionen zu entkoppeln. Ich denke, wir sind heute und bereits in der Vergangenheit sehr erfolgreich gewesen. Es mag sein, dass wir das nicht ausreichend kommuniziert haben.

UmweltDialog: Verschiedene Politiker haben unlängst dazu aufgerufen, auf Flugreisen zu verzichten. Statt in der Ferne sollten die Deutschen lieber in ihrem Heimatland Urlaub machen. Wie sehr ärgern Sie solche Äußerungen?

Dr. Haag: Solche Aussagen sind relativ wenig sachgerecht. Der Luftverkehr ist ein Transportsystem, das in dieser globalisierten Welt essentiell dazu gehört. Ein großer Teil unseres Wohlstandes basiert auf dem Austausch von Waren und Gütern, und natürlich auch von Personen. Die positiven Fortschritte, die man in den Entwicklungsländern sehen kann, sind zum Teil auch auf den Tourismus zurückzuführen. In Fernreisen steckt etwas ganz Wesentliches, ein kultureller Aspekt. Solange Sie fremde Kulturen kennen lernen können und wollen, können Sie auch versuchen, diese zu verstehen. Sie bauen eher Vorurteile ab, entwickeln Verständnis für bestimmte Situationen. Dabei helfen Sie auch den Menschen, ihre eigenen Lebensumstände vor Ort zu verbessern. Um den Chef der International Air Transport Association (IATA) zu zitieren: „Der Luftverkehr trägt mit etwa acht Prozent zum globalen Bruttosozialprodukt bei. Verglichen mit drei Prozent Klimawirkung ist das eine ganz gute Bilanz." Er will damit ausdrücken, dass man mit beiden Augen schauen muss, um ein vollständiges Bild zu erhalten.

UmweltDialog: Sie steuern derzeit mit einer Aufklärungskampagne gegen. Worum geht es dabei? Was wollen Sie erreichen?

Dr. Haag: Durch bestimmte Publikationen ist vielleicht der Eindruck entstanden, der Luftverkehr sei in einer besonderen Weise für das Klima schädlich. Er trägt, wie jeder andere Emittent auch, der Abgase in die Atmosphäre lässt, zu einem vom Menschen verursachten Treibhauseffekt bei. Der Luftverkehr ist allerdings bisher der einzige Sektor, dessen Klimawirkungen umfassend analysiert worden sind. Wir wissen aus eigenen Forschungsunternehmungen, dass beispielsweise in den Höhen, in denen Flugzeuge fliegen, auch Stickoxide der Boden gebundenen Emittenten zu finden sind. Stickoxide in etwa der gleichen Größenordnung, wie sie Flugzeuge emittieren. Insofern ergibt es ein schiefes Bild, wenn man sich alleine auf die Auswirkungen des Flugverkehrs fokussiert. Die Größenwirkungen hier richtig darzustellen, ist durchaus ein legitimes Interesse der Aufklärungskampagne. Das heißt nicht, dass wir unseren Teil der Verantwortung nicht wahrnehmen wollen.

UmweltDialog: Forderungen nach der Einführung einer Kerosinsteuer werden immer wieder laut. Ebenso wie Pläne, die Luftfahrt ab 2012 in den europäischen Emissionsrechtehandel mit einzubeziehen, der bislang nur den Industriesektor und Kraftwerke betrifft. Wie stellt sich die Lufthansa auf diese staatlichen Reglementierungen ein?

Dr. Haag: Das Thema Kerosinsteuer wird immer wieder einseitig diskutiert: Es ist nicht ganz richtig, wenn man mit dem Argument kommt, die Autofahrer müssten ja auch alle Steuern zahlen. Der Luftverkehr ist anders organisiert als andere Verkehrsträger. Die völkerrechtlich verbindliche Grundlage hierfür ist die Chicago-Konvention. Der Luftverkehr ist von Anfang an als Gebühren orientiertes System angelegt. Er finanziert alle Leistungen z.B. den Erhalt und Ausbau der Infrastruktur aus Gebühren, während das Straßennetz über die öffentlichen Haushalte finanziert wird. Insofern gibt es eigentlich keine sachliche Rechtfertigung, eine Kerosinsteuer zu fordern. Wir finanzieren auch die Abgeltung von Umweltleistungen aus Gebühren. In Frankfurt beispielsweise wurden Investitionsmaßnahmen von mehreren Hundert Millionen getätigt, um Schutzmaßnahmen gegen Lärm durchzuführen. Lärmschutzmaßnahmen der Bahn dagegen werden aus dem Bundeshaushalt finanziert. Auch hier muss man das Gesamtsystem betrachten und dann seine Schlussfolgerung ziehen.

Was den Emissionshandel angeht, ist die Diskussion in vollem Gange. Es liegt ein Vorschlag der EU-Kommission vor, die Luftfahrt in den Emissionshandel mit einzubeziehen. Wir haben uns bereits – und werden uns auch weiterhin – in die Diskussion einschalten. Wir sind ein globales Unternehmen und brauchen auch globale Lösungen. Wir müssen in der Luftfahrt einheitliche Flugführungssysteme benutzen. Wir haben auf internationaler Ebene einheitliche Lärmkriterien und einheitliche Grenzwerte für die Stickoxide. Warum soll das beim Emissionshandel völlig anders sein? Wir sehen die einseitige Fokussierung auf den Emissionshandel kritisch. Wir erwarten, dass man in Europa zu einer schlüssigen Gesamtstrategie kommt, wobei wir in der Technologie aber auch in der Einführung eines einheitlichen europ. Luftraums erhebliches ungenutztes Einsparpotenzial sehen. Solange der einheitliche europ. Luftraum noch 15 Jahre auf sich warten läßt und die Emissionsminderungspotenziale dort ungenutzt bleiben, ist nur schwer einzusehen, warum ein Emissionshandel die Lösung bringen soll. Er kostet Geld, erzeugt keine wirkliche Emissionsminderung sondern nur eine Kompensation.

UmweltDialog: Derzeit haben CO_2-Kompensationsagenturen wie atmosfair oder myclimate Aufwind. Fluggäste können dort freiwillig einen Beitrag zahlen, um die Umweltkosten ihres Fluges auszugleichen. Auch die Lufthansa plant ein „Klimaticket". Wie ist hier der Stand der Dinge?

Dr. Haag: Wir haben vor, unseren Kunden, die ein besonders Maß an Verantwortung wahr nehmen wollen, ein Angebot zu machen, ihre CO_2-Emissionen zu kompensieren. Es ist kein direkter Aufschlag auf ein Ticket. Wir sind momentan in der Diskussion mit Partnern, die hier in Frage kommen könnten. Es ist geplant, das System noch in diesem Jahr zu installieren.

UmweltDialog: Die Lufthansa unterstützt verschiedene Forschungsprojekte wie zum Beispiel CARIBIC, um die Effekte des Flugverkehrs auf die Umwelt zu messen. Einige Projekte wie FREQUENZ oder MOZAIC laufen in diesem Jahr aus. Welchen Ausblick auf Ihre Forschungsvorhaben können Sie uns geben?

Dr. Haag: Bei FREQUENZ geht es um Lärmminderung. Wir haben die Absicht gemeinsam mit dem Verbund, mit dem wir in der Vergangenheit zusammen gearbeitet haben, die Arbeiten zur Lärmminderung fortzusetzen bzw. in ein neues Projekt zu überführen, das wir dann voraussichtlich 2008 starten können. Das Klimaforschungsprojekt MOZAIC läuft nach zwölf Jahren

Laufzeit standardmäßig aus. Wir haben mit CARIBIC ein vergleichbares Projekt, das in seinem Studiendesign wesentlich komplexer ist. Es ist vor einem Jahr gestartet und hat auch eine Laufzeit von zwölf Jahren. Die langfristige Vision ist, gemeinsam mit anderen Airlines, eine Überwachungsinfrastruktur aufzubauen. Lufthansa war lange Zeit, die einzige Luftverkehrsgesellschaft, die die Klimaforschung unterstützt hat. Dies ändert sich jetzt und wir freuen uns, andere Luftfahrtgesellschaften mit ins Boot zu nehmen.

UmweltDialog: Der europäische Luftraum ist in etwa so groß wie der US-amerikanische, allerdings weitaus fragmentierter. Zahlreiche Flugsicherungsdienstleister, Flugleitstellen und verschiedene nationale Betriebssysteme sorgen für Ineffizienzen und wirken sich negativ auf die Umweltbilanz aus. Welche Verbesserungen müssten hier vorgenommen werden?

Dr. Haag: Ein einheitlicher europäischer Flugraum ist aus meiner Sicht ein zentrales Thema. Wir sind in Europa 75 Prozent teurer als die Amerikaner, was die Luftraumverwaltung angeht, und 45 Prozent ineffizienter. Wir fliegen Umwege, wir fliegen nicht in optimaler Höhe. Es wird seit über einem Jahrzehnt zwischen den Nationalstaaten über die Umsetzung des European Single Sky diskutiert. Man stellt in Aussicht, dass dieser im Jahre 2020 dann endlich vollständig implementiert sein wird. Man erlaubt sich, dieses System über einen Zeitraum von mehr als drei Dekaden zu modifizieren. Das ist nicht akzeptabel. Mit der Umsetzung hätte man einen wirklich guten und schnellen Weg, um Emissionen zu verhindern und Kosten zu sparen. Es würde uns effizienter und preiswerter machen.

UmweltDialog: Durch optimierte Flugrouten und andere Maßnahmen konnte die Lufthansa ihr Wachstum seit 1991 zur Hälfte „umweltneutral" gestalten. Was meinen Sie mit „umweltneutral"?

Dr. Haag: Wenn man sich auf das Technologieniveau des Jahres 1991 begibt und somit unterstellen würde, dass man keinerlei Verbesserung der Technologie der Flugzeuge und keinerlei Verbesserung der Flugführung hätte, dann wäre der Anstieg unseres Treibstoffverbrauchs doppelt so hoch gewesen. Wir hätten also doppelt so viel Treibstoff einsetzen müssen, um die gleiche Transportleistung zu erreichen, wie wir das heute tun. Aber, wir sind deutlich effizienter geworden. Der Anstieg der Emissionen ist nur halb so stark wie der Anstieg unseres Transportwachstums. Es ist zusätzliches Transportvolumen geschaffen worden, ohne dass es bezogen auf den Stand 1991 zu zusätzlichen Umweltbelastungen gekommen ist. Hier ist noch viel Potenzial vorhanden, das Wachstum umweltneutraler zu gestalten – zum Beispiel gerade in Hinblick auf die Optimierung des europäischen Flugraums.

UmweltDialog: Kann die Lufthansa direkten Einfluss auf die Flugzeug-Hersteller nehmen, was die Umweltverträglichkeit der Maschinen angeht?

Dr. Haag: Eine direkte Einflussnahme ist zum Teil möglich. Wir kaufen relativ viele Flugzeuge; sind aber nicht die einzige Airline in der Welt. Ein Hersteller muss versuchen, den gesamten Markt zu betrachten. Ich glaube, die Hersteller haben akzeptiert, dass wir uns als eine Airline positioniert haben, die immer sehr stark am technologischen Fortschritt interessiert ist und auch sehr fundiert über dieses Thema diskutieren kann. Es gibt regelmäßige Treffen und einen Informationsaustausch, sowohl mit den großen Herstellern als auch mit den Triebwerksfirmen. Wir platzieren unsere Positionen, Bedenken und Hinweise. Gerade mit Blick auf die europäische Forschung ist bei den Herstellern Vieles auf dem Weg.

UmweltDialog: Der Beitrag zum Klimaschutz von Lufthansa basiert auf einem Vier-Säulen-Prinzip. Können Sie uns dieses Konzept erläutern?

Dr. Haag: Unsere Vier Säulen-Strategie beginnt beim Thema technischer Fortschritt: Verbesserung bei Triebwerken und der Aerodynamik der Flugzeuge, leichtere, widerstandfähigere Materialien usw. Also all das, was man auch in der Vergangenheit schon in der Flugzeugtechnologie verstanden und getan hat. Hier ist immer noch ein erhebliches Potenzial vorhanden: Das Advisory Council for Aeronautics Research sagt, man könnte durchaus mit Einsatz neuer Technologien noch 50 Prozent der Emissionen reduzieren.

Ich möchte den Bereich Technologie aber noch weiter fassen: Beispielsweise die Frage nach dem Einsatz alternativer Treibstoffe, die ökologisch produziert sind, und die uns erlauben, weniger CO_2 in der Summe zu produzieren. Es wir ja über Biokraftstoffe, auch über synthetische, diskutiert. Auch dort ist Potenzial vorhanden – trotz vieler offener Fragen, die es hier noch gibt.

Der zweite Block betrifft die Verbesserung der Infrastruktur. Hier sollte man darauf hinweisen, dass Beschränkungen an Flughäfen, wie etwa eine nicht ausreichende Start- und Landebahnkapazität, natürlich zu Einschränkungen führen. Dieses führt zu Warteschleifen und dadurch verschwenden wir Treibstoff.

Der dritte große Block des Vier-Säulen-Prinzips sind die operativen Maßnahmen. Das ist ein großer Teil des Geschäfts der Airlines und der Airports. Hier haben wir in den vergangenen Jahren viel getan. Das fängt an mit leichteren Sitzen und reicht bis zur Optimierung der Frischwasserzuladung bei Langstreckenflugzeugen und der Anpassung von Fluggeschwindigkeit unter Berücksichtigung ökologischer Aspekte.

Vierte Säule dieser Gesamtstrategie sind marktbasierte Instrumente, also Emissionshandel und/oder freiwillige Kompensationsmaßnahmen. Die Sorgen, die man aus den Kreisen der Politik hört, das Wachstum des Luftverkehrs würde über alle Grenzen steigen, treffen vielleicht auf das Transportwachstum zu, nicht aber auf das Emissionswachstum.

Das gesamte Paket des Vier-Säulen-Prinzips birgt das Potenzial, dem Wachstum der Emissionen wirkungsvoll entgegen zu treten.

UmweltDialog: Herzlichen Dank für das Gespräch!

Zur Person

Dr. Karlheinz Haag ist Umweltbeauftragter bei der Lufthansa AG.

Rohstoff Kohlendioxid: CO_2-Recycling bei Linde

Von Jochen Fengler

Die Vermeidung von Kohlendioxid steht derzeit ganz oben auf der umweltpolitischen Agenda. Doch CO_2 ist nicht nur ein Klimakiller, sondern auch ein wertvoller Rohstoff mit vielfältigen Anwendungsmöglichkeiten. Auch die Linde Group, einer der weltweit größten Industriegasanbieter, handelt mit dem Treibhausgas – und verbindet damit Umweltschutz und Wirtschaftlichkeit in vorbildlicher Form. Der vorliegende UmweltDialog-Artikel erschien im Jahr 2007.

Der Chemiepark Marl, nördliches Ruhrgebiet: Auf den ersten Blick sieht das Werksgelände aus wie so viele in der Region. Zwischen unzähligen Tankanlagen windet sich ein wahrer Irrgarten aus metallenen Rohren, rote Backsteingebäude säumen die Transportwege, und vereinzelt ragen riesige Kamine in den blauen Himmel. Und doch gibt es einen signifikanten Unterschied zu den meisten Betriebsstätten im Ruhrgebiet, denn hier wird deutlich weniger Kohlendioxid in die Atmosphäre geblasen. Der Grund: Im Chemiepark Marl wird das unerwünschte Off-Gas wirtschaftlich genutzt – indem man hochreines CO_2 daraus gewinnt.

Denn Kohlendioxid ist nicht nur ein Treibhausgas, sondern auch ein marktfähiges Produkt. Das gilt zwar nicht für die 500 Millionen Tonnen, die Deutschlands Unternehmen im Zuge ihrer Strom- und Wärmeproduktion pro Jahr erzeugen. Diese Emissionen, die vorwiegend durch die Verbrennung fossiler Energieträger entstehen, sind nur unter erheblichem Aufwand zu verwertbarem Kohlendioxid aufzubereiten. Anders verhält es sich allerdings mit Kohlendioxid, welches bei chemischen Prozessen entsteht. Wie etwa im Chemiepark Marl, wo die Firma Sasol Germany Vorprodukte für Shampoos, Waschmittel und andere Reinigungsprodukte herstellt. Seit Mitte 2004 wird das dabei anfallende Kohlendioxid im benachbarten Recycling-Werk der Linde Group aufbereitet. Eine gelungene Verbindung von Umweltengagement und Wirtschaftlichkeit, denn mit der Aufbereitung des Treibhausgases unterstützt Linde nicht nur die Firma Sasol und die Region im nördlichen Ruhrgebiet bei der Emissionsverringerung. Zugleich produziert der Gaskonzern einen in der modernen Industrie äußerst begehrten und ökonomisch wertvollen Rohstoff.

Über 750.000 Tonnen CO_2 wurden 2006 in Deutschland verkauft. Und die Tendenz steigt, entdecken doch immer mehr Branchen die vorteilhaften Eigenschaften des Gases. Etwa die Reinigungsbranche: So hat zum Beispiel die Firma Cleaning Enterprises, eine Tochtergesellschaft der Linde Group, ein Textilreinigungsverfahren auf CO_2-Basis entwickelt, das sie in Europa unter dem Franchise-Label Fred Butler vermarktet. Der Vorteil beim Einsatz von Kohlendioxid ist, dass auch bei stark verschmutzter Wäsche auf schädliche Chemikalien verzichtet werden kann. Aufgrund ihrer natürlichen chemischen Eigenschaften binden die CO_2-Teilchen die Schmutzpartikel aus der Kleidung an sich und filtern sie so aus den Textilien heraus. Anschließend werden 98% des ‚verschmutzten' Gases wieder aufbereitet und kommen dann bei der nächsten Wäsche erneut zum Einsatz. Für diese gleichsam textilschonende wie umweltfreundliche Innovation wurde Fred Butler erst kürzlich mit dem „Blauen Engel" ausgezeichnet.

„Fred Butler ist ein Paradebeispiel für die vielfältigen Anwendungsmöglichkeiten von Industriegasen", erklärte der Vorstandsvorsitzende der Linde AG, Prof. Dr. Wolfgang Reitzle, bei der Verleihung des begehrten Umweltsiegels. „Wir werden dieses Geschäftsmodell konsequent weiterentwickeln und bis 2011 rund 50 Millionen Euro in den Aufbau von Filialen und Reinigungsanlagen investieren. Mit Fred Butler leisten wir einen nachhaltigen Beitrag zum Klimaschutz und schaffen gleichzeitig neue Arbeitsplätze", so Reitzle weiter.

Doch die Reinigungsbranche ist nicht das einzige Geschäftsfeld, in dem Kohlendioxid verwendet wird. Vor allem in der Lebensmittelindustrie hat sich das Gas zu einem unverzichtbaren Rohstoff entwickelt. So nutzen es Getränkeproduzenten zum Beispiel, um Mineralwasser und Limonade zu karbonisieren. Das wirkt nicht nur erfrischend, sondern erhöht zudem die Haltbarkeit des Getränks, da Kohlendioxid die Bildung schädlicher Keime hemmt. Diesen Effekt machen sich auch die Verpackungshersteller zunutze: Durch den Einsatz von CO_2 als Bestandteil von speziellen Lebensmittel-Gasgemischen und luftdichten Schutzhüllen kann die Entstehung von Bakterien und Schimmelpilze bei Obst- und Gemüse-Frischwaren wirkungsvoll gemindert werden. Vor allem aber als Kühlungsmittel hat sich das Treibhausgas bewährt. Vom Frosten von Backwaren über das Einfrieren von Fleischprodukten bis hin zur Transportkühlung wird Kohlendioxid verwendet. Und in Form von Trockeneis ist es heutzutage beim Catering von Sportveranstaltungen und in Flugzeugen kaum noch wegzudenken.

Dabei wird das Gas erst seit Mitte der 50er Jahre kommerziell genutzt. Denn erst als es gelang, CO_2 bei einer Temperatur von minus 35 Grad zu verflüssigen, konnte es in Spezialbehälter abgefüllt und transportiert werden. Heute betreibt die Linde Group neben dem Chemiepark in Marl noch zwei weitere CO_2-Produktionsstandorte in Leuna und Bad Driburg. Zusammen produzieren die drei Anlagen jährlich bis rund 250.000 Tonnen flüssiges CO_2.

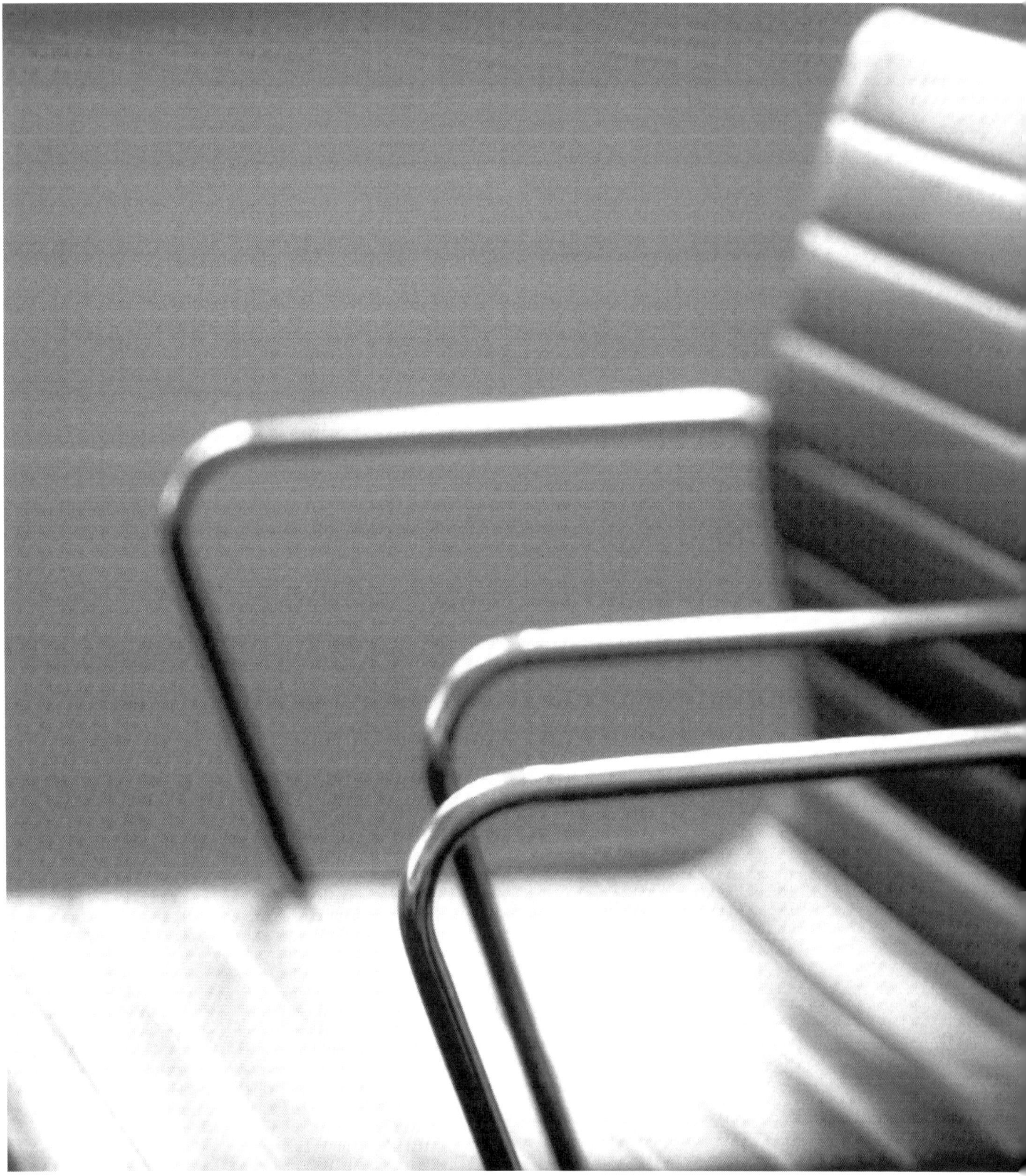

Akteure

3.1

Gesellschaftliche Verantwortung von Unternehmen – Akteure und Vernetzungsinitiativen

Von Dr. René Schmidpeter

1. Entstehung und Entwicklung

Der vorliegende Beitrag hat zum Ziel, die maßgeblichen Akteure und Vernetzungsinitiativen im Bereich der „Gesellschaftlichen Verantwortung von Unternehmen" (Corporate Social Responsibility) in Deutschland aufzuzeigen. Als Basis dafür wird zu Beginn die Entstehung und Entwicklung des Themas skizziert. Anschließend wird eine Systematik entwickelt, die dem Leser eine strategische Verortung der Diskussion sowie deren Akteure und Initiativen erlaubt. Abschließend wird erörtert, wie entlang der Prinzipien Innovation, Wettbewerb, Kooperation, Transparenz und Kommunikation das Thema Gesellschaftliche Verantwortung von Unternehmen in Deutschland weiter entwickelt werden kann.

Corporate Social Responsibility (CSR) wird in Deutschland ähnlich wie in anderen Ländern in hohem Maße von den Unternehmen selbst getragen und umgesetzt. Dies geschieht jedoch nicht in einem gesellschaftspolitischen Vakuum, sondern in einem Raum, der mehr einer zerklüfteten Landschaft, als einer am Reißbrett konstruierten Wirklichkeit entspricht. Zum einen liefert die jeweils einmalige historische Entwicklung eines Landes, zum anderen die gesetzlichen und politischen Rahmenbedingungen, unter denen die Unternehmen agieren, die entscheidende Grundlage für die maßgebliche Wirtschafts- und Engagementkultur. Insbesondere die gesellschaftliche Rollenaufteilung zwischen Wirtschaft und Staat, die organisierten Interessen von Arbeitgebern und Arbeitnehmern sowie das unterschiedliche Verständnis von CSR in der Wirtschaft und Zivilgesellschaft sind Faktoren, die die CSR-Landschaft eines Landes maßgeblich prägen.

Landschaften entwickeln ihre charakteristischen Eigenschaften im Laufe der Zeit. Meist geschieht dies organisch; nur selten gibt es umwälzende Ereignisse. Ähnlich entwickelte sich die Topografie von CSR in Deutschland: Sie baut auf eine lange wirtschaftliche und soziale Evolution auf, die jedoch unterbrochen war von zwei Weltkriegen und dem historischen Ereignis der Wiedervereinigung. Deutschland charakterisiert sich insbesondere nach Ende des 2. Weltkrieges durch die Entwicklung der sozialen Marktwirtschaft und des deutschen Sozialstaats. Dieses lange Jahre erfolgreiche Modell wurde insbesondere in den 1970er und 1980er Jahren durch das Entstehen einer starken Umweltbewegung um die ökologische Komponente ergänzt, die schließlich durch die Umweltgesetzgebung verfestigt wurde. Deutschland war zu dieser Zeit auf dem Gipfel der sozialstaatlichen Leistungsfähigkeit und setzte in Sachen Umweltpolitik im internationalen Vergleich Maßstäbe.

Diese Ausgestaltung der Marktwirtschaft in Deutschland ist besonders durch das spezifische Verhältnis von Staat und Wirtschaft gekennzeichnet. So werden zum Beispiel die Beiträge zur Renten-, Kranken-, Pflege- und Arbeitslosenversicherung gemeinsam von Arbeitgebern und Arbeitnehmern getragen. Zudem sind die Arbeitgeberverbände und Gewerkschaften autonom mit den tarifpolitischen Verhandlungen befasst. Ferner tragen die Industrie- und Handelskammern sowie die Handwerkskammern gesetzlich vorgegebene Aufgaben, indem sie z.B. die Berufsausbildung in den Unternehmen gestalten und implementieren (Duales Ausbildungssystem). Neben den Wirtschaftsverbänden existiert eine Reihe weiterer Interessensvertretungen, welche Einfluss auf die gesellschaftliche Entwicklung und Gestaltung der Gesellschaft nehmen. So ist die Tradition der Wohlfahrtsverbände als tragende Säule der sozialen Sicherung ein weiterer wichtiger Teil der starken Verbändestruktur in Deutschland.

Diese genuin deutsche Landschaft unterscheidet sich maßgeblich von beispielsweise der US-amerikanischen, in der Unternehmen auf Grund des Fehlens weitreichender staatlicher Regelungen schon immer stärker im Visier der Zivilgesellschaft waren und sich in die Lösung gesellschaftlicher Problemlagen einbringen mussten. Ähnliche Tendenzen können auch in Großbritannien beobachtet werden. Auch dort zog sich der Staat in der Thatcher-Ära aus immer mehr Bereichen zurück, so dass zunächst ein Vakuum zu entstehen drohte. Diese Lücken füllten dann sehr schnell Unternehmen, die sich in allen Regionen Großbritanniens sehr stark lokal engagierten. Diese Entwicklungen in den angelsächsischen Wirtschaftsräumen führten dazu, dass Corporate Social Responsibility und Corporate Citizenship dort schon früh nicht nur in die Managementstrategie sondern auch in den Fundus der „Public Policies" Einzug fanden.

Mit dem Entstehen einer globalen Wirtschaft, des Freihandels und neuer Technologien veränderte sich schlagartig die soziale und wirtschaftliche Topografie unserer Welt. Auch die deutsche Gesellschaft musste auf die neuen Herausforderungen und die Veränderung des weltweiten Wirtschaftklimas mit dem Umbau der gesellschaftlichen Strukturen reagieren. Corporate Social Responsibility hat nicht umsonst in den letzten Jahren verstärkt die deutsche Diskussion um die Zukunft der Wirtschaftswelt mitgeprägt. Insbesondere die wachsende mediale Präsenz der gesellschaftlichen Folgen des wirtschaftlichen Handelns (Reportagen und Nachrichtenmeldungen zu Kinderarbeit, Korruption, Umweltzerstörungen, aber auch Erfolgsstorys verantwortlichen unternehmerischen Handelns) haben die öffentliche Wahrnehmung über die Rolle der Unternehmen verändert. Seit die Unternehmen die Effekte der Berichterstattungen auf ihre Reputation erkannt haben, findet das Thema „gesellschaftliche Verantwortung" stärkere Beachtung. Dieses Interesse ist außerdem darin begründet, dass die steigende Transparenz der unternehmerischen Aktivitäten auch zu einer steigenden Konsumentensouveränität führt. Diese drückt sich positiv in einer erhöhten Zahlungsbereitschaft für Produkte von sozialverantwortlichen Unternehmen bzw. negativ in einem Verkaufsboykott von ökologisch oder sozial bedenklichen Produkten aus.

Diese Veränderungen der Rahmenbedingungen unternehmerischen Handelns passieren nicht zufällig in einer Zeit, in der sich durch die Globalisierung das lange Jahre stabile Konzept der „Deutschland AG" auflöst und sich Unternehmen (sowohl große wie auch mittelständische) verstärkt international ausrichten, womit sie einem wachsenden Einfluss von angelsächsischen Sichtweisen ausgesetzt sind. Um den zum Teil negativen Entwicklungen der Globalisierung zu begegnen, werden zunehmend neue Perspektiven gesellschaftlicher Verantwortung von Unternehmen gefordert. Von intelligenten Konzepten wird es abhängen, ob die vermeintlichen Schattenseiten der Globalisierung in gesellschaftlich positive Entwicklungen verwandelt werden können, an denen alle partizipieren. Corporate Social Responsibility scheint hier viele Antworten und Lösungsansätze, aber auch neue Fragen zu generieren.

Deutsche Unternehmen liefern bereits heute auf Grund ihrer hohen ökologischen und sozialen Standards wichtige Impulse für die internationale Diskussion. Dies ist eine Chance, um zukünftig Wettbewerbsvorteile durch sozialökologisches Wirtschaften zu erlangen. Wenn CSR jedoch nicht nur unternehmerische Vorteile, sondern auch nachhaltig gesellschaftliche Erträge und Innovationen generieren soll, werden sich neue Akteursnetzwerke sowie partnerschaftliche Beziehungen zwischen Wirtschaft, Staat und Zivilgesellschaft bilden müssen.

2. Eckpunkte und Ordnungslogik

Anfangs sei festgehalten, dass in Deutschland die stark zerklüftete Diskussion um die gesellschaftliche Verantwortung oft zu einem mangelnden gemeinsamen Verständnis für das Thema führt. In ganz unterschiedlichen Kontexten (Nachhaltigkeit, Bürgerschaftliches Engagement, Arbeitnehmerrechte, betriebliche Mitbestimmung, Weiterentwicklung der Sozialen Marktwirtschaft) wurde und wird die Diskussion geführt. Dabei gehen viele Synergien verloren, die in einem Austausch liegen. Das Thema der gesellschaftlichen Verantwortung ist komplex und oft fehlt ein Schema zur Einordnung der Einzelfacetten in einen verbindenden Kontext.

In der Diskussion um die Verantwortung von Unternehmen in Deutschland sind folgende Unterscheidungsdimension zu beachten: zum einen die gesetzlich geregelten und zum anderen die freiwilligen Maßnahmen. Ersteres umfasst die gesellschaftliche Verantwortung in Form der Einhaltung der bestehenden Gesetze (compliance). Letzteres beinhaltet die über das gesetzliche Maß hinausgehenden Maßnahmen, die gesellschaftlichen Nutzen stiften. Diese Unterscheidung ist wichtig, weil unternehmerisches Handeln in Deutschland stark reguliert ist (Sozialversicherung, Steuern, Ausbildungsplätze, Beschäftigung von Menschen mit Behinderung, Umweltschutz, Arbeitsschutz). D.h., viele Maßnahmen, die in Deutschland gesetzlich verpflichtend sind, werden in anderen Ländern heute erstmals unter CSR diskutiert. Zudem muss berücksichtigt werden, dass Freiwilligkeit zwar ein wichtiges Merkmal von CSR, aber kein Ersatz zu bestehenden Regeln und Gesetzen ist. D.h. freiwillige Maßnahmen sind komplementär zu den bereits bestehenden gesetzlichen Auflagen zu sehen. In der folgenden Übersicht werden analog dieser Ordnungslogik nur Initiativen dargestellt, die auf Maßnahmen über das Gesetz hinausgehend „Corporate Social Responsibility" fokussieren.

Eine andere Unterscheidungslinie ist die Verantwortung des Unternehmens im Bezug auf die Wertschöpfungskette und zum anderen, das Engagement nach außen in seinem gesellschaftlichen Umfeld zu unterscheiden. Beim ersterem, meist als „Corporate Social Responsibility" bezeichnet, steht die breite Verankerung sozialer, ökologischer und ökonomischer Faktoren in den betrieblichen Abläufen im Zentrum. In der zweiten Perspektive „Corporate Citizenship" wird meist auf das gesellschaftliche Engagement von Unternehmen bei der Lösung drängender gesellschaftlicher Herausforderungen mit Partnern fokussiert. Hierbei sei angemerkt, dass die Grenzen zwischen dem Begriff der Corporate Social Responsibility und dem in Deutschland ausgiebig diskutierten Konzept des Corporate Citizenship insbesondere bei mittelständischen Unternehmen fließend sind. In diesem Artikel werden daher sowohl Vernetzungsinitiativen vorgestellt, die sich mit Fragen der Verantwortung im Kerngeschäft als auch mit dem Engagement von Unternehmen in ihrem jeweiligen gesellschaftlichen Umfeld befassen.

Da der Mehrwert des Unternehmensengagements meist in Kooperationen entsteht, diente „die Vernetzung mehrerer Akteure als ein weiteres Kriterium zur Identifizierung der Initiativen. Folglich werden im Anschluss keine Einzelinitiativen, sondern vielmehr Initiativen mit dem Ziel der Vernetzung dargestellt. Hierbei lässt es sich zum einen unterscheiden, in welchem Bereich das Netzwerk initiiert wurde (Politik, Wirtschaft, Zivilgesellschaft), zum anderen, ob es sich um Netzwerke innerhalb eines gesellschaftlichen Bereichs oder um bereichsübergreifenden Netzwerken handelt. Im Folgenden werden sowohl Initiativen aufgeführt, die zum Ziel haben, Akteure innerhalb eines Gesellschaftsbereichs (z.B. Wirtschaft) miteinander zu vernetzen, als auch Akteure aus zwei verschiedenen Bereichen (duale Netzwerke) oder aus mehreren Bereichen (trisektorale Netzwerke) zu vernetzen.

Abschließend kann die Auswahl der Initiativen wie folgt zusammengefasst werden: Die Übersicht umfasst exemplarisch Initiativen aus Politik, Wirtschaft, Zivilgesellschaft sowie Multistakeholder-Initiativen (mehrere Initiatoren aus unterschiedlichen Bereichen), die
› das freiwillige Engagement der Unternehmen im Fokus haben (die Grenze zwischen internem (CSR) und externem (CC) Engagement ist dabei oft fließend);
› Akteure miteinander vernetzen. Dies kann sowohl innerhalb eines Systems (z.B. Wirtschaft), aber insbesondere auch bereichsübergreifend (z.B. Politik und Wirtschaft bzw. Wirtschaft und Zivilgesellschaft) stattfinden.

3. Akteure und Initiativen

Die deutsche CSR-Landschaft zeigt auf dem ersten Blick ein sehr heterogenes Gesicht. Auf der Mikroebene gibt es die Unternehmen (Großunternehmen und kleine und mittlere Unternehmen (KMUs) als Teil der Wirtschaft und die NGOs und Bürgerinitia-

Abbildung 1:
Fokus der Initiativen

z.B. Branchen-initiativen	z.B. Entwicklungs-partnerschaften	z.B. Initiative für Beschäftigung
Wirtschaft	Politik	Politik
		Wirtschaft
Wirtschaft	Wirtschaft	Zivilgesellschaft
↑ Vernetzung innerhalb eines Bereichs	duale Netzwerke ↑	trisektorale Netzwerke ↑
	Vernetzung zwischen unterschiedlichen Bereichen	

tiven als Teil der Zivilgesellschaft. Dem gegenüber stehen auf der Makroebene die klassischen Wirtschaftsverbände (BDI, BDA, DIHK, ZDH) und die Gewerkschaften. Zudem beschäftigen sich seitens der öffentlichen Hand insbesondere die Ministerien bzw. die nach- und beigeordneten Instanzen mit der Thematik (Rat für nachhaltige Entwicklung, GTZ etc.). In den letzten Jahren haben sich Netzwerke gebildet, die entweder von den Wirtschaftsverbänden, den NGOs oder staatlich getragen bzw. unterstützt werden (Initiative Freiheit und Verantwortung, econsense, CORA, UPJ etc.). Es gibt mittlerweile zu unterschiedlichsten Themen im Bereich „Gesellschaftliche Verantwortung von Unternehmen" Initiativen seitens der Politik, Wirtschaft und Zivilgesellschaft. Die wichtigsten davon sollen nun exemplarisch dargestellt werden, um die Richtung und Themenvielfalt im Bereich CSR aufzuzeigen.

Staatliche Initiativen

1) *Bundesministerium für Arbeit und Soziales – „CSR-Forum":* Das Bundesministerium für Arbeit und Soziales (BMAS) ist federführend für die Erarbeitung einer nationalen CSR-Strategie zuständig und hat in diesem Zusammenhang das nationale CSR-Forum eingerichtet. Ziel ist es, Sichtbarkeit und Transparenz der CSR-Aktivitäten der Bundesregierung zu erhöhen und das Engagement der einzelnen Fachressorts zu vernetzen. Zu diesem Zweck informiert das BMAS seit Juni 2008 auf einer eigenen Interneteseite über die CSR-Aktivitäten innerhalb der Bundesregierung und die Diskussionen und Arbeitskreise des CSR-Forums.
www.csr-in-deutschland.de

2) *Bundesministerium für Familie, Senioren, Frauen und Jugend – „Initiative ZivilEngagement, Erfolgsfaktor Familie":* Auch das Bundesministerium für Familie (BMFSFJ) beschäftigt sich im Rahmen des Themas „Bürgerschaftliches Engagement" mit dem gesellschaftlichen Engagement der Unternehmen. Die jüngste Initiative „ZivilEngagement" des BMFSFJ hat zum Ziel, bürgerschaftliches Engagement anzuerkennen, weiterzuentwickeln und zu stärken.
www.initiative-zivilengagement.de

Neben den Aktivitäten im Bereich „Bürgerschaftliches Engagement" werden auch im Themenfeld „Vereinbarkeit von Familie und Beruf" Unternehmen und andere Akteure aktiv mit einbezogen. Im Rahmen der Initiative „Erfolgsfaktor Familie" werden gemeinsam mit Partnern Kooperationsprojekte für eine bessere Balance von Familie und Arbeitswelt erarbeitet und verbreitet.
www.bmfsfj.de/Politikbereiche/Familie/familie-und-arbeitswelt,did=11408.html

3) *Bundesministerium für wirtschaftliche Zusammenarbeit und Entwicklung (BMZ) – „Entwicklungspartnerschaften mit der Wirtschaft":* Das BMZ richtete bereits im Jahr 1999 einen eigenen Fonds für „Entwicklungspartnerschaften mit der Wirtschaft" ein. Dieser Fonds wendet sich speziell an europäische Unternehmen, die Projekte in Partnerländern der deutschen Entwicklungszusammenarbeit planen und sich aktiv in die Entwicklung eines Landes einbringen. Diese sogenannten Public-Private-Partnership-Projekte sind in diversen Themenfeldern möglich: z.B. Ausbildung, Umweltschutz, Aufbau von Infrastruktur oder nachhaltigen Zulieferketten.
www.bmz.de/de/themen/wirtschaft/privatwirtschaft/ppp/index.html.de

Zudem richtete das BMZ im Jahr 2001 im Rahmen der Nachhaltigkeitsdebatte ein eigenes Büro in der GTZ für Sozial- und Ökostandards ein. Ziel dieses Programmbüros ist es, durch geeignete Maßnahmen zur Einhaltung und Förderung von Standards die Lieferketten der Unternehmen nachhaltiger zu gestalten. Das Pro-

grammbüro leistet wichtige fachliche und strategische Beiträge zur internationalen Standarddebatte, berät die Bundesregierung zum Thema, unterstützt die Entwicklung und Umsetzung von Standards durch Beratung, Public-Private-Partnership Projekte und Capacity Development und trägt mit seinem Wissensmanagement zur Weiterentwicklung der Debatte bei.
www.gtz.de/soziale-oekologische-standards

Weiter wurde im Jahr 2001 vom BMZ gemeinsam mit Vertreterinnen und Vertretern von Unternehmen und Verbänden der Wirtschaft, Nichtregierungsorganisationen, Gewerkschaften sowie weiteren Bundesressorts der „Runde Tisch Verhaltenskodizes" initiiert. Dieses Multistakeholderforum hat zum Ziel, die Umsetzung freiwilliger Sozialstandards in Entwicklungsländern durch Information und Dialog sowie die Durchführung gemeinsamer Pilotprojekte zu fördern.
www.coc-runder-tisch.de

4) *Bundesministerium für Umwelt, Naturschutz und Reaktorsicherheit (BMU) – „Initiative Nachhaltig Handeln":* Gemeinsam mit dem Verbraucher-Initiative e.V. hat das Bundesumweltministerium und Umweltbundesamt die „Initiative Nachhaltig Handeln" ins Leben gerufen. Das bundesweite Projekt bringt bewusste Verbraucher und engagierte Handelsunternehmen zusammen, um nachhaltigen Produkten mehr Marktchancen zu verschaffen. Im Zentrum stehen die Bereiche Bauen und Wohnen sowie Textilien und Bekleidung. Es werden besonders der Austausch über praxiserprobte Strategien zur Vermarktung nachhaltiger und klimafreundlicher Produkte gefördert und gemeinsame Aktionen durchgeführt.
www.nachhaltige-produkte.de

5) *Bundesministerium für Wirtschaft und Technologie (BMWi) – „OECD-Kontaktstelle":* Die OECD hat mit ihren Leitsätzen erstmals einen umfassenden Handlungsrahmen für international tätige Unternehmen geschaffen. Die Leitsätze wurden als ein freiwilliger Verhaltenskodex zur Verwirklichung weltweit verantwortlichen Handelns von Unternehmen formuliert und stellen Handlungsempfehlungen der Regierungen der OECD-Mitgliedsländer an Unternehmen dar. Sie wurden unter Einbezug von Arbeitgeber- und Arbeitnehmervertretern sowie Vertretern von Nichtregierungsorganisationen erarbeitet. Um diese Empfehlungen bekannt zu machen sowie die Anwendung der OECD-Leitsätze zu verbreiten, haben die Regierungen der Mitgliedstaaten jeweils nationale Kontaktstellen eingerichtet. Die deutsche Kontaktstelle befindet sich im Wirtschaftsministerium.
www.bmwi.de/BMWi/Navigation/aussenwirtschaft,did=1777082.html

6) *Rat für Nachhaltige Entwicklung:* Als beratendes Gremium für die Regierung rund um das Thema „Nachhaltigkeit" hat sich in Deutschland der Rat für Nachhaltigkeit etabliert. Dieses Gremium wurde erstmalig im April 2001 eingesetzt und im Juni 2007 von Bundeskanzlerin Angela Merkel bestätigt. Derzeit umfasst der Rat 13 bekannte Persönlichkeiten: Zu seinen Aufgaben gehört es, die nationale Nachhaltigkeitsstrategie zu begleiten, konkrete Handlungsfelder und Projekte zur Entwicklung und Umsetzung der Nachhaltigkeitsstrategie zu benennen sowie Bewusstsein für das Thema Nachhaltigkeit in der Politik und Öffentlichkeit zu schaffen.
www.nachhaltigkeitsrat.de

7) *Beauftragte der Bundesregierung für Migration – „Vielfalt als Chance":* Ziel der Kampagne „Vielfalt als Chance" ist es, in Unternehmen, Verwaltung und anderen Organisationen das Bewusstsein zu fördern, dass ethnische und kulturelle Vielfalt eine wichtige wirtschaftliche und gesellschaftliche Ressource ist. Im Rahmen von Veranstaltungen, Wettbewerben, Workshops

und Konferenzen werden Unternehmen und andere Organisationen informiert, wie sie erfolgreich das Potenzial von Migranten/-innen für sich nutzen können. www.vielfalt-als-chance.de

8) *Antidiskriminierungsstelle des Bundes – Bündnis mit der Wirtschaft:* Das Bündnis mit der Wirtschaft ist das zentrale und übergreifende Anliegen der Antidiskriminierungsstelle des Bundes. Die Antidiskriminierungsstelle des Bundes möchte die langfristigen, ökonomisch deklinierbaren Vorteile für Unternehmen herausstellen, die Vielfalt zum Bestandteil ihrer Managementphilosophie machen. Fachkräftemangel, demographische Entwicklung und Nachhaltigkeit sind Themen.
www.antidiskriminierungsstelle.de

Vernetzungsinitiativen seitens der Wirtschaft

1) *econsense:* econsense ist ein Zusammenschluss führender, global agierender Unternehmen der deutschen Wirtschaft mit dem Ziel der Förderung nachhaltiger Entwicklung und Corporate Responsibility. Auf Initiative des Bundesverbandes der Deutschen Industrie e. V. im Jahr 2000 gegründet, versteht sich econsense heute als eine der führenden Unternehmensplattformen für den Dialog mit Politik, Wissenschaft, Medien und gesellschaftlichen Gruppen zum Leitbild der nachhaltigen Entwicklung. Die Mitglieder nutzen das Forum für den Kompetenzaustausch, best practice und zur Erarbeitung gemeinsamer Ziele. econsense ist auch der nationale Partner des im Jahr 1995 gegründeten World Business Council for Sustainable Development, eine globale Vereinigung von Unternehmen zur Förderung nachhaltiger Entwicklung.
www.econsense.de

2) *Unternehmen für die Region:* Die Initiative Unternehmen für die Region, die von der Bertelsmann Stiftung und 20 renommierten Unternehmen im Jahr 2007 ins Leben gerufen wurde, unterstützt das gesellschaftliche Engagement von Unternehmen auf regionaler Ebene. Sie macht erfolgreiche Projekte sichtbar und fördert neue Kooperationen zwischen Unternehmen, Politik und Gesellschaft.
www.unternehmen-fuer-die-region.de

3) *Verantwortungspartner:* Teil der Initiative Unternehmen für die Region sind derzeit sieben regionale Verantwortungspartner-Regionen, in denen Unternehmer ihr Engagement bündeln und vernetzen. Gemeinsam mit weiteren Partnern – Kommunen, Landkreisen, Vereinen und gemeinnützigen Organisationen – werden gemeinsame Lösungsansätze für drängende regionale Herausforderungen entwickelt.
www.verantwortungspartner.de

4) *Unternehmensnetzwerk UPJ:* Die gemeinnützige Initiative Unternehmen Partner der Jugend koordiniert ein bundesweites Corporate Citizenship und CSR-Netzwerk von mehr als 60 großen und mittelständischen Unternehmen und 20 gemeinnützigen lokalen Mittlerorganisationen. Sie informiert, unterstützt und berät Akteure aus Wirtschaft, Zivilgesellschaft und Öffentlicher Verwaltung bei der Initiierung, strategischen Ausrichtung und Umsetzung von Corporate Citizenship und CSR und entwickelt das Feld durch innovative Projekte und Programme.
www.upj.d

5) *Future:* Die bereits im Jahr 1986 für verantwortliches Unternehmerhandeln im Bereich des Umweltschutzes gegründete Initiative „future" engagiert sich mittlerweile breiter aufgestellt im Bereich Nachhaltiges Wirtschaften. Die Initiative unterstützt (Mitglieds-)Unternehmen in ihren Bemühungen um Umweltschutz und nachhaltiges Wirtschaften und bietet ihnen ein Netzwerk zum Erfahrungsaustausch.
www.future-ev.de

Gesellschaftliche Verantwortung von Unternehmen – Akteure und Vernetzungsinitiativen

6) *Brancheninitiativen: Einzelhandel, Kaffeehersteller, Chemie*
Neben den branchenübergreifenden Initiativen gibt es auch solche innerhalb der Branchen. Als eine der ersten Branchen Deutschlands gibt der Einzelhandel im Rahmen des Sektorenmodells der Außenhandelsvereinigung des Einzelhandels (AVE) einen breiten Überblick über verschiedene Aspekte verantwortlicher Unternehmensführung. Beleuchtet werden dabei die CSR-Handlungsfelder für den Einzelhandel. Bisher sind über 80 Best Practices von rund 25 Unternehmen thematisch gegliedert dargestellt. Mitglieder verpflichten sich auf Grundlage der „AVE-Erklärung betreffend Beschaffungs-Verhaltensregeln zur Gewährleistung von Sozialstandards", die Einhaltung der Arbeitsnormen der ILO und SA 8.000 zur Geschäftsbedingung mit ihren Lieferanten zu machen.
www.ave-koeln.de/csr/pub/ave_sd_0403de.pdf

Als eine weitere Branche engagieren sich die Kaffeehersteller für das Thema Gesellschaftliche Verantwortung. Mit Unterstützung des Bundesministeriums für wirtschaftliche Zusammenarbeit und Entwicklung (BMZ) initiierte die Deutsche Gesellschaft für Technische Zusammenarbeit (GTZ) mit dem Deutschen Kaffeeverband (DKV) den Common Code for the Coffee Community. Diese Public-Private-Partnership hat zum Ziel, die Produktionsbedingungen von Kaffee in sozialer und ökologischer Hinsicht zu verbessern.
www.sustainable-coffee.net

Die internationale Initiative „Responsible Care" der chemischen Industrie wurde bereits 1985 gegründet und ist mit derzeit 53 nationalen Programmen eine der größten Brancheninitiativen. Ihr Ziel ist es, Maßnahmen über das gesetzliche Maß hinausgehend in den Bereichen Umwelt- und Arbeitsschutz, Produktverantwortung, Anlagensicherheit und Nachhaltigkeit zu setzen.
www.responsiblecare.org

Vernetzungsinitiativen der Zivilgesellschaft

1) *„Corporate Accountability CORA":* Im Corporate Accountability-Netzwerk arbeiten Menschenrechtsorganisationen, Gewerkschaften, kirchliche und entwicklungspolitische Organisationen, Verbraucher- und Umweltverbände sowie weitere Organisationen mit sozial- und gesellschafts-politischen Zielsetzungen zusammen. Das CORA-Netzwerk engagiert sich auf verschiedenen Feldern für eine am Gemeinwohl orientierte Unternehmensverantwortung.
www.cora-netz.de

Multi-Stakeholder Initiativen

1) *Global Compact:* Ähnlich der OECD hat sich auch die UN mit dem Thema „Gesellschaftliche Verantwortung" von Unternehmen beschäftigt. Basierend auf zehn Prinzipien zu Menschenrechten, Arbeitsnormen, Umweltschutz und Korruptionsbekämpfung ruft der Global Compact der UN weltweit Unternehmen dazu auf, sich öffentlich zu ihrer Verantwortung zu bekennen und sich aktiv für die Umsetzung der Global Compact Prinzipien einzusetzen. Mit dem Beitritt zum Global Compact Netzwerk verpflichtet sich ein Unternehmen, die Prinzipien innerhalb seines Einflussbereiches umzusetzen. Die Mitgliedsunternehmen sind zur regelmäßigen Berichterstattung über die Umsetzung der Prinzipien verpflichtet. Im Dialog mit staatlichen und nicht-staatlichen Vertretern werden auf freiwilliger Basis Partnerschaften initiiert und praktikable Ansätze entwickelt.
www.globalcompact.org

2) *Initiative für Beschäftigung:* Die Initiative für Beschäftigung wurde 1998 von BASF, Bertelsmann und der IG BCE gegründet und ist heute die größte konzertierte Aktion der Wirtschaft, um die Beschäftigungssituation in Deutschland zu verbessern. Die

Initiative für Beschäftigung hat sich zum Ziel gesetzt, durch konkrete Projekte mehr Arbeitsplätze zu schaffen sowie zu sichern und Beschäftigung zu gestalten. In den regionalen Netzwerken engagieren sich über 400 Unternehmen und 2.500 Personen.
www.initiative-fuer-beschaeftigung.de

3) *CSR Weltweit*: Das von der Bertelsmann Stiftung und dem Ausländischen Amt (AA) in Zusammenarbeit mit Politik und Wirtschaft entwickelte Internetportal unterstützt deutsche Unternehmen bei ihrem CSR-Engagement im Ausland. Kern des Informationsangebotes sind derzeit 24 Länderprofile. Diese berichten über die aktuellen gesellschaftlichen Herausforderungen in den entsprechenden Ländern. Zugleich werden derzeitige Akteure und mögliche Kooperationspartner im Bereich CSR benannt. Das zweite wesentliche Element sind die Fallstudien, eine Best-Practice-Sammlung gesellschaftlichen Engagements von deutschen Unternehmen im Ausland.
www.csr-weltweit.de

4) *Marktplätze „Gute Geschäfte"*: Seit 2006 fördert die Bertelsmann Stiftung zudem die Verbreitung von „Marktplätzen", auf denen Unternehmen mit Gemeinnützigen zusammen kommen. Auf dem Marktplatz erhalten sie die Möglichkeit, nicht-monetäre Kooperationen anzubahnen. Mittlerweile haben über 60 Marktplätze stattgefunden, und es sind auf diese Weise über 3.000 Partnerschaften zwischen Unternehmen und Gemeinwohlorganisationen in die Wege geleitet worden.
www.gute-geschaefte.org

4. Ausblick und Empfehlungen

Generell kann festgehalten werden, dass CSR als freiwilliges Managementkonzept in Deutschland die ersten Gebiete erfolgreich erschlossen hat. In der Diskussion um CSR liegen Potenziale für Unternehmen und Gesellschaft, die es zu heben gilt. Große sowie klein- und mittelständische Unternehmen haben erkannt, dass CSR zu Risikominimierung führt, Wettbewerbsvorteile um die besten Mitarbeiter/-innen generiert, Produkt- und Prozessinnovationen befördert, Vertrauen bei Konsumenten aufbaut, Wertsteigerung und Sicherheit für Investoren, Eigentümer und Aktionäre schafft sowie die eigene Marktposition durch ein verbessertes Image stärkt. Jedoch ist CSR derzeit gesellschaftspolitisch nach wie vor nur ein Randthema, welches vor allem im Verantwortungsbereich der Unternehmen selbst zu liegen scheint. Es wird derzeit in der öffentlichen Diskussion nur selten ein Nexus zwischen der Diskussion um die Weiterentwicklung der sozialen Marktwirtschaft und CSR gesehen. Auch die Frage nach partnerschaftlichem Handeln zwischen unterschiedlichen Akteuren als Mittel zur Steigerung der Zukunftsfähigkeit aller Gesellschaftsbereiche ist nach wie vor zu wenig thematisiert. Seitens der Politik wäre es daher wichtig, CSR als innovatives Konzept für die Weiterentwicklung ihrer eigenen Maßnahmen zu begreifen.

Die folgenden Prinzipien können den Akteuren im Feld CSR dazu dienen, die gemeinsame Diskussion in Deutschland weiter zu entwickeln. Je nach Akteur und Initiative werden die Schwerpunkte unterschiedlich ausfallen, jedoch als ganzes wird gemeinsam die CSR-Landschaft geprägt, die die gesellschaftliche Verantwortung von Unternehmen weiter stärkt.

Innovation

In einem sich durch technischen Fortschritt und globale Vernetzung schnell wandelnden Umfeld spielt die Innovationsfähigkeit von Unternehmen und Gesellschaft eine herausragende Rolle. Daher sollte man in der Diskussion um die gesellschaftliche Verantwortung von Unternehmen insbesondere den Innovationscharakter von CSR hervorheben. Unternehmen profitieren, wenn sie mittels sozialer und ökologischer Innovationen wichtige gesellschaftliche Bedürfnisse befriedigen. Erst durch das gesellschaftliche Ziel, CO_2-Emissionen zu reduzieren, können neue Produkte und entsprechende Märkte dafür entwickelt werden. Diese Sichtweise von CSR als Treiber für gesellschaftliche und unternehmerische Innovationen ist in Deutschland noch zu wenig berücksichtigt und sollte daher verstärkt adressiert werden. Um diese Diskussion zu stärken, ist ein entsprechend breit geführter Dialog zwischen Wirtschaft und Zivilgesellschaft zu unterstützen – besonders auf lokaler und regionaler Ebene. Zudem ist es wichtig, dass auch in Deutschland gezieltes Capacity Building im Bereich der CSR vorangetrieben wird und dabei ein Know-how-Transfer zwischen den einzelnen gesellschaftlichen Bereichen stattfindet. Zudem sollten bereits bestehende innovative Instrumente stärker verbreitet und bereits erprobte Formen intelligenter Kooperationen (z.B. Initiative für Beschäftigung, Erfolgsfaktor Familie etc.) auch auf andere Problemlagen übertragen werden. Ziel aller Akteure sollte es sein, die Innovationskraft von CSR stärker zu nutzen, um gemeinsam die soziale Marktwirtschaft an die Bedingungen der Globalisierung anzupassen.

Wettbewerb

Neben der Verbindung von CSR und Innovationsfähigkeit sollte auch die gesellschafts- und wirtschaftspolitische Diskussion um die Steigerung der Wettbewerbsfähigkeit durch CSR intensiviert werden. Zum einen haben deutsche Unternehmen vor dem Hintergrund der bestehenden gesetzlichen Regelungen bereits soziale und ökologische Maßnahmen und Prozesse implementiert, welche die eigene Positionierung durch „verantwortliches Wirtschaften" im internationalen Wettbewerb erlaubt. CSR könnte für deutsche Unternehmen ein neues Qualitätsmerkmal – wie seinerzeit „Made in Germany" – werden, wenn es gelingt, die eigenen sozialen und ökologischen Qualitäten international besser zu kommunizieren. Zum anderen sind die bestehenden sozialen und ökologischen Herausforderungen in den neuen Wachstumsmärkten (Osteuropa, Asien, etc.) eine reale Chance für deutsche Unternehmen, z. B. durch innovative Produkte und bereits entwickeltes soziales und ökologisches Know-how neue Märkte zu erschließen und so von der Globalisierung zu profitieren.

Transparenz

Damit die Qualität im Bereich der CSR gesichert werden und ein fairer Wettbewerb entstehen kann, bedarf es der Transparenz. Hierbei ist eine Balance notwendig, welche die Kreativität von Freiwilligkeit und das berechtigte Interesse der Öffentlichkeit in Einklang bringt. Das heißt, obwohl CSR ein freiwilliges Managementkonzept darstellt, reicht es nicht aus, sich ökologisch und sozial zu verhalten, sondern dieses Verhalten muss auch glaubhaft dargelegt werden können. Dabei könnte die Entwicklung einer CSR-Plattform helfen, bereits bestehende Ansätze, Initiativen und Netzwerke für eine breite Öffentlichkeit sichtbar zu machen, damit sich Bürger, Medien, interessierte Unternehmer etc. jederzeit über den aktuellen Stand der Entwicklungen und die Aktivitäten der Unternehmen im Bereich CSR in Deutschland objektiv informieren können.

Kooperation

Neben dem Prinzip des Wettbewerbs ist insbesondere auch die Kooperation konstitutives Element der CSR-Landschaft. Um die bereichsübergreifende Zusammenarbeit der Akteure weiter zu stärken, scheint es notwendig, dass die Akteure ein klares Verständnis ihrer eigenen Interessen und Ziele im Bereich CSR formulieren. Generell scheint es wichtig, voneinander zu lernen und die unterschiedlichen Sichtweisen und Herangehensweisen zu kennen. Dazu wäre es sinnvoll, konkrete CSR-Issues zu definieren und weitere Schnittstellen in der praktischen Zusammenarbeit zu benennen. Zudem könnten die bereits bestehenden Wirtschaftsinitiativen vermehrt auch Non-Profit-Organisationen (NPOs) mit einbeziehen, um stärker als bisher auch vom Know-how der zivilgesellschaftlichen Akteure zu profitieren. Eine flankierende Stärkung der zivilgesellschaftlichen Diskussion und der Netzwerke auf regionaler Ebene scheint wichtig, damit CSR nicht im luftleeren Raum verbleibt, sondern damit konkrete Brücken zwischen Wirtschaft und Zivilgesellschaft gebaut werden. Bereits bewährte Instrumente der öffentlichen Hand (PPP-Modelle, Familienatlas, Roundtable, Stakeholder-Dialoge etc.) sollten für andere Bereiche adaptiert und breiter eingesetzt werden. Zudem ist der Aufbau von regionalen Strukturen zur Unterstützung von Unternehmen und Non-Proftit-Organisationen bei der Umsetzung von CSR im gesamten Bundesgebiet voranzutreiben (Mittlerorganisationen: Freiwilligenagenturen, Bürgerstiftungen, andere Netzwerke).

Kommunikation

Neben der Initiierung der konkreten Zusammenarbeit ist es wichtig, die bereits bestehenden Aktivitäten in den Regionen und KMUs breit zu kommunizieren. Denn Unternehmen lernen am besten von Erfahrungen anderer Unternehmen (best-practice). Neben öffentlichwirksamen Preisvergaben sollte auch der internationale Austausch befördert werden, damit deutsche Unternehmen von Beispielen aus anderen Ländern lernen können. Um dem zum Teil fehlenden Wissen der Unternehmen über CSR zu begegnen, sollte der Ausbau eines flächendeckenden Aus- und Weiterbildungsangebots angedacht werden. Die IHKs könnten in ihrem Bildungsangebot CSR-Themen stärker als bisher aufnehmen. Dazu ist es jedoch notwendig, die Begriffe und die Diskussion um CSR zielgruppengerecht aufzubereiten, sodass jeder Akteur in seinem jeweiligen Handlungskontext die für ihn notwendigen Informationen erhält. Zum einen, um nach wie vor bestehende Missverständnisse aus dem Weg zu räumen, aber auch damit die Fortschritte in dem sich dynamisch entwickelten Feld der CSR allen zu Gute kommen. Gleichzeitig wird in diesem Prozess das Rollenverständnis zwischen Staat, Wirtschaft und Zivilgesellschaft diskutiert und neu verortet, d.h. das Konzept der sozialen Marktwirtschaft unter den Bedingungen der Globalisierung weiterentwickelt. Die Mühe lohnt sich! Es geht schließlich um die Zukunftsfähigkeit unserer Gesellschaft und die Wettbewerbsfähigkeit unserer Unternehmen!

Zur Person

Dr. René Schmidpeter ist Project Manager im Programm „Gesellschaftliche Verantwortung von Unternehmen" der Bertelsmann Stiftung.

Nationale Nachhaltigkeitsstrategien

Von Dr. Edgar Göll

Der vorliegende Beitrag erschien in der Erstausgabe dieses Buches im Jahr 2007.

Im Laufe der letzten Jahre hat sich immer mehr die Erkenntnis durchgesetzt, dass das auf dem UN-Erdgipfel 1992 vorgegebene Leitbild einer „Nachhaltigen Entwicklung" die wichtigste Richtschnur für künftiges Handeln aller Entscheidungsträger sein sollte. Und nachdem anfänglich versucht wurde, dieser Jahrhunderterausforderung mit eher symbolischen Aktivitäten zu begegnen, gewinnt nun effektives und effizientes Handeln an Dringlichkeit. In zahlreichen Staaten und Institutionen sind daher innovative Gremien und Strategien entstanden bzw. werden weiter entwickelt.

Auf dem UN-Nachfolge-Erdgipfel in Johannesburg 2002, zehn Jahre nach dem Gipfeltreffen in Rio de Janeiro von 1992, verpflichteten sich die Regierungen dazu, nationale Nachhaltigkeitsstrategien zu formulieren und deren Umsetzung einzuleiten. Denn die nationale Ebene ist trotz Globalisierung diejenige Regulationsebene mit dem größten Impact und der größten Steuerungsrelevanz.

Nationale Nachhaltigkeitsstrategien stellen den Versuch von Staatsregierungen dar, das Umsteuern in eine nachhaltige Entwicklungsrichtung zu unterstützen. Sie beinhalten zu diesem Zweck in mehr oder weniger konkreter Weise Leitbilder, Handlungsziele, Indikatoren, Zeiträume und Fristen, Verantwortlichkeiten und Verbindlichkeiten, Instrumente und Vorgehensweisen, Ressourcenzuteilung, Monitoring- und Evaluierungsschritte.

Die Bundesregierung hat 2002 eine Nachhaltigkeitsstrategie vorgelegt und darin 21 Indikatoren/Ziele formuliert. Wesentlich sind z.B. die Ziele Begrenzung des Flächenverbrauchs sowie Ausbau erneuerbarer Energieträger. Inzwischen liegen ein „Fortschrittsbericht 2004" und ein "Wegweiser Nachhaltigkeit 2005" vor. Fast alle anderen EU-Länder und weitere Staaten verfügen über Nachhaltigkeitsstrategien. Erfolgreiche Nationale Nachhaltigkeitsstrategien verfügen nach bisheriger Erfahrung über besondere Merkmale. Diese leiten sich unmittelbar aus den Prinzipien zur Gestaltung nachhaltiger Politik ab, wie sie in der Agenda 21 formuliert sind.

› *Querschnittscharakter:* Eine wesentlich neue Qualität von Nachhaltigkeit besteht in der ganzheitlichen Betrachtungs- und Herangehensweise, insbesondere durch die Integration der drei inhaltlichen Dimensionen Nachhaltiger Entwicklung (Ökonomie, Soziales, Ökologie). Soweit möglich müssen daher die Bedingungen und Möglichkeiten für ressortübergreifende Kooperation und Verwirklichung des Querschnittscharakters nachhaltiger Politik und nachhaltigen Wirtschaftens optimiert werden.

› *Langfristperspektive:* Häufig führen auf kurzfristige Zeiträume verengte Entscheidungshorizonte zu störenden oder, meist unintendierten, negativen Langfristfolgen. Eine sachgerechte Ausweitung der zeitlichen Wahrnehmungs- und Handlungshorizonte ist für ein auf Nachhaltigkeit ausgerichtetes Management unerlässlich.

› *Kommunikation und Partizipation:* In unseren modernen Gesellschaften kann Nachhaltige Entwicklung nur unter Nutzung des enormen Potenzials von Unternehmen und des Sozialkapitals der Bürger erreicht werden. Deshalb sind innovative und attraktive Kommunikationsformen und die Ausweitung der Partizipation unter möglichst weitgehender Einbeziehung auch von Mitarbeitern unabdingbar.

› *Praxis- und Ergebnisorientierung:* Die bisherigen punktuellen Fortschritte und prozessualen Innovationen in Sachen

Realisierung von Nachhaltigkeit müssen weiter optimiert werden, denn es herrschen noch Umsetzungsdefizite vor. Zur Effektivierung der Aktivitäten sind neben der Konkretisierung der Strategien und der Förderung modellhafter Maßnahmen angemessene Evaluationen dringend notwendig.

› *Globalisierung:* Um die teilweise negativen direkten und indirekten Folgen des eigenen Entscheidens und Handelns auf weiter entfernte Regionen zu minimieren (durch Export hocheffizienter Massengüter der EU werden z.B. landwirtschaftliche und industrielle Produktionskapazitäten in Afrika vernichtet), gilt es, den Horizont zu erweitern und die Perspektive anderer Akteure/Regionen einzubeziehen. Daher ist künftig eine viel stärkere Reflexion globaler Zusammenhänge geboten und eine angemessenere Bezugnahme auf, und Unterstützung von supra- und internationalen Nachhaltigkeitsaktivitäten erforderlich.

Beispiele aus der Praxis Nationaler Nachhaltigkeitsstrategien

Die hier vorgestellten Beispiele aus mehreren Staaten sind auf der Grundlage der genannten Qualitätsmerkmale ausgewählt worden. Sie sollen beispielhaft zeigen, ob und inwiefern die Prinzipien der Nachhaltigkeit in den Einzelfällen verwirklicht sind.

Integration und Querschnittscharakter

In vielen Ländern überwiegt in der Nachhaltigkeitspolitik die ökologische Dimension, während wirtschaftliche und soziale Dimensionen eine nur sekundäre Bedeutung erhalten. Auch die Aspekte Gender, Partizipation und Eine Welt sind noch unzureichend berücksichtigt. Gute Ansätze für ein wirklich nachhaltiges Wirtschaften existieren für einzelne Bereiche oder Instrumentarien, doch an zusammenhängenden und weitgehend akzeptierten Konzeptionen fehlt es bislang. Einen integrativen Ansatz verfolgt die britische Regierung mit ihrer Nachhaltigkeitsstrategie „A better quality of life" von 1999. Deren vier Schwerpunkte lauten: Sozialer Fortschritt, der die Bedürfnisse aller anerkennt; Effektiver Schutz der Umwelt; Schonender Umgang mit natürlichen Ressourcen; Erhalt eines hohen und stabilen Wachstumsniveaus bei niedrigen Arbeitslosenzahlen.

Langfristperspektive

Auf der Basis langjähriger und positiver Erfahrungen mit Umweltplänen legt der derzeit geltende niederländische NMP 4 („Nationalen Milieubeleidsplannen") neuerdings einen Zeithorizont von bis zu 50 Jahren zugrunde. Und in Frankreich existiert mit dem Commissariat Général du Plan (CGP) eine leistungsstarke Denkfabrik, die Analysen politischer Entwicklungen und multiperspektivische Prognosen erstellt. Die Untersuchungshorizonte betragen bei langfristigen Studien zwischen 20 und 50 Jahren. Die Herangehensweise ist sektorübergreifend, wenn auch die prinzipielle Grundorientierung einseitig ökonomistisch-technokratisch ist.

Kommunikation und Partizipation

In Belgien und Schweden wurden regionale Nachhaltigkeits-Workshops für die Formulierung der nationalen Strategien durchgeführt. Sie boten sowohl die Möglichkeit, neue Vorschläge einzubringen als auch Expertenwissen abzufragen und einzufordern, und damit sowohl die Wissenslage der Entscheidungsträger als auch der Bürger zu verbessern. Zudem dienen sie der Motivierung der engagierten Akteure und der Mobilisierung neuer Mitstreiter.

Zahlreiche Formen von Kooperation mit Akteuren der Wirtschaft werden in vielen Staaten durchgeführt. Interessant sind neue Arrangements zwischen verschiedenen gesellschaftlichen Gruppen, zum Beispiel die public private partnerships (PPP) in Finnland, in den Niederlanden oder in Großbritannien. Besonders hervorzuheben sind die sogenannten „covenants" in den Niederlanden. Es handelt sich dabei um Verträge, die durch Verhandlungen zwischen Regierungsvertretern und Unternehmensrepräsentanten zustande kommen und rechtliche Verbindlichkeit besitzen.

Praxis- und Ergebnisorientierung

Zu einer Ausrichtung auf konkrete Effekte gehört zum einen die Förderung von Projekten und zum anderen die Beobachtung der Entwicklungen und Effekte. Unabdingbar sind Projekte, um Strategien zu unterstützen, anschauliche Praxismodelle zu präsentieren und schließlich beispielhaft reale Veränderungen wie z.B. Reduktionen von Ressourceneinsatz zu erzielen.

In den Niederlanden sind durch mehrere Ministerien Projekte angeregt worden, die zu „qualitativen Sprüngen" in Richtung nachhaltige Entwicklung führen sollen. Hierzu gehört auch das „Transition Management", das durch besonders abgestimmtes Vorgehen in den Sektoren Energie, Wasser Management, Landwirtschaft und Mobilität gezielt Impulse setzt und derzeit evaluiert wird.

Die Vorlage von Regierungsberichten über Effekte und Entwicklungen der Nachhaltigkeitsaktivitäten gehört in zahlreichen Ländern zum Normalfall. Allerdings sind die zeitlichen Abstände, die Ausführlichkeit und Qualität, und vor allem die Folgerungen aus den Berichten unterschiedlich. Darüber hinaus sind in Dänemark und Großbritannien die lokalen Behörden von der Regierung gefordert, alljährlich bzw. zweijährlich Berichte über ihre eigenen Nachhaltigkeitsaktivitäten und künftigen Vorhaben vorzulegen.

Die finnische Regierung begann schon 1996 mit der Arbeit an nationalen Nachhaltigkeitsindikatoren. Sie nutzte die von der CSD vorgeschlagene Indikatorenliste und legte der UN Ende 1997 einen Erfahrungsbericht vor. Danach wurde auf dieser Basis an einem Indikatorensystem gearbeitet, das den nationalen Spezifika noch angemessener sein sollte. Das finnische Indikatorensystem wurde seit 1998 von einem Netzwerk von Wissenschaftlern und Administratoren ausgearbeitet und inzwischen aktualisiert.

Auch Großbritannien hat ein umfassendes Indikatorensystem entwickelt (150 Indikatoren, 15 „Headline Indicators"). Interessant ist beim britischen Ansatz zusätzlich, dass auch Regionen und Kommunen dazu aufgefordert sind, eigene Indikatorensysteme zu entwickeln. Die Regierung hat dafür 29 lokale und einige regionale Indikatoren vorgeschlagen.

Globalität und internationale Ausrichtung

Ein besonders positives Beispiel für eine internationale Ausrichtung von Nachhaltigkeitspolitik ist das Engagement Dänemarks, Schwedens und Finnlands für die Erarbeitung einer regionalen Agenda 21 im Rahmen des Ostseerates. Diese auf historischen Beziehungen aufbauende Kooperation namens „Baltic 21" wurde 1996 von den Ministerpräsidenten der Mitgliedstaaten des Ostseerates initiiert. Sie bezieht sich auf die Handlungsfelder Landwirtschaft, Energie, Fischerei, Forstwirtschaft, Industrie, Tourismus, Transport, Raumplanung und Bildung. Für diese Bereiche wurden Ziele und Aktionspläne festgelegt, deren Einhaltung zweijährlich in einem auf Indikatoren basierenden Bericht dargelegt wird. In diesem Zusammenhang ist zu erwähnen, dass die skandinavischen Staaten und die Niederlande als einzige ihre gegenüber den Vereinten Nationen gemachten Zusage, mindestens 0,7 % ihres BIP für Entwicklungszusammenarbeit zu verausgaben, seit Jahren verwirklicht und diese Quote zeitweise sogar übererfüllt haben.

Bilanz

Der Innovationsgehalt und Impact der erfolgreichen nationalen Nachhaltigkeitsstrategien basiert nicht nur auf unterschiedlichen Rahmenbedingungen, sondern auch auf der Tatsache, dass diese Staaten global betrachtet zu den „early movers" der Nachhaltigkeitspolitik zählen. Sie haben daher schon mehrere Stufen mit entsprechend angehäuften Erfahrungen, Gewohnheiten und innovativen Maßnahmen auf ihrem Weg zu einer Nachhaltigen Entwicklung zurückgelegt.

Die in Bezug auf „Nachhaltigkeit" weit entwickelten Länder wie Finnland und Schweden zeichnen sich weniger durch besonders auffällige Institutionen oder singuläre, einmalige Aktivitäten aus, sondern durch eine zunehmend systematische und intensive Integration der Nachhaltigkeitsprinzipien in alle politischen, wirtschaftlichen und gesellschaftlichen Bereiche. Das „Erfolgsrezept" der Ansätze besteht also nicht in einem einzelnen „Allheilmittel", sondern in einem ganzen Spektrum an Aktivitäten unterschiedlicher Akteure und der damit verbundenen Diffusion der Prinzipien und Handlungsmöglichkeiten mit dem Ziel von mehr Nachhaltigkeit.

Daraus folgt, dass die möglichst weitgehende Integration der Nachhaltigkeitsprinzipien in den Alltag und die vorherrschenden gesellschaftlichen und wirtschaftlichen Prozesse das Ziel jeglicher Nachhaltigkeitsstrategie sein muss. Die Orientierung an Nachhaltigkeitsprinzipien muss zur anerkannten, sinnvollen und erstrebenswerten Selbstverständlichkeit für alle Akteure werden. Mit einer solch konstruktiven und vorwärtsgerichteten Haltung werden von den Beteiligten auch Ideen und Vorschläge von außen als willkommene Anregungen statt als Zumutung genutzt. Die Erfahrung zeigt, dass Fortschritte entscheidend von engagierten und innovativen Akteuren abhängen. Persönlichkeiten und Gruppen mit hohem Innovations- und Veränderungswillen verleihen der Weiterentwicklung der Nachhaltigkeitspolitik immer wieder Impulse.

Aus den Erfahrungen bisheriger nationaler Nachhaltigkeitsstrategien lässt sich vor allem ableiten, dass eine klare Zuteilung von Verantwortung und Ressourcen eine Voraussetzung für erfolgreiche Nachhaltigkeitspolitik darstellt. Je klarer abgestimmt Nachhaltigkeitsstrategien sind, desto größer die Erfolgsaussichten.

Inzwischen haben die Nachhaltigkeitsaktivitäten eine eigene positive Dynamik entfaltet, und Nachhaltigkeit dient immer häufiger als Kompass für robuste Innovationen, wird als „regulative Idee" akzeptiert. Außerdem bestätigen Umfrageergebnisse eine extrem hohe Zustimmung zu den Einzelzielen von Nachhaltigkeit. Die bisherigen Lösungsansätze sind zwar noch nicht hinreichend, um unsere Produktions- und Lebensweise an den Anforderungen auszurichten und die entsprechenden gesellschaftlichen und wirtschaftlichen Ressourcen zu mobilisieren, aber sie bieten als innovative Modelle künftiger Strategien und künftigen Managements eine unerlässliche positive Perspektive.

Zum Autor

Dr. Edgar Göll arbeitet am Institut für Zukunftsstudien und Technologiebewertung (IZT) Berlin.

CSR: Zwischen Abstraktion und konkretem Handeln

Von Dr. Stefan Kunz

Zum klaren Verständnis eines jeden Themenfeldes bedarf es einer definierten Terminologie, um jedwede Unklarheit respektive den unbewusst oder bewusst gehaltenen Interpretationsspielraum zu reduzieren. Der Fokus des vorliegenden Aufsatzes bezieht sich auf die konkrete Umsetzung und den Nachweis von „Corporate Social Responsibility" (CSR). Daher soll zu Beginn folgende Definition von CSR stehen: „Glaubhafte Integration sozialer und ökologischer Aspekte in ökonomischem Handeln".

Die Waren und Güter für Verbraucher, die von europäischen Handelsunternehmen vertrieben werden, kommen vorrangig aus den Beschaffungs- und Produktionsmärkten der Wachstumsmärkte, oder auch Entwicklungsländer genannt. Das Gros der Rohmaterialien und Hilfsstoffe hat ebenfalls seinen Ursprung aus dieser Region.

Hier trifft man bereits auf die erste Hürde in Bezug auf CSR. Sowohl Handel als auch der Konsument möchten wissen, aus welchen Komponenten das Oberhemd oder der Gameboy zusammengesetzt sind. Welche Substanzen werden verwendet, welche Produktsicherheitsstandards werden gewährleistet? Ist der Verlauf innerhalb der Wertschöpfungskette konform mit nationalen und internationalen Umweltkriterien? Hinzu kommen emotionale Faktoren wie Kinderarbeit, Niedriglöhne, Arbeitszeiten von 72 und mehr Wochenstunden. Internationale Nichtgerierungsorganisationen prangern gezielt solche Missstände an. Der Handel fürchtet um sein Image. Wird seinen Zulieferern nachgewiesen, dass sie ökologische und soziale Kriterien nicht einhalten oder diese gar bewusst umgehen, um sich einen Wettbewerbsvorteil zu verschaffen, bekommt die Warenhauskette die negativen Folgen als erste zu spüren. Die Liste der Negativbeispiele in jüngster Vergangenheit ist lang. Die Anzahl der Sektoren vergrößert sich. War es vor einigen Jahren insbesondere der Textil- und Bekleidungsmarkt, so stehen nun zum Beispiel auch Lebensmittel oder Elektrogeräte im kritischen Fokus. Wie kann sich der Handel vor Antikampagnen schützen? Wie ist es möglich, die Rückverfolgbarkeit von Produkten zu gewährleisten? Wie sehen die Produktionsprozesse konkret aus? Gibt es eine Transparenz in der Beschaffungs- und Lieferkette angesichts der involvierten Akteure weltweit?

In diesem Kontext sprechen wir von einem Spannungsdreieck. Die Zivilgesellschaft als moralisches Gewissen der Konsumenten. Der Handel, der bestrebt ist sein Risiko zu minimieren, sowie der Zulieferbetrieb, der verpflichtet ist, besagte Kriterien zu erfüllen. Als übergeordnete Instanz fungiert die internationale und nationale Politik. In diesem Rahmen werden Standards erlassen, Kriterien wie die der International Labour Organisation (ILO) ratifiziert, oder es wird an die moralische Verantwortung der ‚Global Player' zum Beispiel durch den UN-Global Compact appelliert. Handelshäuser oder Industrie definieren Verhaltenskodizes als verbindliche Maßnahme gegenüber ihren Zulieferbetrieben. Sind solche Kriterien in den USA überwiegend verbindlicher Art, so regelt Europa dies noch über freiwillige Verpflichtungen. Standards, sprich einheitliche Bedingungen, werden für den Handel und seine Zulieferer immer wichtiger. Neue Verordnungen seitens der Europäischen Kommission verstärken diesen Trend. Fakt ist, dass die legale Verbindlichkeit für den Handel auch in Europa zunimmt. Dies begründet sich durch das Interesse, bestimmte Produktionsmärkte zu schützen und so nicht-tarifliche Hürden aufzubauen. Mögen die Beweggründe unterschiedlich sein, so ändert dies nichts an der Tatsache, dass wir erst am Anfang der CSR Welle stehen. Der Terminus „Corporate Social Responsiblity" gehört mittlerweile zum guten Ton, obgleich Preis und Qualität ausschlaggebend sind.

Ist dieses Szenario für die Zulieferbetriebe in den Produktionsländern schon komplex und oftmals schwierig nachzuvollziehen, so erschwert sich der Verständnisprozess bei Themen wie CSR-Kriterien, Standards und Transparenz. Zahlreiche Initiativen wurden im Laufe der letzten Jahre durch Handel, Regierungs- sowie Nichtregierungsorganisationen gestartet, um sich dieser Herausforderung zu stellen. Doch liegt der Fokus primär auf der Vermittlung von Informationen, um das Bewusstsein der Unternehmer in den Produktionsländer schrittweise zu sensibilisieren. Zwar haben Exportländer wie China oder Vietnam nachgewiesen, dass sie neben ihrem wirtschaftlichen Wachstum auch in Sachen Umwelt- und Sozialstandards im Vergleich zu europäischen Konkurrenten aufgeholt haben, doch bestehen in vielerlei Hinsicht weiterhin Defizite. Diese Defizite beziehen sich vor allem auf die mangelnde Nachvollziehbarkeit, sprich ‚Traceability' der Beschaffung und Produktion der Konsumgüter. D. h. aus welchem Rohmaterial wird der Pullover gestrickt? Ist im Kaschmir-Pullover auch Kaschmirwolle? Welche chemischen Substanzen wie Färbemittel sind enthalten? Werden Arbeitsrechte berücksichtigt? Erfolgt ein Teil der Produktion in ausgelagerten familiären Produktionsstätten? Wie wird das Holz der Kinderbauklötze behandelt? Sind dies in Europa verbotene Mittel? Woher kommt der Rohstoff Holz? Wird dabei der FSC-Standard eingehalten? Müssen die Arbeiter in der Hochsaison für das Weihnachtsgeschäft Überstunden leisten, die die gesetzliche Höchstgrenze überschreiten? Die Liste wesentlicher Fragen und Informationen lässt sich beliebig ergänzen.

Die Nachvollziehbarkeit und Transparenz der Supply Chain (Liefer- und Beschaffungskette) ist das Kernproblem aller CSR-Bemühungen, um dem Handel, aber auch den Konsumenten respektive den organisierten Vertretern der Zivilgesellschaft die notwendigen Informationen zu bieten. Nur verlässliche, systematisch erfasste Datensätze können einen Imageschaden auf Seiten des Handels verhindern. Demnach führt der konzeptionelle Weg über die Verbindung folgender Handlungsschritte:

1) Qualitäts-, Umwelt- und Sozialkriterien für das Produkt und seinen Beschaffungs- und Fertigungsprozess werden möglichst eindeutig definiert und kommuniziert.

2) Die besagten Kriterien oder Standards für den jeweiligen Sektor werden im Prozess umgesetzt bzw. korrigiert, um internationale Konformität zu erreichen.

3) In Bezug auf die Unternehmenspraxis werden systematisch Daten erfasst. Der individuelle Performance-Status wird ermittelt, woraus Korrekturmaßnahmen abgeleitet und umgesetzt werden.

Konzept zur Gewährleistung von CSR

Aus der Praxis wird jedoch ersichtlich, dass die Verbindung verschiedener Dimensionen – sprich Qualität der Produktion, Umwelt und Soziales – kein einfaches Vorhaben ist. Blicken wir zudem auf die drei oben erwähnten Handlungsschritte, um CSR im Rahmen der Liefer- und Fertigungskette zu gewährleisten, vermehren sich die Hürden auf dem konzeptionellen Weg. Wir stellen fest, dass das angelsächsische Bildungsmodell der Spezialisierung auf Teilbereiche dem ganzheitlichen, integrierten Ansatz von CSR konträr gegenübersteht. Die dreifache Rechenschaftslegung eines Unternehmens nach sozialen (people), ökologischen (planet) und ökonomischen (profit) Gesichtspunkten ist nicht nur in Unternehmen weitgehend unausgereift. Gleiches gilt auch in der oft einseitigen Argumentation der Zivilgesellschaft. Kritik sollte Vorschläge zur Verbesserung beinhalten, um einen Beitrag für einen ausgewogenen Kompromiss zu liefern. Demnach lässt sich stets darüber diskutieren, in welcher Rheinfolge profit, people und planet eingestuft werden. Der vorliegende Ansatz versucht die drei Dimensionen von CSR miteinander zu verbinden.

Public-Private-Partnership Kooperation

Vor diesem Hintergrund soll ein praktiziertes Konzept skizziert werden, welches sich in seinem Erkenntnisstand permanent weiterentwickeln muss, um den wachsenden internationalen Anforderungen gerecht zu werden. Der Ansatz basiert auf der langjährigen Public-Private-Partnership Kooperation zwischen der Deutschen Investitions- und Entwicklungsgesellschaft (DEG / KfW-Gruppe), dem Handelskonzern KarstadtQuelle AG [Anm. der Redaktion: nach Umstrukturierung seit 01.07.2007 Arcandor AG] sowie der Nichtregierungsorganisation 3p Institute. Die oben dargestellte Ausgangssituation entsprach grundsätzlich dem Lieferantenszenario bei KarstadtQuelle in ausgewählten asiatischen Produktionsstätten. Das heißt, es gibt diverse Initiativen zur Bewusstseinsbildung von Lieferanten, jedoch wenig komplementäre Programme, die die nachhaltige Wirkung in den Produktionsprozessen in Bezug auf Sozial- und Umweltanforderungen vorantreiben. Gefragt ist ein komplementäres Instrument, welches sich insbesondere mit der Qualifizierung des mittleren Managements auseinandersetzt. Dies umfasst sowohl die Angestellten für CSR und Human Ressource sowie die Beschäftigten der Produktion. Voraussetzung dafür ist ein deutliches Bekenntnis der Unternehmensführung. Die Einführung von Standards soll verpflichtend sein und über reine Lippenbekenntnisse hinausgehen. Dafür ist es erforderlich, die Situation der Importmärkte zu verstehen, um die Notwendigkeit von CSR richtig einzuschätzen. CSR ist daher nicht als ein Marketinginstrument, sondern als ein Geschäftsmodell zu verstehen. Der dauerhafte Nachweis der Gewährleistung von Umwelt- und Sozialstandards minimiert das Risiko des Handels und führt bei entsprechender Preis- und Qualitätspolitik zu einer dauerhaften Geschäftsbeziehung.

Die Integration sozialer und ökologischer Aspekte in ökonomisches Handeln basiert auf einem angepassten, systematischen Konzept für das jeweilige Unternehmen und seinem Produktsortiment. Dies setzt wesentliche Grundkenntnisse der Produktion voraus, um die relevanten Schnittstellen für die CSR-Kriterien identifizieren zu können. Wer hat welche Aufgabe im Unternehmen? Wie können zusätzliche CSR-Aufgaben in den normalen Produktionsablauf integriert werden? Wer kommuniziert mit wem über welche Aspekte innerhalb des Unternehmens? Gibt es überhaupt im Unternehmen Schnittstellen zwischen der Produktions- und der CSR-Abteilung, welche meist unter Verwaltung oder Human Ressource angesiedelt ist. Wer informiert seitens der Unternehmensführung das mittlere Management? In diesem ersten Schritt wird der betriebliche, organisatorische sowie kommunikative Prozess untersucht.

In einem zweiten Schritt wird überprüft, inwieweit das Unternehmen sich selbst bewusst über seine aktuelle CSR-Performance ist. Wird die CSR-Terminologie richtig verstanden? Kann man unterscheiden zwischen nationalen und internationalen Kriterien? Wie sieht die konkrete Praxis in Bezug auf ausgewählte Aspekte wie Arbeitssicherheit, Arbeitsrechte, ILO-Kernkonventionen und der Einhaltung von umweltrelevanten Anforderungen aus? Diese Situationsanalyse geht mit dem klassischen Auditansatz einher. Jedoch wird dem Unternehmen unmittelbar von dem unabhängigen Expertenteam, bestehend aus lokalen und internationalen Experten, erste Empfehlungen zur Verbesserung gegeben. Ein Fakt, der im klassischen Auditprozess nicht gegeben ist.

Basierend auf dieser ersten Unternehmensanalyse wird ein Korrekturplan entwickelt und dem Unternehmen vorgestellt. Das lokale Expertenteam, das dementsprechend ausgebildet und erfahren ist sowie die notwendigen sprachlichen und soziokulturellen Eigenschaften mitbringt, begleitet und assistiert die Umsetzung des Korrekturplans. Dieses Vorgehen ist personalintensiv. Jedoch im Vergleich zu den zahlreichen Audits, die immense Kosten verursachen, ist ein solcher Aufwand proportional gesehen günstiger und fördert die Eigenständigkeit des Unternehmens, CSR-Anforderungen mittelfristig selbständig umzusetzen.

Kontinuierliche Optimierung

In aller Regel trägt die Qualifizierung von CSR gleichzeitig zu einer Optimierung der vorhandenen Produktionsprozesse bei. Arbeitsprozesse werden durch die Zuteilung bestimmter Aufgaben der jeweilig verantwortlichen Personen definiert. Diese definierten Tätigkeiten sind regelmäßig schriftlich zu dokumentieren. Die stete Überprüfung dieser Arbeitsprozesse bedingt eine kontinuierliche Optimierung. Dieser Vorgang ist gleichbedeutend mit dem Ziel eines jeden idealtypischen gedachten Managementsystems. Die inhaltliche Ausrichtung des dargestellten Managementsystem bezieht sich nicht nur auf people und planet, sondern letztendlich auch auf profit. Die Implementierung eines integrierten Managementsystemen (die drei P's), wirkt sich nicht nur auf die CSR-Kriterien positiv aus. Die gesamte betriebliche Organisation verbessert sich nachweislich.

Der dargestellte Implementierungsprozess ist jedoch nicht zeitlich zu begrenzen. Es zeigt sich in der Praxis, dass jedes Unternehmen seine eigene spezifische Dynamik, aber auch Problemstellung hat. Dies gilt sowohl für kleine und mittlere Betriebe als auch für Großunternehmen. 9 - 15 Monate kann man als Regel ansetzen, um den Einführungsprozess unter Mitwirkung der lokalen Assistenz und externen Supervision erfolgreich in Gang zu setzen.

Doch was passiert, nachdem CSR in den Unternehmen in Kooperation mit externer Unterstützung sichtbar und lebendig, ein internes CSR-Kommunikationsnetz im Unternehmen etabliert worden ist? Einige Unternehmen sehen diese Qualifizierung als weiterführende Chance, da CSR als Geschäftsmodell betrachtet und im Betrieb als solches gelebt wird. Andere Unternehmen werden nachlässig und reagieren erst, wenn sich ein Auditor ansagt hat. Eine weitere Gruppe sieht sich allein veranlasst zu reagieren, wenn der Handel Druck ausübt. Ein pro-aktives Vorgehen im Kontext internationaler Regeln wird auf nationale Notwendigkeiten zurückgeschraubt.

Basiert der erste Schritt des CSR-Konzepts auf Wissensvermittlung im konkreten Arbeitsumfeld, so konzentriert sich der zweite Schritt der Wissensvermittlung auf die Überwachung der regelmäßigen Auffrischung und Wiederholung der erlernten Inhalte. Mittels eines digitalen Lernkonzepts werden – zentral gesteuert – die verantwortlichen Mitarbeiter verpflichtet, sich digital mit den Inhalten auf einer web-basierten Plattform auseinanderzusetzen. Die Inhalte knüpfen exakt an ihre Arbeitswelt an und zielen auf das Langzeitwissen. Die Reproduktion von Wissen ist weiterhin das gängige Lernschema in Entwicklungs- oder Produktionsländern. Die Verpflichtung Wissen, welches bereits in der Praxis angewandt wird, regelmäßig und leistungsorientiert zu wiederholen, kompensiert die passive und nachlässige Haltung derer, für die dieses Lernkonzept speziell geschneidert wird. Die Beweisführung der Wissensvermittlung auf verschiedenen Ebenen bietet der Unternehmensführung, aber auch dem Handelspartner den Überblick, über die dauerhafte Implementierung von Sozial- und Umweltstandards im Produktionsprozess. Das überprüfbare Wissen dient als Grundlage, inwieweit die erlernten CSR-Inhalte weiterhin ausgeübt werden. Interne oder externe Audits lassen diesen kontinuierlichen Prozess nachverfolgen.

Ist der CSR-Prozess entsprechend implementiert, kann durch ein Dokumenten-Monitoring die Transparenz und Rückverfolgbarkeit der Produkte erfolgen. Das heißt, die erwünschten Datensätze über die gesamte Liefer- und Beschaffungskette können transparent gemacht werden und sind dauerhaft abrufbar. Dies bezieht sich nicht nur auf CSR-Aspekte, sondern auch auf Kriterien wie der Produktsicherheit. Entspricht die Garnele aus Thailand oder die Bohne aus Kenia den europäischen Lebensmittelverordnungen? Hat das Unternehmen ein valides Zertifikat in Bezug auf Lebensmittelstandards? Wie wird überprüft, dass organischer Anbau auch wirklich ohne Einsatz von chemischen Hilfsstoffen erfolgt? Um jedoch die erwünschten Daten zu generieren, muss das Unternehmen in der Lage sein, solche Dokumente systematisch zu erarbeiten. Das heißt, es handelt sich um eine direkte Koppelung an das implementierte Managementsystem. Die (CSR)Inhalte können beliebig im Prozess erweitert oder modular bestimmt werden.

Die Produktion als Fokus eines CSR-Konzepts

Das dargestellte Qualifizierungsprinzip unterscheidet sich deutlich vom klassischen Szenario der Audits, runden Tische, Foren und Seminare für die Entscheidungsgremien. Das dargestellte CSR-Konzept, das sich rein mit der nachhaltigen Implementierung von angepassten Managementsystemen für die jeweiligen Sektoren befasst, fokussiert sich auf die Zielgruppe des mittleren Managements. Demnach erfolgt der CSR-Prozess unmittelbar in den Fertigungstrassen der Fabriken, auf Feldern und Gewässern. Allein die Entscheidung, ob CSR ausgeübt wird, erfolgt weiterhin am Schreib- oder Konferenztisch. Ohne die Unterstützung der Unternehmensführung braucht CSR jedoch nicht von ‚unten' begonnen zu werden. Wird diese Bedingung jedoch erfüllt, stellt sich der messbare Erfolg ein. CSR hat sich als Bestandteil internationaler Regeln in der Wirtschaftswelt etabliert. Gleiche Wettbewerbsvoraussetzungen und übereinstimmende Bedingungen für Arbeiter und Umwelt sind wichtige Aspekte, um Globalisierung fairer zu gestalten. Sollte jedoch der Preiskampf und der Wunsch nach immer besserer Qualität anhalten, kann der beginnende Prozess von Corporate Social Responsibility konterkariert werden. Der Verbraucher muss verstehen, dass solche Anforderung nur dann dauerhaft und nachhaltig zu gewährleisten sind, wenn er bereit ist, diesen Mehrwert auch monetär zu unterstützen. Doch reden wir hier nicht über die Zahl vor, sondern nach der Kommastelle. Im Falle der Kooperationen, die zur Entwicklung dieses spezifischen CSR-Konzepts geführt haben, tragen bisher Staat sowie Handel die Kosten. Es bleibt abzuwarten, wie der Verbraucher und die Zivilgesellschaft in den nördlichen Breiten auf eine solche Form nachhaltiger Entwicklung reagieren. Geiz oder Einsicht sind die Faktoren, die mitentscheiden über die glaubhafte Integration sozialer und ökologischer Aspekte in ökonomisches Handeln aller.

Über den Autor

Dr. Stephan Kunz arbeitet für das 3p Institute for Sustainable Management, das vornehmlich mit Akteuren aus Handel, Industrie, Regierungs- und Nichtregierungsorganisation in Asien und Afrika zusammenarbeitet.

3.4

Akteure

Ein Freund, ein guter Freund ...
Soziale Organisationen und Unternehmen in Kooperationsprojekten

Von Dr. Reinhard Lang

Die Basis jedes tragfähigen Kooperationsprojekts zwischen einem Träger und einem Unternehmen ist die vertrauensvolle Beziehung der beiden Partner. Anders als bei der Beziehung zur öffentlichen Verwaltung gibt es hier keine Rechtsansprüche, keine kodifizierten Antragswege oder Fristen: die Beziehung ist freiwillig – und deshalb muss sie aktiv hergestellt und gestaltet werden. Dafür setzt sich bei den mit dieser Aufgabe betrauten Profis langsam der Begriff des „beziehungsorientierten Marketing" durch.

Die Verbindung von „Beziehung" und „Marketing" mutet erstmal etwas seltsam an – trifft aber den Kern der Herangehensweise: denn das Zustandekommen einer Beziehung zwischen einander i.d.R. so „fremden" Partnern wie Unternehmen und sozialen Organisationen wird entweder dem Zufall überlassen, oder die Beziehung wird zielgerichtet hergestellt. Und das ist i.d.R. bei gemeinwesenbezogenen Kooperationsprojekten zwischen Trägern der Jugendhilfe und Unternehmen der Fall.

„Marketing" bedeutet ganz allgemein: konsequent auf den Markt gerichtetes Denken und Handeln, die eigenen Aktivitäten in Richtung auf bestimmte Zielgruppen aus deren Perspektive betrachten und entsprechend gestalten – und zwar nicht aufgesetzt, sondern integriert in das Selbstverständnis, die Leistungen und die Entwicklungsstrategien einer Organisation. Das setzt voraus, dass klar ist, welche Zielgruppen angepeilt werden – auf unser Thema bezogen: welche Unternehmen tatsächlich als potentielle Partner in Frage kommen. Um Zielgruppen anpeilen zu können, muss die Organisation wissen, wo sie hin will, welches Ziel also angestrebt wird, zu dessen Erreichung die Kooperation mit einem Unternehmen als sinnvoll erachtet wird. Nur dann ist es möglich, die für dieses Ziel bzw. Projekt „richtigen" Unternehmen aus der „Masse" an potentiellen Partnern im Gemeinwesen herauszufiltern.

Solcherart Vorüberlegungen anzustellen macht Sinn, denn i.d.R. steht nur wenig Zeit für die Anbahnung eines Kooperationsprojekts zur Verfügung. Und damit diese wenige Zeit möglichst nutzenbringend eingesetzt wird, ist es am besten, nur wenige Unternehmen für die richtige, und das heißt zu ihnen und zum beabsichtigten Projekt passende Beteiligung mit den besten Argumenten anzusprechen – oder andersrum: nur diejenigen anzusprechen, bei denen die Wahrscheinlichkeit, dass sie positiv reagieren, am größten ist. Die dafür notwendigen Informationen vorab zu beschaffen, ist eine der wichtigsten Aufgaben beim Beziehungsaufbau.

Etwas genauer kann man „Marketing" als das „zielgerichtete Herstellen und Gestalten von beiderseits nutzenbringenden Austauschbeziehungen" beschreiben. Die Unternehmen betreiben Marketing, um uns zum Kauf ihrer Produkte und Dienstleistungen zu veranlassen, die sie möglichst schon auf unsere (vermeintlichen) Bedürfnisse abgestimmt haben. Dabei nehmen sie auf vielfältigste Weise mit den jeweils angepeilten Konsument/innen Kontakt auf, um Aufmerksamkeit zu erzeugen und eine Austauschbeziehung herzustellen, auf daß diese möglichst langfristig und reichhaltig werde. Ein ähnliches Ziel verfolgen wir bei der Suche nach einem passenden Kooperationspartner auch – und müssen bei der Anbahnung der Beziehung auch eine entsprechende Haltung einnehmen („to step into your donors shoes" – so beschreibt Ken Burnett diese Haltung).

Eine dauerhafte Beziehung kommt nur zustande, wenn beim Austausch Geben und Nehmen in einem für beide Seiten akzeptablen Verhältnis stehen. Die wichtigste Frage lautet daher: Welche Motive und Beweggründe hat mein Gegenüber, um sich an meinem Projekt zu beteiligen, bzw.: Welche Motive und Beweggründe könnten welche Unternehmen in der Region haben? Solche Motive können firmenbezogen sein – wie z.B. Zugänge zu (potentiellen) Konsument/innen erlangen, Maßnahmen der Personalentwicklung oder der Mitarbeiter/innen-Motivation unterstützen, politische Kontakte knüpfen, PR und Imagetransfer in Richtung auf ganz bestimmte Zielgruppen, etc. Oder sie können als Motive der entscheidenden Personen – z.B. persönliche Betroffenheit, Altruismus, Neugier, Profilierungswünsche, Paternalismus ggb. dem Gemeinwesen oder aufgrund eigener Erfahrungen in (Selbstverwaltungsgremien) der Jugendarbeit – ausschlaggebend für die Aufnahme einer Kooperationsbeziehung sein. Folgerichtig lautet die nächste Frage: Was davon könnte in unserem Projekt realisiert werden? Oder andersherum: Mit welchen unserer Projekte können wir welchen Motiven und Beweggründen Raum geben? Der Köder muß dem Fisch schmecken – und nicht dem Angler.

Die unterschiedlichen Ziele und Bewertungskriterien klären

Die Beziehung zwischen den beiden Partnern soll und muss langfristig tragen, wenn das Ziel von Kooperationsprojekten nicht in einmaligen öffentlichkeitswirksamen Aktionen und der Überreichung eines Schecks enden, sondern darin bestehen soll, Unternehmen als Akteure im Gemeinwesen in die Bearbeitung von Problemlagen einzubeziehen – oder mit ihnen gemeinsam Lösungen für Probleme zu erproben, die die Unternehmen (auch) haben. Das ist für beide „Seiten", v.a. aber für die Unternehmen eine neue, ungewohnte Rolle – in die sie nur langsam hineinwachsen können und mit der sie (einzeln und kollektiv) zunächst mal Erfahrungen sammeln müssen, wenn langfristig sinnvolle Ergebnisse für Jugendliche damit erzielt werden sollen (das gilt natürlich auch für die anderen Beteiligten).

Trotzdem bleibt ein Unternehmen ein Unternehmen und wird seine Ziele bei einem Projekt immer auch in seine wirtschaftlichen Ziele einordnen und entsprechende Kriterien bei der Bewertung des Erfolges einer Kooperation (mit) zugrunde legen. Der Träger wird dagegen v.a. qualitativ-fachliche Ziele anstreben und seinerseits entsprechende Kriterien für den Erfolg eines Projekts heranziehen. Darüber muss frühzeitig gesprochen, Ziele und Bewertungskriterien ggf. konkretisiert, realisierbar angepasst oder aufeinander bezogen, Unterschiede ggf. transparent gemacht werden, damit unterschiedliche Einschätzungen bei der Bewertung nicht zu Schuldzuweisungen führen. Mit anderen Worten: zu einer funktionierenden Kooperationsbeziehung gehört – wie im richtigen Leben – eine gewisse Konfliktfähigkeit: wie sonst sollten sich ohne Auseinandersetzungen über unterschiedliche Sichtweisen sozialer Situationen und möglicher Problemlösungen die beiden „Welten" auch näher kommen?

Um welche Art der Zusammenarbeit geht es?

Eine Kooperationsbeziehung, in der die Unternehmen als Akteure im Gemeinwesen betrachtet werden (und agieren sollen), geht über eine reine Geschäftsbeziehung hinaus: es werden gemeinsame gemeinwesenbezogene Ziele definiert, Kompetenzen und Ressourcen zusammengeführt und gemeinsam Aktivitäten geplant und (mit verteilten Zuständigkeiten) durchgeführt („etwas weniger als Freundschaft und etwas mehr als unverbindliche Transaktionen", wie Leo Penta solche Beziehungen mit Bezug auf Community Organizing charakterisiert).

Von einer Kooperationsbeziehung unterschieden werden kann zum einen die Dienstleistungsbeziehung – z.B. in Sponsoringpartnerschaften, wo i.d.R. der Austausch Geld gegen Werbung im Rahmen der Öffentlichkeitsarbeit und des Marketing des Unternehmens erfolgt. Eine Dienstleistungsbeziehung kann aber auch durch ein Auftraggeber-Auftragnehmer-Verhältnis definiert

sein, in der das Unternehmen z.B. Geld für die fachliche Arbeit (in Form einer Dienstleistung) des Trägers bezahlt, wobei also in erster Linie kommerzielle Ziele verfolgt werden.

Auf der anderen Seite kann man drei weitere „Beziehungsmuster" von der partnerschaftlichen Kooperation und der Dienstleistungsbeziehung unterscheiden:

In „Joint Ventures" entsteht erst durch die spezifische Zusammenarbeit von Organisation und Unternehmen ein neues „Produkt", von dem sich beide im Rahmen ihrer jeweiligen Zielsetzungen (die kommerziell oder ideell geprägt sein können) etwas versprechen, das aber keiner von beiden alleine realisieren könnte – z.B. eine gemeinsame Veranstaltung, ein Workshop, eine Broschüre oder gar ein „echtes" Produkt, wie bspw. eine Software zur Verwaltung von Jugendbildungsstätten.

Patenschaften sind auf die Entwicklung des Angebotes einer bestimmten Organisation oder der Organisation selbst ausgerichtet, deren „Gegenleistung" üblicherweise zwar relevant sein wird für die Güte und Dauer der Beziehung, die aber vom Unternehmen nicht in erster Linie wegen dieser Gegenleistungen eingegangen wird, sondern eher um mit der Patenschaft aktiv dazu beizutragen, den Wirkungsgrad der Organisation im Hinblick auf ihre ideellen Ziele zu verbessern. Eine gute Gegenleistung würde also z.B. in einer besonders wirkungsvollen fachlichen Arbeit bestehen – eine Beziehungskonstellation, die für beide Seiten nicht ohne Tücken ist.

Und in einer altruistisch geprägten wohltätigen Unterstützung durch ein oder mehrere Unternehmen schließlich spielen (über die verschiedenen Möglichkeiten des Bedankens hinausgehende) Gegenleistungen eine untergeordnete Rolle. Hier geht es – in Abgrenzung z.B. zur Patenschaft – eher um eine passive (und deshalb auch eher Geld- oder Sach)Spende von seiten des Unternehmens zur Unterstützung bestimmter ideeller Ziele, nicht der Organisation.

Je nach dem also, welche Art der Zusammenarbeit zunächst vereinbart wird, wird auch die Beziehung schon in der Anbahnung mehr oder weniger tief, dauerhaft und anspruchsvoll zu gestalten sein. Allerdings schließen sich die verschiedenen Typen der Zusammenarbeit nicht aus. Es ist durchaus möglich, zunächst auf der Basis einer Geschäftsbeziehung und/oder einer Sponsoringpartnerschaft zusammenzuarbeiten, aus der sich dann langsam eine Kooperationsbeziehung entwickeln kann. Wichtig ist nur, dass allen Beteiligten klar ist, um welche Art der Zusammenarbeit es gerade geht und wer welche Ziele und Interessen verfolgt, um keine unangemessenen Ansprüche und Missverständnisse aufkommen zu lassen – und um die Beziehung später auch evaluieren zu können.

Geld ist nicht alles: give choices

Fast immer markiert ein finanzielles Problem (und das Zauberwort „Sponsoring") den Beginn des Nachdenkens über die Kooperation mit Unternehmen. Dabei gerät allerdings zweierlei aus dem Blick:

› Das sind zum einen die vielfältigen Möglichkeiten und Ressourcen, durch die sich Unternehmen über einen finanziellen Beitrag hinaus in ein Projekt einbringen können: so z.B. durch Zeitspenden, Kontakte, Wissen/Know-how, verbilligten oder kostenlosen Unternehmensleistungen, Zeit und Leistungen der Unternehmensmitarbeiter/innen, Öffnung der Vertriebs-, Beschaffungs-, PR-Kanäle oder der Logistik des Unternehmens, Vermittlung weiterer Ressourcengeber, Vergabe von Aufträgen, etc. Solche Leistungen sind (auch wenn sie in monetäre Einheiten umgerechnet werden) meistens mehr Wert, als eine Geldspende oder eine Sponsoringsumme.

› Mit der Fixierung auf Sponsoring und dessen Bedingungen (Geschäft auf Gegenseitigkeit im Rahmen der Marketing- und Kommunikationsstrategie des Unternehmens) werden nichtwerbliche Motive und Beweggründe (s.o.) in der Beziehung leicht ebenso vernachlässigt, wie die potentiellen Möglichkeiten des Trägers, das Unternehmen auch noch auf einen anderen als nur werblichen Nutzen des Kooperationsprojekts aufmerksam zu machen (wie z.B. ein sinnvolles Betätigungsfeld für engagierte Unternehmensmitarbeiter/innen, Zugänge zu Politik, Verwaltung oder Förderprogrammen, (Mit)Gestaltungsmöglichkeiten im Gemeinwesen, Anregungen für die Produktverbesserung oder -entwicklung, Räume/Veranstaltungen mit einem bestimmten Flair, spezielle Beratungs- und Organisationskompetenzen des Trägers, etc.).

Die Möglichkeiten einer Austauschbeziehung sind also vielfältig – und nur wer sich dieser Vielfalt bewusst ist, ist auch in der Lage, gemeinsam mit seinem Gegenüber die jeweils passende Unterstützungs- und Nutzen-Leistung herauszumendeln. Wer ausschließlich nach Geld fragt, wird öfters ein „Nein" zur Antwort bekommen, als diejenigen, die auch alle anderen möglichen Unterstützungsformen im Auge haben und „Wahl"möglichkeiten anbieten können.

Vertrauen und Kompetenz sind die Basis

Ein Unternehmen, das sich an einem Kooperationsprojekt beteiligt, geht ein gewisses Risiko ein: Was kommt dabei raus? Lohnt sich der Einsatz? Dies ist nicht nur in geschäftlicher Hinsicht, sondern auch auch auf der persönlichen Ebene relevant: Das Unternehmen bzw. die Person, die das Projekt im Unternehmen trägt, wird in ihrem eigenen Umfeld mit diesem Projekt in Verbindung gebracht, identifiziert, darauf angesprochen, muss es legitimieren, dazu stehen können. Gleiches gilt für den an der Kooperation beteiligten Träger. Die Beziehung muss also von dem Vertrauen darauf getragen sein, dass dies zumindest nicht unangenehm wird, die beiderseits vereinbarten Aktivitäten auch tatsächlich entfaltet und fachlich kompetent umgesetzt werden.

Vertrauen entsteht nur langsam, sein Aufbau braucht die Zeit und den Raum (manchmal sicher auch außerhalb des Projekts), wo beide „Seiten" testen können, mit wem sie es da zu tun haben, ob sie zueinander passen, sich aufeinander verlassen können. „Vertrauen entwickelt sich aus einer Mischung von Informationen und Gefühlen, der Prozess der Vertrauensbildung beginnt mit einer riskanten Vorleistung des Vertrauenden". Beide Partner sollten sich deshalb offen, ehrlich, authentisch in ihrem Geschäftsfeld, ihrem Leistungsprofil, ihren Kompetenzen und Kapazitäten präsentieren. Es muss besonders am Anfang der Beziehung mit offenen Karten gespielt werden und beiderseits Klarheit herrschen über die Motive und Interessen, über die beiderseitigen Ziele und gegenseitigen Ansprüche, sowie über die vereinbarten Aktivitäten und ihren Zeitpunkt. „Können wir das so umsetzen?" – ein rechtzeitiger Rückzieher aufgrund fehlender Kompetenzen oder Kapazitäten ermöglicht eher den Fortgang der Beziehung, als ein permanentes Durchwursteln.

Über solche Bedingungen, sowie über den Fortgang der Ereignisse muss nach innen wie auch außerhalb der direkten Kooperationsbeziehung (also innerhalb des Unternehmens genauso wie im Träger und im Umfeld) informiert, kommuniziert werden, um das gegenseitige und auch das von außen entgegengebrachte Vertrauen immer wieder zu erneuern und die Beziehung auch anderen Beteiligten gegenüber transparent zu machen. Vor allem diese anderen Beteiligten (wie z.B. Mitarbeiter/innen, Adressat/innen, Fachverwaltung, Medien, Umfeld) haben einen großen Einfluß auf das Funktionieren eines Projekts und müssen umfassend informiert und in die Beziehung einbezogen werden, damit sie ihrerseits darauf vertrauen können, dass auch ihre Interessen angemessen berücksichtigt und kompetent bedient werden. Nur dann können auch Störungen oder Probleme in der Beziehung rechtzeitig „behandelt" werden. Im besten Falle werden beide Partner die Ziele, Interessen und Möglichkeiten des anderen mitdenken und ihr Verhalten bei der Projektdurchführung entsprechend ausrichten – auch wenn dadurch kurzfristige eigene Interessen berührt werden könnten. Dies wird jedoch in einer von Vertrauen geprägten Zusammenarbeit ohne Angst kommunizierbar und zu langfristigen Zufriedenheit aller Beteiligten zu handeln sein.

Klare Abmachungen erleichtern den Alltag

Alles, was zur Umsetzung eines Kooperationsprojekts miteinander vereinbart wird, sollte schriftlich festgehalten werden. Das kann ruhig unterhalb der Vertragsform, z.B. in kurzen Ergebnisprotokollen geschehen. Dabei geht es nicht um Misstrauen, sondern um den Einbau einer Reflexionsschleife, der den Beteiligten die Möglichkeit gibt, noch einmal in Ruhe zu prüfen, ob alles auch so gemeint und wirklich so gemacht werden soll. Ebenso sollten zwischen den Kooperationspartnern ebenso wie organisationsintern eindeutige Regelungen getroffen werden, welche Verfahren zur eventuellen Konfliktlösung – z.B. durch Einschaltung einer externen „Schiedsperson" – einsetzen sollen. Trägerintern kann das Einhalten von Vereinbarungen und die besondere Abhängigkeit gerade angelaufener Kooperationsprojekte von einer zufriedenstellenden Umsetzung zeitweise zu einer bestimmten Wertigkeit des Projekts führen, die im Vergleich zu anderen Maßnahmen und Aktivitäten auf Dauer nicht angemessen wäre. Dies kann wiederum zu einer besonderen Dynamik in der Organisation mit den dazugehörigen Auswirkungen auf die interne Position der Projekt-Verantwortlichen führen. Auch hier können klare interne Vereinbarungen über Strukturen und eine weitsichtige Zeitplanung helfen, solche Klippen im Alltag zu antizipieren, falls Transparenz und Kommunikation nicht ausreichen.

Regelmäßige Überprüfung gibt Sicherheit

Läuft alles zur Zufriedenheit? Machen wir die richtigen Dinge miteinander, auf die richtige Weise und mit dem erhofften Ergebnis? Nur wenn zu Beginn Klarheit über die beiderseitigen Ziele und die Art der Beziehung (s.o.) hergestellt wurde, läßt sich später prüfen, ob und ggf. welche dafür relevanten Ergebnisse erzielt werden. Und nur wenn von vornherein eine Evaluation eingeplant wird, können die Kooperationspartner dafür die notwendige Zeit vorsehen, geeignete „Instrumente" finden (die sie u.U. erst erproben müssen) und Raum für möglicherweise notwendige Korrekturen – und auch für einen eventuellen Abbruch der Beziehung – schaffen. Auch eine soziale Organisation sollte bei der Überprüfung ihrer Kooperation mit einem Unternehmen ihr spezielles Kosten-Nutzen-Verhältnis im Auge behalten und sich dabei von Sachargumenten leiten lassen. Regelmäßige Information ist die Basis jeder Kontrolle. Eine aus den formulierten Zielen der Kooperation abgeleitete Dokumentation der Aktivitäten und der (z.B. nach Zielgruppen differenzierten) Ergebnisse, sowie eine zielbezogen sinnvolle Erfassung quantifizierbarer Projektdaten wird es beiden Partnern leichter machen, den Ertrag der Beziehung einzuschätzen und – das gilt v.a. für größere Unternehmen – die Kooperation mit den für den jeweiligen Bereich üblichen Argumenten zu legitimieren.

Bis die Kooperation zwischen Unternehmen und sozialen Organisationen einigermaßen üblich und der Umgang miteinander selbstverständlicher geworden ist, wird es noch einige Zeit dauern.

Die Unternehmen werden dabei nicht zu sozialen Organisationen mutieren. Aber die Möglichkeiten einer Zusammenarbeit können erschlossen und verallgemeinerbare Erfahrungen mit diesen Möglichkeiten produziert werden, wenn die Unternehmen nicht nur als ersatzweise Geldesel, sondern tatsächlich als potenzielle Partner und Akteure im Gemeinwesen betrachtet werden, die hier spezifische persönliche und/oder geschäftliche Interessen verfolgen, eine eigene Problemsicht und entsprechende Lösungsvorschläge haben, und die natürlich auch über zusätzliche Ressourcen verfügen. Überschneidungen mit den in der Jugend- und Sozialarbeit entwickelten Interessen und Lösungs-Ansätzen wie auch die bestehenden Konfliktlinien müssen geprüft und mit den für eine Kooperation aufgeschlossenen Akteuren ausgetauscht werden, wenn zusätzliche Ressourcen erschlossen und eine Zusammenarbeit von Dauer und ertragreich für das Gemeinwesen sein soll. Dazu ist es erforderlich, gerade auch die Beziehungsebene in den Blick zu nehmen und den angepeilten Austausch aktiv zu gestalten.

Zum Autor

Dr. Reinhard Lang ist Geschäftsführer bei UPJ e.V. – Netzwerk für Corporate Citizenship und CSR.

Akteure

DHL stellt Disaster Response Teams vor

Von Dr. Elmer Lenzen

Im Katastrophenfall ist Zeit der wichtigste Faktor. Damit vor Ort die Hilfe reibungslos anlaufen kann, müssen im Hintergrund gewaltige Logistikaufgaben gelöst werden. UNDP und OCHA haben daher gemeinsam mit DHL ein ambitioniertes Katastrophenmanagement-Projekt gestartet. Der Artikel erschien im Jahr 2007 bei UmweltDialog.

Ob Erdbeben, Überschwemmungen oder auch Klimawandel – die Schäden durch Naturkatastrophen werden häufiger und schwerwiegender. Lagen sie im Jahr 2002 weltweit bei 55 Mrd. Euro, so verursachte allein der Hurrikan "Katrina" rund 150 Mrd. Dollar (130 Mrd. Euro) Schaden. Angesichts der erschütternden Bilder vom Tsunami in Asien, dem Erdbeben in Pakistan oder auch dem Hurrikan in New Orleans sind dabei die Sachschäden nebensächlich. Es geht um tausende Menschenleben. Hilfe muss hier rasch und reibungslos eintreffen. Es sind die Tage nach der Katastrophe, die mit über das Ausmaß entscheiden. Oft läuft spontan und weltweit eine große Spendenbereitschaft an, aber damit die Hilfe schnell genug bei den Bedürftigen ankommt, bedarf es ausgeklügelter Logistik im Hintergrund.

Das United Nations Development Programme (UNDP) und das United Nations Office for the Coordination of Humanitarian Affairs (OCHA) haben daher gemeinsam mit DHL, dem Express- und Logistikspezialisten im Konzern Deutsche Post World Net (DPWN), eine weltweite, strategische Partnerschaft vereinbart. „Die Verwüstungen durch die letztjährigen Naturkatastrophen haben uns eine Menge über Katastrophenhilfe gelehrt", so UNDP-Chef Kemal Dervis. „Es ist lebensnotwendig, dass die internationalen Organisationen möglichst schnell und effektiv helfen können, um so den langfristigen Wiederaufbau zu erleichtern und sicherzustellen." Auch UN-Nothilfekoordinator Jan Egeland betont: „Die Logistik ist oft der Dreh- und Angelpunkt der Katastrophenhilfe. Wir benötigen eine reibungslose Versorgungskette. Vereinbarungen mit der Privatwirtschaft können dies ermöglichen."

Und hier kommt DHL ins Spiel: Der weltweit größte Logistikkonzern will sein Know-how und seine Mitarbeiter künftig den beiden UN-Organisationen für die internationale Hilfe bei Naturkatastrophen zur Verfügung stellen. Für DHL und die Konzernmutter Deutsche Post World Net ist die Partnerschaft Ausdruck des weltweiten gesellschaftlichen Engagements und zugleich eine gute Möglichkeit, logistische Kernkompetenzen einzubringen. „Als Global Player sind wir willens und fähig, globale Verantwortung zu übernehmen", erläutert der damalige DPWN-Vorstand Dr. Klaus Zumwinkel.

Herzstück der Zusammenarbeit ist die Bereitstellung von so genannten Disaster Response Teams (DRT), die zunächst an Standorten in Asien und Lateinamerika Position beziehen. Die Teams bestehen aus bis zu 80 Mitarbeitern von DHL – allesamt Freiwillige, die für ihre Einsätze speziell trainiert werden. Im Ernstfall sollen die DRTs im Auftrag der UN oder des betroffenen Landes innerhalb kürzester Zeit einsatzbereit sein. Sie übernehmen die Koordination der eintreffenden Hilfsgüter an einem Flughafen nahe der betroffenen Region, um logistische Engpässe dort zu vermeiden. Ende April 2006 wurde in Singapur das erste DRT für Asien und den pazifischen Raum offiziell eingeführt.

Nadelöhr Flughafen

Die Idee zu den Disaster Response Teams reicht zurück bis in das Jahr 2003: Damals erschütterte ein schweres Erdbeben die Provinzstadt Bam im Iran. Hilfslieferungen aus aller Welt liefen an, aber die örtliche Flughafenverwaltung war überfordert. „Binnen kürzester Zeit war der Airport dicht", berichtet Stefanie Danne von DPWN. Die Weiterverteilung der Güter verschleppte sich, da die Flugzeuge direkt auf dem Rollfeld entladen und Lieferungen unkoordiniert gelagert wurden. Man erkannte, dass es eines erfahrenden Airport-Managements bedarf, um in solchen Krisenmomenten sinnvoll agieren zu können. Bei der asiatischen

3-A

Akteure

Tsunami-Katastrophe im Dezember 2004 reagierte die Wirtschaft schneller: Unter der Leitung von DHL-Mitarbeiter Chris Weeks wurde am Flughafen von Colombo ein „Airport Emergency Team" eingesetzt – eine Initiative verschiedener Unternehmen, die auf dem Weltwirtschaftsforum nach dem Erdbeben von Bam entstanden war. 40 freiwillige Helfer sorgten dafür, dass mehr als 7.000 Tonnen Hilfsgüter aus 160 Flugzeugen „abgefertigt" wurden. Konkret ging es dabei um das Umladen der Güter auf Paletten, das Sortieren und eine fortlaufende Inventur. Alle Hilfslieferungen sollten so gelagert sein, dass sie schnell zugeordnet und LKWs zügig beladen werden konnten. „Wir haben schließlich seit Jahren große Erfahrungen im Handling von Luftfracht und den Airportoperationen", erläutert Danne im Gespräch die Unterstützung seitens DHL. „Welche Hilfsgüter schließlich in welche Regionen ausgeliefert werden, bleibt in der erfahrenen Hand der NGOs", so Danne weiter.

Wissen, wie man einen Gabelstapler fährt

Die weltweit agierenden Disaster Response Teams werden durch spezielle Trainings gezielt auf den nächsten Einsatz vorbereitet. Im Ernstfall herrscht nämlich am Flughafen zunächst Chaos und Hektik. Entscheidungen müssen schnell und eindeutig getroffen werden: Wie gehen wir vor? Wo lagern wir welche Paletten? Wie sehen die Lagerhallen aus, und wie können wir die Hilfslieferungen optimal verpacken? Alles scheinbar einfache Fragen, die aber im Ernstfall den großen Unterschied machen. Beispiel Pakistan: Bei dem Erdbeben in 2005 war eines der zentralen Probleme, wie die Hilfslieferungen in die entlegenen Gebiete gebracht werden sollten. Die Schluchten und Bergtäler waren abgeschnitten, extrem schlechtes Wetter kam hinzu. Viele Hilfsgüter wurden als Pakete mit Flugzeugen und Hubschraubern abgeworfen. Folge: Die Kartons brachen oft auf, sie landeten in Flüssen oder im Schlamm. Der Inhalt wurde unbrauchbar und den Menschen war nicht geholfen. Erneut leitete DHL-Experte Chris Weeks den Hilfs-Einsatz vor Ort und hatte die zündende Idee: Robuste DHL-Kuriersäcke wurden in sogenannte Speedballs umfunktioniert. Die Hilfslieferungen wurden so konfektioniert, dass mit dem Inhalt eine siebenköpfige Familie zehn Tage überleben konnte. Der Vorteil: Diese Kuriersäcke konnten bedenkenlos auch aus großer Höhe aus Hubschraubern abgeworfen werden, ohne dass sie Schaden nehmen. „Bis zu 500 Stück pro Tag haben unsere DHL Freiwilligen täglich konfektioniert, um dem hohen Bedarf nachzukommen", berichtet Danne. Die Kooperation von DHL mit dem UN-System wird nun sukzessive ausgebaut. Insbesondere sollen Projekte initiiert werden, die Katastrophenrisiken künftig verringern helfen.

Pakistanhilfe 2010

Die Flutkatastrophe in Pakistan schnitt Schätzungen der UN zufolge 800.000 Menschen von der Außenwelt ab. Ein Fünftel des Landes waren überschwemmt, 17 Millionen Menschen direkt von den Überschwemmungen betroffen, 1,2 Millionen Häuser zerstört.

Ab dem 25. August waren Experten des Disaster Response Teams vor Ort und koordinierten die internationale Hilfe am Flughafen Islamabad. „Unsere Mitarbeiter haben bisher 2.632 Tonnen Hilfsgüter umgeschlagen und 2.500 spezielle Notpakete für den Transport in entlegene Gebiete gepackt. Die Situation in Pakistan verbessert sich auf Grund der Katastrophe nur langsam, und daher bleiben wir weiter vor Ort," so Deutsche Post DHL-Konzernchef Appel. Um die psychische und physische Belastung der Helfer zu minimieren, werden die Freiwilligen wöchentlich ausgetauscht.

Bayer engagiert sich im Kampf gegen Tuberkulose

Von Dr. Elmer Lenzen

Sie ist eine der ältesten Krankheiten der Menschheit: die Tuberkulose. Lange galt ihre Bedrohung als überwunden, doch in jüngster Zeit meldet sich die Tuberkulose mit erschreckendem Ausmaß zurück: Nach Angaben der Organisation „TB Alliance" sterben jährlich zwei Millionen Menschen an der Infektion. Mit Hilfe von Bayer hofft man nun, ein neues, wirksameres Mittel zu finden. Der Artikel erschien im Jahr 2007 bei UmweltDialog.

Noch bis ins frühe 20. Jahrhundert war die Tuberkulose eine der verbreitetsten Krankheiten der Welt. Um 1880 war in Deutschland jeder zweite Todesfall in der Altersgruppe der Erwachsenen darauf zurückzuführen. Erst mit der Entwicklung eines Impfstoffes 1923 kam die Wende. Seitdem gilt Tuberkulose – zumindest in den reichen Ländern – als besiegt. Doch in diesem Jahrhundert droht eine unheilvolle Renaissance dieser Krankheit. Jedes Jahr treten wieder neun Millionen neue Fälle von aktiver Tuberkulose auf, zwei Millionen Menschen sterben daran. Verheerend an der neuen Art der Tuberkulose ist ihre rasche Ausbreitung unter den Ärmsten, der Anstieg resistenter Bakterienstämme sowie die gefährliche Kombination mit HIV/Aids. Die Weltgemeinschaft ist auf eine solche Epidemie nicht vorbereitet, warnt die Nichtregierungsorganisation „TB Alliance". Dort rechnet man in den kommenden 20 Jahren mit etwa einer Milliarde neuer Infizierter und bis zu 36 Millionen Toten im Jahr.

TB Zeitbombe tickt

Dagegen will die „TB Alliance" ankämpfen: Sie ist eine Gemeinschaftsinitiative von öffentlichen Akteuren wie etwa der Europäischen Kommission und der American Lung Association sowie Partnern aus der Industrie. Ihr Ziel ist es, in den nächsten Jahren ein neues, effektiveres und preiswertes Medikament gegen Tuberkulose zu entwickeln. Dieser Schritt zu neuen Medikamenten ist dringend notwendig, denn die derzeitigen Wirkstoffe sind bereits seit 40 Jahren unverändert im Einsatz und auf die neue Situation, die sich durch resistente Erreger ergeben hat, nicht wirksam eingestellt. „Partnerschaften wie diese sind unsere einzige Hoffnung, die TB Zeitbombe noch zu entschärfen", mahnt Lee Reichmann, Direktor des nationalen amerikanischen TB Zentrums.

Zusammen mit der Bayer HealthCare hat die Organisation daher eine klinische Studie aufgelegt, in der untersucht wird, ob sich die Heilungsdauer von Tuberkulose mit dem Bayer-Medikament Moxifloxacin erheblich verkürzen lässt. Bei erfolgreichem Ausgang könnte dieses Programm zur ersten Zulassung eines neuen Tuberkulose-Medikaments in mehr als vierzig Jahren führen. Die Prüfärzte sind zuversichtlich, mit dem von Bayer bereitgestellten Antibiotikum Moxifloxacin gute Ergebnisse erzielen zu können. An 2.500 Tuberkulose-Patienten von vier Kontinenten wird geprüft, ob sich das Medikament auch in der Tuberkulose-Therapie einsetzen lässt. Es ist weltweit eines der modernsten und wirksamsten Antibiotika, mit dem in über 100 Ländern verschiedene bakterielle Atemwegs- und Hauterkrankungen erfolgreich behandelt werden.

Historische Partnerschaft mit Bayer

„Dies ist ein historischer Moment im Rahmen der globalen Gesundheitsversorgung", sagte Dr. Maria C. Freire, Präsidentin und Chief Executive Officer der TB Alliance, zu Beginn des Kooperationsprojektes. „Wenn wir in unserem weltweiten Studienprogramm mit Bayer erfolgreich sind, könnte innerhalb von fünf Jahren eine neue, kürzere Therapie zur Verfügung stehen. Dies kann für Millionen von Tuberkulose-Patienten eine lebensentscheidende Frage sein." Dr. Wolfgang Plischke, Mitglied des Vorstands der Bayer AG, ist zuversichtlich, dass Moxifloxacin auch bei Tuberkulose eingesetzt werden kann: „Wir sind stolz darauf, gemeinsam mit der TB Alliance mitzuwirken, die Tuberkulose als eine der großen pandemischen Infektionskrankheiten in den Griff zu bekommen." Bestätigt die Studie vorklinische Beobachtungen, kann Moxifloxacin in Kombination mit anderen bestehenden Therapien die bisherige Standardmedikation bei Tuberkulose ersetzen. Das hätte für die Erkrankten gleich mehrere Vorteile: Unter Moxifloxacin heilt die Infektion schneller aus, so dass sich die Therapiedauer von bisher minimal sechs Monaten um mindestens ein Drittel reduzierte. Dank der Verkürzung haben die Patienten weniger Nebenwirkungen und sind eher bereit und auch finanziell in der Lage, die Therapie für die notwendige Dauer der Heilung vorzunehmen. Gerade das ist besonders wichtig, denn eine vorzeitig abgebrochene Therapie erhöht die Gefahr, dass sich multi-resistente Bakterienstämme bilden.

Bayer gründet Stiftungen

Die Bayer AG verstärkt übrigens künftig ihr Engagement für Bildung, Wissenschaft und Soziales. Dafür hat der Leverkusener Konzern seine bisherigen Stiftungsaktivitäten gebündelt und zwei neue Stiftungen gegründet: die Bayer Science & Education Foundation und die Bayer Cares Foundation mit einem addierten Stiftungskapital in Höhe von 17,4 Millionen Euro. Zusammen mit den bereits bestehenden Stiftungen „Hermann-Strenger-Stiftung" und „Herbert-Grünewald-Stiftung" ergibt sich ein Gesamtvolumen der Bayer-Stiftungen von 20,7 Millionen Euro.

Vorsitzender des Stiftungskuratoriums ist Prof. Dr. André Habisch, Professor für Christliche Sozialethik und Gesellschaftspolitik an der Katholischen Universität Eichstätt. „Als Teil der Bürgergesellschaft tragen Unternehmen mit ihrem sozialen Engagement zum Wohl des Gemeinwesens bei. Sie bauen dadurch Vertrauen auf – eine wesentliche Grundlage für ihren nachhaltigen Erfolg. So entsteht eine Win-Win-Situation für Unternehmen und Gesellschaft", sagt Habisch.

Vodafone: „CSR gehört zum Kerngeschäft"

Von Judith Bomholt

Auch Vodafone Deutschland spürte die Folgen der Wirtschaftskrise: Im Berichtszeitraum April bis Juni 2009 verzeichnete das Unternehmen einen Rückgang des Gesamtumsatzes von 5,6 Prozent gegenüber dem Vorjahreszeitraum. Dr. Mark Speich, Leiter Corporate Responsibility und Stiftungen bei Vodafone, spricht im Interview mit UmweltDialog über die Bedeutung von Corporate Social Responsibility (CSR) in Zeiten der Krise.

UmweltDialog: Im Zuge der Wirtschafts- und Finanzkrise tauchen immer wieder Befürchtungen auf, dass große Konzerne ihr CR-Engagement zurückfahren. Wie hält es Vodafone mit CSR in Zeiten der Krise?

Dr. Mark Speich: Zum einen sind wir natürlich sehr froh, dass wir uns als Unternehmen sehr gut in dieser wirtschaftlichen Krise behaupten und ein sehr stabiles Geschäftsmodell haben, so dass wir insgesamt sicher etwas weniger betroffen sind. Ich glaube aber auch, dass das Rückfahren von CR oder CSR in der Krise eigentlich nur dann nachvollziehbar ist, wenn man Geschäft und CR als Gegensatz begreift, und das halte ich für ein völlig falsches Verständnis. Wir bei Vodafone verstehen Corporate Responsibility eigentlich als ein Engagement, das in das Kerngeschäft integriert ist. Das ist nichts, was irgendwie als Anhängsel am Unternehmen hängt und sozusagen allein den Spenden und Sponsoring-Teil bedient. Sondern es ist letztlich der Versuch, das Kerngeschäft nachhaltig anzulegen. Und in dieser Hinsicht wirken auch wir als CR-Abteilung.

UmweltDialog: Gab es denn, alarmiert durch die Krise, eine stärkere Fokussierung auf das CSR-Engagement, wurden neue Strategien entwickelt oder andere Schwerpunkte gesetzt?

Dr. Speich: Wir sind eigentlich von unseren Schwerpunkten überzeugt. Im Zentrum steht für uns die die Frage, wie wir mit unserer Technologie Zugänge zu Bildung, Wissen und damit auch wirtschaftlicher und gesellschaftlicher Wertschöpfung leisten. Außerdem geht es um den Umgang mit dem Klimawandel, zu dem beispielsweise die Reduktion des Stromverbrauchs und des CO_2 Ausstoßes gehört – aber auch den Jugendschutz. Diese Schwerpunkte haben in der Krise nichts an Bedeutung eingebüßt. Im Gegenteil, wir werden weiter daran festhalten müssen. Und zum anderen ist die strategische Konzentration auf das Kerngeschäft etwas, was wir schon vor der Krise begonnen haben. Es ist also hier kein Umdenken durch eine besondere Situation, sondern wir glauben – und haben das auch schon vorher getan – mit dieser Konzentration das Richtige zu tun.

UmweltDialog: Eine persönliche Frage: Sie sind nun seit etwas über einem Jahr Leiter der Bereiche Corporate Responsibility und Stiftungen bei Vodafone. Was war in diesem Zeitraum Ihr größter Erfolg und was sind ihre nächsten Meilensteine?

Dr. Speich: Ich finde es immer etwas schwierig, wenn man ein sehr, sehr gutes Team hat, sich alleine die Erfolge zuzuschreiben. Insofern würde ich allenfalls sagen, dass ich schon einen Beitrag dazu leisten konnte, dass wir uns mit unserer CR-Strategie sehr viel stärker auf das Kerngeschäft konzentrieren und so aus diesem Randbereich, in dem CR in manch anderen Unternehmen vor sich hin dümpelt, herauskommen. Das ist auch mein großes Ziel, diesen Prozess fortzusetzen, auch durch eine Intensivierung des Stakeholderdialogs. Ich glaube, da haben wir noch echte Herausforderungen, das wollen wir erweitern und ausbauen zu einem wirklich regelmäßigen Dialog mit unseren Stakeholdern und damit auch unsere eigene Arbeit verbessern. Außerdem wollen wir noch enger ans Kerngeschäft heranrücken. Ich sehe uns stark in der Nähe des New Business Development, also der Einheit, die über neue Geschäftsfelder nachdenkt. Da glaube ich, gehört CR hin. Wir gehören nah an die Unternehmensstrategie.

UmweltDialog: Wenn sie von neuen Geschäftsfeldern sprechen, können sie da konkreter werden, worum es gehen soll?

Dr. Speich: Darüber muss man mit einer gewissen Diskretion sprechen. Nur, mir ist es dabei einfach wichtig, dass wir von Anfang an in diesen Prozessen beteiligt werden und gemeinsam überlegen, welcher gesellschaftliche Nutzen sich mit diesen geschäftlichen Aktivitäten erzielen lässt.

UmweltDialog: Und was den Stakeholderdialog betrifft – haben Sie da schon Ideen, wie der gefördert werden soll?

Dr. Speich: Er ist bislang nicht ausreichend systematisch erfolgt, und das möchte ich machen. Also zunächst einmal ganz sauber analysieren, wer sind die Stakeholder, die für uns wichtig sind, gerade in den für uns wichtigen Themenfeldern Zugang zu Bildung und Wissen, Klimawandel und Jugendschutz. Da machen wir sicherlich schon Einiges, aber ich glaube, das muss man wirklich systematisch angehen und auch eine funktionierende Feedbackkultur anlegen. So dass wir nicht nur gelegentliche Diskussionsveranstaltungen haben, sondern tatsächlich Anregungen und Verbesserungen für unsere Arbeit aus diesem Stakeholder-Dialog gewinnen.

UmweltDialog: Bereits im Jahr 2002 haben Sie ein Handy-Recycling-Programm aufgelegt. Wie kam es dazu und was war die Zielsetzung?

Dr. Speich: Vodafone war der erste Netzbetreiber, der ein solches Recyclingprogramm aufgelegt hat. Wir sind damals von der Tatsache ausgegangen, dass es in Deutschland schätzungsweise 50 bis 60 Mio. Althandys gab, die nicht in Gebrauch waren. Werden diese Handys nicht vernünftig entsorgt, stellen sie eine erhebliche Belastung für die Umwelt dar. Auf der anderen Seite sind Rohstoffe verarbeitet worden, die man recyceln kann. Wir haben aus einem ganz klaren, ökonomischen und ökologischen Handlungsbewusstsein heraus dieses Programm aufgelegt. Gleichzeitig wollten wir mit den Erlösen Projekte und Institutionen fördern, die wir für gesellschaftlich bedeutend halten.

UmweltDialog: Wie hat sich das Projekt im Hinblick auf Ihre Partner und Inhalte entwickelt?

Dr. Speich: Wir haben zunächst mit einer Vielzahl von Partnern begonnen und sind jetzt dabei, das zu konzentrieren und inhaltlich klarer auszurichten. Daher arbeiten wir inzwischen nur noch mit einer kleineren, aber besonders aktiven Zahl von Partnern zusammen. Das sind zum Beispiel die Hamburger Tafel, die Bürgerstiftung Sankt Nikolai sowie der Sonnenstrahl e.V., ein Verein der sich um krebskranke Kinder kümmert. Dann arbeiten wir vor allem auch mit dem NABU, mit dem wir gemeinsam ein sehr großes Projekt zur Renaturierung der Havel verfolgen und der Stiftung „Off-Road Kids", wo es um die Integration von Straßenkindern geht. Jetzt ganz neu dabei sind die Bürgerstiftungen. Entwickelt hat sich das Projekt auch, weil wir uns immer höhere Ziele gesetzt haben, was das Sammeln angeht – glücklicherweise auch mit Erfolg.

UmweltDialog: Wie erreichen Sie die Verbraucher mit Ihrer Aufforderung, ihre alten Handys zu spenden, und hat sich deren Spende-Verhalten im Laufe der Jahre verändert?

Dr. Speich: Wir haben ein ganzes Bündel von Maßnahmen ergriffen, angefangen mit Postern in unseren Shops sowie bundesweiten Presseaktionen. Auch die jeweiligen Spendenübergaben erfolgen mit Pressebegleitung, wir haben Sammelboxen in allen Vodafone Shops, und im Internet ist das Handy-Recycling ebenfalls beworben. Das hat zum einen den lokalen Bezug, nämlich dort wo gesammelt wird, wird auch gespendet, aber wir haben ganz bewusst auch immer eine bundesweite Strategie verfolgt. So haben wir zum Beispiel das Sammeln in unsere Beteiligung beim RTL-Spendenmarathon eingebunden und dadurch auch eine TV-Präsenz und Berichterstattung in ganz Deutschland erreicht. Zudem machen die Organisationen und Institutionen, mit denen wir partnerschaftlich verbunden sind, natürlich selbst auch Werbung und so auf das Vorhaben aufmerksam.

UmweltDialog: Wie sind Sie mit den bisherigen Entwicklungen zufrieden, und wo sehen Sie neue Ziele?

Dr. Speich: Wir können in jedem Fall sagen, dass wir sehr zufrieden sind, weil wir das Sammelergebnis kontinuierlich gesteigert haben. Allein in diesem Jahr hatten wir uns, verglichen mit dem vergangenen Jahr, ein sehr ehrgeiziges Ziel von 160.000 Geräten gesetzt und haben 176.000 Althandys gesammelt. Durch die Partnerschaft mit den Bürgerstiftungen möchten wir das Ganze auf eine neue Ebene heben und uns noch ehrgeizigere Ziele setzen. Wir glauben hierzu auch einen sehr geeigneten Partner gefunden zu haben.

UmweltDialog: Wie kam es dazu, dass Sie die Bürgerstiftung mit ins Boot geholt haben?

Dr. Speich: Die Bürgerstiftungen entwickeln sich seit einigen Jahren sehr aktiv in Deutschland. Sie haben den großen Vorteil, dass sie sehr lokal agieren und praktisch flächendeckend in Deutschland tätig sind. Die Bürgerstiftungen stehen aber auch für einen Geist, der unserem sehr nahe ist. Dabei geht es um Menschen, die handeln, die ihre Geschicke selbst in die Hand nehmen und ihre Umgebung verbessern und entwickeln wollen, insbesondere im Sozialen und im Umweltbereich. Das sind Themen die auch uns wichtig sind. Insofern haben wir in der Bürgerstiftung einen geradezu idealen Partner gefunden.

UmweltDialog: Gab es bei der Auswahl der Bürgerstiftung als Partner gezielte Projekte, die sie überzeugten, oder sind es neue Projekte, die durch ihre Förderung unterstützt werden?

Dr. Speich: Wir nehmen gar keinen Einfluss auf die Projekte, die die Bürgerstiftung selbst durchführt, sondern lassen das ganz in ihrer Verantwortung. Es gibt auch kein einheitliches Projekt der Bürgerstiftungen, weil jede Einzelne sozusagen autonom ihre eigenen Ziele und Projekte definiert. Ich hatte, weil ich aus dem Stiftungswesen komme, schon viele Berührungspunkte zu diesen Bürgerstiftungen und habe gesehen, wie bemerkenswert die Arbeit dort ist, die immer ehrenamtlich erfolgt.

UmweltDialog: Können Sie kurz anreißen, um welche Art von Projekten es sich dann beispielsweise handelt, die zukünftig durch Spenden aus dem Recyclingprogamm unterstützt werden?

Dr. Speich: Das sind Projekte, in denen man sich um Kinder kümmert, die schulische Probleme haben, insbesondere auch an Problemschulen wie Hauptschulen oder in Problembezirken. Dort übernehmen Ehrenamtliche dann Patenschaften, leisten Hausaufgabenbetreuung und arbeiten mit den Kindern – etwas, was uns sehr wichtig ist. Aber auch Umweltprojekte gehören dazu: Kleinere Renaturierungsprojekte, nicht in der Dimension, wie wir sie mit dem NABU betreiben, aber auf lokaler, regionaler Ebene. Dabei setzen sich die Bürgerstiftungen etwa für die Renaturierung eines Bachlaufs ein oder starten Müllsammel-Aktionen. Das sind oft ganz kleine Dinge, die aber in der Region eine große Bedeutung haben.

UmweltDialog: Wie werden die Spenden aus dem Handyrecycling-Programm aufgeteilt?

Dr. Speich: Zum einen liegt es natürlich an dem, was die jeweiligen Partner tatsächlich sammeln. Für jedes Handy gibt es einen bestimmten Recyclingerlös, den wir direkt und unmittelbar an unsere Partner weitergeben. Darüber hinaus haben wir noch andere Quellen, über die wir Geräte sammeln. Den Betrag, den wir so erreichen, verteilen wir auf alle unsere Partner. Wobei wir künftig durchaus diesen Betrag nutzen wollen, um besondere Anreize zu setzen. Die Institutionen, die am besten sammeln, sollen nicht nur per Gießkanne bedient werden, sondern auch etwas mehr bekommen können, so dass wir auch das Element des Wettbewerbs stärken.

UmweltDialog: Wenn Sie von Wettbewerb sprechen – entstehen Konkurrenzen zwischen den Partnern?

Dr. Speich: Nein, ich würde sagen, dass ist ein gesunder Wettbewerb. Wenn auf diese Weise mehr gesammelt wird, ist das für uns ein Vorteil, aber für die Partner eben auch. Es ist nur ein Wettbewerb, wenn wir an die besten der Sammelnden noch mal einen Extra-Beitrag verteilen. Das ist dann aber, so glaube ich, eher inspirierend und nicht problematisch.

UmweltDialog: Herzlichen Dank für das Gespräch!

Zur Person

Dr. Mark Speich ist Leiter
Corporate Responsibility und Stiftungen
bei Vodafone.

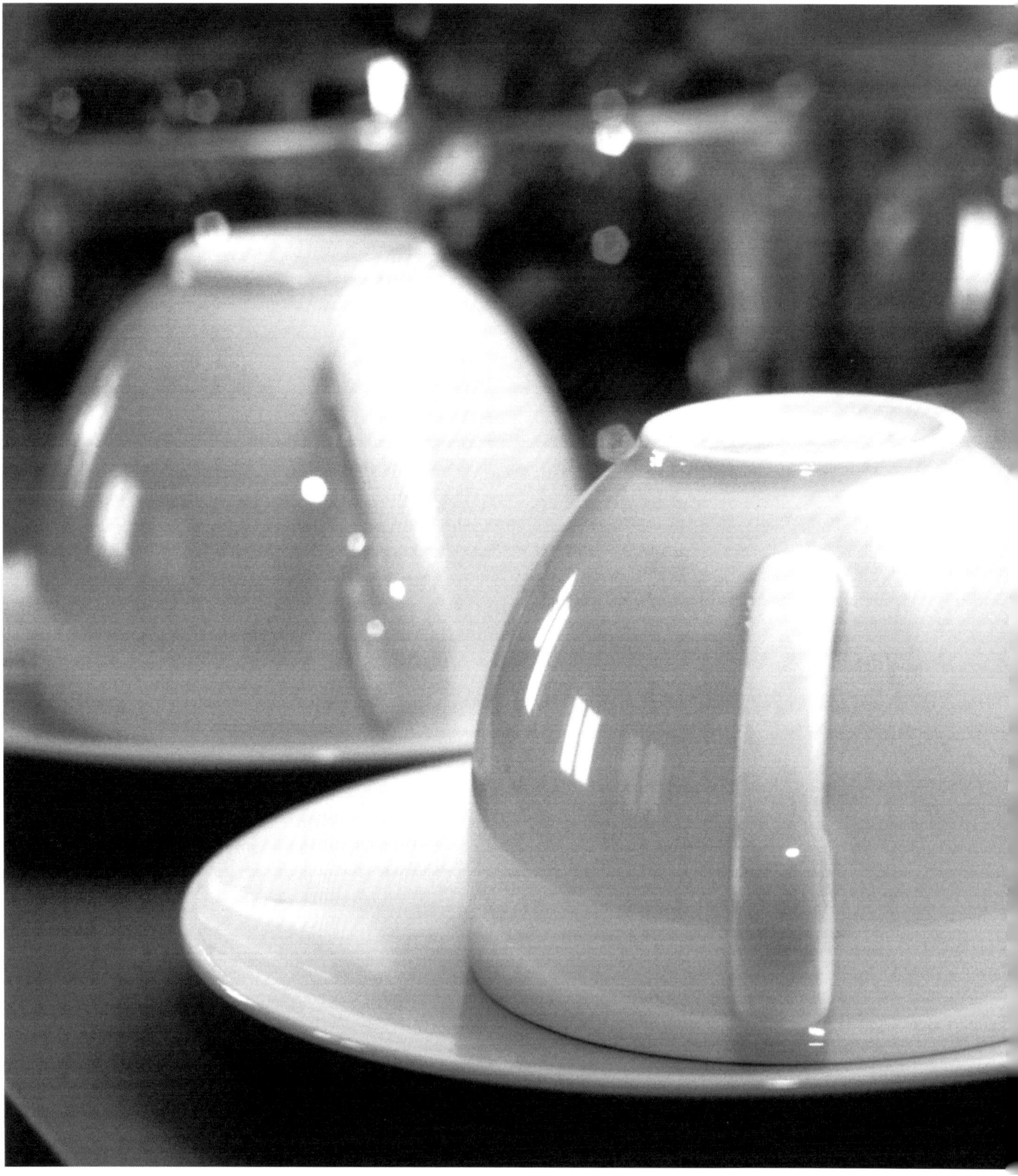

Instrumente

Der MBA „Sustainament" – Das Rüstzeug für den Business Case des Nachhaltigkeitsmanagements

Von Prof. Dr. Stefan Schaltegger, Dr. Holger Petersen und Claudia Kalisch

Nachhaltigkeit und CSR gelten heute als Kernthemen der Unternehmensentwicklung und -kommunikation. Als der Spiegel im November 2006 sein Titelbild dem drohenden Klimawandel widmete, schalteten Konzerne wie BASF, Toyota, EnBW oder General Electric ganzseitige Anzeigen, um den eigenen Beitrag zum Klimaschutz zu illustrieren. In selbiger Ausgabe präsentierte Ratiopharm seine soziale „World in Balance" Kampagne und für McDonalds bezeugte ein „Qualitätsscout", dass die zum Burger servierten Pommes tatsächlich von gesunden, heimischen Kartoffeln stammen. Auch sonst verzichtet keines der 30 DAX-Unternehmen auf ein deutliches Bekenntnis zur gesellschaftlichen und ökologischen Verantwortung. Viele Mittelständler wollen dem nicht nachstehen. In ihrer Außendarstellung zeigen sich die Unternehmen umweltbewusst, sozial achtsam und den Problemen gewachsen.

Doch was steckt hinter der Fassade? Nach unserer Erfahrung häufig mehr, als viele Skeptiker argwöhnen und doch oft weniger, als der äußere Anschein verspricht. So wird der Einsatz von Unternehmen für Nachhaltigkeit einerseits unterschätzt, weil man den isolierten Worten und Bildern der PR-Abteilungen nicht recht glauben mag. Andererseits dringen die Bemühungen vieler Unternehmen um Reputation auch innerhalb der eigenen Organisation nicht immer zu den relevanten Geschäfts- und Produktionsprozessen vor. CSR-Aktivitäten spielen sich dann jenseits strategischer Weichenstellungen, ohne systematische Anbindung an das eigentliche Kerngeschäft und fern dem Alltag der betrieblichen Wertschöpfung ab.

CSR ist angesagt. Doch können herkömmlich ausgebildete Manager und PR-Spezialisten das Bekenntnis zur gesellschaftlichen Verantwortung glaubwürdig einlösen? Bei der praktischen Ausgestaltung und Umsetzung in Unternehmen treten häufig methodische und fachliche Know-how-Mängel auf. Sustainament, der MBA Sustainability Management, stellt sich diesem Defizit und setzt dabei auf Substanz. Das Studium verknüpft ein fundiertes Hintergrundwissen zu CSR-Themen mit betriebswirtschaftlichem Know-how und der Persönlichkeitsentwicklung auf Grundlage einer umfassenden Managementausbildung. Durch Nachhaltigkeitsmanagement kann die systematische Verknüpfung sozialer, ökologischer und ökonomischer Unternehmensziele gelingen. Der Einsatz für gesellschaftliche Anliegen wird zum Bestandteil der betrieblichen Wertschöpfung – mit dem Wissen, dass ein Engagement am glaubwürdigsten ist, wenn es nachvollziehbar und substanziell sowohl zu sozialen und ökologischen Verbesserungen als auch zum Unternehmensprofit beiträgt.

Beides – sowohl die Unterschätzung des gesellschaftlichen Engagements als auch die mangelnde betriebswirtschaftliche Einbindung vieler CSR-Aktivitäten – spiegelt ein Managementproblem wieder. In dieser üblichen Ausgangslage ist ein Management gefragt, das auf Substanz setzt und die Augen für den Business Case der Nachhaltigkeit öffnet. Mit der Gestaltung eines solchen Business Case können Führungskräfte überzeugend darlegen, wie mit einer Investition in ökologische und soziale Verbesserungen der Unternehmensgewinn systematisch gesteigert werden kann. Dies kann auf vielerlei Weisen erreicht werden, indem zum Beispiel Ressourcen gespart, neue Geschäftsfelder entwickelt und Mitarbeiter motivierter werden.

Nachhaltigkeitsmanagement bezweckt die Integration ökologischer, sozialer und ökonomischer Leistungen in der Überzeugung, dass das Engagement für Umwelt und Gesellschaft am glaubwürdigsten ist, wenn es von außen nachvollziehbar ist und durch substanzielle Verbesserungen im Kerngeschäft zum Unternehmenserfolg beiträgt.

Persönlichkeit, Wissen und Handlungsorientierung

Erforderlich sind hierfür Führungskräfte mit Persönlichkeit, interdisziplinärem Fachwissen und einer ausgeprägten Handlungsori-

4.1 Instrumente

entierung. Mit diesem Anspruch verbindet der MBA-Studiengang „Sustainament" des Centre for Sustainability Management der Leuphana Universität Lüneburg einen klaren Auftrag: Der MBA Sustainability Management befähigt Persönlichkeiten, Nachhaltigkeit unternehmerisch umzusetzen.

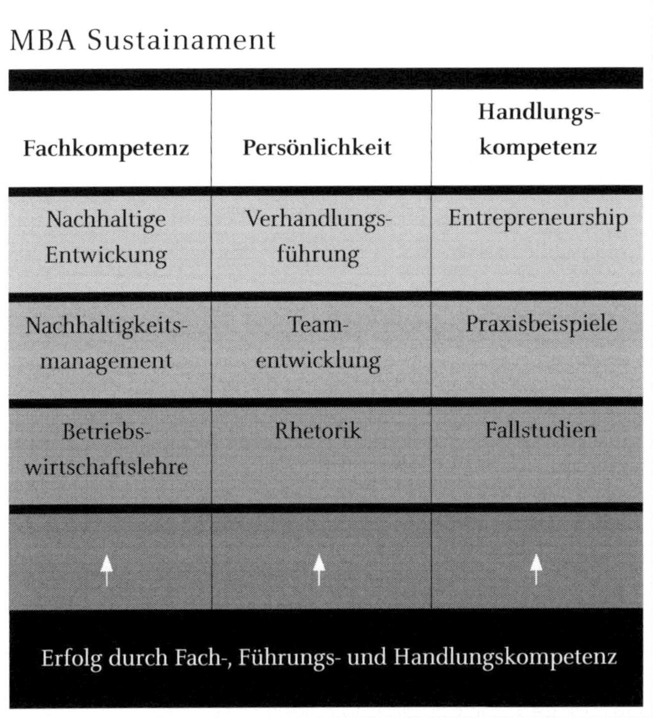

Dieser Grundsatz spiegelt die Philosophie und drei zentrale Pfeiler des Studiums wieder (Abb. 1):

› Die Weiterentwicklung der eigenen Persönlichkeit wird in Seminaren intensiv mit allen Kompetenzen gefördert, die für eine aktive Gestalterrolle im Unternehmen gefordert sind.
› Studierende erwerben ein anspruchsvolles, wissenschaftlich, fachlich und interdisziplinär fundiertes Know-how unterschiedlicher Disziplinen, um Probleme der Nachhaltigkeit integrativ zu lösen.
› Mit einer Grundausbildung zum Management, Fallstudien und einem Workshop im Unternehmen vermittelt das Studium schließlich eine klare Handlungsorientierung.

Abbildung 1:
Pfeiler des MBA Sustainability Management

MBA Sustainament

Fachkompetenz	Persönlichkeit	Handlungskompetenz
Nachhaltige Entwickung	Verhandlungsführung	Entrepreneurship
Nachhaltigkeitsmanagement	Teamentwicklung	Praxisbeispiele
Betriebswirtschaftslehre	Rhetorik	Fallstudien
↑	↑	↑

Erfolg durch Fach-, Führungs- und Handlungskompetenz

Der Studiengang bietet eine fundierte Ausbildung in Betriebswirtschaftslehre von der Organisation über das Rechnungswesen bis zu Fragen der Investition. Er beleuchtet Konzepte zur nachhaltigen Entwicklung und baut die überfachlichen Kompetenzen der Studierenden in sozialer und methodischer Hinsicht aus. Auf dieser Grundlage eignen sich die Studierenden aus einem breiten Kanon von Wahl- und Pflichtmodulen vertieftes Wissen zum unternehmerischen Nachhaltigkeitsmanagement an. Im Abschlussworkshop werden die erworbenen Kompetenzen im Unternehmen praktisch angewendet, indem dessen Nachhaltigkeitsmanagement von Teams analysiert und Konzepte entwickelt werden.

Das Curriculum deckt alle konventionellen MBA-Inhalte ab und wurde nach den Europäischen MBA-Guidelines offiziell akkreditiert. Es bietet damit eine vollwertige, international anerkannte Managementausbildung auf höchstem Niveau. Darüber hinaus wird mit spezifischen Inhalten durchgängig die Frage verfolgt, wie eine nachhaltige Unternehmensentwicklung realisiert werden kann.

Lernen für die Praxis – von zuhause aus und im Team

Die Grundausrichtung des Studiengangs kommt in Handlungssätzen zum Ausdruck, die den Studienaufbau inhaltlich leiten (vgl. Abbildung 2).

Abbildung 2:
Handlungssätze, welche den Aufbau des Curriculums leiten

MBA Sustainament

überfachliche Kompetenzen
Nachhaltigkeitsmanagement
Sustainable Development
Grundlagen der Betriebswirtschaft

kooperativ leiten	rentabel wirtschaften	im Markt überzeugen
Zukunft gestalten	ökologische Fortschritte erzielen	gesellschaftliche Akzeptanz schaffen
innovativ handeln und Kreativität entfalten	überzeugend präsentieren und verhandeln	Nachhaltigkeit unternehmen

Die inhaltlichen Schwerpunkte der wissenschaftlichen Ausbildung werden anwendungsorientiert und praxisnah vermittelt. Neben Fallstudien, Konzeptanwendungen, Gruppenarbeiten und zahlreichen Unternehmensbeispielen stellen Vorträge von Praxisreferenten Verbindungen zu Unternehmen her. Beim Bearbeiten von Teamaufgaben lernen Studierende die Herangehensweise ihrer Kommilitonen mit einem jeweils eigenen Bildungs- und Berufshintergrund kennen. So entwickeln sie in einem kreativen Prozess gemeinsame Lösungen. Dies kommt besonders im einwöchigen Praxisworkshop des letzten Semesters zum Tragen, an dessen Ende führende Unternehmensvertreter und externe Experten eine Bewertung der erarbeiteten Konzepte vornehmen.

Das Studium ist als E-Learning gestütztes Fernstudium gestaltet. Durch diese Konzeption können die MBA-Studierenden das Studium von zu Hause aus berufsbegleitend absolvieren. Dies ermöglicht eine individuelle, ortsunabhängige und zeitlich flexible Bearbeitung der Studieninhalte. Ergänzend finden Präsenzseminare statt, die auch der sozialen Vernetzung dienen. So fügen sich verschiedene Lernmethoden nach dem Blended-Learning Ansatz zusammen. Blended-Learning umfasst ein integriertes Lernkonzept mit Studienbriefen, Präsenzseminaren und Lernangeboten über die elektronische Lernplattform. Diese Lernplattform schafft Raum für Diskussionsforen, begleitenden Audio- und Filmmaterialien sowie Selbstlernchecks. Sie dient zugleich dem Austausch mit Dozierenden, zum Beispiel über Feedbacks zu Übungs- und Teamaufgaben. Auf diese Weise ermöglicht unser didaktisches Konzept nicht nur den Informationsaustausch, sondern auch die Kommunikation zwischen Studierenden und Dozierenden sowie das Lernen in orts- und zeitunabhängiger Form. Die Teilnehmer erhalten multimedial aufbereitete und ergänzte Studienmaterialien über verschiedene Medien wie Internet, CDs und Studienbriefe. Dieser Unterlagen können sowohl offline ohne Internetzugang als auch online bearbeitet werden. In Präsenzphasen werden dann die vorher im Selbststudium erworbenen Kenntnisse und Fähigkeiten geübt und vertieft. Hier kommt es zu persönlichen Begegnungen mit Rollenspielen und Erfahrungsaustausch bis hin zum Knüpfen privater Kontakte.

Modularer Aufbau

Der Lehrplan des MBA Sustainament ist modular aufgebaut. Die zehn Module bis zum Erhalt des MBA-Titels können innerhalb von zwei Semestern im Vollzeitstudium oder vier Semestern im Teilzeitstudium erarbeitet werden. Der modulare Lehrplan ermöglicht es, die Anzahl der belegten Module pro Semester flexibel an die berufliche Tätigkeit und zeitliche Spielräume der Studierenden anzupassen. Hierbei lassen sich vier Arten von Modulen unterscheiden:

1) Drei fachliche Pflichtmodule werden verbindlich von allen Studierenden bearbeitet. Im Einstiegsmodul machen sich die Studierenden neben einer Einführung in die inhaltlichen Grundlagen mit der Methodik des E-Learnings vertraut und erhalten Einblicke in eine inter- und transdisziplinäre Arbeitsweise. Das Folgemodul beleuchtet Ziele und Anforderungen des Nachhaltigkeitsmanagements aus unterschiedlichen Perspektiven. Sichtweisen von Kunden und Lieferanten, Kooperationspartnern, staatlichen Organen oder gesellschaftlichen Anspruchsgruppen werden analysiert, um den passenden Umgang des Managements mit den jeweiligen Ansprüchen der Gruppen zu finden. Schließlich werden Rahmenbedingungen nachhaltiger Unternehmensführung auf volkswirtschaftlicher und juristischer Ebene untersucht, um das Umfeld des Managements zu erfassen.

2) Durch die Auswahl von drei fachlichen Wahlmodulen bestimmen die Studierenden die inhaltliche Vertiefung ihres Studiums. Während sich ein Wahlmodul speziellen CSR-Themen widmet wie zum Beispiel „Corporate Governance" oder „Zukunft der Arbeit", bieten andere Module auch eine Vertiefung im Marketing, Finanzwesen, Technologie- oder Innovationsmanagement.

3) Drei Module zu überfachlichen Kompetenzen stärken die sozialen und methodischen Fähigkeiten. Führungskompetenzen, Rhetorik, Verhandlungsführung sowie Selbst- und Zeitmanagement werden in Präsenzseminaren von erfahrenen Trainern geschult, um Studierende gezielt auf die Gestalterrolle im Nachhaltigkeitsmanagement vorzubereiten.

4) Der Abschlussworkshop bietet die Chance, das erlernte Wissen und die erworbenen Fähigkeiten in einer realen Unternehmenssituation konzeptionell anzuwenden. Nach ihrer Präsentation vor einer Expertenjury werden die Konzepte kritisch hinterfragt und bewertet.

In der Master-Abschlussarbeit wird nachgewiesen, dass die Studenten eine Problemstellung aus dem Bereich des Nachhaltigkeitsmanagements nach den erlernten Methoden vertiefend und auf eine reale Unternehmenssituation bezogen bearbeiten können.

Zielgruppe, Partner und Ausblick

Der MBA-Weiterbildungsstudiengang soll neue Karrieremöglichkeiten öffnen und wurde für Persönlichkeiten konzipiert, die nachhaltige Ideen in die Tat umsetzen wollen. Das Angebot richtet sich dabei an angehende Fach- und Führungskräfte, die eine MBA-Qualifikation für den Karrieresprung anstreben und diese mit spannenden Zukunftsthemen verknüpfen wollen. Auch Geschäftsführer und Selbständige, die ihr Unternehmen mit nachhaltigen Produkten voranbringen möchten, werden von dem Studium angesprochen. Einen hohen Nutzen verspricht das Studium ebenso für Unternehmensberater in den Bereichen Marketing, Finanzdienstleistungen, Kommunikation und Reputation. Hier wird es immer wichtiger, die Kunden in sozialen und ökologischen Fragen kompetent zu unterstützen. Auch Fachreferenten in der öffentlichen Verwaltung und Vertreter von Non-Profit-Organisationen können sehr von dem Studium profitieren, wenn unternehmerische Sichtweisen auf Nachhaltigkeitsthemen besser verstanden werden.

Mit diesem Profil fügt sich der MBA-Studiengang sehr gut in die Positionierung der Leuphana Universität Lüneburg als eine „Nachhaltige Universität" ein. Die Universität wurde als erste europäische Universität nach EMAS validiert, verfügt über einen klimaneutralen Campus und hat sich mit einem mehrjährigen Plan zur absoluten Klimaneutralität verpflichtet. Von dieser Basis aus arbeitet das CSM in der Weiter- und Fernbildung seit Jahren erfolgreich mit der FernUniversität Hagen, dem Fraunhofer Institut „Umsicht", dem Fernstudienzentrum und der ETH Zürich zusammen und betreut dort den Bereich des Umweltmanagements für den interdisziplinären MSc Studiengang Umweltwissenschaften. Aufgrund der intensiven Kooperation wird den Studierenden beider Studiengänge durch gegenseitige Anrechnung von Modulen ein erheblich ausgeweitetes Programm angeboten.

Derzeit wird das Programm in zwei Richtungen internationalisiert. Ein spezifisches Programm für den lateinamerikanischen Markt mit spanischen und portugiesischen Kursen läuft derzeit in Zusammenarbeit mit InWent gGmbH und lateinamerikanischen Universitäten. Darüber hinaus wird der englischsprachige Programmausbau des MBA Sustainability Management verfolgt.

Sowohl der Aufbau als auch die Internationalisierung zeigen, dass die erfolgreiche Entwicklung des MBA Sustainament der tatkräftigen Unterstützung eines breiten Netzwerks von Partnern zu verdanken ist. Der nachhaltige Erfolg des Programms wird sich in der Wirkung der Absolventen in Wirtschaft und Gesellschaft zeigen.

Über den Autor

Dr. Stefan Schaltegger ist Professor für Nachhaltigkeitsmanagement an der Leuphana Universität Lüneburg und Leiter des Instituts Centre for Sustainability Management (CSM).

Instrumente

4.2

„Werkzeuge" des Nachhaltigkeitsmanagements

Von Prof. Dr. Stefan Schaltegger, Dr. Christian Herzig und Torsten Klinke

Die Umsetzung unternehmerischer Nachhaltigkeit gestaltet sich immer mehr zu einer konkreten, greifbaren Managementaufgabe. Das Besondere an dieser Aufgabe liegt einerseits darin, ökologische, ökonomische und soziale Ziele integrativ zu verfolgen und andererseits in der Integration in das konventionelle Management. Aufgrund der teils schwer überschaubaren Vielzahl an „Werkzeugen" des unternehmerischen Nachhaltigkeitsmanagements ist eine systematische und umfassende Operationalisierung einer nachhaltigen Unternehmensentwicklung nicht immer einfach. Es ist daher nicht erstaunlich, dass sich die Umsetzung unternehmerischer Nachhaltigkeit in der betrieblichen Praxis meist auf bestimmte Einzelaspekte einer nachhaltigen Unternehmensentwicklung konzentriert. Während der Integrationsanspruch auf der abstrakten Ebene eines Leitbilds noch relativ einfach formuliert werden kann, erweist sich die operative Umsetzung als eine erst in Ansätzen angegangene methodische und praktische Herausforderung. Die konkrete Realisierung unternehmerischer Nachhaltigkeit erfordert eine Übersicht der Einsatzgebiete sowie der Stärken und Schwächen der Ansätze des Umwelt-, Sozial- und Nachhaltigkeitsmanagements, die im praktischen betrieblichen Alltag erfolgreich eingesetzt werden können.

1. Nachhaltige Unternehmensentwicklung als Managementaufgabe

Im wissenschaftlichen Diskurs wird das Verständnis von unternehmerischer Nachhaltigkeit derzeit differenziert und geschärft (Dyllick & Hockerts 2002; Schaltegger et al. 2003, Schaltegger & Burritt 2005). Die Umsetzung von Nachhaltigkeit in und mit Unternehmen erfordert dabei spezifische Managementansätze. Das Bundesumweltministerium, econsense – Forum für Nachhaltige Entwicklung der Deutschen Wirtschaft und das Centre for Sustainability Management (CSM) der Leuphana Universität Lüneburg haben eine hier zusammengefasste Übersichtsstudie der wichtigsten Konzepte, Systeme

„Werkzeuge" des Nachhaltigkeitsmanagements

und Instrumente des Nachhaltigkeitsmanagements herausgegeben (BMU et al. 2007). Die Studie basiert auf einer Aktualisierung und umfangreichen Erweiterung der verbreitet eingesetzten Handreichung, die vor fünf Jahren zum ersten Mal erschienen ist und seit dem in zwei weitere Sprachen (Englisch, Thailändisch) übersetzt wurde. Die Ansätze des Nachhaltigkeitsmanagements werden im Folgenden nach Ihrer Eignung zur Begegnung der Nachhaltigkeitsaspekte und den primären Anwendergruppen im Unternehmen betrachtet.

Um die Beziehungen zwischen den Ansätzen zu erkennen, ist zunächst eine Unterscheidung zwischen Konzepten, Systemen und Instrumenten sinnvoll. Unter einem Instrument wird ein Ansatz verstanden, der der Erreichung eines bestimmten Ziels oder Zielbündels dient. Es erfüllt im Normalfall eine spezifische Funktion oder Aufgabe (z.B. die Bereitstellung von Informationen durch Ökobilanzen) und ist deshalb nur in einem sehr begrenzten Spektrum von Aufgabenbereichen anwendbar. Im Unterschied dazu bedient sich ein System oder ein Konzept (z.B. Öko-Controlling) eines Sets systematisch aufeinander abgestimmter Instrumente (z.B. Ökobilanz, Kostenrechnung und Öko-Effizienz-Analyse) zur Erreichung eines bestimmten Ziels oder Zielbündels. Es integriert und koordiniert somit den Einsatz unterschiedlicher Instrumente und kann vom Management für mehrere Managementprozessschritte (z.B. Informationssuche, Entscheidungsfindung, Kommunikation, Umsetzung) eingesetzt werden.

2. Die zentralen Nachhaltigkeitsherausforderungen an das Management

Umweltmanagement ist mittlerweile in vielen Unternehmen zu einer selbstverständlichen Aufgabe der Unternehmensleitung geworden. Seit den 90er Jahren steht neben dem ökonomischen Erfolg die Reduktion der relativen Umwelteinwirkungen vielfach im Vordergrund des unternehmerischen Engagements. Die Integration sozialer Aspekte sowie die Integration aller drei Dimensionen einer nachhaltigen Entwicklung in die bestehenden Managementstrukturen entwickeln sich hingegen nur langsam. Heute können vier zentrale Nachhaltigkeitsherausforderungen an das Management unterschieden werden: Verbesserung der Öko-Effektivität sowie der Sozio-Effektivität, Steigerung der Öko- und Sozio-Effizienz und Integration aller Dimensionen einer nachhaltigen Entwicklung.

2.1 Die Verbesserung der Öko-Effektivität als ökologische Herausforderung

Unternehmen sind aus ökologischer Perspektive herausgefordert, das absolute Ausmaß der Umwelteinwirkungen ihrer Produktionsprozesse, Produkte, Dienstleistungen, Investitionen usw. effektiv, das heißt wirksam zu reduzieren. Das entsprechende Erfolgskriterium heißt ökologische Effektivität bzw. Öko-Effektivität. Die Öko-Effektivität misst den Grad der absoluten Umweltverträglichkeit, das heißt wie gut das angestrebte Ziel der Minimierung von Umwelteinwirkungen (Wirkungsgrad) erreicht wurde (Schaltegger & Sturm 1990, 278; Stahlmann 1996; Stahlmann & Clausen 2000). Somit unterstützt ein Konzept, System oder Instrument das Management bei der Bewältigung der ökologischen Nachhaltigkeitsherausforderungen, wenn es zur Reduzierung der vom Unternehmen verursachten Umwelteinwirkungen beiträgt (Verbesserung der Öko-Effektivität).

2.2 Die Verbesserung der Sozio-Effektivität als soziale Herausforderung

Die soziale Herausforderung für das Management besteht darin, sowohl die Existenz und den Erfolg des Unternehmens zu gewährleisten als auch der Vielfalt an gesellschaftlichen, kulturellen und individuellen Ansprüchen von unternehmensrelevanten Stakeholdern Rechnung zu tragen. Da aufgrund von Ressourcenknappheiten nicht alle Anliegen befriedigt werden können, muss das Management zur Sicherung der gesellschaftlichen Akzeptanz des Unternehmens und der Legitimation der unternehmerischen Aktivitäten den Dialog mit wichtigen Stakeholdern suchen und pflegen. Das Erfolgskriterium hinsichtlich der sozialen Nachhaltigkeitsherausforderung kann durch den Grad der wirksamen Erfüllung sozialer Anliegen und den Begriff der „Sozio-Effektivität" beschrieben werden, der bislang jedoch nur unscharf definiert und wenig operationalisiert ist. Grundsätzlich gilt, dass die soziale Nachhaltigkeitsherausforderung mit Hilfe von Managementansätzen aufgegriffen werden, die zur Reduktion sozial unerwünschter und zur Förderung sozial erwünschter Wirkungen beitragen (Verbesserung der Sozio-Effektivität).

2.3 Verbesserung der Öko-Effizienz und Sozio-Effizienz als ökonomische Herausforderung an Umwelt- und Sozialmanagement

Unter der ökonomischen Nachhaltigkeitsherausforderung wird die möglichst ökonomische Ausgestaltung des Umwelt- und Sozialmanagements verstanden. Umweltschutz und Sozialengagement von Unternehmen, die in einem Wettbewerbsumfeld agieren und gewinnorientiert ausgerichtet sind, stehen stets vor der Aufgabe, den Unternehmenswert (shareholder value) zu steigern, einen Beitrag zur Rentabilität zu leisten oder zumindest möglichst kostengünstig zu erfolgen (Schaltegger & Wagner 2006). In Anbetracht dieser Herausforderung können, entsprechend der generellen ökonomischen Definition von Effizienz, d.h. der Verbesserung von erwünschten (z.B. Ertrag) zu unerwünschten Wirkungen (z.B. Aufwand), zwei Erfolgskriterien für das Nachhaltigkeitsmanagement benannt werden:

1) Öko-Effizienz ist definiert als Verhältnis von Wertschöpfung zu ökologischer Schadschöpfung (Schaltegger & Sturm 1990, 280 ff.), wobei die Schadschöpfung der Summe aller direkt und indirekt verursachten Umweltbelastungen, die von einem Produkt oder einer Aktivität ausgehen, entspricht (physikalische bzw. ökologische Größe, auch ökologischer Leistungsindikator) und die ökonomische Größe z.B. als Wertschöpfung oder Deckungsbeitrag (monetäre Größe) einfließt (Beispiel: Wertschöpfung in €/emittiertes CO_2 in t) (Schaltegger & Burritt 2000, 51).

2) Die Sozio-Effizienz wird analog durch das Verhältnis zwischen Wertschöpfung und sozialem Schaden wiedergegeben, wobei der soziale Schaden der Summe aller negativen sozialen Auswirkungen, die von einem Produkt, Prozess oder einer Aktivität ausgehen, entspricht (Beispiel: Wertschöpfung in €/Anzahl der Personalunfälle).

Dies bedeutet, dass ein Ansatz dem Management bei der Bewältigung der ökonomischen Nachhaltigkeitsherausforderung hilft, wenn es das Verhältnis zwischen Wertschöpfung und ökologischer (1) bzw. sozialer Schadschöpfung (2) verbessert (Steigerung der Öko- bzw. Sozio-Effizienz).

2.4 Die Integrationsherausforderung einer nachhaltigen Unternehmensentwicklung

Die umfangreichste Herausforderung des unternehmerischen Nachhaltigkeitsmanagements stellt die Integrationsherausforderung dar, die sich aus zwei Ansprüchen ableitet:

1) Der inhaltliche Anspruch bezieht sich auf die simultane bzw. integrierte Berücksichtigung und Steigerung von Öko-Effektivität, Sozio-Effektivität, Öko-Effizienz und Sozio-Effizienz, d.h. aller zuvor beschriebenen Herausforderungen.

"Werkzeuge" des Nachhaltigkeitsmanagements

| Instrumente | Nachhaltigkeitsherausforderungen ||||
	Ökologische Herausforderung *Öko-Effektivität*	Soziale Herausforderung *Sozio-Effektivität*	Ökonomische Herausforderung *Öko-Effizienz/ Sozio-Effizienz*	Integrations-herausforderung *Integration*
ABC-Analyse	++A	++	++	
Audit	++A	++	+	+
Benchmarking	++	++	++	
Bericht	+A	++A	+	+A
Bilanz	++A	+	++	
Budgetierung	++		++	+
Checkliste	++A	+	+	+
Corporate Volunteering	+	++A	+	
Cross-Impact-Analyse	++	+	+	
Dialoginstrumente	+	++A	+	+
Effizienz-Analyse	+	+	++	++
Emissionzertifikatehandel	++		++	
Früherkennung	+	+	+	++
Indikator	++A	++A	++A	++
Investitionsrechnung	+		++	+
Kompass	++		+	
Kostenrechnung	+		++	+
Label	++A	++	+	+
Leitbild	+A	+A	+A	+A
Material- u. Energieflussrechnung	++		+	
Produktlinienanalyse	++	++	+	+
Rating	++	++	++	+
Risikoanalyse	+A	+	+A	
Shareholder Value			++	
Sponsoring	++	++A	++A	+
Stakeholder Value		+	++	
Szenarioanalyse	+	+	+	+
Vorschlagswesen	+	++A	+A	+
Weiterbildung	+	++A	+A	+
Zirkel	+A	+	+A	+

Tabelle: Systeme, Konzepte und Instrumente zur Begegnung der vier Nachhaltigkeitsherausforderungen (BMU et al. 2007, 19)

++ Ausrichtung des Systems, Konzepts oder Instruments weitgehend gegeben
+ Ausrichtung des Systems, Konzepts oder Instruments teilweise gegeben
A System, Konzept oder Instrument findet häufig Anwendung in der Praxis

Systeme/Konzepte	Nachhaltigkeitsherausforderungen			
	Ökologische Herausforderung *Öko-Effektivität*	Soziale Herausforderung *Sozio-Effektivität*	Ökonomische Herausforderung *Öko-Effizienz/ Sozio-Effizienz*	Intergrationsherausforderung *Integration*
Anreizsysteme	++A	+	++A	
Arbeitszeitmodelle		++A	+A	+
Balanced Scorecard	+	+	++	++
Betriebl. Umweltinformationssystem	++A		+	+
Corporate Citizenship	+	++A	+	
Corporate Social Responsibility	+	++A	+	+
Design	++		+	
Nachhaltigkeitsmanagementsysteme	++A	++	+	++A
Qualitätsmanagementsysteme	+	+	+A	++A
Supply Chain Management	++	++	++	+

2) Der methodische Anspruch betrifft die methodische und instrumentelle Integration des Umwelt- und Sozialmanagements in das konventionelle ökonomische Management.

Zur erfolgreichen Begegnung dieser beiden Teilherausforderungen tragen Managementansätze bei, die (1) sowohl die Öko- und Sozio-Effektivität als auch die Öko- und Sozio-Effizienz integrativ verbessern und (2) durch eine Einbindung des Umwelt- und Sozialmanagements in das konventionelle ökonomisch ausgerichtete Management zu einem umfassenden Nachhaltigkeitsmanagement beitragen.

3. „Werkzeugkasten" des Nachhaltigkeitsmanagements

Zur erfolgreichen Begegnung der Nachhaltigkeitsherausforderungen werden dem Management in der Literatur mittlerweile eine nur schwer überschaubare Anzahl an Konzepten und Instrumenten vorgeschlagen. Nicht immer fällt den Entscheidungsträgern die Beurteilung leicht, inwieweit sich diese Managementansätze zur Lösung der spezifischen Probleme im eigenen Unternehmen eignen und welche Stärken und auch Schwächen sie im Zusammenhang mit einer nachhaltigen Unternehmensentwicklung aufweisen.

Die Tabelle gibt einen Überblick über 40 zentrale Managementansätze zur Begegnung der unternehmerischen Nachhaltigkeitsherausforderungen und zeigt eine Beurteilung ihrer aktuellen Leistungsfähigkeit (für eine ausführliche Diskussion vgl. BMU et al. 2007). Ein doppeltes Kreuz (++) weist auf eine weitgehende oder vollständige und ein einfaches Kreuz (+) auf eine teilweise Eignung des Konzepts oder Instruments zur Begegnung der entsprechenden Herausforderung hin. Des Weiteren sind in der Tabelle die Methoden durch ein „A" gekennzeichnet, die in der Unternehmenspraxis im deutschen Sprachraum eine häufige Anwendung bzw. weite Verbreitung genießen (vgl. BMU et al. 2007 zu den Kriterien in Detail).

4. Fazit und Ausblick

Der längeren Entwicklungszeit des Umweltmanagement entsprechend ist die Mehrzahl der Konzepte und Instrumente auf die Begegnung der ökologischen Herausforderung ausgerichtet und bereits entsprechend weit verbreitet (vgl. Tabelle). Ein weiterer erkennbarer Schwerpunkt liegt bei den Methoden zur Begegnung der ökonomischen Herausforderung unternehmerischer Nachhaltigkeit und der Kombination des „konventionellen" Umweltmanagements mit ökonomischen Größen. Eine Verbesserung der Öko-Effizienz findet demnach seit einigen Jahren auch ein vergleichsweise großes Interesse bei der Entwicklung und Anwendung von Konzepten und Instrumenten. Abgesehen von den Instrumenten der Mitarbeiterführung sowie des Arbeits- und Gesundheitsschutzes sind erst in jüngerer Zeit Instrumente zu einer breiten Umsetzung der sozialen Nachhaltigkeitsherausforderung (insb. zum Corporate Social Responsibility und Corporate Citizenship) entwickelt und angewendet worden. Hier ist in den letzten fünf Jahren die größte Dynamik bei der Entwicklung neuer Methoden des Nachhaltigkeitsmanagements zu erkennen. Das integrierte Nachhaltigkeitsmanagement, das erst am Anfang seiner Entwicklung steht, wird derzeit noch von wenigen Managementansätzen und überwiegend partiell unterstützt. Da sich die entsprechenden Ansätze in einem frühen Entwicklungsstadium bewegen, findet derzeit in der betrieblichen Praxis kaum ein Ansatz breite Anwendung.

Eine zuverlässige Aussage darüber, welche Konzepte und Instrumente in Zukunft an Bedeutung gewinnen und welche verlieren werden, ist schwierig, da gerade Managementansätze immer wieder nicht prognostizierbaren Modetrends oder Trendbrüchen unterliegen. Dennoch dürften die hier vorgestellten Nachhaltigkeitsherausforderungen an das Management nicht an Bedeutung verlieren, denn die Vision einer nachhaltigen Entwicklung ist heute schon bei der Mehrzahl der Unternehmen in Deutschland ein wichtiges Thema, das aktiv angegangen wird. Hierzu gehört z.B. auch die Verbesserung der Ressourceneffizienz, die Instrumenten, die primär dem Management von Stoff- und Materialflüssen dienen (Stoffstromanalysen, Materialflussrechnung), voraussichtlich eine steigende Bedeutung zukommen lassen dürften. Weiterhin werden für eine wirksame Handhabung der Daten auch leistungsfähige Informationsinstrumente, wie sie z.B. Betriebliche Umweltinformationssysteme oder die physische Umweltrechnungslegung darstellen, benötigt. Durch die Zunahme der Erwartungen und Forderungen nach Transparenz und Rechenschaft, die von verschiedensten Stakeholdern an die Unternehmen gerichteten werden, wird auch der soziale Aspekt in Zukunft an Bedeutung gewinnen (GRI 2006; Herzig & Schaltegger 2006). Insbesondere Dialoginstrumente (Community Advisory Panel, Netzwerke, Nutzen-Risiko-Dialog) scheinen ein großes Potenzial zur Begegnung verschiedenartigster sozialer Forderungen zu besitzen. Es ist darüber hinaus mit der Entwicklung neuer Instrumente oder gar Konzepte zu rechnen, die sich mit dem Fortschritt der Kommunikationstechnologien herausbilden. Für eine positive Entwicklung bei der Begegnung der ökonomischen Nachhaltigkeitsherausforderung spricht erstens die oft vertrautere Handhabung der entsprechenden Konzepte und Instrumente, die vielfach auf konventionellen Ansätzen des Rechnungswesens basieren, und zweitens die in der Praxis zunehmend anzutreffenden innovativen prozess- und stoffflussbasierten Rechnungsansätze (z.B. Materialflusskostenrechnung, Schaltegger & Burritt 2000) und Konzepte zur Steigerung der Ressourceneffizienz (Möller & Schaltegger 2006). Weiterhin ist festzustellen, dass Instrumente, die den Beitrag des Nachhaltigkeitsmanagements zum Unternehmenswert dokumentieren (Environmental Shareholder Value, Stakeholder Value, Öko-Rating, vgl. z.B. Schaltegger & Wagner 2006) zur Befriedigung zukünftiger Interessen und Erfüllung ebensolcher Aufgaben immer stärkere Beachtung finden. Konzepte und Instrumente, die dem Management die Realisierung der beiden Integrationsziele ermöglichen, leisten einen besonderen Beitrag zur koordinierten Begegnung aller Herausforderungen und zur Einbindung des Managements von Nachhaltigkeitsaspekten in das konventionelle Management. Im Zuge einer zunehmenden Globalisierung dürfte zum Beispiel das Supply Chain Management (Seuring et al. 2003) zur Integration der Nachhaltigkeitsherausforderungen große Bedeutung erlangen. Die Sustainability Balanced Scorecard (Schaltegger & Dyllick 2002), ein Total Quality Environmental Management und EFQM oder ein Nachhaltigkeitscontrolling, als zentrale Steuerungskonzepte für Unternehmen, bieten weiterhin bedeutsame Möglichkeiten, sowohl quantitative als auch qualitative Nachhaltigkeitsaspekte integrativ in die Unternehmenssteuerung einzubeziehen und somit den Kurs in Richtung unternehmerische Nachhaltigkeit weiter zu konkretisieren und umzusetzen.

Über den Autor

Dr. Stefan Schaltegger ist Professor für Nachhaltigkeitsmanagement an der Leuphana Universität Lüneburg und Leiter des Instituts Centre for Sustainability Management (CSM).

Two Years Applying the Corporate Ecosystem Services Review

By John Finisdore

The decline in nature's ability to provide ecosystem services – the benefits humans derive from ecosystems – can present material risks and opportunities to business. However, managers have only just begun integrating considerations of ecosystem services into corporate decision-making processes. One resource has been the Corporate Ecosystem Services Review (ESR), a set of guidelines that has helped managers improve both corporate performance and the environment.

Ecosystems provide businesses – as well as people and communities – with a wide range of ecosystem services. For example, agribusiness depends on the freshwater, soil quality, and erosion control that ecosystems offer. Insurance companies benefit from coastal protection provided by coral reefs and wetlands, while fisheries rely on these habitats for commercial fish species. A decline in the quality or quantity of these services can substantially affect corporate performance.

Businesses also impact ecosystem services. For instance, when a company pollutes waterways, dredges wetlands for shipping channels, or overharvests fish, it reduces the ability of other firms or communities to benefit from these ecosystems and the services they provide. These impacts expose a company to regulatory, reputational, or other forms of risk. Thus, corporate dependence and impact on ecosystem services can affect the bottom line.

The Millennium Ecosystem Assessment – a four-year global analysis of the state of the world's ecosystems – found that over half of the ecosystem services evaluated significantly degraded over the past half century. Further declines are expected over coming decades. Left unchecked, this degradation could jeopardize future economic well-being, creating new winners and losers within the business community. Unfortunately, corporate environmental management systems, due diligence processes, certification systems, and other corporate decision-making processes have only just started integrating the full range of ecosystem services considerations. They typically focus on environmental impacts, not dependence. Decision-making processes generally exclude regulating ecosystem services such as pollination, water purification, and natural disaster mitigation. Should these particular services decline, crop yields would drop, water purification costs would rise, and supply chain disruptions would occur. Furthermore, corporate decision-making processes do not fully incorporate ecosystem services-related opportunities. As a result, companies may be unnecessarily vulnerable or miss new sources of revenue associated with the decline in the quantity or quality of ecosystem services.

Application of the ESR

To meet this need, corporations are turning to the Corporate Ecosystem Services Review (Box 1). Since its release in March 2008, the ESR has been translated into five languages, 15,000 copies have been printed, nearly 30,000 copies have been downloaded, and an estimated 200-300 businesses have put it to use.

Much of the ESR's utility can be attributed to its flexible design. It is valuable to senior executives looking at an organization's long-term strategy as well as to line managers responsible for product development, risk analysis, or day-to-day plant management. Experience to date indicates that conducting an ESR can help business managers improve the bottom line in at least four ways:

1. Strengthen corporate strategy

At the highest levels of a corporation, managers are using the ESR to improve corporate strategy. For example, Mondi, the international paper and packaging company, used the ESR in 2008 to support their strategy for addressing the key impacts on freshwater and biodiversity of their plantation areas in water-scarce

South Africa. Among other items, the ESR helped Mondi contextualize many of the known drivers of water scarcity in the region such as the spread of invasive species, inefficient irrigation practices by downstream users, climate change, and the demands of a developing nation. It also expanded the water scarcity analysis beyond the scope of their existing environmental management systems. This prompted new solutions and established a platform for building a freshwater strategy – stretching from their plantation management to their community engagement through to Mondi's government relations.

2. Identify new products and services

Managers are using the ESR to understand how the degradation of ecosystem services over the coming years may affect their customers, thereby enabling managers to identify opportunities for offering new products or services that could help customers mitigate or adapt to these changes.

Syngenta, one of the world's leading companies dedicated to agriculture, used the ESR to analyze the risks its customers in southern India face from the degradation of ecosystem services, including soil quality, loss of pollination services, and freshwater availability. The ESR brought renewed attention to the region's water challenges. In response, Syngenta established a dedicated water team at its corporate headquarters, followed by investments in innovative products and services – such as new solutions to enhance stress tolerance of plants – to help farmers reduce their risk-exposure to water shortages.

3. Strengthen corporate decision-making processes

Companies have been using the ESR to strengthen their existing decision-making processes. In particular, they find that the ESR draws attention to environmental aspects that existing processes often exclude and deepens their analysis of a business unit's dependence on ecosystem services. Examples of tools and processes improved by the ESR include:

1) *Environmental policy:* "The ESR is not a tool where data is put in one end, and results are produced at the other. Rather, it provides a thought process for strategically considering environmental issues," notes Ian Jameson, senior environmental advisor for Eskom, the South African power firm. The ESR's core method is a five-step process (Figure 1). Eskom is weaving the ESR into some of its corporate-wide standards and policies, including its biodiversity policy and its ISO-based biodiversity standard.

2) *Environmental Impact Assessments (EIA):* ERM Ltd, a global environmental consultancy, is beginning to use the ESR to embed ecosystem service considerations into its EIAs. Along with adding ecosystem services to the list of environmental attributes considered in assessments, the ESR provides the consultancy with a process to improve the prioritization of environmental issues through a better understanding of their value to society. It enhances the consideration of a project's dependence and impacts on ecosystem services. "Ostensibly, an EIA should consider a project's dependence on all material environmental aspects, as well as its impacts, and the ESR provides a valuable framework to help improve that process," noted James Spurgeon, ERM's technical director for Environmental Economics. His colleague Julia Tims says that "The rise of ecosystem services in EIAs, could not only improve risk and opportunity analysis, but also help link environmental, social, and economic factors."

3) *Water-use planning:* BC Hydro, one of the largest electric power companies in Canada, was one of the ESR "road-testers." BC Hydro conducted the ESR pilot as part of the company's

Box 1

What is the ESR?

The Corporate Ecosystem Services Review (ESR) is a structured method that helps managers proactively develop strategies to manage business risks and opportunities arising from their company's dependence and impact on ecosystems.

Responding to questions from corporations about the relevance of ecosystem services to corporate performance, the World Resources Institute partnered with the WBCSD and the Meridian Institute to develop the ESR. A draft method was developed and "road-tested" by five WBCSD members in the forestry, mining, specialty chemicals, agriculture, and hydropower sectors. Experiences from the road tests and input from other companies were incorporated into the final ESR.

The method consists of a five-step process (Figure 1). It starts by helping managers define a scope for the analysis – typically a business unit or part of the supply chain. Next, an Excel tool simplifies the selection of the ecosystem services that are most relevant. Third, the ESR has a framework for analyzing the trends of the priority ecosystem services. For example, managers may want to know how the quality and quantity of freshwater they depend upon will change over the next 15 years as a result of pollution, deforestation, climate change, or other factors. These trends give rise to specific risks and opportunities and the ESR provides a structured approach for identifying them. Finally, in step five, the ESR provides guidance in identifying actions that can be taken within the firm, with partners, and in relation to public policy to better manage these risks and opportunities.

Figure 1

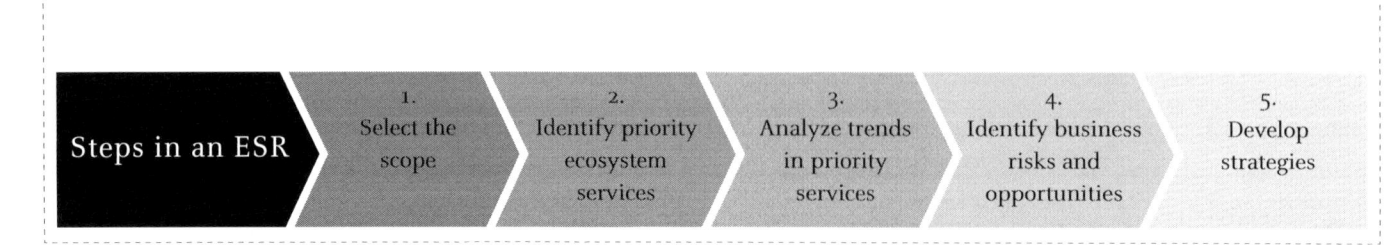

| Steps in an ESR | 1. Select the scope | 2. Identify priority ecosystem services | 3. Analyze trends in priority services | 4. Identify business risks and opportunities | 5. Develop strategies |

water-use planning for one of the watersheds where BC Hydro has hydroelectric-generating facilities. With 98 percent of BC Hydro's power produced by hydroelectric facilities, the company conducts water-use planning to improve decision-making by working with regulators and community stakeholders to develop management options. "Sustainable use requires the integration of social, financial, and ecological considerations," notes Dr. Scott Harrison, a senior environmental specialist with BC Hydro. "The ESR provides a framework for enhancing discussions about ecosystem services within existing processes, such as water-use planning."

4) *Sustainability Assessment:* AkzoNobel – the worlds largest paints and coatings company and a major producer of specialty chemicals – used the ESR to improve its sustainability assessments. AkzoNobel Pulp & Paper Chemicals used the ESR to analyze the risks its customers in China and Indonesia face from the degradation of ecosystem services including increased scarcity of wood fiber and freshwater. These customer risks were then translated into business risks and opportunities for AkzoNobel Pulp & Paper Chemicals. "We found that Corporate Ecosystem Services Review fits nicely into our toolbox for sustainability assessments," says Christina Hillforth, Director Sustainability & Operational Services at AkzoNobel Technology & Engineering. "It catches issues difficult to include in a quantitative Life Cycle Assessment or an Eco-efficiency Assessment. Thus, it complements the Eco-efficiency Assessment method widely used within AkzoNobel to include both the environmental and cost perspectives in the decision-making process."

4. Reduce risk of reputation and supply disruptions

Companies are using the ESR to identify and reduce reputational, supply, and other risks associated with their supply chains.

Yves Rocher, a global cosmetics firm, conducted an ESR on a branch of its supply chain with technical support from the INSPIRE Institute. The ESR identified several reputational and long-term supply concerns, including one related to the company's dependence on essential oils from a rare tree species. Yves Rocher is now launching a program to increase planting of the rare tree and to develop less harmful ways of harvesting its essential oils.

Survey recommended

While these examples cover only a portion of ESR-use to date, they demonstrate the value that conducting an ESR can bring to a business. Most importantly, the ESR can help managers uncover new business risks and opportunities that, in turn, improve corporate strategy, policy, and other decision-making processes; help develop new products and services; avoid reputational risks; and avert supply chain disruptions. For these and other reasons, 94 percent of World Business Council for Sustainable Development (WBCSD) members who have used the ESR to date would recommend it to peers, according to a recent survey.

Über den Autor

John Finisdore leads the World Resources Institue's Business & Ecosystem Services Project.

Unternehmen und Nachhaltigkeitsindizes – agieren statt reagieren

Ein Gespräch mit Prof. Dr. Henry Schäfer

Viele deutsche Unternehmen haben zum Thema Nachhaltigkeit noch immer ein zwiespältiges Verhältnis, meint Prof. Dr. Henry Schäfer von der Universität Stuttgart. Im Gespräch mit UmweltDialog skizziert Schäfer Verbesserungsvorschläge und gibt Tipps für ein besseres Abschneiden bei Nachhaltigkeitsratings.

UmweltDialog: Wieviele Nachhaltigkeits-Indizes bzw. Ratingsysteme zur Erfassung und Bewertung von Corporate Responsibilty gibt es derzeit weltweit?

Prof. Dr. Henry Schäfer: Nach unserer Erhebung vom Juni 2006 existieren fast 70 Rating-Anbieter und demzufolge unterschiedliche Rating-Systeme. Davon entfallen etwa 20 auf Indizes, wobei innerhalb eines Index wie z.B. dem Dow Jones Sustainability Index wiederum bis zu 10 und mehr Sub-Indizes existieren können.

UmweltDialog: In welche Kategorien kann man diese unterschiedlichen Rating-Systeme generell einteilen?

Prof. Dr. Schäfer:
› *Risiko-Ansätze:* Im Fokus steht die Analyse von Unternehmen im Umgang mit deren Umwelt- und Sozialrisiken
› *Ansätze der (nachhaltigen) Unternehmenswertsteigerung:* Hierunter fallen Managementstrategien von Unternehmen ausgerichtet am Postulat der Nachhaltigkeit. Durch frühzeitiges Erkennen und Umsetzen von ökonomischen, ökologischen und sozialen Trends können bei Unternehmen Wettbewerbsvorteile aktiv vom Management in Steigerungen des Shareholder Value umgesetzt werden.
› *Ansätze des überdurchschnittlichen Wachstums durch sog. Innovatoren-/Pionier-Unternehmen:* Im Fokus stehen ökologische und ökonomische Chancen, die sich aus einem ökologisch innovativen Produkt oder Produktionsprozess ergeben.
› *Management-Ansätze:* Gesucht werden hier Unternehmen, die ein Best Practice des Managements von CSR-Themen vorweisen (z.B. die Ausgaben der VW AG für AIDS-Präventionsprogramme in Städten Südafrikas).

UmweltDialog: Wer hat für die bekanntesten Rating-Systeme die Standards gesetzt? An welchen generellen sozialen und ökologischen Kriterien orientieren sich die Systeme?

Prof. Dr. Schäfer: Nahezu alle der untersuchten Bewertungsmodelle halten sich in der Quantifizierung mehr oder weniger streng an internationale Normen und Konventionen wie der UN-Menschenrechtsdeklaration, den G3 der Global Reporting Initiative, den ILO-Kernarbeitsnormen, den OECD-Leitlinien für multinationale Unternehmen, OECD-Leitlinien für Corporate Governance sowie grundlegenden Umweltnormen.

UmweltDialog: Auf welcher Basis sammeln Rating-Organisationen Informationen aus den Unternehmen?

Prof. Dr. Schäfer: Zum ganz überwiegenden Teil basieren die Ratings auf der Auswertung von Fragebögen, die die Rating-Organisationen Unternehmen zur Beantwortung schicken. Daneben werden i.d.R. von den Unternehmen extern publizierte Daten, z.B. aus den Geschäfts-, vor allen aber den Umwelt-, Sozial- und Nachhaltigkeitsberichten entnommen. Zudem spielen allgemein verfügbare Medieninformationen oder Studien zum Unternehmen beziehungsweise seinem Umfeld eine wichtige Rolle. Zwar verweisen fast alle Rating-Organisationen darauf, dass sie auch Unternehmensbesuche vornehmen und Gespräche mit den für Nachhaltigkeit Zuständigen führen. Doch deuten viele Anzeichen wie die meist eher kleine Zahl von Rating-Analysten darauf

Instrumente

4-A

hin, dass es sich hier um Ausnahmefälle handeln dürfte. Einige Rating-Organisationen betreiben enge Kooperationen mit Nichtregierungsorganisationen oder spezialisierten Journalisten (sog. Grass Roots-Research).

UmweltDialog: Welche Indexvarianten zur Nachhaltigkeit werden zukünftig die größte Bedeutung haben?

Prof. Dr. Schäfer: Die Bedeutung erschließt sich von der Verwendung her. Die Haupteinsatzgebiete der Nachhaltigkeits-Indizes liegen in der ethisch ausgerichteten Kapitalanlage. Insbesondere für große institutionelle Anleger bieten Nachhaltigkeitsindizes die komfortable Möglichkeit, das Anlageergebnis, die Performance eines nachhaltig ausgerichteten Wertpapierportfolios, durch Vergleich mit einem Index konventioneller Anlagen zu erhöhen. Die Bedeutung der Indizes mit Nachhaltigkeitsbezug sehe ich auf zwei Gebieten:

1) Im Management von großen Vermögen institutioneller Investoren wie Pensionsfonds, Investmentfonds u.a. mittels sozialer und ökologischer Kriterien wird verstärkt auf das Index-Tracking zurückgegriffen werden. Hierbei strukturieren die Anleger ihre Vermögensanlagen nach dem Vorbild von am Finanzmarkt wichtigen Nachhaltigkeitsindizes und kaufen die dort enthaltenen Aktien.

2) Nachaltigkeitsindizes wirken über ihre Verwendung in der konkreten Kapitalanlage hinaus. Da sie auf den Finanzmärkten weit verbreitet sind und immer häufiger auch in den Medien beobachtet werden, gewinnen die darin enthaltenen Unternehmen eine hohe Bekanntheit. Dies dient dem guten Ruf der Unternehmen und kann so ihre Akzeptanz und die Beliebtheit ihrer Produkte fördern – was wiederum dem wirtschaftlichen Unternehmenserfolg dient.

UmweltDialog: Welche Fehler begehen Unternehmen im Allgemeinen beim Umgang mit dem Thema Socially Responsible Investment (SRI)?

Prof. Dr. Schäfer: Es besteht in den Vorstandsetagen durchaus ein zwiespältiges Verhältnis zu diesem Thema oder es wird als (noch) nicht relevant erachtet. Sie stehen damit in großem Gegensatz zu ihren angelsächsischen Kollegen. Die haben das Thema wesentlich stärker akzeptiert und gehen damit offensiv und geschäftswirksam um. Warum dies in deutschen Vorständen nur zögerlich greift, ist meines Wissens bislang noch zuwenig erforscht. Man kann nur Vermutungen anstellen und Einzelerfahrungen anbringen. So sind gerade deutsche börsennotierte Aktiengesellschaften bis heute noch von vielen Ingenieuren geleitet. Deren innerstes Selbstverständnis ist meist, technisch herausragende Leistungen und Produkte zu liefern. Dabei besteht durchaus eine Sensibilität für ökologische Themen. Die werden aber meist auch mit den schmerzlichen Erfahrungen restriktiver deutscher Umweltgesetze verbunden. Für die Soft Factors wie Sozialfragen verweist man zudem gerne auf das dichte rechtliche Regelwerk in Deutschland in den Bereichen Mitbestimmung und Betriebsverfassungsgesetz. Allzu gerne wird also im Bereich Soziales und Umwelt bei deutschen Vorständen auf die im internationalen Maßstab bereits überdurchschnittlichen Leistungen deutscher Unternehmen verwiesen. Es ist dann nachvollziehbar, dass wenig Motivation besteht, freiwillig noch mehr zu tun. CSR-Themen sind dann eher lästig.

UmweltDialog: Bei welchen Punkten besteht bei den meisten Unternehmen noch Verbesserungsbedarf?

Prof. Dr. Schäfer: Insgesamt bedarf es einer höheren Sensibilität, Akzeptanz und Aktivität bei Vorständen in deutschen Unternehmen. Nachhaltigkeitsthemen sollten mehr konstruktiv

verstanden werden, d.h. als Potenziale, mit denen man durch frühzeitiges Erkennen und Ausschöpfen von Wettbewerbsvorteilen Marktanteile sichert, erweitert und so den Wertbeitrag für das Unternehmen ganz wirtschaftliche gesehen auch erhöht. Insgesamt scheinen mir folgende Aspekte bedeutsam:
› Akzeptieren, dass CSR international durch vielfältige Strömungen zu einem Mega-Thema gemacht wurde (auch wenn man viel Kritisches darüber sagen kann, aber CSR ist Fakt!),
› Abkehr von der eher technisch getriebenen Umwelt-, hin zur CSR-Orientierung (die intangiblen Faktoren zählen genauso wie die harten Umweltfakten),
› Modifikation und Fokussierung bisheriger Einstellung deutscher Unternehmen hin zu aktivem (und nicht reaktivem) Umgang mit Sozial- und Umweltthemen,
› CSR als Business Case identifizieren, bewerten, steuern,
› Wettbewerbsrelevanz erkennen,
› zur Vorstandssache machen (nicht in eine „Feigenblatt-Abteilung" wie Umwelt, Arbeitsschutz, Soziales u.a.m. „eintüten" und vergessen),
› Identifikation der für das Unternehmen kritischen, aber auch der erfolgsträchtigen CSR-Felder, aktives Management dieser Felder getreu des Mottos „Stärke deine Stärken, beherrsche deine Schwächen,
› aktive Kommunikation der CSR-Felder und -Erfolge (konstruktiv Misserfolge kommunizieren), Einbindung in die Investor Relation nach außen und in die unternehmensinterne Kommunikation (wie Managementtagungen im Unternehmen),
› in Industrieverbänden aktiver auf einen internationalen Auftritt und zu mehr konstruktiver Mitarbeit in internationalen Gremien hinwirken.

UmweltDialog: Wie können Unternehmen die Intention von Rating-Organisationen bewerten und „agieren", statt lediglich auf Anfragen zu reagieren?

Prof. Dr. Schäfer: Die Ratings sollten akzeptiert und Ernst genommen werden. Innerhalb von Unternehmen sollten sie zum Anlass genommen werden, Datenbanken fach- und organisationsübergreifend anzulegen. Mit ihren sozialen und ökologischen Datenbeständen ist es einem Unternehmen dann nicht nur möglich, die Anfragen der Rating-Agenturen zu bedienen, sondern sie auch für interne Steuerungen einzusetzen. Daher sollte die Controlling- und die Kommunikationsabteilung eng eingebunden sein. Aus Sicht der Unternehmen ist es nachvollziehbar, wenn sie über die sehr unterschiedlichen und flutartigen Anfrageschübe vieler Rating-Agenturen klagen. Unternehmen tun daher gut daran, sich in internationalen Gremien wie der GRI zur Entwicklung von Berichts- und Rechnungslegungsstandards aktiv zu beteiligen. Ferner sollten sie sehr aufmerksam die Qualität und Transparenz der Rating-Agenturen beobachten und nicht scheuen, diese auch aktiv von den Agenturen einzufordern. Hierzu bietet sich z.B. an, eine eigenständige Web-Plattform im Sinne von Business Intelligence-Systemen aufzubauen, damit jederzeit allen Interessierten die „Innereien" der Ratings bekannt sind. Also auch hier gilt insgesamt das Motto „Mehr Aktivität und Kreativität ist erforderlich".

UmweltDialog: Können Sie uns 5 Tipps für Unternehmen nennen, um gut in Nachhaltigkeits-Ratings abzuschneiden?

Prof. Dr. Schäfer:

1) Grundvoraussetzung ist die Existenz einer eigenen in sich schlüssigen und akzeptierten Unternehmenskultur, d.h. Unternehmensleitbild und -selbstverständnis.

2) Dann sollten nicht mehr als eine Handvoll von nach innen wie nach außen überzeugenden Feldern sozialen und ökologischen Handelns identifiziert werden. Hierzu zählt auch die Identifikation der sog. kritischen Stakeholder, also derjenigen, mit denen sich das Unternehmen im Besonderen auseinandersetzen muss oder will.

3) Die Nachhaltigkeitsfelder müssen daraufhin aktiv entwickelt werden und das auch vor dem Hintergrund ihres Beitrags zur wirtschaftlichen Wertschöpfung des Unternehmens. CSR-Leistungen, die sich nicht wirtschaftlich rechnen sind für Unternehmen „Luxus".

4) Die CSR-Aktivitäten und -Felder sind aktiv zu kommunizieren. Neben den Medien sind hier vor allem die Märkte angesprochen. Vor allem den Finanzmärkten, aber auch den Absatz- und Beschaffungsmärkten kommt hierfür eine hohe Bedeutung zu.

5) CSR ist Chefsache! Sie gehört in die Hand des Vorstandsvorsitzenden oder des Vorstandssprechers. Sie hat zudem Querschnittsfunktion und darf nicht in eine isolierte Abteilung eingesperrt werden.

Zur Person

Prof. Dr. Henry Schäfer ist Inhaber des Lehrstuhls für Allgemeine Betriebswirtschaftslehre und Finanzwirtschaft an der Universität Stuttgart.

C.B. Bhattacharya zum E.ON Lehrstuhl für Corporate Responsibilty

Von Judith Bomholt

Seinen Master of Business Administration erhielt er am Indian Institute of Management, zuletzt unterrichtete er an der Boston University School of Management, das Wirtschaftsmagazin „BusinessWeek" nahm ihn zwei Mal in die Liste herausragender Fakultätsmitglieder auf – nun ist Prof. C.B. Bhattacharya Inhaber des neuen CR-Lehrstuhls an der European School of Management and Technology (ESMT). Gestiftet durch den Energiekonzern E.ON ist es der erste Namenslehrstuhl der Berliner Wirtschaftshochschule. UmweltDialog sprach mit Prof. Bhattacharya über erste Eindrücke und die Ziele seines Unterrichts.

UmweltDialog: Sie haben im Jahr 2009 Ihre Arbeit als Professor für Corporate Responsibility (CR) an der European School of Management and Technology (ESMT) aufgenommen. Wie sind ihre ersten Eindrücke?

Prof. C. B. Bhattacharya: Als eine forschungsorientierte Wirtschaftshochschule ist die ESMT für mich ein sehr spannender Ort. Ihre Leitbilder stehen für die Ausbildung verantwortungsvoll handelnder Führungskräfte und Nachhaltigkeit. Ich bin sehr erfreut über die Aussicht, einen Beitrag zum Wachstum der Schule in diesem Feld beitragen zu können und in einer Gruppe von Fachleuten mit den gleichen Interessen zu arbeiten.

UmweltDialog: Eine Studie des „Centrum für Corporate Citizenship Deutschland" belegt, dass der Schwerpunkt der angebotenen CR-Lehrveranstaltungen an Hochschulen fast ausschließlich auf dem Thema Wirtschaft- und Unternehmensethik liegt. Wo liegen in Ihrem Unterricht die Schwerpunkte bei der Vermittlung des Themas Corporate Responsibility?

Prof. Bhattacharya: Die Schwerpunkte meines Unterrichts liegen in der Unternehmensverantwortung und Nachhaltigkeit. Ich bringe den Studenten nahe, wie Unternehmen sinnvoll Gutes tun können oder, um es anders auszudrücken: Wie sie gleichzeitig sozialen und wirtschaftlichen Nutzen erzeugen können.

UmweltDialog: Welcher Bereich dagegen wird aus Ihrer Sicht an Hochschulen vernachlässigt, beziehungsweise sollte eine größere Gewichtung bekommen und warum?

Bhattacharya: Nach meinen Erfahrungen als Professor der Managementlehre an internationalen Wirtschaftshochschulen denke ich, es sollte eine größere Gewichtung auf der Tatsache liegen, dass Unternehmen mehr Ziele haben als die Gewinnmaximierung. Die Studenten sollten lernen, dass Unternehmen nicht nur nach ihrem Profit beurteilt werden sollten, sondern auch nach dem sozialen Nutzen sowie der Umweltverschmutzung, die sie vermindern. Gesellschaftlich verantwortlich und gleichzeitig profitabel zu sein, schließt sich nicht gegenseitig aus. Im Laufe der Zeit können wir eine soziale Bilanzaufstellung entwerfen, mit welcher der soziale Nutzen eines Unternehmens gemessen werden kann.

UmweltDialog: Wie lässt sich das Thema Corporate Responsibility nach Ihrer Erfahrung am besten vermitteln?

Prof. Bhattacharya: In dem wir die Vermittlung von Theorien und Prinzipien mit erfahrungsorientiertem Lernen kombinieren, bekommen die Studenten die Möglichkeit zu begreifen, was sie in einer Gesellschaft durch ehrenamtliche Arbeit oder ähnliches aktives Engagement bewirken können. Wir nutzen Fallstudien um zu veranschaulichen, wie Unternehmen wirklich erfolgreich sein können oder warum sie an der Aufgabe ihrer gesellschaftlichen Verantwortung gerecht zu werden, scheitern. Feldprojekte

Instrumente

4-B

ermöglichen den Studenten anzuwenden, was sie in einer akademischen Umgebung gelernt haben. Viele der Studenten, die ich unterrichtet habe, kommen in die Klasse als Skeptiker. Doch wenn sie sehen, welchen weitreichenden Einfluss sie haben können, sind sie weitaus enthusiastischer. Sie erkennen, welche Auswirkungen sie in einer Gesellschaft erreichen können.

UmweltDialog: Die oben angesprochene Studie ergab auch, dass ein standardisiertes CR-Curriculum für alle Hochschulen nicht sinnvoll wäre. Jede Hochschule müsse Ihren „eigenen Weg" finden, das Thema CR zu integrieren. Können Sie kurz beschreiben wie sich dieser Weg an der ESMT darstellt?

Prof. Bhattacharya: Als eine junge aufstrebende Wirtschaftshochschule hat sich die ESMT Corporate Responsibility zur Verpflichtung gemacht. Von Beginn war das Thema CR in den Lehrplan integriert, mehr als strategisches Seminar und nicht als zusätzliches ethisches oder philosophisches Wahlfach. Zudem profitiert die Schule aus ihrem weitreichenden geschäftlichen Netzwerk. Mit diesem kann sie ihren Studenten Feldprojekte anbieten, in denen sie CR-Erfahrungen aus erster Hand gewinnen.

UmweltDialog: Können Sie anhand eines Beispiels aus der Praxis erläutern, welche Fehler häufig von jungen Managern in der Unternehmensführung begangen werden, und wie das Verständnis oder Bewusstsein für CR-Aspekte hier helfen würde?

Prof. Bhattacharya: Ein genereller Fehler, den Angestellte eines Unternehmens – egal in welcher Führungsebene – häufig begehen, ist der Glaube, dass ihre persönliche Vorstellung von der Aufgabe eines Managers die Beste für das Unternehmen sein muss. Viele von ihnen führen ihre Lieblingsprojekte ein, ohne zu wissen, was ihre Anspruchsgruppen wollen. Guter Unterricht in CR lehrt Studenten, dass sie Stakeholder-Befragungen machen müssen um herauszufinden, welche Projekte zu einem guten Umgang mit ihren Kunden und Angestellten führen, bevor sie Geld in CR-Aktivitäten investieren.

UmweltDialog: Herzlichen Dank für das Gespräch!

Zur Person

Prof. C. B. Bhattacharya ist Inhaber des CR-Lehrstuhls an der European School of Management and Technology.

TechniData: No data – no market

Von Dr. Elmer Lenzen

Seit 2007 ist die europäische Chemikalienverordnung REACh in Kraft, und ein Großteil der industriell genutzten Chemikalien muss registriert werden. Um die Registrierung gesetzeskonform und effizient vorzubereiten und durchzuführen, müssen die betroffenen Unternehmen die importierten und produzierten Stoffmengen pro Jahr kennen. Eine praxistaugliche Lösung hat SAP zusammen mit TechniData entwickelt: Als neue Komponente innerhalb der SAP-Lösungen überwacht sie automatisch alle Stoffmengen während des gesamten Einkaufs-, Produktions- und Vertriebsprozesses. Der Artikel erschien im Jahr 2007 bei UmweltDialog.

Chemikalien sind überall: Ob in Kleidung, Möbeln, Reinigungs- oder auch Lebensmitteln. In den 30er Jahren waren es gerade einmal eine Million Tonnen, die weltweit produziert wurden. Heute sind es weit über 500 Mio. Tonnen jährlich. Neben der Menge hat auch die Zahl der Chemikalien zugenommen: Über 100.000 verschiedene Stoffe sind nach Angaben des Deutschen Naturschutzrings alleine innerhalb der europäischen Union bekannt. Fragen zu Risiken und Folgen für Mensch und Umwelt blieben dabei lange unbeantwortet. 2001 initiierte daher die EU-Kommission eine weitreichende Reform der europäischen Chemikalienpolitik unter dem Kürzel REACh (Registration, Evaluation and Authorisation of Chemicals). Hersteller und Importeure dürfen künftig nur noch solche Stoffe produzieren bzw. importieren, deren Eigenschaften und Risiken untersucht und die damit registriert wurden.

Mit der Vorgabe „No data, no market" einigten sich die Brüsseler Politiker dabei auf eine harte Linie, die von den betroffenen Unternehmen eine genaue Benennung und Mengenverfolgung jeder Chemikalie, von der mehr als eine Tonne verbraucht wird, einfordert. Mit dieser Aufgabe betreten die meisten Compliance Manager in den Unternehmen jedoch informationstechnisches Neuland, berichtet das IT-Unternehmen TechniData. „Bisher wurden nämlich in der Regel mit betriebswirtschaftlichen Planungs- und Steuerungsinstrumenten Materialmengen ermittelt, die Inhaltsstoffe blieben weitgehend außen vor", erläutert Dr. Karl-Franz Torges, Solution Manager bei der TechniData.

Mengenverfolgung im Fokus

Um diese Informationslücke zu schließen, haben die Softwarehäuser SAP und TechniData gemeinsam ein passendes Werkzeug entwickelt: Mit dem Substance Volume Tracking (SVT) überwachen Unternehmen bestimmte Geschäftsprozesse, zum Beispiel in der Produktion oder im Einkauf. So ermitteln sie die geplanten und bestätigten, produzierten und importierten Mengen des Stoffes. Die Daten stehen dann für weitere Auswertungen und Prozesse bereit und bilden die Grundlage für die korrekte Registrierung der Substanzen. Die SVT-Komponente wird seit Sommer 2006 ausgeliefert, und in Markdorf ist man zuversichtlich, dass sich SVT zum Industriestandard in der automatisierten Mengenverfolgung entwickeln wird. „Das Einsatzgebiet des Werkzeuges beschränkt sich nicht nur auf [das EU-weite] REACh, sondern erstreckt sich auch auf andere gesetzliche Anforderungen, bei denen Stoffmengen eine Rolle spielen, wie zum Beispiel in Kanada oder den Vereinigten Staaten", so Torges weiter.

Wettbewerbsvorteile nutzen!

„REACh spricht keineswegs nur die Stoffproduzenten aus der Chemischen Industrie an", sagt Jürgen Schwab, Vorstandsvorsitzender von TechniData und erläutert: „Im Blickpunkt stehen auch Hersteller und Importeure von Erzeugnissen, in denen sich die von REACh regulierten Stoffe befinden. In der Praxis wird es kaum ein in der EU ansässiges Industrieunternehmen geben, das nicht zumindest in der Informationspflicht steht. Darüber hinaus werden zahlreiche Marktteilnehmer Stoffe registrieren müssen, so z.B. Fahrzeugbauer, Metallverarbeiter oder Textilhersteller."

Ein gutes Compliance-Management ermöglicht den betroffenen Chemieunternehmen auch einen erheblichen Wettbewerbsvorteil. Der Erfolg der anstehenden Informations- und Registrierungsarbeit bestimmt, ob Unternehmen ihr bisheriges Produktangebot auch zukünftig noch herstellen beziehungsweise importieren dürfen. Deshalb gilt es den erforderlichen Compliance-Prozess verlässlich zu gestalten und dabei auch Lieferanten, Dienstleister und Konsortialpartner einzubeziehen. TechniData und SAP bilden den Prozess in integrierten Software-Lösungen ab, welche die bestehende Anwendung SAP Environment, Health & Safety (SAP EH&S) erweitern. Die für die Erzeugnisindustrien entwickelten Lösungen ermöglichen es den Anwendern, ihre Registrierungsprojekte durchgängig zu planen, zu steuern und zu überwachen. So können sie ihren Überwachungs- und Informationspflichten jederzeit nachkommen.

Compliance-Management mit SAP

Um REACh-konforme Berichte zu erstellen, hat TechniData sowohl die Formatvorlagen als auch den Phrasenkatalog angepasst. Die hierzu erforderlichen Informationen liefert das in TechniData CSM hinterlegte Regelwerk, sobald Anwender darin eine Stoffabfrage starten. Die recherchierten Informationen fließen unmittelbar in die unternehmensspezifisch konfigurierbaren Formulare der Sicherheitsdatenblätter ein. In Übereinstimmung mit dem Verband der Europäischen chemischen Industrie CEFIC empfiehlt TechniData, die Sicherheitsdatenblätter turnusgemäß im Rahmen der üblichen Revisionen zu überarbeiten.

TechniData und SAP bieten Herstellern integrierte Software-Lösungen, mit denen sie die von der neuen europäischen Chemikalienverordnung gestellten Anforderungen wirtschaftlich erfüllen können. Die neuen Lösungen werden stufenweise den zeitlichen Vorgaben der REACh-Umsetzung entsprechend erweitert.

Volkswagen: Zwei Portale – ein Ziel

Von Simone Andrich

Unter dem Stichwort „zielgruppenspezifische Gestaltung" hat sich Volkswagen in einem langjährigen Entwicklungsprozess dazu entschlossen, sein nachhaltiges Wirtschaften auf einem Marken- und einem Konzernportal zu kommunizieren. Der Automobilhersteller hat seine Stakeholder gewissermaßen in zwei Hauptgruppen unterteilt und fährt mit seiner internetbasierten Nachhaltigkeitsberichterstattung seit Ende des Jahres 2005 doppelgleisig. Eine Strategie, die kommunikationswissenschaftlich Sinn macht, stehen doch Unternehmen vor der Herausforderung, vielen Anspruchsgruppen inhaltlich und gestaltungsbezogen gerecht zu werden. Auch scheint es gerade vor dem Hintergrund der Fülle an Informationen sinnvoll, diese übersichtlich zu strukturieren. Wie aber sieht die Doppelstrategie bei Volkswagen genau aus?

Das Konzernportal www.volkswagen-nachhaltigkeit.de stellt die Konzern-Informationsplattform zu den Nachhaltigkeitsthemen des Unternehmens dar und spricht in seiner einem Geschäftsbericht gleichenden Aufmachung primär die Finanz- und Analystenwelt an. Das Portal des Wolfsburger Automobilherstellers liefert alle relevanten Unternehmenskennzahlen, skizziert Leitbild und Konzernwerte, beschreibt einzelne Leistungen, die der Konzern etwa für Mitarbeiter und Umwelt erbringt, und erläutert die Themen Sicherheit, Klima und Energie sowie die Nachhaltigkeitsstandards des Unternehmens. Außerdem wird über die High- und Lowlights der letzten vier Jahre berichtet. Kurz gesagt: Das Konzernportal berichtet ausführlich über Nachhaltigkeits-Themen in einem klassischen, eher Experten-orientierten Stil und vermittelt einen schlüssigen Überblick über die Unternehmensleistung.

Nachhaltigkeitskommunikation im World Wide Web ist für die meisten Unternehmen kein Fremdwort mehr. Viele Firmen greifen neben der Erstellung eines Nachhaltigkeitsberichts auch auf das Internet als Instrument der Nachhaltigkeitsberichterstattung zurück. So auch die Volkswagen AG. Allerdings unterscheidet sich die Kommunikationsstrategie des Automobilherstellers erheblich von anderen Unternehmen, denn Volkswagen kommuniziert sein nachhaltiges Handeln auf zwei unterschiedlichen Internet-Portalen. UmweltDialog analysierte 2007 die Doppelstrategie.

Aktualität dank Medienkonvergenzen

Die Online-Stellung des Portals erfolgte gegen Ende des Jahres 2005 und ging mit der Veröffentlichung des ersten Nachhaltigkeitsberichts einher. Im Prinzip stellt es den virtuellen Partner des Printberichts dar. Dies wird zum einen durch den ähnlichen Aufbau deutlich und zum anderen dadurch, dass beide Medien allen Marken des Konzerns die Möglichkeit geben, sich zu vernetzen. erklärt Dr. Ina Thurn von der Abteilung Umweltstrategie, Team „CSR-Berichterstattung".

Eine ganz andere Aufgabe erfüllt das Markenportal www.mobilität-und-nachhaltigkeit.de. Es stellt die Informationsplattform der Marke Volkswagen zur Nachhaltigkeit dar. Zur Zielgruppe des Markenportals gehören Kunden, die interessierte Öffentlichkeit sowie die Mitarbeiter. Seit Ende des Jahres 2003 in dieser Form online, trägt es einem zunehmend breiten Themenfokus Rechnung. Alles in allem kann man den Stil der Markenseite als „locker frisch" bis „seriös" beschreiben. „Die Seite ist sozusagen der Nachhaltigkeitsbericht der Marke Volkswagen, eine bunte Seite, eher für Verbraucher, gewissermaßen für ein breiteres Publikum", bestätigt Thurn. Ziel ist es, bei den Nutzern Glaubwürdigkeit, Vertrauen und Sympathie zu schaffen. Nachhaltigkeitsthemen können alltagsnah, emotional, fundiert und mit hohem praktischem Gebrauchswert vermittelt werden.

Interaktive Elemente ausbauen

Die Themen werden den Rubriken Praxis, Wissen, Magazin, Modelle und Verbrauch sowie Standorte zugeordnet. Im Bereich

Praxis finden Kunden u. a. Tipps zum Fahrverhalten und Entscheidungshilfen bei der Wartung, erhalten Informationen zum Spritspartraining sowie über ökologische Aspekte der einzelnen Automodelle. Einen besonderen Stellenwert nimmt die Verbrauchs- und Emissionsdatenbank ein, auf der interessierte Kunden den Kraftstoffverbrauch sowie die CO_2-Emissionen jedes VW-Modells ermitteln und mit einem zweiten Modell vergleichen können. Auch Journalisten werden auf der Internetseite fündig. Sie erhalten tagesaktuelle News, Informationen zu neuesten Nachhaltigkeits-Rankings sowie Stellungnahmen und Story-Ideen. Zudem werden auf dem Markenportal auch Themenschwerpunkte als „Portal im Portal" in die Website integriert. Dies betrifft unter anderem das Portal zur Kraftstoffstrategie von Volkswagen (www.sunfuel.de), das in die Rubrik Wissen integriert wurde.

Im Gegensatz zur Konzernseite hat das Markenportal einen eher interaktiven Charakter. Auch wenn man noch nicht vollends von einem Einsatz dialogischer Kommunikationsinstrumente sprechen kann, so ist dieser in Ansätzen zu erkennen. „Weihnachten vor ein paar Jahren hatten wir beispielsweise ein Spiel auf unserer Seite integriert, indem man mit dem 1-Liter-Auto von Wolfsburg nach Hamburg fahren konnte", erzählt Thurn. Aktuell bietet das Markenportal ein Voting zu regelmäßig wechselnden Themen an. Die Frage wechselt annähernd monatlich und richtet sich meistens nach der neusten Story im Magazin.

Wie aber kam es zu der gegenwärtigen internet-basierten Nachhaltigkeitskommunikation bei Volkswagen? „Die Idee der zwei Portale ist historisch gewachsen und aus gezielten Befragungen unserer Stakeholder hervorgegangen", erklärt Thurn. Unterscheiden muss man zwischen den Entwicklungen der Internetkommunikation bei der Marke VW und beim Konzern machen. Bei der Marke hat alles vor elf Jahren angefangen, als der Umweltbericht 1995 als pdf-Dokument unter www.vw-online.de herunter geladen werden konnte. In den folgenden Jahren wurde die Umweltberichterstattung im Internet kontinuierlich weiterentwickelt, bis im Juni 2000 eine eigene Umweltseite www.volkswagen-umwelt.de online ging, die mit der Veröffentlichung des Umweltberichts 2003/ 2004 in die URL www.mobilität-und-nachhaltigkeit.de geändert wurde. Dies geschah, um soziale und finanzielle Themen besser zu integrieren. Das Konzernportal ging parallel zum ersten Konzernnachhaltigkeitsbericht online und ist in die Konzernseiten www.volkswagen-ag.de integriert.

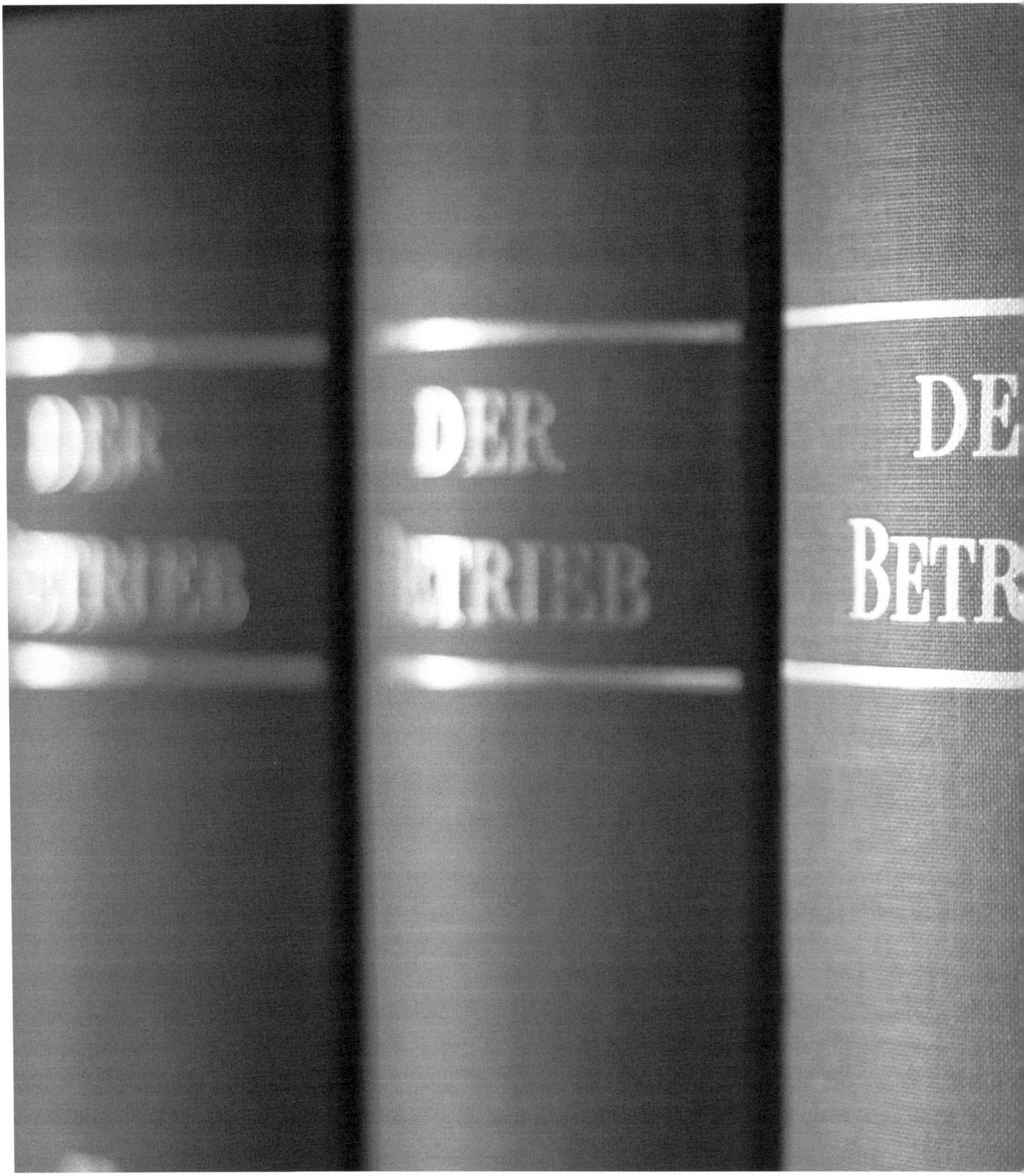
DER

Literaturverzeichnis/Fußnoten

5 Literaturverzeichnis

Konrad Ott: Zur Ideengeschichte von "Nachhaltigkeit"

Beckerman, W. (1995): Small is stupid: blowing the whistle on the Greens. London (Duckworth).

Beckerman, W. (2006): Ein Mangel an Vernunft. Nachhaltige Entwicklung und Wirtschaftswachstum. Berlin (liberal).

BMU (1998): Nachhaltige Entwicklung in Deutschland. Entwurf eines umweltpolitischen Schwerpunktprogramms. Bonn (Eigendruck).

Brand, K.-W. & Jochum, G. (2000): Der deutsche Diskurs zu nachhaltiger Entwicklung. München (MPS-Texte).

Browers, M. (1999): Jefferson's land ethics: environmental ideas in Notes on the State of Virginia. In: Environmental Ethics, Vol. 21, S. 43-57.

Darwin, C. (1859): On the origins of species by means of natural selection. London (J. Murray).

Engels, J. I. (2006): Naturpolitik in der Bundesrepublik. Paderborn (Schöningh).

Fanon, F. (1969): Die Verdammten dieser Erde. Reinbeck (Rowohlt).

Göring, H. (1939): Ansprache bei der Eröffnungssitzung der Großdeutschen Reichstagung der Forstwirtschaft. In: Deutscher Forstverein (Hg.): Jahresbericht 1939. Reichsnährstands Verlagsgesellschaft (Berlin), S. 94-102.

Grober, U. (2002): Tiefe Wurzeln: Eine kleine Begriffsgeschichte von ‚sustainable development' – Nachhaltigkeit. In: Natur und Kultur, Jg. 3, S. 116-128.

Haber, W. (1998): Nachhaltigkeit als Leitbild der Umwelt- und Raumentwicklung in Europa. In: Henritz, G., Wiessner, R. & Winiger, M. (Hg.): Nachhaltigkeit als Leitbild der Umwelt- und Raumentwicklung in Europa. Stuttgart (Franz Steiner), S. 11-30.

Harborth, H. J. (Hg.) (1993): Dauerhafte Entwicklung statt globaler Selbstzerstörung. Berlin (Sigma), 2. Auflage.

Karafyllis, N. (2002): „Nur soviel Holz einschlagen, wie nachwächst" – Die Nachhaltigkeitsidee und das Gesicht des deutschen Waldes im Wechselspiel zwischen Forstwissenschaft und Nationalökonomie. In: Technikgeschichte, Jg. 69, S. 247-273.

Liebig, J. v. (1840): Die Chemie in ihrer Anwendung auf Agricultur und Physiologie. 7. Auflage 1862. Braunschweig (Vieweg).

Lomborg, B. (2001): The skeptical environmentalist. Cambridge (Cambridge University Press).

Lomborg, B. (2007): Cool it!. München (DVA).

Malthus, R. T. (1798): An essay on the principle of population, as it affects the future improvement of society. London (J. Johnson).

Marsh, G. P. (2003): Man and Nature. Seattle (University of Washington Press). Reprint.

Marx, K. (1975): Das Kapital. Kritik der politischen Ökonomie. Dritter Band (ursprünglich 1894). In: Marx, K. & Engels, F.: Werke, Bd. 25, Berlin (Dietz).

Meadows, D., Meadows, D. & J. Randers. (1973): Die Grenzen des Wachstums. Bericht des Club of Rome zur Lage der Menschheit. Stuttgart (DVA).

Meadows, D. (2000): Es ist zu spät für eine nachhaltige Entwicklung. Nun müssen wir für eine das Überleben sichernde Entwicklung kämpfen. In: Krull, W. (Hg.): Zukunftsstreit. Weilerswist (Velbrück), S. 125-149.

Mill, J. S. (1898): Principles of political economy. London (Longmans, Green, and Co.).

Miller, C. (1997) (Hg.): American Forests. Nature, Culture, and Politics. Kansas (University Press of Kansas).

Ott, K. (1997): Ipso Facto. Frankfurt a. M. (Suhrkamp).

Ott, K., Potthast, T., Gorke, M. & Nevers, P. (1999): Über die Anfänge des Naturschutzgedankens in Deutschland und den USA. In: Heyen, E. V. (Hg.): Jahrbuch für europäische Verwaltungsgeschichte, Vol. 11, Baden-Baden (Nomos), S. 1-55.

Ott, K, Döring, R (2008): Theorie und Praxis starker Nachhaltigkeit. 2. aktualisierte Auflage. Marburg (Metropolis)

Rostow, W. W. (1960): The stages of economic growth. A non-communist manifesto. Cambridge (Cambridge University Press).

Sachs, I. (1999): Social sustainability and whole development: exploring the dimensions of sustainable development. In: Becker, E. & Jahn, T. (Hg.): Sustainability and the social sciences. London, New York (Zed Books), S. 25-36.

Schmitt, C. (1928): Verfassungslehre. Berlin (Duncker & Humblot), Nachdruck der 3. Auflage.

Sieferle, R. P. (1990): Bevölkerungswachstum und Naturhaushalt. Frankfurt a. M. (Suhrkamp).

Simon, J. (1996): The ultimate resource 2. Princeton (Princeton University Press).

Simon, J. & Kahn, H. (1984): The resourceful earth. Oxford (Basil Blackwell).

SRU (1994): Für eine dauerhaft-umweltgerechte Entwicklung. Umweltgutachten 1994. Stuttgart (Metzler-Poeschel).

SRU (2002): Umweltgutachten 2002 – Für eine neue Vorreiterrolle. Stuttgart (Metzler-Poeschel).

Thaer, A. (1810): Grundsätze der rationellen Landwirthschaft. Berlin (Realschulbuchh.).

Tremmel, J. (2004): „Nachhaltigkeit" – definiert nach einem kriteriengebundenen Verfahren. In: GAIA, Jg. 13, S. 26-34.

WCED (1987): Our common future. New York, Oxford (Oxford University Press).

BMAS: CSR – Internationale Transferbedingungen eines Konzepts

Asongu, Januarius Jingwa (2007): The History of Corporate Social Responsibility. Journal of Business and Public Policy 1 (2). http://www.jbpponline.com/article/viewFile/1104/842 (16.07.2008)

Backhaus-Maul, Holger (2004): Corporate Citizenship in den USA – Innovative Ideen für die deutsche Engagementpolitik. Diskussionspapiere zum Nonprofit-Sektor 26/2004: 43-60.

Backhaus-Maul, Holger (2006): Gesellschaftliche Verantwortung von Unternehmen. Aus Politik und Zeitgeschichte 12/2006: 32-38.

Bader, Nils, Raik Bauerfeind, Carmen Giese (2007): Corporate Social Responsibility (CSR) bei kleinen und mittelständischen Unternehmen in Berlin. Eine Studie der TÜV Rheinland Bildung und Consulting GmbH in Kooperation mit der outermedia GmbH. Berlin: Oktoberdruck.

Beck, Ulrich (Hg.) (1998): Politik der Globalisierung. Frankfurt am Main: Suhrkamp Verlag.

Bertelsmann Stiftung (2005): Die gesellschaftliche Verantwortung von Unternehmen. Dokumentation der Ergebnisse einer Unternehmensbefragung der Bertelsmann Stiftung. http://www.bertelsmann-stiftung.de/bst/de/media/xcms_bst_dms_15645_2.pdf (07.07.2008)

Bertelsmann Stiftung (2006): Partner Staat? CSR-Politik in Europa. Gütersloh.

Bertelsmann Stiftung (2007a): Soziale Gerechtigkeit 2007 – Ergebnisse einer repräsentativen Bürgerumfrage. http://www.bertelsmann-stiftung.de/bst/de/media/xcms_bst_dms_23333_23334_2.pdf (10.07.2008).

Bertelsmann Stiftung (2007b): StandortCheck Deutschland II/2007. http://www.bertelsmann-stiftung.de/cps/rde/xbcr/SID-0A000F0A-D334BC95/bst/xcms_bst_dms_23195_23196_2.pdf (10.07.2008)

Bertelsmann Stiftung (2008): BürgerProgramm Soziale Marktwirtschaft – Ergebnisse einer repräsentativen Bürgerumfrage zu den Vorschlägen des BürgerForums Soziale Marktwirtschaft. http://www.bertelsmann-stiftung.de/bst/de/media/xcms_bst_dms_24744_24784_2.pdf (08.10.2008)

Bundesministerium für Familie, Senioren, Frauen und Jugend (2002): Unternehmen und Gesellschaft, Bonn.

Bundesministerium für Umwelt, Naturschutz und Reaktorsicherheit (2007): Nationale Strategie zu Biologischen Vielfalt. http://www.bmu.bund.de/files/pdfs/allgemein/application/pdf/biolog_vielfalt_strategie_nov07.pdf (08.10.2008)

Bundesregierung (2002): Perspektiven für Deutschland, unsere Strategie für eine nachhaltige Entwicklung.

Bundesregierung (2007): Eckpunkte für ein integriertes Energie- und Klimaprogramm. http://www.bundesregierung.de/Content/DE/Artikel/2007/08/Anlagen/eckpunkte,property=publicationFile.pdf (30.09.2008).

Bowen, Howard R. (1953): Social responsibilities of the businessman. New York: Harper. (1. Aufl.)

Castells, Manuel (1998): End of Millenium. Oxford et. al.: Blackwell Publishers.

Centrum für Corporate Citizenship Deutschland (CCCD) (2007): Corporate Citizenship. Gesellschaftliches Engagement von Unternehmen in Deutschland und im transatlantischen Vergleich mit den USA. Ergebnisse einer Unternehmensbefragung des CCCD. http://www.cccdeutschland.org/pics/medien/1_1188563508/CCCD_Survey.pdf (07.07.2008)

Department for Environment, Food and Rural Affairs (DEFRA) (2006): Procuring the Future, Sustainable Procurement Action Plan: Recommendations from the Sustainable Procurement Task Force. http://www.defra.gov.uk/sustainable/government/publications/procurement-action-plan/documents/full-document.pdf (06.10.2008)

Deutscher Bundestag (2002): Schlussbericht der Enquete-Kommission. Globalisierung der Weltwirtschaft – Herausforderungen und Antworten. http://

Literaturverzeichnis

www.bundestag.de/gremien/welt/glob_end/3_1_5.html (07.07.2008).

Eppler, Erhard (2005): Auslaufmodell Staat? Frankfurt am Main: Suhrkamp Verlag.

Ernst, Christof, Friedrich Heinemann, Marcus Kappler et al. (2008): Länderindex der Stiftung Familienunternehmen. München: Stiftung Familienunternehmen (2. Aufl.).

Enste, Dominik H., Stefan Hardege (2006): Regulierung und Beschäftigung – eine empirische Wirkungsanalyse für 22 OECD-Länder. IW-Trends – Vierteljahresschrift zur empirischen Wirtschaftsforschung aus dem Institut der deutschen Wirtschaft 33 (2): 33-46.

Europäische Kommission (2001): Europäische Rahmenbedingungen für die soziale Verantwortung der Unternehmen – Grünbuch. Luxemburg: Amt für amtliche Veröffentlichungen der Europäischen Gemeinschaften.

Europäische Kommission (2002): Mitteilung der Kommission betreffend die soziale Verantwortung der Unternehmen: ein Unternehmensbeitrag zur nachhaltigen Entwicklung. KOM(2002) 347, 2.7.2002

Europäische Kommission (2003): Empfehlung der Kommission vom 6. Mai 2003 betreffend die Definition der Kleinstunternehmen sowie der kleinen und mittleren Unternehmen. Amtsblatt der EU L124 vom 20.05.2003.

Europäische Kommission (2004): Corporate Social Responsibility. National public policies in the European Union. Luxembourg: Office for Official Publications of the European Communities.

Europäische Kommission (2006): Mitteilung der Kommission über die Umsetzung der Partnerschaft für Wachstum und Beschäftigung: Europa soll auf dem Gebiet der sozialen Verantwortung der Unternehmen führend werden. KOM(2006) 136, 22.3.2006.

Europäische Kommission (2007): Sustainable Public Procurement in EU Member States: Overview of government initiatives and selected cases. Final Report to the EU High-Level Group on CSR.

Europäische Kommission (2008): Socially Responsible Investment in EU Member States: Overview of government initiatives and SRI experts' expectations towards government. Final Report to the EU High-Level Group on CSR.

European Multistakeholder Forum on CSR (2004): Final results & recommendations. http://ec.europa.eu/enterprise/csr/documents/29062004/EMSF_final_report.pdf (16.07.2008)

Feuchte, Beate (2008): CSR-Projekt der Hans-Böckler-Stiftung – Positionspapier. http://www.boeckler.de/pdf/mbf_csr_positionspapier_hbs.pdf (11.07.2008)

forsa (2005): „Corporate Social Responsibility" in Deutschland. http://www.insm.de/Downloads/PDF-_Dateien/Schriftdokumente/Umfrageergebnisse_CSR.pdf (03.07.2008)

Giddens, Anthony (1990): The Consequences of Modernity. Stanford: Stanford University Press.

Gray, John (1999): Die falsche Verheißung. Der globale Kapitalismus und seine Folgen. Berlin: Alexander Fest Verlag.

Hansen, Ursula, Ulf Schrader (2005): Corporate Social Responsibility als aktuelles Thema der Betriebswirtschaftslehre. Die Betriebswirtschaft 65 (4): 373-95.

Institut für Mittelstandsforschung Bonn (2002): Unternehmensgrößenstatistik 2001/2002 – Daten und Fakten. http://www.IfM-bonn.org/dienste/kap-1.pdf (14.10.2008).

Institut für Mittelstandsforschung Bonn (2006): Schlüsselzahlen des Mittelstands in Deutschland 2006/2007. http://www.ifm-bonn.org/index.php?id=99 (08.10.2008)

Kaptein, Muel et al. (2007): 2007 Report on European CSR Survey. http://www.rsm.nl/portal/page/portal/RSM2/content_pages/News%20and%20events%20RSM/RSM%20News/European%20CSR%20Survey%202007%20by%20RSM%20Erasmus%20University%20july.pdf (11.07.2008)

Kevenhörster, Paul (2006): Politikwissenschaft. Band 2: Ergebnisse und Wirkungen der Politik. Wiesbaden: VS Verlag für Sozialwissenschaften.

Loew, Thomas, Kathrin Ankele, Sabine Braun et al. (2004): Bedeutung der internationalen CSR-Diskussion für Nachhaltigkeit und die sich daraus ergebenden Anforderungen an Unternehmen mit Fokus Berichterstattung. Münster.

Lüth, Arved/Oldenburg, Felix (2006): Verantwortung für die Gesellschaft – verantwortlich für das Geschäft. Ein Management-Handbuch, Hrsg. von Riess, Birgit, Gütersloh.

Maignan, Isabelle, David A. Ralston (2002): Corporate Social Responsibility in Europe and the U.S.: Insights from Businesses' Self-presentations. Journal of International Business Studies Vol. 33: 497-514.

Meister, Hans-Peter/Oldenburg, Felix (2008): Beteiligung – ein Programm für Politik, Wirtschaft und Gesellschaft. Heidelberg: Physica-Verlag.

Mutz, Gerd (2008): CSR und CC – Gesellschaftliche Regulierung und Steuerung. Ein Essay. In: Fonari, Alexander, Norbert Stamm, Johannes Wallacher (Hg.). Zweiter Runder Tisch Bayern: Sozial- und Umweltstandards bei Unternehmen. Augsburg und München: Eine Welt Netzwerk Bayern e.V. und Institut für Gesellschaftspolitik an der Hochschule für Philosophie: 27-53. http://www.einewelnetzbayern.de/globalisierung/unternehmen/publikationen/csr2-csr-und-cc.pdf (14.07.2008)

Mutz, Gerd, Julia Egbringhoff (2006): Das ist immer eine Gratwanderung. Mitbestimmung 10/2006: 27-29. http://www.boeckler.de/pdf/magmb_2006_10_mutz.pdf (14.07.2008)

Organisation für wirtschaftliche Zusammenarbeit und Entwicklung (OECD) (2000): Die OECD-Leitsätze für multinationale Unternehmen, Neufassung 2000.

Perera, Oshani, Nuper Chowdhury, Anandajit Goswami (2007): State of Play in Sustainable Public Procurement. IISD.

Rat für Nachhaltige Entwicklung (2006): Unternehmerische Verantwortung in einer globalisierten Welt – Ein deutsches Profil der Corporate Social Responsibility, Empfehlungen des Rates für Nachhaltige Entwicklung. Berlin. http://www.nachhaltigkeitsrat.de/uploads/media/Broschuere_CSR-Empfehlungen_02.pdf (09.07.2008)

Rat für Nachhaltige Entwicklung (2008): Glaubwürdig – wirtschaftlich – zukunftsfähig: Eine moderne Beschaffungspolitik muss nachhaltig sein. Empfehlungen des Rates für Nachhaltige Entwicklung an die Bundesregierung. Berlin. http://www.nachhaltigkeitsrat.de/uploads/media/Broschuere_Beschaffung_texte_Nr_23_August_2008_03.pdf (10.11.2008)

Riess, Birgit, Arved Lüth, Felix Oldenburg (2006): Verantwortung für die Gesellschaft – verantwortlich für das Geschäft. Ein Management-Handbuch. Gütersloh: Bertelsmann Stiftung.

Scherer, Andreas Georg (2003): Multinationale Unternehmen und Globalisierung. Heidelberg: Physica-Verlag.

sneep (2007): Corporate Social Responsibility bei kleinen und mittleren Unternehmen in der Metropolregion Hamburg. Ein Forschungsprojekt der Studenteninitiative sneep Lokalgruppe Hamburg.

Statistisches Bundesamt (Hg.) (2006): Datenreport 2006. Zahlen und Fakten über die Bundesrepublik Deutschland. Bonn: Bundeszentrale für politische Bildung.

Statistisches Bundesamt (2008): Statistisches Jahrbuch 2008. Finanzen und Steuern. Personal des öffentlichen Dienstes. Fachserie 14 Reihe 6. Wiesbaden.

The Danish Government (2008): Action Plan for Corporate Social Responsibility.

The Ministry of the Environment, Government of Japan (2001): Environmental Reporting Guidelines (Fiscal Year 2000 Version) https://kanto.env.go.jp/en/policy/ssee/erg2000.pdf (02.09.2008)

United States Government Accountability Office (2005): Globalization, Numerous Federal Activities Complement U.S. Business's Global Corporate Social Responsibility Efforts.

Vogel, David (1992): The Globalization of Business Ethics: Why America Remains Distinctive. California Management Review 35 (1): 30-49.

Wieland, Josef, Lutz M. Büchner, Helmut Eberbach et al. (2003): CSR in Germany. In: Segal, Jean-Pierre, André Sobczak, Claude-Emmanuel Triomphe (Hg.). Corporate social responsibility and working conditions. Dublin: European Foundation for the Improvement of Living and Working Conditions: 27-46 http://www.eurofound.europa.eu/pubdocs/2003/28/en/1/ef0328en.pdf (07.10.2008)

World Economic Forum (2006): The Global Competitiveness Report 2006-2007. Houndmills, Basinstoke: Palgrave Macmillan.

Zimmer, Reingard (2006): Corporate Social Responsibility – Ausübung sozialer Verantwortung als Pflicht des Unternehmens. http://www.euro-betriebsrat.de/pdf/wlcsr.pdf (11.07.2008)

Sonja Grabner-Kraeuter: Theoretische Ansätze in der Business-Ethics-Forschung

Akaah, I.P. and D. Lund (1994): „The Influence of Personal and Organizational Values on Marketing Professions' Ethical Behavior," Journal of Business Ethics, 13, 417-30.

Almeder, R. and D. Carey (1991): „In Defense of Sharks: Moral Issues in Hostile Liquidating Takeovers," Journal of business Ethics, 10, 471-84.

Arjoon, S. (2000): „Virtue Theory as a Dynamic Theory of Business," Journal of Business Ethics, 28, 159-78.

Literaturverzeichnis

Beauchamp, T. L and N. E. Bowie (1993): Ethical Theory and Business (4. Auflage ed.). Englewood Cliffs, NJ Prentice-Hall.

Becker, H. and D. Fritzsche (1987): „Business Ethics: A Cross-Cultural Comparison of Managers Attitudes," Journal of Business Ethics, 6, 289-95.

Bird, Ron, Anthony D. Hall, Francesco Momentè, and Francesco Reggiani (2007): „What Corporate Social Responsibility Activities are Valued by the Market?," Journal of Business Ethics, 76 (2), 189-2006.

Boatright, J. R. (1995): „Aristotle Meets Wall Street: The Case for Virtue Ethics in Business," Business Ethics Quarterly, 5, 353-59.

Bommer, M., C. Gratto, J. Gravander, and M. Tuttle (1987): „A Behavioral Model of Ethical and Unethical Decision Making," Journal of Business Ethics, 6, 265-80.

Bowie, N.E. (1992): „Unternehmensethikkodizes: Können sie eine Lösung sein?," in Wirtschaft und Ethik, H. Lenk and M. Maring, eds. Stuttgart: Reclam.

Bruner, R.F. and L. Sharp Paine (1988): „Management Buyouts and Managerial Ethics," California Management Review, 30, 89-106.

Burton, B.K. and C.P. Dunn (1996): „Feminist Ethics as Moral Grounding for Stakeholder Theory," Business Ethics Quarterly, 6 (2), 133-48.

Calkins, M. (2002): „How Casuistry and Virtue Ethics Might Break the Ideological Stalement Troubling Agricultural Biotechnology," Business Ethics Quarterly, 12 (3), 305-30.

Carson, T.L. (1998): „Ethical Issues in Sales: Two Case Studies," Journal of Business Ethics, 17, 725-28.

Certo, S. Trevis, Catherine M. Dalton, Dan R. Dalton, and Richard H. Lester (2008): „Boards of Directors' Self Interest: Expanding for Pay in Corporate Acquisitions?," Journal of Business Ethics, 77 (2), 219-30.

Chan, T.S. and R.W. Armstrong (1999): „Comparative Ethical Report Card: A Study of Australian and Canadian Manager's Perceptions of International Marketing Ethics Problems," Journal of Business Ethics, 18, 3-15.

Cherry, John, Monle Lee, and Charles S. Chien (2003): „A Cross-Cultural Application of a Theoretical Model of Business Ethics: Bridging the Gap between Theory and Data „ Journal of Business Ethics, 44 (4), 359-76.

Chun, Rosa (2005): „Ethical Character and Virtue of Organizations: An Empirical Assessment and Strategic Implications „ Journal of Business Ethics, 57 (3), 269-84.

Cochran, P.L. and D. Nigh (1990): „Illegal Corporate Behavior and the Question of Moral Agency: An Empirical Examination," in Business Ethics: Research Issues and Empirical Studies, W.C. Frederich and L.E. Preston, eds. Greenwich/London: Jai Press.

Collins, D. (2000): „The Quest to Improve the Human Condition: The First 1500 Articles Published in Journal of Business Ethics," Journal of Business Ethics, 26, 1-73.

Collins, D. and S.L. Wartick (1995): „Business and Society/Business Ethics Courses. Twenty Years at the Crossroads," Business & Society, 34, 51-89.

Das, T. K. (2005), „How Strong are the Ethical Preferences of Senior Business Executives? ," Journal of Business Ethics, 56 (1), 69-80.

Davis, M.A., M.G. Andersen, and M.B. Curtis (2001): „Measuring Ethical Ideology in Business Ethics: A Critical Analysis of the Ethics Position Questionnaire," Journal of Business Ethics, 32, 35-53.

DeGeorge, R.T (1990): Business Ethics (3. Auflage ed.). New York: Macmillan [u.a.].

DeGeorge, R.T. (1993): „Developing Ethical Standards for International Business: What Role for Business and Government?," in The Ethics of Business in a Global Economy, P.M. Minus, ed. Boston.

DeGeorge, R.T. (1992): „The Status of Business Ethics: Past and Future," in Unternehmensethik, H. Steinmann and A. Löhr, eds. Stuttgart: Schäffer-Poeschel Verlag.

Delener, N. (1998): „An Ethical and Legal Synthesis of Dumping: Growing Concerns in International Marketing," Journal of Business Ethics, 17, 1747-53.

DesJardins, J.R. and J.J. McCall (1990): Contemporary Issues in Business Ethics (2. Auflage ed.). Pacific Grove, Calif. [u.a.] Wadsworth & Brooks, Cole.

Dienhart, J.W. (1995b): „Challenging Four Foundational Beliefs of Business Ethics. Implications for Stakeholder and Integrative Social Contracts Theory in International Contexts," in International Association for Business and Society. Proceedings, D. Collins and D. Nigh (Eds.). Vienna.

— (1995a): „Rationality, Ethical Codes, and an Egalitarian Justification of Ethical Expertise: Implications for Professions and Organizations," Business Ethics Quarterly, 5 (3), 419-50.

Donaldson, T. (1989): The Ethics of International Business. New York: Oxford University Press.

Donaldson, T. and T.W. Dunfee (1999): Ties that bind. A Social Contract Approach to Business Ethics. Boston: Harvard Business School Press
— (1994): „Toward a Unified Conception of Business Ethics: Integrative Social Contracts Theory," Academy of Management Review, 19, 252-84.
Donaldson, T. and L.E. Preston (1995): „The Stakeholder Theory of the Corporation: Concepts, Evidence, Implications," Academy of Management Review, 20, 65-91.
Donaldson, T. and P. Werhane (1988): „Einleitung zum Kapitel „The Moral Status of Corporations"," in Ethical Issues in Business. A Philosophical Approach, T. Donaldson and P. Werhane, eds. Englewood Cliffs, NJ: Prentice-Hall.
Dubinsky, A.J. and B. Loken (1989): „Analyzing Ethical Decision Making in Marketing," Journal of Business Research, 19, 83-107.
Dunfee, T.W. (1995): „Introduction to the Special Issue on Social Contracts and Business Ethics," Business Ethics Quarterly, 5, 167-71.
Dunfee, T.W. and T. Donaldson (1995): „Contractarian Business Ethics: Current Status and Next Steps," Business Ethics Quarterly, 5, 173-86.
Dunfee, T.W. and P. Werhane (1997): „Report on Business Ethics in North America," Journal of Business Ethics, 16, 1589-95.
Duska, R. (2002): „Harry Potter, 9/11 and Enron: Implications for Financial Service Professionals," The Society for Business Ethics Newsletter (SBE), 7 (4), 10-11.
Elm, D.R., E.J. Kennedy, and L. Lawton (2001): „Determinants of Moral Reasoning: Sex Role Orientation, Gender, and Academic Factors," Business & Society, 40 (3), 241-65.
Elm, D.R. and M.L. Nichols (1993): „An Investigation of the Moral Reasoning of Managers'," Journal of Business Ethics, 12, 817-33.
Enderle, G. (1996): „Focus: A Comparison of Business Ethics in North America and Continental Europe," Business Ethics: A European Review, 5 (1), 33-46.
— (1993): Handlungsorientierte Wirtschaftsethik. Grundlagen und Anwendungen. Bern, Stuttgart, Wien: Haupt.
Evan, W.M. and R.E. Freeman (1993): „A Stakeholder Theory of the Modern Corporation: Kantian Capitalism," in Ethical Theory and Business, T.L. Beauchamp and N.E. Bowie, eds. Englewood Cliffs, NJ: Prentice-Hall.
Ferrell, O.C. and L.G. Gresham (1985): „A Contingency Framework for Understanding Ethical Decision Making in Marketing," Journal of Marketing, 49, 87-96.

Ferrell, O.C., D. Thorne LeClair, and L. Ferrell (1998): „The Federal Sentencing Guidelines for Organizations: A Framework for Ethical Compliance," Journal of Business Ethics, 17, 353-63.
Ferrell, O.C. and K.M. Weaver (1978): „Ethical Beliefs of Marketing Managers," Journal of Marketing, 42, 69-73.
Freeman, R.E. and R.A. Phillips (2002): „Stakeholder Theory: A Libertarian Defense," Business Ethics Quarterly, 12 (3), 331-49.
Gaski, J. F. (1999): „Does Marketing Ethics Really Have Anything to Say? – A Critical Inventory of the Literature," Journal of Business Ethics, 18, 315-34.
Glover, S.H., M.A. Bumpus, Logan J.E., and Ciesla J.R. (1997): „Re-examining the Influence of Individual on Ethical Decision Making," Journal of Business Ethics, 16, 1319-29.
Grabner-Kräuter, S. (2000a): „Ansatzpunkte für eine Konkretisierung der Unternehmensethik," Wirtschaftswissenschaftliches Studium, 29 (2), 76-81.
— (1997): „State of the Art der amerikanischen Business Ethics-Forschung," Schmalenbachs Zeitschrift für betriebswirtschaftliche Forschung 49 (3), 210-35.
— (2005): „US-Amerikanische Business Ethics-Forschung - the story so far," in Wirtschafts- und Unternehmensethik. Rückblick – Ausblick – Perspektiven, T. et al. Beschorner, ed. München und Mering Rainer Hampp Verlag.
Green, R.M. (1994): The Ethical Manager. A New Method for Business Ethics. New York, NY: Macmillan.
Greenwood, M.R. (2002): „Ethics and HRM: A Review and Conceptual Analysis," Journal of Business Ethics, 36, 261-78.
Gunthorpe, D.L. (1997): „Business Ethics: A Quantitative Analysis of the Impact of Unethical Behaviour by Publicly Traded Corporations," Journal of Business Ethics, 16, 537-43.
Hartman, E.M. (1994): „The Commons and the Moral Organization," Business Ethics Quarterly, 4 (3), 253-70.
Hemingway, Christine A. and Patrick W. Maclagan (2004): „Managers' Personal Values as Drivers of Corporate Social Responsibility," Journal of Business Ethics, 50 (1), 33-44.
Hemphill, Thomas A. and Francine Cullari (2008): „Corporate Governance Practices: A Proposal Policy Incentive Regime to Faciliate Internal Investigations and Self-Reporting of Criminal Activities," Journal of Business Ethics, First Online (Oktober 2008).

Literaturverzeichnis

Hoffmann, W.M. (1986): „What is Necessary for Corporate Moral Excellence?," Journal of Business Ethics, 5, 233-42.

Homann, K. (1990): „Strategische Rationalität, kommunikative Rationalität und die Grenze der ökonomischen Vernunft," in Auf der Suche nach einer modernen Wirtschaftsethik, P. Ulrich, ed. Bern-Stuttgart: Haupt.

Homann, K. (1989): „Die Rolle ökonomischer Überlegungen in der Grundlegung der Ethik," in Wirtschaftswissenschaft und Ethik, H. Hesse, ed. Berlin: Duncker & Humblot.

Homann, K. and F. Blome-Drees (1995): „Unternehmensethik - Managementethik," Die Betriebswirtschaft, 55, 95-114.

Hunt, S. and S.A. Vitell (1986): „A General Theory of Marketing Ethics," Journal of Macromarketing (Spring), 5-16.

Izraeli, D. and M.S. Schwartz (1998): „What Can We Learn from the U.S. Federal Sentencing Guidelines for Organizational Ethics?," Journal of Business Ethics, 17, 1045-55.

James, H.S. (2000): „Reinforcing Ethical Decision Making Through Organizational Structure," Journal of Business Ethics, 28, 43-58.

Jones, T.M., A.C. Wicks, and Freeman/R.E. (2001-2002): „Stakeholder Theory: The State of the Art," in The Blackwell Guide to Business Ethics, N. Bowie, ed. Oxford [u.a.]: Blackwell.

Kaye, B.N. (1992): „Codes of Ethics in Australian Business Corporations," Journal of Business Ethics, 11, 857-62.

Keffer, J.M. and R.P. Hill (1997): „An Ethical Approach to Lobbying Activities of Business in the United States," Journal of Business Ethics, 16, 1371-79.

Kelly, M. (2002): „The Next Step for CSR: Economic Democracy," (accessed 13.9.2002, [available at http://www.business-ethics.com/thenext.htm].

Klebe Trevino, L. (1986): „Decision Making in Organizations: A Person-Situation Interactionist Model," Academy of Management Review, 11, 601-17.

Klein, S. (1999): „Marketing Norms Measurement: An International Validation and Comparison," Journal of Business Ethics, 18, 65-72.

Knowles Mathur, L. and I. Mathur (2000): „An Analysis of the Wealth Effects of Green Marketing Strategies," Journal of Business Research, 50, 193-200.

Kolk, A. and R. van Tulder (2002): „Child Labour and Multinational Conduct: A Comparison of International Business and Stakeholder Codes," Journal of Business Ethics, 36, 291-301.

Kuhn, J.W. and D.W.Jr. Shriver (1991): Beyond Success. Corporations and Their Critics in the 1990s. New York: Oxford University Press.

Lampe, M. (2001): „Mediation as an Ethical Adjunct of Stakeholder Theory," Journal of Business Ethics, 31, 165-73.

Langtry, B. (1994): „Stakeholders and the Moral Responsibilities of Business," Business Ethics Quarterly, 4, 431-43.

Loe, T.W., L. Ferrell, and Mansfield P. (2000): „A Review of Empirical Studies Assessing Ethical Decision Making in Business," Journal of Business Ethics, 25, 185-204.

Lovell, A. (2002): „Ethics as a Dependent Variable in Individual and Organisational Decision Making," Journal of Business Ethics, 37, 145-63.

Loviscky, Greg E., Linda K. Treviño, and Rick R. Jacobs (2007): „Assessing Managers' Ethical Decision-making: An Objective Measure of Managerial Moral Judgment „ Journal of Business Ethics, 73 (3), 263-85.

Macdonald, J.E. and C.L. Beck-Dudley (1994): „Are Deontology and Teleology Mutually Exclusive?," Journal of Business Ethics, 13, 615-23.

MacIntyre, A. (1987): Der Verlust der Tugend. Zur moralischen Krise der Gegenwart. Frankfurt/M: Campus-Verlag.

Maguire, S. (1997): „Business Ethics: A Compromise Between Politics and Virtue," Journal of Business Ethics, 16, 1411-18.

Malhotra, N.K. and G.L. Miller (1998): „An Integrated Model for Ethical Decisions in Marketing Research," Journal of Business Ethics, 17, 263-80.

Mangaliso, M.P. (1992): „The Corporate Social Challenge for the Multinational Corporation," Journal of Business Ethics, 11, 491-500.

Marnburg, E. (2001): „The Questionable Use of Moral Development Theory in Studies of Business Ethics: Discussion and Empirical Findings," Journal of Business Ethics, 32, 275-83.

Marom, Isaiah Yeshayahu (2006): „Toward a Unified Theory of the CSP–CFP Link „ Journal of Business Ethics, 67 (2), 191-200.

McCarty, R. (1988): „Business, Ethics, and Law," Journal of Business Ethics, 7, 881-89.

McClaren, N. (2000): „Ethics in Personal Selling and Sales Management: A Review of the Literature Focusing on Empirical Findings and Conceptual Foundations," Journal of Business Ethics, 27, 285-303.

McCracken, J., W. Martin, and B. Shaw (1998): „Virtue Ethics and the Parable of the Sadhu," Journal of Business Ethics, 17, 25-38.

McCracken, J. and B. Shaw (1995): „Virtue Ethics and Contractarianism: Towards a Reconciliation," Business Ethics Quarterly, 5, 297-312.

Meade, N.L., R.M. Brown, and D.J. Johnson (1997): „An Antitakeover Amendment for Stakeholders?," Journal of Business Ethics, 16, 1651-59.

Meade, N.L. and D. Davidson (1993): „The Use of "Shark Repellents" to Prevent Corporate Takeovers: An Ethical Perspective," Journal of Business Ethics, 12, 83-92.

Mesmer-Magnus, Jessica R. and Chockalingam Viswesvaran (2005): "Whistleblowing in Organizations: An Examination of Correlates of Whistleblowing Intentions, Actions, and Retaliation" Journal of Business Ethics, 62 (3), 277-97.

Moore, G. (2002): „On the Implications of the Practice-Institution Distinction: MacIntyre and the Application of Modern Virtue Ethics to Business," Business Ethics Quarterly, 12 (1), 19-32.

Mulki, Jay P., Jorge Fernando Jaramillo, and William B. Locander (2008): „Critical Role of Leadership on Ethical Climate and Salesperson Behaviors," Journal of Business Ethics, First Online.

Murphy, P.E. (2002): „o.T.," The Society for Business Ethics Newsletter (SBE), 7 (4), 8.

Nash, L. (1994): „Why business ethics now?," in Managing Business Ethics, J. Drummond and B. Bain, eds. Oxford: Butterworth-Heinemann.

Näsi, J. (1995): „What is Stakeholder Thinking? A Snapshot of a Social Theory of the Firm," in Understanding Stakeholder Thinking, J Näsi, ed. Helsinki.

Near, J.P. and T. Morehead Dworkin (1998): „Responses to Legislative Changes: Corporate Whistleblowing Policies," Journal of Business Ethics, 17, 1551-61.

O'Fallon, Michael J. and Kenneth D. Butterfield (2005): „A Review of The Empirical Ethical Decision-Making Literature: 1996-2003," Journal of Business Ethics, 59 (4), 375-413.

O'Boyle, E.J. and L.E. Jr. Dawson (1992): „The American Marketing Association Code of Ethics: Instructions for Marketers," Journal of Business Ethics, 11, 921-30.

Okleshen, M. and Hoyt R. (1996): „A Cross-Cultural Comparison of Ethical Perspectives and Decision Approaches of Business Students: United States of America Versus New Zealand," Journal of Business Ethics, 15, 537-49.

Orlitzky, Marc (2001): „Does Firm Size Comfound the Relationship Between Corporate Social Performance and Firm Financial Performance?," Journal of Business Ethics, 33 (2), 167-80.

Orts, E.W. and A. Strudler (2002): „The Ethical and Environmental Limits of Stakeholder Theory," Business Ethics Quarterly, 12 (2), 215-33.

Patterson, D.M. (2001): „Causal Effects of Regulatory, Organizational and Personal Factors on Ethical Sensitivity," Journal of Business Ethics, 30, 123-59.

Pitman, M.K. (2002): „Ethical Decisions in the Workplace: Should they be governed by personal ethics or company codes of ethics," (accessed 13.9.2002, [available at http://accounting.rutgers.edu/raw/aaa/2002annual/cpe/cpe3/tue3.pdf].

Poesche, J. (2002): „Agile Manufacturing Strategy and Business Ethics," Journal of Business Ethics, 38, 307-26.

Preston, L.E. and H.J. Sapienza (1990): „Stakeholder Management and Corporate Performance," The Journal of Behavioral Economics, 19, 361-75.

Rao, S.M. (1997): „The effect of announcement of bribery, scandal, white collar crime, and illegal payment on returns to shareholders," Journal of Financial and Strategic Decisions, 10 (3), 55-62.

Rao, S.M. and J.B. Hamilton (1996): „The Effect of Published Reports of Unethical Conduct on Stock Prices," Journal of Business Ethics, 15, 1321-30.

Scherer, A.G. (1998): „Zur rechtlichen Verantwortung von Unternehmen," Forum Wirtschaftsethik, 6 (1), 12-13.

Schminke, M. (2001): „Considering the Business in Business Ethics: An Exploratory Study of the Influence of Organizational Size and Structure on Individual Ethical Predispositions," Journal of Business Ethics, 30, 375-90.

Schudt, K. (2000): „Taming the Corporate Monster: An Aristotelian Approach to Corporate Virtue," Business Ethics Quarterly, 10 (3), 711-23.

Schwartz, M. (2001): „The Nature of the Relationship between Corporate Codes of Ethics and Behaviour," Journal of Business Ethics, 32, 247-62.

Schwartz, Mark S. (2005): „Universal Moral Values for Corporate Codes of Ethics „ Journal of Business Ethics, 59 (1-2), 27-44.

Sharfman, M.P., T.S. Pinkston, and T.D. Sigerstad (2000): „The Effects of Managerial Values on Social Issues Evaluation: An Empirical Examination," Business & Society, 39 (2), 144-82.

Shepard, J.M., J. Shepard, J.C./ Wimbush, and C.U. Stephens (1995): „The Place of Ethics in Business: Shifting Paradigms?," Business Ethics Quarterly, 5, 577-601.

Literaturverzeichnis

Sinclair, A. (1993): „Approaches to Organisational Culture and Ethics," Journal of Business Ethics, 12, 63-73.

Singhapakdi, A. and S.J. Vitell (1993): „Personal and Professional Values Underlying the Ethical Judgements of Marketers," Journal of Business Ethics, 12, 525-33.

Smith, N.C. and J.A. Quelch (1993): Ethics in Marketing. Homewood, Ill. : Irwin.

Solomon, R.C. (1992a): Ethics and Excellence. Cooperation and Integrity in Business. New York: Oxford Univ. Press.

Solomon, R.C. (1992b): „Corporate Roles, Personal Virtues: An Aristotelian Approach to Business Ethics," Business Ethics Quarterly, 2, 317-39.

Staffelbach, B. (1994): Management-Ethik: Ansätze und Konzepte aus betriebswirtschaftlicher Sicht,. Bern/Stuttgart/Wien: Haupt.

Starik, M. (1995): „"Should Trees Have Managerial Standing?" Toward Stakeholder Status for Non-Human Nature," Journal of Business Ethics, 14, 207-17.

Stead, A.B. and J. Gilbert (2001): „Ethical Issues in Electronic Commerce," Journal of Business Ethics, 34, 75-85.

Steinherr, C., H. Steinmann, and T. Olbrich (1997): „Die US-Sentencing Comission Guidelines. Eine Dokumentation, Diskussionsbeitrag Nr. 90, Lehrstuhl für Allgemeine Betriebswirtschaftslehre und Unternehmensführung der Universität Erlangen-Nürnberg."

Steinmann, H. and A. Löhr (1991): „Einleitung: Grundfragen und Problembestände einer Unternehmensethik," in Unternehmensethik, dies., ed. 2. Auflage ed. Stuttgart: Poeschel.

Tsalikis, J. and D. Fritzsche (1989): „Business Ethics: A Literature Review with a Focus on Marketing Ethics," Journal of Business Ethics, 8, 695-743.

Tsalikis, J. and M.S. LaTour (1995): „Bribery and Extortion in International Business: Ethical perceptions of Greeks Compared to Americans," Journal of Business Ethics, 14, 249-64.

Tsalikis, J. and O. Nwachukwu (1991): „A Comparison of Nigerian to American Views of Bribery and Extortion in International Commerce," Journal of Business Ethics, 10, 85-98.

Turner, G.B., S.G. Taylor, and M.F. Hartley (1995): „Ethics, Gratuities, and Professionalization of the Purchasing Function," Journal of Business Ethics, 14, 751-60.

Ulrich, P. (1994): „Integrative Wirtschafts- und Unternehmensethik – ein Rahmenkonzept," in Markt und Moral. Die Diskussion um die Unternehmensethik, Forum für Philosophie Bad Homburg, ed. Bern/Stuttgart/Wien: Haupt.

Van Buren III, H. (2001): „If Fairness is the Problem, is Consent the Solution? Integrating ISCT and Stakeholder Theory," Business Ethics Quarterly, 11 (3), 481-99.

Velasquez, M.G. (1992): Business Ethics.Concepts and Cases (3. Auflage ed.). Englewood Cliffs, NJ: Prentice Hall College Div.

Verschoor, C.C. (1998): „A Study of The Link Between a Coporation's Financial Performance and Its Commitment to Ethics," Journal of Business Ethics, 17, 1509-16.

Vitell, S.J. and T.A. Festervand (1987): „Business Ethics: Conflicts, Practices and Beliefs of Industrial Executives," Journal of Business Ethics, 6, 111-22.

Weaver, G.R. (1995), „Does Ethics Code Design Matter? Effects of Ethics Code Rationales and Sanctions on Recipients' Justice Perceptions and Content Recall," Journal of Business Ethics, 14, 367-85.

Weaver, G.R., L./ Klebe Trevino, and P.L. Cochran (1999): „Corporate Ethics Practices in the Mid-1990's: An Empirical Study of the Fortune 1000," Journal of Business Ethics, 18, 283-94.

Weeks, W.A. and J. Nantel (1992): „Corporate Codes of Ethics and Sales Force Behavior: A Case Study," Journal of Business Ethics, 11, 753-60.

Wells, D.L. and B.J. Kracher (1993): „Justice, Sexual Harassment, and the Reasonable Victim Standard," Journal of Business Ethics, 12, 423-31.

Werhane, P.H. (1993): „Employment at Will and the Question of Employee Rights," in Ethical Theory and Business, T.L. Beauchamp and N.E Bowie, eds. 4. Auflage ed. Englewood Cliffs, NJ: Prentice-Hall.

Werhane, P.H. (1994): „The Normative/Descriptive Distinction in Methodologies of Business Ethics," Business Ethics Quarterly, 4, 175-80.

— (1988): „Two Ethical Issues in Mergers and Acquisitions," Journal of Business Ethics, 7, 41-45.

Whetstone, T.J. (2001): „How Virtue Fits Within Business Ethics," Journal of Business Ethics, 33, 101-14.

Wicks, A.C., D.R. Gilbert, and R.E. Freeman (1994): „A Feminist Reinterpretation of the Stakeholder Concept," Business Ethics Quarterly, 4 (4), 475-97.

Wieland, J. (1993): Formen der Institutionalisierung von Moral in amerikanischen Unternehmen. Die amerikanische Business-Ethics-Bewegung: Why and how they do it. Bern u.a.: Haupt.

Wijnberg, N.M. (2000): „Normative Stakeholder Theory and Aristotle: The Link Between Ethics and Politics," Journal of Business Ethics, 25, 329-42.

Wood, Donna J. (1991): „Corporate Social Performance Revisited," Academy of Management Review, 16 (4), 691-718.

Wotruba, T.R., L.B. Chonko, and T.W. Loe (2001): „The Impact of Ethics Code Familiarity on Manager Behavior," Journal of Business Ethics, 33, 59-69.

Holger Rogall, Von der Umweltökonomie zur Nachhaltigen Ökonomie

Abgeordnetenhaus von Berlin (2006/06): Lokale Agenda 21 – Berlin zukunftsfähig gestalten, beschlossen vom Abgeordnetenhaus am 8. Juni 2006, Drs. 15/5221.

Bajohr, St. (2003): Grundriss staatlicher Finanzpolitik, Opladen.

Bartmann, H. (1996): Umweltökonomie – ökologische Ökonomie, Stuttgart.

Bartmann, H. (2001): Substituierbarkeit von Naturkapital, in: Held, M.; Nutzinger, H.: Nachhaltiges Naturkapital, Frankfurt a.M.

Baumol, W.; Oates, W. (1971): The Use of Standards and Prices for Protection of the Environment, in: Swedish Journal of Economics, Bd. 73.

BMU (1998/07): Umweltökonomische Gesamtrechnungen, dritte Stellungnahme des Beirats Umweltökonomische Gesamtrechnungen, Broschüre.

BMU (2002/03): Umweltökonomische Gesamtrechnungen – Vierte und abschlie-ßende Stellungnahme des Beirats Umweltökonomische Gesamtrechnungen beim BMU, Broschüre.

Bodenstein, G.; Elbers, H.; Spiller, A.; Zuhlsdorf, A. (1998): Umweltschützer als Zielgruppe des ökologischen Innovationsmarketings – Ergebnisse einer Befragung von BUND-Mitgliedern, Fachbereich Wirtschaftswissenschaften der UNI Duisburg Nr. 246, Duisburg.

BUND; Brot für die Welt (2008, Hrsg.): Zukunftsfähiges Deutschland in einer glo-balisierten Welt. Studie des Wuppertal Institutes für Klima, Umwelt, Energie, Frankfurt a.M.

Bundesregierung (2008/11): Fortschrittsbericht 2008, Broschüre, Berlin.

Buttgereit, R. (1991): Ökologische und ökonomische Funktionsbedingungen um-weltökonomischer Instrumente, Berlin

Canibol, H. P. (1992/11): Deutschlands Ökobilanz – Die Kosten, in: Wirtschaftswoche Nr. 46/1992: 15.

Cansier, D. (1996): Umweltökonomie, 2. Auflage, Stuttgart.

Costanza, R.; Cumberland, J.; Daly, H.; Goodland, R.; Norgaard, R. (2001): Einführung in die Ökologische Ökonomik, Stuttgart. Titel der Originalausgabe (1998): An Introduction to Ecological Economics, Boca Raton FL/USA.

Daly, H. (1999): Wirtschaft jenseits vom Wachstum – Die Volkswirtschaftslehre nachhaltiger Entwicklung, Salzburg, München, original: Beyond Growth, The Economics of sustainable Development, Boston 1996.

Deutscher Bundestag (1997): Erster Zwischenbericht der Enquete-Kommission Schutz der Menschen und der Umwelt: Konzept Nachhaltigkeit – Fundamente für die Gesellschaft von morgen, BT-Drs. 13/7400.

DSW – Deutsche Stiftung Weltbevölkerung (2005/03): Wie viele Menschen werden in Zukunft auf der Erde leben?, Broschüre, Hannover.

Dürmeier, Th.; Egan-Krieger v. T.; Peukert, H. (Hrsg.): Die Scheuklappen der Wirtschaftswissenschaft-postautistische Ökonomik für eine pluralistische Wirtschaftslehre, Marburg 2006.

Endres, A. (2007): Umweltökonomie, 3. vollständig überarbeitete und wesentlich erweiterte Auflage, Stuttgart.

Frey, B. S. (1985): Umweltökonomie, 2. Auflage, Göttingen.

Friedman, M. (1971): Kapitalismus und Freiheit, Stuttgart.

Gabler Wirtschaftslexikon (1993): 13. Auflage, Wiesbaden.

Günther, A. (1997): Technologische Risiken, in: Stengl, M.; Wüstner, K. (1997): Umweltökonomie, München: 111.

Haas, H. D.; Schlesinger (2007): Umweltökonomie und Ressourcenmanagement, Darmstadt.

Hampicke, U. (1999): Das Problem der Verteilung in der Neoklassischen und Ökologischen Ökonomie, in: Beckenbach u. a. (1999, Hrsg.): Jahrbuch Ökologische Ökonomik, Band 1, Zwei Sichtweisen auf das Umweltproblem: Neoklassische Umweltökonomik versus Ökologische Ökonomie, Marburg.

Hinterberger, F., Luks, F., Stewen, M., (1996): Ökologische Wirtschaftspolitik – Zwi-schen Ökodiktatur und Umweltkatastrophe, Berlin.

Hirsch, F. (1980): Die sozialen Grenzen des Wachstums, Reinbek, original: (1976) Social Limits of Groth, Harvard University Press, Cambridge, Massachusetts.

Holstein, L. (2003): Nachhaltigkeit und neoklassische Ökonomik, Marburg.

BUND; Brot für die Welt (2008, Hrsg.): Zukunftsfähiges Deutschland in einer globalisierten Welt. Studie des Wuppertal Institutes für Klima, Umwelt, Energie, Frankfurt a.M.

Isenmann, R.; Hauff, M. v. (2007): Industrial Ecology: Mit Ökologie zukunftsorientiert Wirtschaften, München.

Jonas, H. (1979): Das Prinzip Verantwortung, Frankfurt a. M.

Kopfmüller, J.; u. a. (2001, Hrsg.): Nachhaltige Entwicklung integrativ betrachtet, Berlin.

Kopfmüller, J. (2003, Hrsg.): Den globalen Wandel gestalten – Forschung und Politik für einen nachhaltigen globalen Wandel, Berlin.

Kopfmüller, J. (2006, Hrsg.): Ein Konzept auf dem Prüfstand – Das integrative Nachhaltigkeitskonzept in der Forschungspraxis, Berlin.

Kulke, U. (1993): Sind wir im Umweltschutz nur Maulhelden?, in: Natur 3/1993.

Leipert, C. (1991): Die volkswirtschaftlichen Kosten der Umweltbelastung, in: Aus Politik und Zeitgeschichte, Beilage zur Wochenzeitung „Das Parlament" 10/91: 26.

Leisinger, K. M. (1993): Hoffnung als Prinzip, Bevölkerungswachstum – Einblicke und Ausblicke, Basel, Boston.

Lerch, A. (2001): Naturkapital und Nachhaltigkeit – normative Begründungen unterschiedlicher Konzepte der nachhaltigen Entwicklung, in: Held, M.; Nut-zinger, H. (2001, Hrsg.): Nachhaltiges Naturkapital, Ökonomik und zukunfts-fähige Entwicklung, Frankfurt a.M.

Meyer, B. (2008): Wie muss die Wirtschaft umgebaut werden? Bonn.

Niejahr, E.; Schmidt, T. (2007/08): Es war nicht alles schlecht, in Die Zeit Nr. 35: 3.

Opschoor, B. (1997): The Hope, Faith and Love of Neoclassical Environmental economics, Ecological Economics 22: 281-283.

Ott, K.; Döring, R. (2004): Theorie und Praxis starker Nachhaltigkeit, Marburg.

Pichert, D.; Schwarzburger, H. (2007/04): Die Hand am Stromzähler, in: DGS: Sonnenenergie, April/Mai 2007: 12.

Pigou, A. C. (1920/1960): Economics of Welfare, London, letzte Auflage.

Ricardo, D. (2006/1821): Grundsätze der politischen Ökonomie und der Besteuerung, Marburg, Original: Principals of political Economy and Taxation, 3. Auflage

Rogall, H. (2000): Bausteine einer zukunftsfähigen Umwelt- und Wirtschaftspolitik, Berlin.

Rogall, H. (2006): Volkswirtschaftslehre für Sozialwissenschaftler – Eine Einführung, Wiesbaden.

Rogall, H. (2008): Ökologische Ökonomie – Eine Einführung, Wiesbaden.

Rogall, H. (2009): Nachhaltige Ökonomie – Ökonomische Theorie und Praxis einer Nachhaltigen Entwicklung, Marburg.

Rogall, H. (2009a): Ökologische Ökonomie und Zukunftsforschung, in: Popp, R.; Schüll, E. (Hrsg., 2009): Zukunftsforschung und Zukunftsgestaltung.

Schiller, K. (1965): Wirtschaftspolitik, in: Handwörterbuch der Sozialwissenschaft, Bd. 12, Stuttgart

Siebert, H. (1978): Ökonomische Theorie der Umwelt, Tübingen.

Stengel, M.; Wüstner, K. (1997): Umweltökonomie, München.

Stiglitz, J. (2006): Die Chancen der Globalisierung, Bonn; Original (2006): Making Globalization Work, New York.

Teufel, D. (1991/04): Der Preis des Fortschritts, in: Info-Tech 4/91.

Weltbank (2007): Weltentwicklungsbericht 2007 – Entwicklung und die nächste Generation, Bonn

Wicke, L. (1993): Umweltökonomie – Eine praxisorientierte Einführung, 4. Auflage, München.

Worldwatch Institute Report (1998): Zur Lage der Welt 1998 – Daten für das Überleben unseres Planeten, Frankfurt a. M.

Prof. Dr. Stefan Schaltegger, Martin Müller, Martin und Frank Dubielzig – CSR zwischen Corporate Citizenship und unternehmerischer Nachhaltigkeit

Amba-Rao, S. C. (1993): „Multinational Corporate Social Responsibility, Ethics, Interactions and Third World Governments: An Agenda for the 1990s", Journal of Business Ethics, 12 (7), 553–572.

Arora, S. & Cason, T. N. (1996): "Why Do Firms Volunteer to Exceed Environmental Regulations?", Land Economics, 72 (4), 413-432.

Aupperle, K. E.; Carroll, A. B. & Hatfield, J. D. (1985): „An Empirical Investigation of the Relationship between Corporate Social Responsibility and Profitability", Academy of Management Journal, 28 (2), 446–463.

Bakan, J. (2005): Das Ende der Konzerne. Die selbstzerstörerische Kraft der

Unternehmen. Hamburg et al.: Europa Verlag.

Barnard, C. I. (1982): The Functions of the Executive. Cambridge, Mass./London: Harvard University Press, 30. Auflage. Erstauflage aus dem Jahr 1938.

BMU & BDI (Bundesministerium für Umwelt Naturschutz und Reaktorsicherheit & Bundesverband der Deutschen Industrie) (Hrsg.) (2002): Nachhaltigkeitsmanagement in Unternehmen. Konzepte und Instrumente zur nachhaltigen Unternehmensentwicklung. Berlin/Lüneburg: BMU/CSM, 2. Auflage.

Bundesumweltministerium (BMU); econsense & Centre for Sustainability Management (CSM) (Hrsg.) (2007): Nachhaltigkeitsmanagement in Unternehmen. Von der Idee zur Praxis: Managementansätze zur Umsetzung von Corporate Social Responsibility und Corporate Sustainability. Berlin/Lüneburg: BMU, econsense & CSM, 3. Auflage.

Brühl, T.; Debiel, T. & Hamm, B. (2001): Privatisierung der Weltpolitik. Bonn: Dietz.

Carroll, A. B. (1999): „Corporate Social Responsibility. Evolution of a Definitional Construct", Business & Society, 38 (3), 268-295.

Carroll, A. B. (1991): „The Pyramid of Corporate Social Responsibility. Toward the Moral Management of Organizational Stakeholders", Business Horizons, 34 (4), 39-48.

Caroll, A. B. (1979): "A Three-dimensional Conceptual Model of Corporate Social Performance", Academy of Management Review, 4 (4), 497-505.

Carroll, A. B. & Buchholtz, A. K. (2006): Business & Society. Ethics and Stakeholder Management. Mason: South-Western.

Cochran, P. L. & Wood, R. A. (1984): „Corporate Social Responsibility and Financial Performance", Academy of Management Journal, 27 (1), 42-56.

Crane, A. & Matten, D. (2004): Business Ethics. A European Perspective. Managing Corporate Citizenship and Sustainability in the Age of Globalization. Oxford: Oxford University Press.

Davis, K. (1960): „Can Business Afford to Ignore Social Responsibilities", California Management Review, 2 (3), 70-76.

Dubielzig, F. & Schaltegger, S. (2005): Corporate Social Responsibility, in: Althaus, M.; Geffken, M. & Rawe, S. (Hrsg.): Handlexikon Public Affairs. Münster: Lit Verlag, 240-243.

Dyllick, T. (1999): „Ökologie als Wettbewerbsfaktor", Schweizer Ingenieur und Architekt, 117 (19), S. 4-7.

Dyllick, T. (1987): Management der Umweltbeziehungen. Öffentliche Auseinandersetzungen als Herausforderungen, Wiesbaden: Gabler.

EFQM (2004): The EFQM Framework for Corporate Social Responsibility. Brüssel: EFQM.

Europäische Kommission (2001a): Europäische Rahmenbedingungen für die soziale Verantwortung der Unternehmen. Grünbuch. Luxemburg: Amt für amtliche Veröffentlichungen der Europäischen Gemeinschaften.

Europäische Kommission (2001b): Mitteilung der Kommission. Nachhaltige Entwicklung in Europa für eine bessere Welt. Strategie der Europäischen Union für die nachhaltige Entwicklung. Brüssel.

Europäische Kommission (2002): Die soziale Verantwortung der Unternehmen. Ein Unternehmensbeitrag zur nachhaltigen Entwicklung. Luxemburg: Amt für amtliche Veröffentlichungen der Europäischen Gemeinschaften. Download unter www.bba.de/mitteil/aktuelles/forumpfs/nachhaltentweu.pdf (Zugriff: 8.12.2006).

Europäische Kommission (2002): Die soziale Verantwortung der Unternehmen. Ein Unternehmensbeitrag zur nachhaltigen Entwicklung. Luxemburg: Amt für amtliche Veröffentlichungen der Europäischen Gemeinschaften.

Europäische Kommission (2006): Umsetzung der Partnerschaft für Wachstum und Beschäftigung: Europa soll auf dem Gebiet der sozialen Verantwortung der Unternehmen führend werden. KOM (2006) 136 endgültig. Download unter http://europa.eu.int/eurlex/lex/LexUriServ/LexUriServ.do?uri=COM:2006.0136:FIN:DE:PDF (Zugriff: 13.2.2007).

Fombrun, C. J. & Wiedmann, K.-P. (2001): Reputation Quotient (RQ): Analyse und Gestaltung der Unternehmensreputation auf der Basis fundierter Erkenntnisse. Hannover: Universität Hannover, Lehrstuhl Marketing II.

Frederick, W. C. (1960): The Growing Concern Over Business Responsibility, California Management Review, 2 (4), 54-61.

Friedman, M. (1979): „The Social Responsibility of Business is to Increase its Profits", in: Donaldson, T. & Werhane, P. H. (Hrsg.): Ethical Issues in Business. A Philosophical Approach. Englewood Cliffs: Prentice Hall, 191-197. Originalabdruck des Beitrags in: The New York Times Magazine, 13. September 1970.

Hahn, T. (2001): Umweltrechtssicherheit für Unternehmen. Management produktbezogener umweltrechtlicher Informationen für die Produktentwicklung. Frankfurt: Peter Lang.

Hiß, S. (2005): Warum übernehmen Unternehmen gesellschaftliche Verant-

Literaturverzeichnis

wortung? Ein soziologischer Erklärungsversuch, Universität Bamberg: Dissertation. Frankfurt/Main: Campus Verlag.

Hoffmann, J.; Ott, K. & Scherhorn, G. (1997): „Ethische Kriterien für die Bewertung von Unternehmen. Der Frankfurt-Hohenheimer Leitfaden", in: Hoffmann, J.; Ott, K. & Scherhorn, G. (Hrsg.): Ethische Kriterien für die Bewertung von Unternehmen: Frankfurt-Hohenheimer Leitfaden; deutsch und englisch. Frankfurt am Main et al.: IKO, 9–205.

Holme, R. & Watts, P. (2000): Corporate Social Responsibility: Making Good Business Sense. Genf: WBCSD.

Janisch, M. (1993): Das strategische Anspruchsgruppenmanagement. Bern: Haupt.

Joyner, B. E. & Payne, D. (2002): „Evolution and Implementation: A Study of Values, Business Ethics and Corporate Social Responsibility", Journal of Business Ethics, 41 (4), 297–311.

Kell, G. (2003): "The Global Compact. Origins, Operations, Progress, Challenges", Journal of Corporate Citizenship, 11 (3), 35-49.

Khanna, M. & Anton, W. R. (2002): "Corporate Environmental Management: Regulatory and Market-Based Incentives", Land Economics, 78 (4), 539-558.

Lawrence, A.-T. (2002): „The Drivers of Stakeholder Engagement. Reflections on the case of Royal Dutch/Shell", in: Andriof, J.; Waddock, S. A.; Husted, B.; Sutherland Rahman, S. (Eds.): Unfolding Stakeholder Thinking. Theory, Responsibility and Engagement. Sheffield: Greenleaf, 185-199.

Leipziger, D. (2003): The Corporate Responsibility Code Book. Sheffield: Greenleaf.

Liebl, F. (1996): Strategische Frühaufklärung. Trends, Issues, Stakeholders, München: Vahlen.

Loew, T.; Ankele, K.; Braun, S. & Clausen, J. (2004): Bedeutung der internationalen CSR-Diskussion für Nachhaltigkeit und die sich daraus ergebenden Anforderungen an Unternehmen mit Fokus Berichterstattung. Endbericht Berlin/Münster. Download unter www.ioew.de/home/downloaddateien/csr-end.pdf (Zugriff: 28.5.2008).

Martin, R. L. (2002): „The Virtue Matrix: Calculating the Return on Corporate Responsibility", Harvard Business Manager, 80 (3), 68–75.

Matten, D. & Moon, J. (2008): „'Implicit' and 'Explicit' CSR. A Conceptual Framework for a Comparative Understanding of Corporate Social Responsibility", Academy of Management Review, 33 (2), 404-424.

Meckling, J. (2003): Netzwerkgovernance: Corporate Citizenship und Global Governance, Discussion Paper P 2003–006. Berlin: Wissenschaftszentrum Berlin für Sozialforschung.

Menzel, U. (1993): „40 Jahre Entwicklungsstrategie = 40 Jahre Wachstumsstrategie", in: Nohlen, D. & Nuscheler, F. (Hrsg.): Handbuch der Dritten Welt, Bd. 1, Bonn: Dietz, 131-155.

McWilliams, A.; Siegel, D. S. & Wright, P. M. (2006): „Corporate Social Responsibility: Strategic Implications", Journal of Management Studies, 43 (1), 1-18.

Müller, M. (2001): Normierte Umweltmanagementsysteme und deren Weiterentwicklung im Rahmen einer nachhaltigen Entwicklung unter besonderer Berücksichtigung der Öko-Audit Verordnung und der ISO 14001, Berlin: Duncker & Humblot.

Müller, M.; Gomes dos Santos, V. & Seuring, S. (2008): "Eine vergleichende Analyse der Legitimität von drei sozial-ökologischen Branchenstandards", in: Müller, M. & Schaltegger, S. (Hrsg.): Corporate Social Responsibility. Trend oder Modeerscheinung. München: oekom, 109-123.

Müller, M.; Hübscher, M. (2008): "Stakeholdermanagement und Corporate Social Responsibility. Strategisch oder normativ?", in: Müller, M. & Schaltegger, S. (Hrsg.): Corporate Social Responsibility. Trend oder Modeerscheinung. München: oekom, 143-158.

National Policy Association (2002): National Policy Association Book Advocates Corporate Social Responsibility Reporting, http://www.socialfunds.com/news/article.cgi/article968.html (Zugriff: 24.7.2008).

Oulton, W. & Hancock, J. (2005): „Measuring Corporate Social Responsibility", in: Hancock, J. (Eds.): Investing in Corporate Social Responsibility. A Guide to Best Practice, Business Planning & the UK's Leading Companies. London et al.: Kogan Page, 39-48.

Paettie, K. (2004): Corporate Social Responsibility and Competitive Advantage: Myth or Reality?, Konferenzbeitrag, Inaugural Conference of the Welsh Institute for Competitive Advantage (WICA): Corporate Social Responsibility: Thought and Practice, Glamorgan University, 23.-24. September 2004.

Porter, M. E. (1999): Wettbewerbsvorteile: Spitzenleistungen erreichen und behaupten. Frankfurt am Main et al.: Campus, 5. Auflage.

Quazi, A. M. & O'Brien, D. (2000): „An Empirical Test of a Cross-National Model of Corporate Social Responsibility", Journal of Business Ethics, 25 (1), 33-51.

Schaltegger, S. (2004): Unternehmerische Steuerung von Nachhaltigkeitsaspekten mit der Sustainability Balanced Scorecard, Controlling, Sonderheft Strategische Steuerung, 16 (8/9), 511-516.

Schaltegger, S. (2002): A Framework for Ecopreneurship - Leading Bioneers and Environmental Managers to Ecopreneurship. Greener Management International (GMI), 38, Summer, 45-58.

Schaltegger, S. & Burritt, R. (2005): „Corporate Sustainability", in: Folmer, H. & Tietenberg, T. (Hrsg.): The International Yearbook of Environmental and Resource Economics 2005/2006. A Survey of Current Issues. Cheltenham: Edward Elgar, 185-222.

Schaltegger, S. & Burritt, R. (2000): Contemporary Environmental Accounting: Issues, Concepts and Practice. Sheffield: Greenleaf.

Schaltegger, S.; Burritt, R. & Petersen, H. (2003): An Introduction to Corporate Environmental Management: Striving for Sustainability. Sheffield: Greenleaf.

Schaltegger, S. & Dyllick, T. (Hrsg.) (2002): Nachhaltig managen mit der Balanced Scorecard: Konzept und Fallstudien. Wiesbaden: Gabler.

Schaltegger, S. & Figge, F. (1997): Umwelt und Shareholder Value. WWZ/ Sarasin & Cie - Studie Nr. 54. Basel: WWZ/Sarasin & Cie, 12. Auflage.

Schaltegger, S. & Hasenmüller, P. (2006): „Nachhaltiges Wirtschaften aus Sicht des ‚Business Case of Sustainability'", in: Tiemeyer, E. & Wilbers, K. (Hrsg.): Berufliche Bildung für nachhaltiges Wirtschaften. Konzepte, Curricula, Methoden, Beispiele. Bielefeld: Bertelsmann, 71-86.

Schaltegger, S. & Petersen, H. (2000): Ecopreneurship. Konzept und Typologie, Lüneburg/Luzern: CSM/RIO-Managementforum.

Schaltegger, S. & Sturm, A. J. (1994): Ökologieorientierte Entscheidungen in Unternehmen: Ökologisches Rechnungswesen statt Ökobilanzierung; Notwendigkeit, Kriterien, Konzepte. Bern et al.: Haupt, 2. Auflage.

Schaltegger, S. & Synnestvedt, T. (2002): „The Link between ‚Green'and Economic Success. Environmental Management as the Crucial Trigger between Environmental and Economic Performance", Journal of Environmental Management, 65 (2), 339-346.

Schaltegger, S. & Wagner, M. (2006): Managing the Business Case for Sustainability. The Integration of Social, Environmental and Economic Performance. Sheffield: Greenleaf.

Scherer, A. G. & Löhr, A. (1999): „Verantwortungsvolle Unternehmensführung im Zeitalter der Globalisierung – Einige kritische Bemerkungen zu den Perspektiven einer liberalen Weltwirtschaft", in: Kumar, B. N.; Osterloh, M. & Schreyögg, G. (Hrsg.): Unternehmensethik und die Transformation des Wettbewerbs: Shareholder – Value – Globalisierung – Hyperwettbewerb, Festschrift für Professor Dr. Dr. h.c. Horst Steinmann zum 65. Geburtstag. Stuttgart: Schäffer-Poeschel, 261-290.

Schneidewind, U. (1998): Die Unternehmung als strukturpolitischer Akteur, Marburg: Metropolis.

Schneidewind, U. & Mohr, E. (1996): „Brent Spar und Greenpeace: Ökonomische Autopsie eines Einzelfalls mit Zukunft", Zeitschrift für Umweltpolitik & Umweltrecht, 19 (2), 141-160.

Schulz, W., Gutterer, B.; Geßner, C.; Sprenger, U. & Rave, T. (2002): Nachhaltiges Wirtschaften in Deutschland: Erfahrungen, Trends und Potenziale. Download unter www.akzente.de/pdf/nwd_oekoradar.pdf (Zugriff: 24.7.2008).

Steinmann, H. & Löhr, A. (1988): „Unternehmensethik – eine ‚realistische Idee': Versuch einer Begriffsbestimmung anhand eines praktischen Falles", Zeitschrift für betriebswirtschaftliche Forschung, 40 (4), 299-317.

Ulrich, P. (1977): Die Großunternehmung als quasi-öffentliche Institution: Eine politische Theorie der Unternehmung. Stuttgart: Poeschel.

van Herpen, E.; Pennings, J. M. E. & Meulenberg, M. (2003): Consumers' Evaluations of Socially Responsible Activities in Retailing, Working Paper. Wageningen: Mansholt Graduate School. Download unter www.sls.wau.nl/mi/mgs/publications/Mansholt_Working_Papers/MWP_04.pdf (Zugriff: 24.7.2008).

Waddock, S. A. (2004): „Parallel Universes: Companies, Academics, and the Progress of Corporate Citizenship", Business and Society Review, 109 (1), 5-42.

Waddock, S. A. & Graves, S. B. (1997): „The Corporate Social Performance-Financial Performance Link", Strategic Management Journal, 18 (4), 303-319.

Wagner, M. (2002): Empirical Identification of Corporate Environmental Strategies. Their Determinants and Effects for Firms in the United Kingdom and Germany. Lüneburg: Centre for Sustainability Management (CSM).

Walker, P. (2003): EU Multistakeholder Forum on CSR Round Table „Diversity, Convergence and Transparency of CSR Practices and Tools"- 7.4.2003 – minutes http://forum.europa.eu.int/irc/empl/csr_eu_multi_stakeholder_forum/info/data/en/CSR%20Forum%20roundtables%20meetings%20RT3%20030407%20minutes.htm (Zugriff: 13.02.2007).

Weber, M. (2007): Towards sustainable entrepreneurship: A value creating perspective on corporate societal strategies, Lüneburg: CSM.

Literaturverzeichnis

Anette Baumast und Jens Pape: Betriebliches Umweltmanagement

Baumast, A. und Pape, J. (2007): Betriebliches Umweltmanagement – vom Umwelt- zum Nachhaltigkeitsmanagement. Verlag Eugen Ulmer, 3. aktualisierte und überarbeitete Aufl., Stuttgart (in Vorbereitung).

Baumast, Annett: Nachhaltigkeitsresearch – Basis für Nachhaltige Anlageprodukte, in: Nachhaltiges Investment in Europa – Schwarze Zahlen mit grünem Geld, B.A.U.M. Jahrbuch 2007. Henkel Kommunikation, 2007, S. 40-42.

Baumast, Annett und Timo Busch: Kapitalmärkte - Motoren einer Nachhaltigen Entwicklung?, in: UmweltWirtschaftsForum, 4/05, 13. Jg. S. 67-72.

Baumast, Annett: Environmental Management Systems and Cultural Differences in Germany, Great Britain, and Sweden, Shaker Verlag, 2003

Baumast, Annett: Environmental Management – the European Way. Results of an Empirical Study, in: Corporate Environmental Strategy, Vol. 8 (2001), No. 2, pp. 148-156

Heidhues, F., Herrmann, L., Neef, A., Neidhart, S., Pape, J., Sruamsiri, P., Thu, D.C. and Valle Zárate, A. (2007): Sustainable Land Use in Mountainous Regions of Southeast Asia – Meeting the Challenges of Ecological, Socio-Economic and Cultural Diversity. Springer-Verlag, Heidelberg-Berlin.

Pape, J. (2003): Umweltleistungsbewertung in der Ernährungswirtschaft. In: Agribusiness & Food, Wissenschaftsbibliothek, Nr. 21, Verlag AgriMedia, Bergen.

Pape, J. (2003): Die Revision der EG Umwelt Audit Verordnung (EMAS). In: Betrieb und Wirtschaft – Zeitschrift für Rechnungswesen, Steuern, Wirtschafts-, Arbeits- und Sozialrecht im Betrieb; 57. Jg., Heft 9, S. 353-356.

Dr. Axel Hermeier: Umweltmanagement und Emissionshandel

Hermeier, Axel: Umweltmanagement und Emissionsrechtehandel. Eine Untersuchung der strategischen und organisatorischen Bewältigung einer neuen Aufgabenstellung im Rahmen umweltorientierter Unternehmensführung. Schriften zur Nachhaltigen Unternehmensentwicklung. Hrsg. V. Jürgen Freimann, Band 7. München und Mering 2007.

Rene Schmidtpeter – Akteure nachhaltiger Entwicklung

Backhaus-Maul, H., Nährlich, S. (Hrsg.) (2007): Corporate Citizenship in Deutschland. Bestandsaufnahmen, Analysen und Perspektiven. Wiesbaden.

Bertelsmann Stiftung (2006): Partner Staat? CSR-Politik in Europa. Gütersloh.

Bertelsmann Stiftung / GTZ (2007): CSR Navigator: GERMANY. Gütersloh, Eschborn.

Bertelsmann Stiftung (2009): Verantwortung. Gemeinsam. Gestalten. Gütersloh.

Bundesministerium für Arbeit und Soziales (2009): Zwischenbericht zur Entwicklung einer nationalen CSR-Strategie – Aktionsplan CSR in Deutschland. Berlin.

Friedman, T.L. (2007): Die Welt ist flach. Eine kurze Geschichte des 21. Jahrhunderts, Frankfurt.

Habisch, A. und Wegner, M. (2005): Germany – Overcoming the Heritage of Corporatism. In A. Habisch, J. Jonker, M. Wegner, R. Schmidpeter (Eds.) CSR across Europe. Heidelberg, Berlin, New York: Springer, 2005.

Habisch, A., Schmidpeter, R., Neureiter, M. (2008): Handbuch Corporate Citizenship. CSR für Manager. Berlin u.a.

IFOK/PLEON (2008): Die gesellschaftliche Verantwortung von Unternehmen (CSR) zwischen Markt und Politik. Berlin.

Kopp, R. (2007): Corporate Citizenship in überregionalen Netzwerken. In Habisch, A., Schmidpeter, R., Neureiter, M. (2007): Handbuch Corporate Citizenship. CSR für Manager. Berlin u.a.

Moon, J. (2004): Government as a Driver of Corporate Social Responsibility. ICCSR Research Paper Series. Nottingham.

Müller, M. und Schaltegger, S. (2007): Corporate Social Responsibility: Trend oder Modererscheinung.

Rat für Nachhaltige Entwicklung (2006): Unternehmerische Verantwortung in einer globalisierten Welt – ein deutsches Profil der Corporate Social Responsibility. Berlin.

Riess, B. (2008): Mit Verantwortung handeln. Ein CSR-Handbuch für Unternehmer. Gütersloh.

Dr. Edgar Göll: Nationale Nachhaltigkeitsstrategien

Göll, Edgar und Christine Henseling: Mobilisierung von Umweltengagement. Wie Unterstützungsmöglichkeiten für Umwelt und Naturschutz erschlossen werden können. Frankfurt am Main u.a. 2007, Peter Lang Verlag.

Göll, Edgar und Sie Long Thio: Nachhaltigkeitspolitik in EU-Staaten. Baden-Baden 2004, NOMOS Verlag.

Göll, Edgar, Nolting, Katrin und Claudia Rist: Projekte für ein zukunftsfähiges Berlin. Lokale Agenda 21 in der Praxis. Baden-Baden 2004, NOMOS Verlag.

Göll, Edgar, Kampfhenkel, Nadja u.a.: Lokale Agenda 21-Projekte und ihre Bedeutung. Evaluation und Einschätzungen. IZT 2007, WerkstattBericht Nr. 81, März 2007.

Göll, Edgar: Umwelt- und Nachhaltigkeitspolitik in Kuba: Überblick und kritische Würdigung eines Weges zur Zukunftsfähigkeit. IZT 2006, WerkstattBericht Nr. 83, Dez. 2006.

Göll, Edgar, Behrendt, S. u.a.: Integrierte Technologie-Roadmap. Automation 2015+. Hrsg. Zentralverband Elektrotechnik- und Elektronikindustrie e.V. 2006.

Göll, Edgar: Zukunftsfähiger Lebensstil zum Glück. In: S. Fiedler, A. Eichelkamp (Hg.): Die Lifestyle-Falle. Der Klimawandel als Chance für ein neues Lebensgefühl, Berlin: Rhombos-Verlag 2007, S.15-32.

Göll, Edgar: Partizipation und Lokale Agenda 21 als Zukunftsgestaltung. In: R. Popp (Hg.): Zukunft : Freizeit : Wissenschaft. Festschrift zum 56. Geburtstag von Horst W. Opaschowski, Wien und Münster 2005, S.217-229.

Göll, Edgar und Sie Long Thio: Nachhaltigkeitsgremien als Institutionen der Politik. In: Jahrbuch Ökologie 2006, München, S.221-226.

Prof. Dr. Stefan Schaltegger, Holger Petersen und Claudia Kalisch: Der MBA-Sustainamant – Das Rüstzeug für den Business Case des Nachhaltigkeitsmanagements

Beyersdorf, M.; Michelsen, G. & Siebert, H. (Hrsg.) (1998): Umweltbildung. Theoretische Konzepte, empirische Erkenntnisse, praktische Erfahrungen. Luchterhand, Neuwied

Bolscho, D. & Michelsen, G.(1997): Umweltbildung unter globalen Perspektiven. Initiativen, Standards, Defizite. W. Bertelsmann Verlag, Bielefeld

Braun, G. (2003): Querdenken. Voraussetzung für Nachhaltige Entwicklung. In: Geiss, S.; Wortmann, D. & Zuber, F. (Hrsg.): Nachhaltige Entwicklung. Strategie für das 21. Jahrhundert? Eine interdisziplinäre Anlehnung. Leske + Budrich, Opladen, 41 – 55.)

De Haan, G., Jungk, D., Kutt, K., Michelsen, G., Nitschke, C., Schnupfel, U., Seybold, H. (1997): Umweltbildung als Innovation. Bilanzierung und Empfehlungen zu Modellversuchen und Forschungsvorhaben. Springer-Verlag, Berlin Heidelberg

Dubielzig, F. & Schaltegger, S. (2004): Methoden transdisziplinärer Forschung und Lehre. Ein zusammenfassender Überblick, Lüneburg: Centre for Sustainability Management (CSM).

Dubielzig, F. & Schaltegger, S. (2005): Corporate Social Responsibility, in: Althaus, M.; Geffken, M.; Karp, M. & Rawe, S. (Hrsg.): Handlexikon Public Affairs, Münster: Lit Verlag, 240-243.

Dubielzig, F. & Schaltegger, S. (2005): Corporate Citizenship, in: Althaus, M.; Geffken, M.; Karp, M. & Rawe, S. (Hrsg.): Handlexikon Public Affairs, Münster: Lit Verlag. 235-238.

Dyllick, T. and K. Hockerts (2002): Beyond the Business Case for Corporate Sustainability, Business Strategy and the Environment, Vol. 11, Nr. 4, 130-141.

Geiss, J.& Wortmann, D. (2004): Unternehmesverantwortung und Nachhaltigkeit durch Manage-ment-bildung. In: Dettlin, D.; Hamkens, T.; Kempmann, L.,& von Damm, T. (Hrsg.): Lust auf Zukunft. Kommunikation für eine nachhaltige Globalisierung. Books on Demand, Norderstedt, 117 – 128.)

Petersen, H. (2005): Nachhaltig wachsen. Was macht grüne Unternehmen groß und stark? Ökolo-gi-sches Wirtschaften, Nr. 2, 15-16.

Petersen, H. (2003): Ecopreneurship und Wettbewerbsstrategie: Verbreitung ökologischer Innovationen auf Grundlage von Wettbewerbsvorteilen, Marburg: Metropolis.

Porter, M.E. & Kramer, M.R. (2007): Wohltaten mit System, Harvard Business Manager, Januar 2007, 15-34.

Schaltegger, S. (2004): Unternehmerische Steuerung von Nachhaltigkeitsaspekten mit der Sustainability Balanced Scorecard, Controlling, Sonderheft Strategische Steuerung, Heft 8/9, 511-516.

Literaturverzeichnis

Schaltegger, S. (2005): Standortvorteil Nachhaltigkeit. Hochschulreform aus wirtschaftswissenschaftlicher Perspektive, in: Politische Ökologie 93: Baustelle Hochschule. Nachhaltigkeit als neues Fundament für Lehre und Forschung, München: Oekom, 37-39.

Schaltegger, S. & Burritt, R. (2005): Corporate Sustainability, in: Folmer, H. & Tietenberg, T. (Eds.): The International Yearbook of Environmental and Resource Economics 2005/2006. A Survey of Current Issues. Cheltenham: Edward Elgar, 185-222.

Schaltegger, S.; Burritt, R. & Petersen, H. (2003): An Introduction to Corporate Environmental Management. Striving for Sustainability. Sheffield: Greenleaf.

Schaltegger, S. & Synnestvedt, T. (2002): The Link between "Green" and Economic Success. Environmental Management as the Crucial Trigger between Environmental and Economic Performance, in: Journal of Environmental Management, Vol. 65, No. 2, 339-346.

Schaltegger, S. & Wagner, M. [Ed.] (2006): Managing the Business Case for Sustainability: The Integration of Social, Environmental and Economic Performance, Sheffield: Greenleaf.

Prof. Dr. Stefan Schaltegger, Christian Herzig und Thorsten Klinke: Werkzeuge des Nachhaltigkeitsmanagements

BMU (Bundesministerium für Umwelt, Naturschutz und Reaktorsicherheit); econsense & Centre for Sustainability Management (Hrsg.) (2007): Nachhaltigkeitsmanagement in Unternehmen. Von der Idee zur Praxis: Managementansätze zur Umsetzung von Corproate Social Responsibility und Corporate Sustainability, Berlin/Lüneburg: BMU; econsense & CSM.

Dyllick, T. & Hockerts, K. (2002): Beyond the business case for corporate sustainability, Business strategy and the environment, Vol. 11, No 2, 130-141.

GRI (Global Reporting Initiative) (2006): Sustainability Reporting Guidelines, Amsterdam: www.globalreporting.org.

Herzig, C. & Schaltegger, S. (2006): Corporate Sustainability Reporting. An Overview, in: Schaltegger, S.; Bennett, M. & Burritt, R. (Hrsg.): Sustainability Accounting and Reporting, Dordrecht: Springer, 301-324.

Möller, A. & Schaltegger, S. (2006): Management der betrieblichen Ressourceneffizienz, Umweltwirtschaftsforum, 14. Jg., H 4, 1-6.

Schaltegger, S. & Burritt, R. (2005): Corporate Sustainability. In: Folmer, H. & Tietenberg,T. (Eds.): International Yearbook of Environmental and Resource Economics. Lyme, 245–289.

Schaltegger, S. & Burritt, R. (2000): Contemporary Environmental Accounting. Issues, Concepts and Practice, Sheffield: Greenleaf.

Schaltegger, S.; Burritt, R. & Petersen, H. (2003): An Introduction to Corporate Environ-mental Management. Striving for Sustainability, Sheffield: Greenleaf.

Schaltegger, S. & Dyllick, T. (Hrsg.) (2002): Nachhaltig managen mit der Balanced Scorecard. Konzepte und Fallstudien, Wiesbaden: Gabler.

Schaltegger, S. & Sturm, A. (1990): Ökologische Rationalität. Ansatzpunkte zur Ausgestaltung von ökologieorientierten Managementinstrumenten, Die Unternehmung, Nr. 4, 273-290.

Schaltegger, S. & Wagner, M. (Eds.) (2006): Managing the Business Case for Sustainability, Sheffield: Greenleaf.

Seuring, S.; Müller, M.; Goldbach, M. & Schneidewind, U. (2003): Strategy and Organization in Supply Chains, Heidelberg: Physica.

Stahlmann, V. (1996): Öko-Effizienz und Öko-Effektivität – Lässt sich der Umweltfortschritt eines Unternehmens messen?, Umweltwirtschaftsforum, 4 Jg., H. 4, 70-76.

Stahlmann, V. & Clausen, J. (2000): Umweltleistung von Unternehmen. Von der Öko-Effizienz zur Öko-Effektivität, Gabler, Wiesbaden.

231